생명보다 귀중한 사명

요한복음서

박순태 목사 지음

생명보다 귀중한 사명 – 요한복음서

초판1쇄   2022년 4월 30일
지은이   박순태
펴낸이   이규종
펴낸곳   엘맨출판사
등록번호   제13-1562호(1985.10.29.)
등록된곳   서울시 마포구 토정로 222
           한국출판콘텐츠센터 422-3
전화   (02) 323-4060, 6401-7004
팩스   (02) 323-6416
이메일   elman1985@hanmail.net
           www.elman.kr

ISBN   978-89-5515-019-3 03230

값 20,000 원

생명보다 귀중한 사명
요한복음서

박순태 목사 지음

엘맨
하나님의 사람을 만들어 가는 ELMAN

머리말

미래에 대한 소망은 오직 예수 그리스도!

요한복음은 생명의 원천이요, 신령한 영적 빛이 번뜩이는 찬란한 새 아침의 책이라고 감히 말하고 싶습니다(요 1:4).

잔잔한 바닷가에 어느 날, 폭풍이 몰려와 감당하기에는 한계를 느낄만큼 세차게 밀려오는 성령의 강한 파도가 역사하는가 하면, 예수는 그리스도시요 살아있는 생생한 음성이요 예수 그리스도의 보혈의 맥박은 잠자는 우리 심령을 일깨워 주시고 있습니다.

또한 성경을 기록한 목적에 대해서도 영생을 얻는 구원의 진리임을 분명하게 제시하고 있습니다(요 20:31).

성령께서 내주, 인도, 역사하심을 차근차근 실제적으로 경험하게 하시고, 성령 받은 하나님의 자녀는 오직 예수 그리스도의 제자로서 생명보다 귀한 사명을 확실하게 감당하게 하심과 하나님의 자녀의 신분을 누리게 하심도 이 요한복음에서 맛보는 아름다운 축복의 절정이라고 봅니다.

다른 복음서와 달리, 영적 수준이 높은 신앙적 차원과 어머니의 품 안 같은 따스함을 느끼게 하는 책이기도 합니다.

저에게 있어서, 요한복음을 강해할 때, 지금까지 살아온 과정에서 두 번 다시 기억하고 싶지 않은 아픈 고통의 순간이 흐르고 있었고, 힘도 들었지만 살아계신 전능하신 하나님께서 힘 있는 능력의 강한 팔로 붙잡아 주셨기 때문에, 크고도 심오한 은혜를 받았습니다.

섬기는 교회에서 성경완독의 훈련과정으로 본 교재를 만들게 되었습니다. 성경 그대로 전달하며, 성경에 집약시키는데 몰두하여 모든 기존의 틀을 벗어나 읽기 쉽고, 보기에 편리하며, 이해하는데 도움이 되도록 자유롭게 작성하였습니다.

이 교재를 사용하여 메시지를 전하려는 분께서는 제가 자유했던 점을 이해하시고, 어느 한 부분만이라도 확실하게 전달하겠다는 결심으로 하신다면 크게 유익함이 있으리라 확신합니다. 지속적으로 기도하고, 정성을 다해서 준비한 책자입니다. 저에게 주신 그 은혜가 이 책을 사용하시는 분들에게도 동일하기를 소망합니다.

할렐루야-아멘-오직 예수그리스도
박순태

이 책의 활용법

성경 읽는 방법 중 하나로 이해하시고 주제별 성경 읽기로 적용해 보십시오.

1. 머리말부터 시작하며 끝까지 차근 차근 읽다보면 가슴이 뛰게 되실 것입니다. 성경을 읽는자, 듣는자, 지키는 자, 전하고 순종하는자는 복을 받습니다.

2. 여백을 활용해 보십시오. 밑줄을 긋거나 신앙 수첩으로 메모할수 있습니다.

3. 서론과 결론은 오직 예수 그리스도입니다. 반복해 보는것도 가치가 있습니다. 저자는 의도적이고 사명감 입니다.

4. 날마다 읽으며 참고해 보세요. 영적 삶을 유지하는데 적용해 보십시오.

5. 책이 중요한 것이 아니라 책속에 예수가 중요하고 말씀이 살았고 능력입니다. 강력한 성령의 인도함을 받을 것입니다.

할렐루야-아멘 예수 그리스도.

책을 내면서

책을 내면서 잊을수 없는 분 중에 한분은 김형래 목사님입니다. 제가 전도사로 시골교회에서 시무할때 중고등학생으로 만났습니다. 대학을 가고 군대생활 신학공부하고 목회자가 되고 결혼을 하고 목사가 되어서도 한결같이 저에게는 잊을 수 없는 고마운 일이 많습니다.

잘 따라주고 협력하며 항상 긍정적으로 성심을 다하여 도왔습니다. 목사님은 성장과정을 지나 성년이 되기까지 모범생으로 인품과 인격이 잘 갖추어진 멋있는 사람으로 가치관까지 뚜렷한 지성인이고 남성미도 멋지고 탁월합니다. 몸매와 건강은 물론 찬양 운동 믿음과 영성 사회생활 매사에 성실함과 섬세함과 긍정적이고 포용하고 겸손하게 미리 알아서 감당하는 리더의 자질이 있습니다. 무엇을 하든지 믿고 맡길수 있으며, 진정성을 담아 공감해주는 신뢰받는 아름다운 그릇입니다.

개인적인 미담으로 말해보면 47년이 훨씬 넘었는데도 잊지 않고 매년 생일과 명절 등을 챙기며 그리고 매주마다 보내는 문자는 힘이 되고 위로가 되었습니다. 과분하고 깊은 정성에 굳게 감동됩니다. 정말 고맙고 사랑합니다. 계속 존경하고 신뢰하고 잊지 않겠습니다. 이렇게 설레게도 가슴뛰게도 합니다. 모두가 은혜이고 감사할 일입니다. 잊을 수 없는 또 한 분 김만승 장로님은 김목사님과 단짝 친구요 선후배로 자랐으며 함께 예수 그리스도의 일꾼이요 쓰임받는 귀한 하나님의 그릇입니다.

지역 사회에서는 명품유치원 원장으로 소문날 정도로 귀한 분입니다. 제가 엄두조차 못내고 있을 때 책 내시라고 권하고 재정 일체를 감당해 주심으로 이렇게 책을 출간하게 되었습니다.

목사님과 장로님께 감사드리고 정성껏 아름답게 책을 만들어 주신 엘맨 이규종 사장님께 깊이 감사드립니다. 기쁨으로 격려해주고 늘 힘이 되어준 아내(최복희사모)와 4남매(박헌정,김경덕, 박헌,권영석, 박인, 박헌겸)를 통한 자녀손들과 지면상 기록할 수 없어 아쉽지만 형제들과 친구목사님들과 믿음의 형제들에게도 감사드립니다. 모든 것이 하나님의 은혜였습니다. 하나님께 영광을 돌립니다.

주후 2022. 4. 22
예수 그리스도의 작은 제자 박순태

일화1

 이런 일화가 있습니다. 봄 학기 말 방학때 학생회장이 된 김형래 학생에게 전도사님 한주간 기도원에 다녀올 동안 학생회에서 주변 마을 학생들 명단 작성해서 집중적으로 기도하고 전도 할것을 부탁하고 기도원을 다녀오니 교회가 발칵 뒤집혔습니다. 낮에는 전도하고 저녁에는 학생들이 합심하여 부르짖어 기도하니까 장로님과 권사님과 집사님들이 깜짝놀라 새벽이고 저녁이고 낮이고 모이는 숫자가 거의 같아졌고 생동감이 일어나기 시작한 불씨가 된 일도 있습니다. 목사님과 장로님이 학생때 교회에 전성기였고 교회부흥하였고 훌륭한 일꾼으로 자라서 곳곳에서 복음의 신실한 일꾼이었습니다.

일화2

 학생때 목회자의 심복처럼 봉사하고 헌신했습니다. 1970년대에는 시골에서는 쌀 1가마가 90kg이었습니다. 교회에서 쌀 1가마니 주시는데 식구는 신혼부부 태중에 아이하면 3명인데, 남는 식량 뚜껑덮은 플라스틱 통에 가득담아서 저녁에 몰래 어려운 물질 심부름하는 일은 일대로 알뜰하게 심부름하고 부작용이나 차질이 없이 주도 면밀한 학생이었습니다.

나는 누구인가?

(고전 15:9-10) 나는 사도 중에 가장 작은 자라 나는 하나님의 교회를 박해하였으므로 사도라 칭함 받기를 감당하지 못할 자니라 그러나 내가 나 된 것은 하나님의 은혜로 된 것이니 내게 주신 그의 은혜가 헛되지 아니하여 내가 모든 사도보다 더 많이 수고하였으나 내가 한 것이 아니요 오직 나와 함께 하신 하나님의 은혜로라
(행 20:23-24) 오직 성령이 각 성에서 내게 증언하여 결박과 환난이 나를 기다린다 하시나 내가 달려갈 길과 주 예수께 받은 사명 곧 하나님의 은혜의 복음을 증언하는 일을 마치려 함에는 나의 생명조차 조금도 귀한 것으로 여기지 아니하노라
(행 20:28) 여러분은 자기를 위하여 또는 온 양 떼를 위하여 삼가라 성령이 그들 가운데 여러분을 감독자로 삼고 하나님이 자기 피로 사신 교회를 보살피게 하셨느니라

2가지 간증을 통해서 나의 정체성을 밝히고자 합니다. 일찍이 유년소년때 부터 신앙생활을 열심히 하다가 청소년기에 주님을 만났습니다. 환경적 생활은 가난했지만 감사하며 기쁘게 살았습니다. 주님 만난 감격은 지금도 생각하면 가슴이 뜁니다. 나의 마음속에는 목사되는 것이 자리잡게 됩니다. 우리 동네 어른이 어느날 나에게 '너는 목사밖에 될 것이 없다'고 일러준 분은 예수 믿지 않는 분이었습니다. 그런데 제가 목사가 되는 날 절망에 빠지게 됩니다.

제가 목사가 되던 날이 수요일이라 수요예배 중 설교가 끝나고 찬송후에 주기도문으로 폐회하던 때와 달리 목사의 상징적 사명인

축도를 하게 되었습니다. '예수그리스도의 은혜와 하나님의 사랑과 성령의 교통하심이 … ' 축도를 마쳤는데 교인들이 색다른 순서에 축도 끝나고 멀뚱멀뚱 바라보는데 소스라치게 놀라서 나는 누구인가? 정체성이 무엇인가 목사는 어디로 갔고 나는 누구라는 말인가 자신이 없어졌습니다. 나는 목사가 아닌 것 같고 진정으로 축도한 자신이 믿어지지 않는 거였습니다. 축도에 확신이 없기에 그 다음날 기도원에 가서 40일을 금식하게 되었습니다. 그때 깨달은 것이 목사는 성도들에게 축복하는 자입니다. 기도 중에 깨달은 것은 ① 히4:12 ② 요삼2절 ③ 롬14:7-8.

(히 4:12) 하나님의 말씀은 살아 있고 활력이 있어 좌우에 날선 어떤 검보다도 예리하여 혼과 영과 및 관절과 골수를 찔러 쪼개기까지 하며 또 마음의 생각과 뜻을 판단하나니
(요삼 1:2) 사랑하는 자여 네 영혼이 잘됨 같이 네가 범사에 잘되고 강건하기를 내가 간구하노라
(롬 14:7-8) 우리 중에 누구든지 자기를 위하여 사는 자가 없고 자기를 위하여 죽는 자도 없도다 우리가 살아도 주를 위하여 살고 죽어도 주를 위하여 죽나니 그러므로 사나 죽으나 우리가 주의 것이로다

  '나는 목사다', '축도의 사명감 가져라', '나는 누구인가?', '정체성을 가져라' 그리고 삶으로 부활하신 예수 그리스도의 명을 받은 성령의 인도받는 새 생명의 삶으로 살 것을 다짐하고 오늘도 섭리하심에 순종하며 살고 있습니다. 다른 하나 더 간증하자면 어느 날 성경을 읽다가 성경말씀이 살아있는 하나님의 생생한 음성으로 들리는 거였습니다. 가슴이 벅차고 뜨겁고 설레임이 오는 거였습니다. 그 말씀이 마16:16-19.

(마 16:16-19) 시몬 베드로가 대답하여 이르되 주는 그리스도시요 살아 계신 하나님의 아들이시니이다 예수께서 대답하여 이르시되 바요나 시몬아 네가 복이 있도다 이를 네게 알게 한 이는 혈육이 아니요 하늘에 계신 내 아버지시니라 또 내가 네게 이르노니 너는 베드로라 내가 이 반석 위에 내 교회를 세우리니 음부의 권세가 이기지 못하리라 내가 천국 열쇠를 네게 주리니 네가 땅에서 무엇이든지 매면 하늘에서도 매일 것이요 네가 땅에서 무엇이든지 풀면 하늘에서도 풀리리라 하시고

'주는 그리스도시요 살아계신 하나님의 아들이시니이다' 설명이 필요없고 그냥 믿어지고 감격하게 압도당해버려 '그냥 무조건 순종할게요' 하고 백기들고 엎드려지게 됩니다. 나는 정말 죄인이고 무능함을 스스로 고백하게 되었습니다. 오직 예수 그리스도만 전할게요. 설명도 이유도 묻지 않고 저절로 순종하려는 마음이 나를 사로잡습니다. 나는 한때 책에 미쳤어요. 도서 구입에 전력하던 것을 백지화하고 성경한권이면 모든 것이 해결이 나는 것이 믿어짐 ① 오직 성경 한권이고 모든 것의 해결도 오직 성경 ② 성경 전체의 내용은 오직 예수 그리스도 무엇을 하든지 오직 예수 그리스도이름으로 하겠다고 ③ 말씀 절대 성령의 계시된 권위 인정하는 정체성이 성립되었습니다. 첫째, 고전 10:31 하나님 영광을 위한 집약된 삶이 목적입니다. 둘째, 역사의식 미래를 내다보는 역사의식의 안목(영적 통찰력임)셋째, 사명의식(책임성 있게 감당하는 자세, 성령 충만한 삶의 실제. 사명감 붙잡힌 자는 하나님 부르심과 받은 은사를 활용하고 소질과 성경에 사로잡힌 능력자입니다. 날마다 하나님 음성에 민감하고 성령인도하심과 깊은 기도에 빠지기도 했던 때가 있기로 했습니다. 두꺼운 책속에서 지루함보다 시원함과 흡입력이 있으시기를 앙망합니다. 할렐루야-아멘 오직 예수 그리스도.

성경은 예수 그리스도요 모든 것의 결론

성경은 살아계신 하나님의 생생한 음성이요
성경은 예수 그리스도의 숨결이며, 생명의 맥박입니다.
성경은 성령의 권세있는 능력의 손길입니다.
성경은 하나님의 말씀입니다.
성경은 어제나 오늘이나 앞으로 영원토록 살아 역사합니다.
성경은 생명력 있는 복음의 능력입니다.

성경은 예수 그리스도입니다.
성경은 인생의 삶의 길이며 진리요 생명이요 구원이요 영생입니다.
성경은 우주만물 모든 것을 다스리는 능력이요 권세요 축복입니다.
성경은 하나님께서 나에게 주신 가장 고귀한 선물입니다.
성경은 예수요 예수는 복음이며, 복음은 구원이며, 구원은 영생복
락입니다.

사랑하는 성도들이여,
성경에 이런 엄청난 복의 가치가 있다는 것을 알고 계시는지요?
성경의 능력과 가치를 알고 있다면
성경을 얼마나 읽었으며, 성경을 얼마나 사모하였는지요?
성경을 완독해본 경험과 복이 있는지요?

성경을 읽다가 주님을 만난 순간, 저 자신이 위선자임을 솔직하
게 자백하였고

성경을 읽다가 체험한 영적 감격은
평생에 잊을 수 없는 희열이었고 기쁨이었습니다.
성경을 얼마나 확실히 믿었습니까?
성경을 얼마나 전하였습니까?
성경에 대하여 해박한 지식을 가진
서기관을 바리새인들은 중심에
예수 그리스도를 영접하지 못했습니다.

성경을 들고 다니면서 주님과 얼마나 동행하였습니까?
성경을 들고 다니면서 슬프게 하신 일은 없습니까?
성경을 읽던 주지 스님은 예쑤가 나를 울렸다고 고백하면서 성
경이신 예수 그리스도를 영접하고, 십자가 생명의 복음을 증거하
기 위하여 성경 때문에 법복을 벗어버리고 곧바로 신학교에 들어
가 공부하여 지금은 훌륭한 목사가 되어 복음을 전하고 있습니다.

성경은 나를 알게 하고, 과거와 현재와 미래를 알게 합니다.
성경은 민족과 세계와 장래를 알게 하고, 최후 종말을 알게 합니다.
성경은 아는 만큼 힘이 있고 확신을 갖게 합니다.
성경을 믿는 만큼 기적과 능력이 오늘에도 나타나고 있습니다.
성경이 하나님의 말씀임을 믿고, 순종하면 복을 받습니다.
성경을 따라 살 때만이 후회없는 형통의 삶을 삽니다.
성경 말씀이 살아있는 현장으로 귀하를 초대합니다.

할렐루야-아멘-오직 예수 그리스도

생명력 있는 기도의 삶

렘 33:2-3. 일을 행하시는 여호와, 그것을 만들며 성취하시는 여호와, 그의 이름을 여호와라 하는 이가 이와 같이 이르시도다 너는 내게 부르짖으라 내가 네게 응답하겠고 네가 알지 못하는 크고 은밀한 일을 네게 보이리라

빌 4:6, 7. 아무 것도 염려하지 말고 다만 모든 일에 기도와 간구로, 너희 구할 것을 감사함으로 하나님께 아뢰라 그리하면 모든 지각에 뛰어난 하나님의 평강이 그리스도 예수 안에서 너희 마음과 생각을 지키시리라

기도하는 자에게 하나님은 함께 하십니다.
기도하는 자에게 능력이 있습니다.
기도하면 주님을 만나고, 주님을 만나면 하나님의 뜻을 알고,
기도할 때 하나님의 뜻에 따라 성령이 역사하고
능력이 나타납니다.
기도하는 농도에 따라 주님께 쓰임을 받는 능력자가 됩니다.

계 8:3-4. 또 다른 천사가 와서 제단 곁에 서서 금 향로를 가지고 많은 향을 받았으니 이는 모든 성도의 기도와 합하여 보좌 앞 금 제단에 드리고자 함이라 향연이 성도의 기도와 함께 천사의 손으로부터 하나님 앞으로 올라가는지라

기도가 주의 앞에 분향함 같이 한다고 다윗은 고백합니다.(시 141:1)
기도는 하나님의 자녀의 특권입니다.

기도는 사탄을 결박하는 무기요, 응답의 열쇠입니다.
기도는 주님과 만남의 절차요, 모든 문제해결의 시작입니다.
기도는 가정과 민족의 활로입니다.

기도는 나와 우리 집,
우리 교회의 가장 기초적이고 근본적인 행동입니다.
기도는 하나님의 뜻대로 간절하게 죄인임을 자복하는 세리처럼
기도는 성령안에서 외식과 정욕이 아닌 거듭난 자의 인격으로
기도는 하나님의 약속을 붙잡고, 하나님의 말씀대로
기도는 예수님의 이름으로 권세와 명령으로 선포하게도 하십니다.

행 1:14, 여자들과 예수의 어머니 마리아와 예수의 아우들과 더불어 마음을 같이하여 오로지 기도에 힘쓰더라

행 6:14, 그의 말에 이 나사렛 예수가 이 곳을 헐고 또 모세가 우리에게 전하여 준 규례를 고치겠다 함을 우리가 들었노라 하거늘

기도는 반드시 응답될 것을 믿고 간구해야 합니다.
기도의 기초는 믿음이며, 표현은 기도하는 생활입니다.
기도의 응답의 비결은 회개와 용서입니다.

기도할 자격자는 주님을 사랑하고 이웃과 인류를 사랑해야 합니다.
기도의 내용은 신앙고백이며, 간구하는 행동은 복음증거 입니다.

기도는 반드시 하나님께 영광이 되어야 합니다.

기도의 목적은 영혼의 구원에 있으며,
기도하는 자에게 생명을 구원하는 전도의 열매를 맺게 합니다.
기도 없는 전도는 생명의 열매를 맺을 수 없습니다.
기도하는 자는 갈급한 영혼에 신령한 단비를 공급해서 새 생명의
삶을 살게 합니다.

기도하는 성도여, 우리 모두 다함께 주님의 이름으로 기도합시다.
기도의 두 손 모아 겸손하게 무릎을 주님께 꿇읍시다.
기도하는 자에게 생명력 있는 영육의 축복된 삶을 살게 하십니다.

할렐루야-아멘-오직 예수 그리스도

목차

1과

◆ 요 1장 1-29절

세상 죄를 지고 가는 어린 양

Ⅰ. 말씀이신 그리스도

(요 1:1-4) 태초에 말씀이 계시니라 이 말씀이 하나님과 함께 계셨으니 이 말씀은 곧 하나님이시니라 그가 태초에 하나님과 함께 계셨고 만물이 그로 말미암아 지은 바 되었으니 지은 것이 하나도 그가 없이는 된 것이 없느니라 그 안에 생명이 있었으니 이 생명은 사람들의 빛이라

1. 말씀은 하나님

태초에 말씀이 하나님과 함께 계심

(요 1:1-2) 태초에 말씀이 계시니라 이 말씀이 하나님과 함께 계셨으니 이 말씀은 곧 하나님이시니라 그가 태초에 하나님과 함께 계셨고

그리스도는 만물 위에 계셔서 세세에 찬양 받으실 하나님

(롬 9:5) 조상들도 저희 것이요 육신으로 하면 그리스도가 저희에게서 나셨으니 저는 만물 위에 계셔 세세에 찬양을 받으실 하나님이시니라 아멘

(빌 2:9-11) 이러므로 하나님이 그를 지극히 높여 모든 이름 위에 뛰어난 이름을 주사 하늘에 있는 자들과 땅에 있는 자들과 땅 아래 있는 자들로 모든 무릎을 예수의 이름에 꿇게 하시고 모든 입으로 예수 그리스도를 주라 시인하여 하나님 아버지께 영광을 돌리게 하셨느니라

예수님은 하나님의 본체시며 하나님과 동등됨

(빌 2:6) 그는 근본 하나님의 본체시나 하나님과 동등됨을 취할 것으로 여기지 아니하시고

2. 창조 이전부터 계셨고, 우주 만물을 창조하신 말씀

(요1:3) 만물이 그로 말미암아 지은 바 되었으니 지은 것이 하나도 그가 없이는 된 것이 없느니라

1) 세례 요한이 먼저 계신 예수님을 증거하심

(요1:15) 요한이 그에 대하여 증거하여 외쳐 가로되 내가 전에 말하기를 내 뒤에 오시는 이가 나보다 앞선 것은 나보다 먼저 계심이니라 한 것이 이 사람을 가리킴이라 하니라

(요1:30) 내가 전에 말하기를 내 뒤에 오는 사람이 있는데 나보다 앞선 것은 그가 나보다 먼저 계심이라 한 것이 이 사람을 가리킴이라

하나님의 형상이요 우주 만물을 다스리는 권세자

(골 1:15-18) 그는 보이지 아니하시는 하나님의 형상이요 모든 창조물보다 먼저 나신 자니 만물이 그에게 창조되되 하늘과 땅에서 보이는 것들과 보이지 않는 것들과 혹은 보좌들이나 주관들이나 정사들이나 권세들이나 만물이 다 그로 말미암고 그를 위하여 창조되었고 또한 그가 만물보다 먼저 계시고 만물이 그 안에 함께 섰느니라 그는 몸인 교회의 머리라 그가 근본이요 죽은 자들 가운데서 먼저 나

신 자니 이는 친히 만물의 으뜸이 되려 하심이요

예수님의 탄생은 천사가 성령으로 임하심을 말하고, 능력의 덮으심과 말씀은 능치 못하심이 없으심

(눅 1:30-38) 천사가 일러 가로되 마리아여 무서워 말라 네가 하나님께 은혜를 얻었느니라 보라 네가 수태하여 아들을 낳으리니 그 이름을 예수라 하라 저가 큰 자가 되고 지극히 높으신 이의 아들이라 일컬을 것이요 주 하나님께서 그 조상 다윗의 위를 저에게 주시리니 영원히 야곱의 집에 왕노릇하실 것이며 그 나라가 무궁하리라 마리아가 천사에게 말하되 나는 사내를 알지 못하니 어찌 이 일이 있으리이까 천사가 대답하여 가로되 성령이 네게 임하시고 지극히 높으신 이의 능력이 너를 덮으시리니 이러므로 나실 바 거룩한 자는 하나님의 아들이라 일컬으리라 보라 네 친족 엘리사벳도 늙어서 아들을 배었느니라 본래 수태하지 못한다 하던 이가 이미 여섯 달이 되었나니 대저 하나님의 모든 말씀은 능치 못하심이 없느니라 마리아가 가로되 주의 계집종이오니 말씀대로 내게 이루어지이다 하매 천사가 떠나가니라

2) 말씀(예수님)안에 생명이 있음

(요 1:4) 그 안에 생명이 있었으니 이 생명은 사람들의 빛이라

3) 예수님은 창세전에 아버지와 함께 계셨고 지금도 영화롭게 계심

(요 17:1-5) 예수께서 이 말씀을 하시고 눈을 들어 하늘을 우러러 가라사대 아버지여 때가 이르렀사오니 아들을 영화

롭게 하사 아들로 아버지를 영화롭게 하게 하옵소서 아버지께서 아들에게 주신 모든 자에게 영생을 주게 하시려고 만민을 다스리는 권세를 아들에게 주셨음이로소이다 영생은 곧 유일하신 참 하나님과 그의 보내신 자 예수 그리스도를 아는 것이니이다 아버지께서 내게 하라고 주신 일을 내가 이루어 아버지를 이 세상에서 영화롭게 하였사오니 아버지여 창세 전에 내가 아버지와 함께 가졌던 영화로써 지금도 아버지와 함께 나를 영화롭게 하옵소서

3. 말씀(예수님)안에 생명이 있음

(요 1:4) 안에 생명이 있었으니 이 생명은 사람들의 빛이라

1) 세상은 어둠이고, 예수님의 생명의 빛

(요 1:5-10) 빛이 어두움에 비취되 어두움이 깨닫지 못하더라 하나님께로서 보내심을 받은 사람이 났으니 이름은 요한이라 저가 증거하러 왔으니 곧 빛에 대하여 증거하고 모든 사람으로 자기를 인하여 믿게하려 함이라 그는 이 빛이 아니요 이 빛에 대하여 증거하러 온 자라 참 빛 곧 세상에 와서 각 사람에게 비취는 빛이 있었나니 그가 세상에 계셨으며 세상은 그로 말미암아 지은 바 되었으되 세상이 그를 알지 못하였고

(요 8:12) 예수께서 또 일러 가라사대 나는 세상의 빛이니 나를 따르는 자는 어두움에 다니지 아니하고 생명의 빛을 얻으리라

(요 12:46) 나는 빛으로 세상에 왔나니 무릇 나를 믿는 자로

어두움에 거하지 않게 하려 함이로라

2) 어둠 권세(세상) 이기심과 복음의 비밀을 주심

어둠 권세의 특성은 불순종과 육체의 욕심

(엡 2:-6) 그 때에 너희가 그 가운데서 행하여 이 세상 풍속을 좇고 공중의 권세 잡은 자를 따랐으니 곧 지금 불순종의 아들들 가운데서 역사하는 영이라 전에는 우리도 다 그 가운데서 우리 육체의 욕심을 따라 지내며 육체와 마음의 원하는 것을 하여 다른 이들과 같이 본질상 진노의 자녀이었더니 긍휼에 풍성하신 하나님이 우리를 사랑하신 그 큰 사랑을 인하여 허물로 죽은 우리를 그리스도 예수 안에서 살리셨고 (너희가 은혜로 구원을 얻은 것이라) 또 함께 일으키사 그리스도 예수 안에서 함께 하늘에 앉히시니

예수님의 십자가 피로 한 몸의 소망

(엡 2:11-19) 그러므로 생각하라 너희는 그 때에 육체로 이방인이요 손으로 육체에 행한 할례당이라 칭하는 자들에게 무할례당이라 칭함을 받는 자들이라 그 때에 너희는 그리스도 밖에 있었고 이스라엘 나라 밖의 사람이라 약속의 언약들에 대하여 외인이요 세상에서 소망이 없고 하나님도 없는 자이더니 이제는 전에 멀리 있던 너희가 그리스도 예수 안에서 그리스도의 피로 가까워졌느니라 그는 우리의 화평이신지라 둘로 하나를 만드사 중간에 막힌 담을 허시고 원수 된 것 곧 의문에 속한 계명의 율법을 자기 육체로 폐하셨으니 이는 이 둘로 자기의 안에서 한 새 사람을 지어 화평하게 하시고 또 십자가로 이 둘을 한 몸으로 하나님과 화목하게 하려 하심이라 원수 된 것을 십자가로 소멸하시

고 또 오셔서 먼 데 있는 너희에게 평안을 전하고 가까운 데 있는 자들에게 평안을 전하셨으니 이는 저로 말미암아 우리 둘이 한 성령 안에서 아버지께 나아감을 얻게 하려 하심이라 그러므로 이제부터 너희가 외인도 아니요 손도 아니요 오직 성도들과 동일한 시민이요 하나님의 권속이라

하나님은 빛이요 예수의 피가 깨끗하게 함(요일 1:5-7)

(요일 1:5-7) 우리가 저에게서 듣고 너희에게 전하는 소식이 이것이니 곧 하나님은 빛이시라 그에게는 어두움이 조금도 없으시니라 만일 우리가 하나님과 사귐이 있다 하고 어두운 가운데 행하면 거짓말을 하고 진리를 행치 아니함이거니와 저가 빛 가운데 계신 것 같이 우리도 빛 가운데 행하면 우리가 서로 사귐이 있고 그 아들 예수의 피가 우리를 모든 죄에서 깨끗하게 하실 것이요

3) 예수님이 있는 자에게는 생명이 있고 승리가 있음

예수님의 이름 권세

(빌 2:5-11) 너희 안에 이 마음을 품으라 곧 그리스도 예수의 마음이니 그는 근본 하나님의 본체시나 하나님과 동등됨을 취할 것으로 여기지 아니하시고 오히려 자기를 비어 종의 형체를 가져 사람들과 같이 되었고 사람의 모양으로 나타나셨으매 자기를 낮추시고 죽기까지 복종하셨으니 곧 십자가에 죽으심이라 이러므로 하나님이 그를 지극히 높여 모든 이름 위에 뛰어난 이름을 주사 하늘에 있는 자들과 땅에 있는 자들과 땅 아래 있는 자들로 모든 무릎을 예수의 이름에 꿇게 하시고 모든 입으로 예수 그리스도를 주라 시인하여 하나님 아버지께 영광을 돌리게 하셨느니라

믿음에 굳게 서서 감사함을 넘치게 하라

(골 2:6-7) 그러므로 너희가 그리스도 예수를 주로 받았으니 그 안에서 행하되 그 안에 뿌리를 박으며 세움을 입어 교훈을 받은 대로 믿음에 굳게 서서 감사함을 넘치게 하라

아들 있는 자는 생명이 있음(요일 5:11-12)

(요일 5:11-12) 또 증거는 이것이니 하나님이 우리에게 영생을 주신 것과 이 생명이 그의 아들 안에 있는 그것이니라 아들이 있는 자에게는 생명이 있고 하나님의 아들이 없는 자에게는 생명이 없느니라

II. 생명의 빛의 근원과 증거자 세례 요한

(요 1:5-14) 빛이 어두움에 비취되 어두움이 깨닫지 못하더라 하나님께로서 보내심을 받은 사람이 났으니 이름은 요한이라 저가 증거하러 왔으니 곧 빛에 대하여 증거하고 모든 사람으로 자기를 인하여 믿게하려 함이라 그는 이 빛이 아니요 이 빛에 대하여 증거하러 온 자라 참 빛 곧 세상에 와서 각 사람에게 비취는 빛이 있었나니 그가 세상에 계셨으며 세상은 그로 말미암아 지은 바 되었으되 세상이 그를 알지 못하였고 자기 땅에 오매 자기 백성이 영접지 아니하였으나 영접하는 자 곧 그 이름을 믿는 자들에게는 하나님의 자녀가 되는 권세를 주셨으니 이는 혈통으로나 육정으로나 사람의 뜻으로 나지 아니하고 오직 하나님께로서 난 자들이니라 말씀이 육신이 되어 우리 가운데 거하시매 우리가 그 영광을 보니 아버지의 독생자의 영광이요 은혜와 진리가 충만하더라

1. 빛으로 오신 예수님을 깨닫지 못한 이유

어둡기 때문에

(요 1:5) 빛이 어두움에 비취되 어두움이 깨닫지 못하더라

죄가 있는 자에게는 예수님이 없습니다.

(요 3:19) 그 정죄는 이것이니 곧 빛이 세상에 왔으되 사람들이 자기 행위가 악하므로 빛보다 어두움을 더 사랑한 것이니라

근원과 증거자 혼동

(요1:6-9) 하나님께로서 보내심을 받은 사람이 났으니 이름은 요한이라 저가 증거하러 왔으니 곧 빛에 대하여 증거하고 모든 사람으로 자기를 인하여 믿게하려 함이라 그는 이 빛이 아니요 이 빛에 대하여 증거하러 온 자라 참 빛 곧 세상에 와서 각 사람에게 비취는 빛이 있었나니

빛의 근원은 오직 예수님 이십니다(요일 1:7).

(요일 1:7) 저가 빛 가운데 계신 것 같이 우리도 빛 가운데 행하면 우리가 서로 사귐이 있고 그 아들 예수의 피가 우리를 모든 죄에서 깨끗하게 하실 것이요

알지 못했기에(10)

(요 1:10) 그가 세상에 계셨으며 세상은 그로 말미암아 지은 바 되었으되 세상이 그를 알지 못하였고

믿음을 바로 알고 예수님을 경험하여 느끼고 십자가의 삶으로 결론 내어야 합니다.

(갈 2:20) 내가 그리스도와 함께 십자가에 못 박혔나니 그런즉 이제는 내가 산 것이 아니요 오직 내 안에 그리스도께서 사신 것이라 이제 내가 육체 가운데 사는 것은 나를 사랑하사 나를 위하여 자기 몸을 버리신 하나님의 아들을 믿는 믿음 안에서 사는 것이라

영접하지 않았기에

(요 1:11) 자기 땅에 오매 자기 백성이 영접지 아니하였으나

오직 예수님

2. 예수님을 영접하면

하나님의 자녀가 됨(12)

(요 1:12) 영접하는 자 곧 그 이름을 믿는 자들에게는 하나님의 자녀가 되는 권세를 주셨으니

사람의 뜻이 아닌 하나님께로 난 자 되고

(요 1:13) 이는 혈통으로나 육정으로나 사람의 뜻으로 나지 아니하고 오직 하나님께로서 난 자들이니라

(마 16:17) 예수께서 대답하여 가라사대 바요나 시몬아 네

가 복이 있도다 이를 네게 알게 한 이는 혈육이 아니요 하늘에 계신 내 아버지시니라

은혜와 진리가 충만함

(요 1:14) 말씀이 육신이 되어 우리 가운데 거하시매 우리가 그 영광을 보니 아버지의 독생자의 영광이요 은혜와 진리가 충만하더라

※ 말씀은 성육하신 예수님을 말합니다. 예수님은 구원 받을 만한 자격이 없는 우리 인간 모두에게 값없이 주시는 속죄의 은혜를 베푸십니다.

말씀이 육신이 됨(1:14, 17)

(요 1:14) 말씀이 육신이 되어 우리 가운데 거하시매 우리가 그 영광을 보니 아버지의 독생자의 영광이요 은혜와 진리가 충만하더라

(요 1:17) 율법은 모세로 말미암아 주신 것이요 은혜와 진리는 예수 그리스도로 말미암아 온 것이라

임마누엘이 되심(마 1:21-23, 마 7:14)

(마 1:21-23) 아들을 낳으리니 이름을 예수라 하라 이는 그가 자기 백성을 저희 죄에서 구원할 자이심이라 하니라 이 모든 일의 된 것은 주께서 선지자로 하신 말씀을 이루려 하심이니 가라사대 보라 처녀가 잉태하여 아들을 낳을 것이요 그 이름은 임마누엘이라 하리라 하셨으니 이를 번역한즉 하나님이 우리와 함께 계시다 함이라

(마 7:14) 생명으로 인도하는 문은 좁고 길이 협착하여 찾는 이가 적음이니라

예정 가운데 통일되고, 구원의 복음을 듣고 성령의 인침 받음

(엡 1:10-14) 하늘에 있는 것이나 땅에 있는 것이 다 그리스도 안에서 통일되게 하려 하심이라 모든 일을 그 마음의 원대로 역사하시는 자의 뜻을 따라 우리가 예정을 입어 그 안에서 기업이 되었으니 이는 그리스도 안에서 전부터 바라던 우리로 그의 영광의 찬송이 되게 하려 하심이라 그 안에서 너희도 진리의 말씀 곧 너희의 구원의 복음을 듣고 그 안에서 또한 믿어 약속의 성령으로 인치심을 받았으니 이는 우리의 기업에 보증이 되사 그 얻으신 것을 구속하시고 그의 영광을 찬미하게 하려 하심이라

Ⅲ. 세례 요한 자신의 고백(15-28)

(요 1:15-28) 요한이 그에 대하여 증거하여 외쳐 가로되 내가 전에 말하기를 내 뒤에 오시는 이가 나보다 앞선 것은 나보다 먼저 계심이니라 한 것이 이 사람을 가리킴이라 하니라 우리가 다 그의 충만한 데서 받으니 은혜 위에 은혜러라 율법은 모세로 말미암아 주신 것이요 은혜와 진리는 예수 그리스도로 말미암아 온 것이라 본래 하나님을 본 사람이 없으되 아버지 품 속에 있는 독생하신 하나님이 나타내셨느니라 유대인들이 예루살렘에서 제사장들과 레위인들을 요한에게 보내어 네가 누구냐 물을 때에 요한의 증거가 이러하니라 요한이 드러내어 말하고 숨기지 아니하니 드러내어 하는 말이 나는 그리스도가 아니라 한대 또 묻되 그

러면 무엇 네가 엘리야냐 가로되 나는 아니라 또 묻되 네가 그 선지자냐 대답하되 아니라 또 말하되 누구냐 우리를 보낸 이들에게 대답하게 하라 너는 네게 대하여 무엇이라 하느냐 가로되 나는 선지자 이사야의 말과 같이 주의 길을 곧게 하라고 광야에서 외치는 자의 소리로라 하니라 저희는 바리새인들에게서 보낸자라 또 물어 가로되 네가 만일 그리스도도 아니요 엘리야도 아니요 그 선지자도 아닐진대 어찌하여 세례를 주느냐 요한이 대답하되 나는 물로 세례를 주거니와 너희 가운데 너희가 알지 못하는 한 사람이 섰으니 곧 내 뒤에 오시는 그이라 나는 그의 신들메 풀기도 감당치 못하겠노라 하더라 이 일은 요한의 세례 주던 곳 요단 강 건너편 베다니에서 된 일이니라

1. 자신은 빛과 생명이 아니고 예수님에 대한 증거자임을 밝힙니다.

(요 1:6-9) 하나님께로서 보내심을 받은 사람이 났으니 이름은 요한이라저가 증거하러 왔으니 곧 빛에 대하여 증거하고 모든 사람으로 자기를 인하여 믿게하려 함이라 그는 이 빛이 아니요 이 빛에 대하여 증거하러 온 자라 참 빛 곧 세상에 와서 각 사람에게 비취는 빛이 있었나니

2. 예수님은 요한보다 먼저 계신 자 입니다(15).

(요 1:15) 요한이 그에 대하여 증거하여 외쳐 가로되 내가 전에 말하기를 내 뒤에 오시는 이가 나보다 앞선 것은 나보다 먼저 계심이니라 한 것이 이 사람을 가리킴이라 하니라

3. 예수님은 은혜와 진리가 충만합니다(16-17).

(요 1:16-17) 우리가 다 그의 충만한 데서 받으니 은혜 위에 은혜러라 율법은 모세로 말미암아 주신 것이요 은혜와 진리는 예수 그리스도로 말미암아 온 것이라

4. 예수는 그리스도이시고 살아계신 하나님이시고 하나님의 독생자 이십니다.

(요 1:18) 본래 하나님을 본 사람이 없으되 아버지 품 속에 있는 독생하신 하나님이 나타내셨느니라

5. 주의 길을 예비하는 광야의 소리가 있었습니다(사 40:3, 마 3:4, 요 1:19-24).

(사 40:3) 외치는 자의 소리여 가로되 너희는 광야에서 여호와의 길을 예비하라 사막에서 우리 하나님의 대로를 평탄케 하라

(마 3:4) 이 요한은 약대 털옷을 입고 허리에 가죽 띠를 띠고 음식은 메뚜기와 석청이었더라

(요 1:19-24) 유대인들이 예루살렘에서 제사장들과 레위인들을 요한에게 보내어 네가 누구냐 물을 때에 요한의 증거가 이러하니라 요한이 드러내어 말하고 숨기지 아니하니 드러내어 하는 말이 나는 그리스도가 아니라 한대 또 묻되 그러면 무엇 네가 엘리야냐 가로되 나는 아니라 또 묻되 네가 그 선지자냐 대답하되 아니라 또 말하되 누구냐 우리를

보낸 이들에게 대답하게 하라 너는 네게 대하여 무엇이라 하느냐 가로되 나는 선지자 이사야의 말과 같이 주의 길을 곧게 하라고 광야에서 외치는 자의 소리로라 하니라 저희는 바리새인들에게서 보낸자라

6. 이스라엘 죄와 심판을 선포하고 회개를 촉구함과 물세례(25-28).

(요 1:25-28) 또 물어 가로되 네가 만일 그리스도도 아니요 엘리야도 아니요 그 선지자도 아닐진대 어찌하여 세례를 주느냐 요한이 대답하되 나는 물로 세례를 주거니와 너희 가운데 너희가 알지 못하는 한 사람이 섰으니 곧 내 뒤에 오시는 그이라 나는 그의 신들메 풀기도 감당치 못하겠노라 하더라 이 일은 요한의 세례 주던 곳 요단 강 건너편 베다니에서 된 일이니라

IV. 요한의 예수님에 대한 선언(29-34)

(요 1:29-34) 이튿날 요한이 예수께서 자기에게 나아오심을 보고 가로되 보라 세상 죄를 지고 가는 하나님의 어린 양이로다 내가 전에 말하기를 내 뒤에 오는 사람이 있는데 나보다 앞선 것은 그가 나보다 먼저 계심이라 한 것이 이 사람을 가리킴이라 나도 그를 알지 못하였으나 내가 와서 물로 세례를 주는 것은 그를 이스라엘에게 나타내려 함이라 하니라 요한이 또 증거하여 가로되 내가 보매 성령이 비둘기 같이 하늘로서 내려와서 그의 위에 머물렀더라 나도 그를 알지 못하였으나 나를 보내어 물로 세례를 주라 하신 그이가 나에게 말씀하시되 성령이 내려서 누구 위에든

지 머무는 것을 보거든 그가 곧 성령으로 세례를 주는 이인 줄 알라 하셨기에 내가 보고 그가 하나님의 아들이심을 증거하였노라 하니라

1. 세상 죄를 지고 가는 어린 양(29)

(요 1:29) 이튿날 요한이 예수께서 자기에게 나아오심을 보고 가로되 보라 세상 죄를 지고 가는 하나님의 어린 양이로다

죄와 허물을 위한 희생의 구속주

(사 53:1-6) 우리의 전한 것을 누가 믿었느뇨 여호와의 팔이 뉘게 나타났느뇨 그는 주 앞에서 자라나기를 연한 순 같고 마른 땅에서 나온 줄기 같아서 고운 모양도 없고 풍채도 없은즉 우리의 보기에 흠모할만한 아름다운 것이 없도다 그는 멸시를 받아서 사람에게 싫어버린 바 되었으며 간고를 많이 겪었으며 질고를 아는 자라 마치 사람들에게 얼굴을 가리우고 보지 않음을 받는 자 같아서 멸시를 당하였고 우리도 그를 귀히 여기지 아니하였도다 그는 실로 우리의 질고를 지고 우리의 슬픔을 당하였거늘 우리는 생각하기를 그는 징벌을 받아서 하나님에게 맞으며 고난을 당한다 하였노라 그가 찔림은 우리의 허물을 인함이요 그가 상함은 우리의 죄악을 인함이라 그가 징계를 받음으로 우리가 평화를 누리고 그가 채찍에 맞음으로 우리가 나음을 입었도다 우리는 다 양 같아서 그릇 행하여 각기 제 길로 갔거늘 여호와께서는 우리 무리의 죄악을 그에게 담당시키셨도다

흠 없고 점 없는 예수님의 피

(벧전 1:9) 믿음의 결국 곧 영혼의 구원을 받음이라

구원 받은 자 어린 양 피에 그 옷이 씻어진 자(계 7:4)

(계 7:4) 내가 인 맞은 자의 수를 들으니 이스라엘 자손의 각 지파 중에서 인 맞은 자들이 십사만 사천이니

선택받은 하나님의 택한 자 피로 구원(출 12:11-13)

(출 12:11-13) 너희는 그것을 이렇게 먹을지니 허리에 띠를 띠고 발에 신을 신고 손에 지팡이를 잡고 급히 먹으라 이것이 여호와의 유월절이니라 내가 그 밤에 애굽 땅에 두루 다니며 사람과 짐승을 무론하고 애굽 나라 가운데 처음 난 것을 다 치고 애굽의 모든 신에게 벌을 내리리라 나는 여호와로라 내가 애굽 땅을 칠 때에 그 피가 너희의 거하는 집에 있어서 너희를 위하여 표적이 될지라 내가 피를 볼 때에 너희를 넘어가리니 재앙이 너희에게 내려 멸하지 아니하리라

※ 예수님의 십자가 죽으심은 죄와 사망을 이기심(골 2:14-15, 창 3:15)이며, 성취요, 완성이고 부활하심은 죄와 사망의 권세를 이기신 승리자로서 만주의 주시요 만왕의 왕이며 능력과 지혜와 부와 힘과 존귀와 영광과 찬송을 받으시기에 합당하신 정복자 이십니다 (계 5:12-13).

2. 예수님을 알지 못했음을 고백

(요 1:31) 나도 그를 알지 못하였으나 내가 와서 물로 세례를 주는 것은 그를 이스라엘에게 나타내려 함이라 하니라

육적으로 알았지만 예수그리스도를 만난 후 사명을 깨달음 같이.

※ 인간은 누구라도 오직 예수님을 나의 주님으로 확실하게 만나야 합니다. 그리고 시인하고 고백해야 합니다(마 16:16, 롬 10:9-10).

3. 예수님은 하나님의 아들(33, 마 16:16)

(요 1:33) 나도 그를 알지 못하였으나 나를 보내어 물로 세례를 주라 하신 그이가 나에게 말씀하시되 성령이 내려서 누구 위에든지 머무는 것을 보거든 그가 곧 성령으로 세례를 주는 이인줄 알라 하셨기에

(마 16:16) 시몬 베드로가 대답하여 가로되 주는 그리스도시요 살아계신 하나님의 아들이시니이다

결론

세상 죄를 지고 가는 하나님의 어린 양은 예수님 이십니다.

- 오늘, 이 순간 분명하게 주님을 만납시다.
- 주는 그리스도시요 살아계신 하나님으로 고백합니다.

- 세례 요한처럼 예수님만 확실하게 증거합시다.
- 이런 절차가 거룩한 예식, 성례식의 세례예식입니다.
할렐루야-아멘 오직 예수그리스도.

2과

◆ 요 1장 30-51절

성령께서 하시는 일

I. 성령께서 비둘기 같이 임하는 배경(창 8:6-12)

II. 성령이 비둘기같이 임한 성경적 실제(마 3:15-17)

III. 비둘기가 성령의 상징적 의미(요 1:32)

IV. 성령 받은 자의 고백과 증거(1:30-51)

예수님을 세상 죄를 담당하신 하나님의 어린 양으로 믿는 자는 구원받은 하나님의 자녀의 신분으로 성령의 인도함을 받고 영적 승리의 삶을 삽니다. 죄와 사망에서, 질병에서, 염려 근심 걱정에서, 마귀에게서 승리합시다.

세례 요한은 성령의 인도를 받아 예수님에게 세례를 베풀고 성령이 임하신 현장을 경험하고 예수님이 하나님의 아들이심을 확실하게 증거 하였습니다.

I. 성령께서 비둘기 같이 임하는 배경(창 8:6-12)

(창 8:6-12) 사십 일을 지나서 노아가 그 방주에 낸 창문을 열고 까마귀를 내놓으매 까마귀가 물이 땅에서 마르기까지 날아 왕래하였더라 그가 또 비둘기를 내놓아 지면에서 물이 줄어들었는지를 알고자 하매 온 지면에 물이 있으므로 비둘기가 발 붙일 곳을 찾지 못하고 방주로 돌아와 그에게로 오는지라 그가 손을 내밀어 방주 안 자기에게로 받아들이고 또 칠 일을 기다려 다시 비둘기를 방주에서 내놓으매 저녁때에 비둘기가 그에게로 돌아왔는데 그 입에 감람나무 새 잎사귀가 있는지라 이에 노아가 땅에 물이 줄어든 줄을 알았으며 또 칠 일을 기다려 비둘기를 내놓으매 다시는 그에게로 돌아오지 아니하였더라

비둘기는 홍수심판 후에, 방주에서 나와 새 희망과 미래의 비전과 평화의 상징으로 감람나무 새 잎사귀를 물고 방주로 돌아온 새 입니다. 까마귀에 비하여 얼마나 크게 안정감과 노아의 마음을 흡족하게 하여 주었

습니까?

비둘기는 주님께서 임재하심의 상징인 성령의 역사를 의미합니다(요 14:27). 성령을 받으면 평안과 안정감이 있습니다.

II. 성령이 비둘기같이 임한 성경적 실제(마 3:15-17)

1. 세례의 목적

하나님의 의를 이룸(마 6:33)

(마 6:33) 그런즉 너희는 먼저 그의 나라와 그의 의를 구하라 그리하면 이 모든 것을 너희에게 더하시리라

2. 세례의 자세

내려가라 → 십자가
무릎 꿇어라 → 십자가
잠겨라 → 말씀의 성령으로

3. 세례 받으면

하늘이 열리고 → 신령한 세계
성령이 임재 → 비둘기, 평안과 기쁨
하늘 음성 → 확신, 인침, 보증

Ⅲ. 비둘기가 성령의 상징적 의미(요 1:32)

(요 1:32) 요한이 또 증언하여 이르되 내가 보매 성령이 비둘기 같이 하늘로부터 내려와서 그의 위에 머물렀더라

1. 새 사람이 되게 하고(엡 4:22-24), 겸손과 평안을 주심과 성령의 열매 맺음(갈 5:22-24)

(엡 4:22-24) 너희는 유혹의 욕심을 따라 썩어져 가는 구습을 따르는 옛 사람을 벗어 버리고 오직 너희의 심령이 새롭게 되어 하나님을 따라 의와 진리의 거룩함으로 지으심을 받은 새 사람을 입으라

(갈 5:22-24) 오직 성령의 열매는 사랑과 희락과 화평과 오래 참음과 자비와 양선과 충성과 온유와 절제니 이같은 것을 금지할 법이 없느니라 그리스도 예수의 사람들은 육체와 함께 그 정욕과 탐심을 십자가에 못 박았느니라

2. 순결을 상징하며, 심령의 변화를 일으키심과 오직 예수님(마 10:16, 엡 4:22-24)

(마 10:16, 개정) 보라 내가 너희를 보냄이 양을 이리 가운데로 보냄과 같도다 그러므로 너희는 뱀 같이 지혜롭고 비둘기 같이 순결하라

(엡 4:22-24) 너희는 유혹의 욕심을 따라 썩어져 가는 구습을 따르는 옛 사람을 벗어 버리고 오직 너희의 심령이 새롭게 되어 하나님을 따라 의와 진리의 거룩함으로 지으심을

3. 온유와 겸손을 상징하며 무례함과 교만한 마음을 제거함(마 11:29, 고전 13:4-7)

(마 11:29) 나는 마음이 온유하고 겸손하니 나의 멍에를 메고 내게 배우라 그리하면 너희 마음이 쉼을 얻으리니

(고전 13:4-7) 사랑은 오래 참고 사랑은 온유하며 시기하지 아니하며 사랑은 자랑하지 아니하며 교만하지 아니하며 무례히 행하지 아니하며 자기의 유익을 구하지 아니하며 성내지 아니하며 악한 것을 생각하지 아니하며 불의를 기뻐하지 아니하며 진리와 함께 기뻐하고 모든 것을 참으며 모든 것을 믿으며 모든 것을 바라며 모든 것을 견디느니라

IV. 성령 받은 자의 고백과 증거(1:30-51)

(요 1:30-51) 내가 전에 말하기를 내 뒤에 오는 사람이 있는데 나보다 앞선 것은 그가 나보다 먼저 계심이라 한 것이 이 사람을 가리킴이라 나도 그를 알지 못하였으나 내가 와서 물로 세례를 베푸는 것은 그를 이스라엘에 나타내려 함이라 하니라 요한이 또 증언하여 이르되 내가 보매 성령이 비둘기 같이 하늘로부터 내려와서 그의 위에 머물렀더라 나도 그를 알지 못하였으나 나를 보내어 물로 세례를 베풀라 하신 그이가 나에게 말씀하시되 성령이 내려서 누구 위에든지 머무는 것을 보거든 그가 곧 성령으로 세례를 베푸는 이인 줄 알라 하셨기에 내가 보고 그가 하나님의 아들이심을 증언하였노라 하니라 또 이튿날 요한이 자기 제자 중 두

사람과 함께 섰다가 예수께서 거니심을 보고 말하되 보라 하나님의 어린 양이로다 두 제자가 그의 말을 듣고 예수를 따르거늘 예수께서 돌이켜 그 따르는 것을 보시고 물어 이르시되 무엇을 구하느냐 이르되 랍비여 어디 계시오니이까 하니 (랍비는 번역하면 선생이라) 예수께서 이르시되 와서 보라 그러므로 그들이 가서 계신 데를 보고 그 날 함께 거하니 때가 열 시쯤 되었더라 요한의 말을 듣고 예수를 따르는 두 사람 중의 하나는 시몬 베드로의 형제 안드레라 그가 먼저 자기의 형제 시몬을 찾아 말하되 우리가 메시야를 만났다 하고 (메시야는 번역하면 그리스도라) 데리고 예수께로 오니 예수께서 보시고 이르시되 네가 요한의 아들 시몬이니 장차 게바라 하리라 하시니라 (게바는 번역하면 베드로라) 이튿날 예수께서 갈릴리로 나가려 하시다가 빌립을 만나 이르시되 나를 따르라 하시니 빌립은 안드레와 베드로와 한 동네 벳새다 사람이라 빌립이 나다나엘을 찾아 이르되 모세가 율법에 기록하였고 여러 선지자가 기록한 그이를 우리가 만났으니 요셉의 아들 나사렛 예수니라 나다나엘이 이르되 나사렛에서 무슨 선한 것이 날 수 있느냐 빌립이 이르되 와서 보라 하니라 예수께서 나다나엘이 자기에게 오는 것을 보시고 그를 가리켜 이르시되 보라 이는 참으로 이스라엘 사람이라 그 속에 간사한 것이 없도다 나다나엘이 이르되 어떻게 나를 아시나이까 예수께서 대답하여 이르시되 빌립이 너를 부르기 전에 네가 무화과나무 아래에 있을 때에 보았노라 나다나엘이 대답하되 랍비여 당신은 하나님의 아들이시요 당신은 이스라엘의 임금이로소이다 예수께서 대답하여 이르시되 내가 너를 무화과나무 아래에서 보았다 하므로 믿느냐 이보다 더 큰 일을 보리라 또 이르시되 진실로 진실로 너희에게 이르노니 하늘이 열리고 하나님의 사자들이 인자 위에 오르락 내리락 하는 것을 보리라 하시니라 성령 받은 자의 고백은 주님을 만난 감격과 기쁨의 고백이며, 성령 받은 자의 증거는 그리스도의 증인이 되어 복음을 전하는 확실한 증거자가 됩니다(행 1:8, 마 28:18-20).

(행 1:8) 오직 성령이 너희에게 임하시면 너희가 권능을 받고 예루살렘과 온 유대와 사마리아와 땅 끝까지 이르러 내 증인이 되리라 하시니라

(마 28:18-20) 예수께서 나아와 말씀하여 이르시되 하늘과 땅의 모든 권세를 내게 주셨으니 그러므로 너희는 가서 모든 민족을 제자로 삼아 아버지와 아들과 성령의 이름으로 세례를 베풀고 내가 너희에게 분부한 모든 것을 가르쳐 지키게 하라 볼지어다 내가 세상 끝날까지 너희와 항상 함께 있으리라 하시니라

1. 성령 받은 자의 고백(30-34)

말씀이신 예수님이 창조주임을 인정함과 먼저 계심을 고백(1:1, 30)

(요 1:1) 태초에 말씀이 계시니라 이 말씀이 하나님과 함께 계셨으니 이 말씀은 곧 하나님이시니라

(요 1:30) 내가 전에 말하기를 내 뒤에 오는 사람이 있는데 나보다 앞선 것은 그가 나보다 먼저 계심이라 한 것이 이 사람을 가리킴이라

그리스도를 알게 하는 세례식임을 고백(31)

(요 1:31) 나도 그를 알지 못하였으나 내가 와서 물로 세례를 베푸는 것은 그를 이스라엘에 나타내려 함이라 하니라

우리는 세상 사람에게 그리스도를 알게 하는 것이 제일 중요한 일입니다(마 28:19-20, 행 1:8).

(마 28:19-20) 그러므로 너희는 가서 모든 민족을 제자로 삼아 아버지와 아들과 성령의 이름으로 세례를 베풀고 내가 너희에게 분부한 모든 것을 가르쳐 지키게 하라 볼지어다 내가 세상 끝날까지 너희와 항상 함께 있으리라 하시니라

(행 1:8) 오직 성령이 너희에게 임하시면 너희가 권능을 받고 예루살렘과 온 유대와 사마리아와 땅 끝까지 이르러 내 증인이 되리라 하시니라

예수님은 성령 제자임을 고백하는 세례요한 진실된 모습(32-33)

(요 1:32-33) 요한이 또 증언하여 이르되 내가 보매 성령이 비둘기 같이 하늘로부터 내려와서 그의 위에 머물렀더라 나도 그를 알지 못하였으나 나를 보내어 물로 세례를 베풀라 하신 그이가 나에게 말씀하시되 성령이 내려서 누구 위에든지 머무는 것을 보거든 그가 곧 성령으로 세례를 베푸는 이인 줄 알라 하셨기에

성령이 역사하시는 실제를 보고 하나님의 아들이심을 증거함(34)

(요 1:34) 내가 보고 그가 하나님의 아들이심을 증언하였
노라 하니라

2. 성령의 증거와 안드레 전도 방법

요한의 제자로 있다가 예수님이 하나님의 어린 양이요 그
리스도이심을 믿고 좇음(35-37)

(요 1:35-37) 또 이튿날 요한이 자기 제자 중 두 사람과 함
께 섰다가 예수께서 거니심을 보고 말하되 보라 하나님의
어린 양이로다 두 제자가 그의 말을 듣고 예수를 따르거늘

두 제자가 주님께 왔을 때 '와보라'는 명령에 순종함(38-
40)

(요 1:38-40) 예수께서 돌이켜 그 따르는 것을 보시고 물어
이르시되 무엇을 구하느냐 이르되 랍비여 어디 계시오니
이까 하니 (랍비는 번역하면 선생이라) 예수께서 이르시되
와서 보라 그러므로 그들이 가서 계신 데를 보고 그 날 함
께 거하니 때가 열 시쯤 되었더라 요한의 말을 듣고 예수를
따르는 두 사람 중의 하나는 시몬 베드로의 형제 안드레라

안드레가 자기의 형 베드로에게 메시아를 만났다고 고백
함(40-41)

(요 1:40-41) 요한의 말을 듣고 예수를 따르는 두 사람 중
의 하나는 시몬 베드로의 형제 안드레라 그가 먼저 자기의
형제 시몬을 찾아 말하되 우리가 메시야를 만났다 하고
(메시야는 번역하면 그리스도라)

※ 전도는

1) 전도의 구호

와보라(39) – 주님(1:39), 빌립(1:46), 수가성의 여인이
사용함(4:29)

(요 1:39) 예수께서 이르시되 와서 보라 그러므로 그들이
가서 계신 데를 보고 그 날 함께 거하니 때가 열 시쯤 되
었더라

(요 1:46) 나다나엘이 이르되 나사렛에서 무슨 선한 것이
날 수 있느냐 빌립이 이르되 와서 보라 하니라

(요 4:29) 내가 행한 모든 일을 내게 말한 사람을 와서 보라
이는 그리스도가 아니냐 하니

최선의 방법입니다.

2) 전도의 주제

메시아를 만났다(41)

(요 1:41) 그가 먼저 자기의 형제 시몬을 찾아 말하되 우리
가 메시야를 만났다 하고 (메시야는 번역하면 그리스도라)

오직 예수님의 뜨거운 체험과 실제적 경험이 힘이 됩니다.

3) 전도의 결과

반석이 되심(교회) (41, 4:42, 딤전 3:15, 마 16:18). 안드레나 수가성의 여인처럼 먼저 가족, 형제, 이웃 구원이 중요합니다.

(요 1:41) 그가 먼저 자기의 형제 시몬을 찾아 말하되 우리가 메시야를 만났다 하고 (메시야는 번역하면 그리스도라)

(요 4:42) 그 여자에게 말하되 이제 우리가 믿는 것은 네 말로 인함이 아니니 이는 우리가 친히 듣고 그가 참으로 세상의 구주신 줄 앎이라 하였더라

(딤전 3:15) 만일 내가 지체하면 너로 하여금 하나님의 집에서 어떻게 행하여야 할지를 알게 하려 함이니 이 집은 살아 계신 하나님의 교회요 진리의 기둥과 터니라

(마 16:18) 또 내가 네게 이르노니 너는 베드로라 내가 이 반석 위에 내 교회를 세우리니 음부의 권세가 이기지 못하리라

3. 지속적인 성령의 증거 빌립 전도(43-46)

예수님께서 빌립을 부르심(같은 지역 복음화, 43-44)

(요 1:43-44) 이튿날 예수께서 갈릴리로 나가려 하시다가 빌립을 만나 이르시되 나를 따르라 하시니 빌립은 안드레와 베드로와 한 동네 벳새다 사람이라

가나안 약속의 땅을 사모하라. 빌립의 전도 대상 나다나엘
(45), 친구는 생명의 대화가 통하는 자 입니다.

**(요 1:45) 빌립이 나다나엘을 찾아 이르되 모세가 율법에
기록하였고 여러 선지자가 기록한 그이를 우리가 만났으니
요셉의 아들 나사렛 예수니라**

빌립의 전도 내용. 예수님을 만났다(45), 쉬우면서 영적
사건입니다.

**(요 1:45) 빌립이 나다나엘을 찾아 이르되 모세가 율법에
기록하였고 여러 선지자가 기록한 그이를 우리가 만났으니
요셉의 아들 나사렛 예수니라**

전도의 반응

나사렛에서 선한 것 날 수 없다. 거부함, 세상적 판단과
이성적 한계가 있습니다.

**(요 1:46) 나다나엘이 이르되 나사렛에서 무슨 선한 것이
날 수 있느냐 빌립이 이르되 와서 보라 하니라**

전도자의 태도

끈질기게 와보라고 확실히 전함(46), 믿고 끝까지 견디
는 자는 복이 됩니다.

**(요 1:46) 나다나엘이 이르되 나사렛에서 무슨 선한 것이
날 수 있느냐 빌립이 이르되 와서 보라 하니라**

4. 예수님의 제자 양육 방법(47-51)

나다나엘을 예정하시고 구원의 소망을 제시함(47) 새 소망을 제시함과 천국소망을 확신합시다.

(요 1:47) 예수께서 나다나엘이 자기에게 오는 것을 보시고 그를 가리켜 이르시되 보라 이는 참으로 이스라엘 사람이라 그 속에 간사한 것이 없도다

간사함이 없다는 장점을 인정하여 주고 편견을 극복(47)

(요 1:47) 예수께서 나다나엘이 자기에게 오는 것을 보시고 그를 가리켜 이르시되 보라 이는 참으로 이스라엘 사람이라 그 속에 간사한 것이 없도다

칭찬 공화국을 건설합시다. 긍정적인 시장을 확보해야 합니다.

네가 기도하는 것을 인정함 - 영적 통찰력(48) 영적 능력을 감지합시다.

(요 1:48) 나다나엘이 이르되 어떻게 나를 아시나이까 예수께서 대답하여 이르시되 빌립이 너를 부르기 전에 네가 무화과나무 아래에 있을 때에 보았노라

스스로 신앙고백하게 만듦(49) 시인하고 고백하는 자가 구원받습니다(롬 10:9, 12-13, 17).

(요 1:49) 나다나엘이 대답하되 랍비여 당신은 하나님의 아들이시요 당신은 이스라엘의 임금이로소이다

(롬 10:9) 네가 만일 네 입으로 예수를 주로 시인하며 또 하나님께서 그를 죽은 자 가운데서 살리신 것을 네 마음에 믿으면 구원을 받으리라

(롬 10:12-13) 유대인이나 헬라인이나 차별이 없음이라 한 분이신 주께서 모든 사람의 주가 되사 그를 부르는 모든 사람에게 부요하시도다 누구든지 주의 이름을 부르는 자는 구원을 받으리라

(롬 10:17) 그러므로 믿음은 들음에서 나며 들음은 그리스도의 말씀으로 말미암았느니라

간증적인 삶과 주인공이 됩시다.

세계 복음화 비전과 성령 능력 강조(행 1:8, 마 28:18-20) 시대적 세계적 큰 비전과 큰 꿈과 소망을 가져라.

(행 1:8) 오직 성령이 너희에게 임하시면 너희가 권능을 받고 예루살렘과 온 유대와 사마리아와 땅 끝까지 이르러 내 증인이 되리라 하시니라

(마 28:18-20) 예수께서 나아와 말씀하여 이르시되 하늘과 땅의 모든 권세를 내게 주셨으니 그러므로 너희는 가서 모든 민족을 제자로 삼아 아버지와 아들과 성령의 이름으로 세례를 베풀고 내가 너희에게 분부한 모든 것을 가르쳐 지키게 하라 볼지어다 내가 세상 끝날까지 너희와 항상 함께 있으리라 하시니라

생명의 구원을 얻음(51, 요 5:24, 계 22:1-5) 영적 세계를 경험함 – 알찬 삶을 살아봅시다.

(요 1:51) 또 이르시되 진실로 진실로 너희에게 이르노니 하늘이 열리고 하나님의 사자들이 인자 위에 오르락 내리락 하는 것을 보리라 하시니라

(요 5:24, 개정) 내가 진실로 진실로 너희에게 이르노니 내 말을 듣고 또 나 보내신 이를 믿는 자는 영생을 얻었고 심판에 이르지 아니하나니 사망에서 생명으로 옮겼느니라

(계 22:1-5) 또 그가 수정 같이 맑은 생명수의 강을 내게 보이니 하나님과 및 어린 양의 보좌로부터 나와서 길 가운데로 흐르더라 강 좌우에 생명나무가 있어 열두 가지 열매를 맺되 달마다 그 열매를 맺고 그 나무 잎사귀들은 만국을 치료하기 위하여 있더라 다시 저주가 없으며 하나님과 그 어린 양의 보좌가 그 가운데에 있으리니 그의 종들이 그를 섬기며 그의 얼굴을 볼 터이요 그의 이름도 그들의 이마에 있으리라 다시 밤이 없겠고 등불과 햇빛이 쓸 데 없으니 이는 주 하나님이 그들에게 비치심이라 그들이 세세토록 왕 노릇 하리로다

결론

성령의 인도하심 따라 확실한 신앙고백과 오직 예수님의 확실한 증거와 영혼구령을 위한 생명을 쏟아 부은 복음전도의 삶을 드리고 헌신합시다. 요한 웨슬 리가 전도할 때는 찰스가 찬양으로 도왔습니다. 할렐루야-아멘 오직 예수그리스도.

3과

◆ 요 2장 1-12절

무슨 말을 하든지 그대로 하라

그리스도인의 생활은 혼인잔치 집과 같은 축제적 삶으로 사는 분위기가 되어야 합니다. 이런 삶은 오직 예수님 안에서만이 누릴 수 있는 축복입니다.

혼인잔치의 집에는 세 가지가 있어야 합니다(음식, 노래, 기쁨).

1. 신랑, 신부(주인공)

신랑, 신부가 가져야 할 최대 선물은 사랑이 있어야 합니다. 구령의 열정이 있어야 합니다.

2. 음식(말씀)

맛있는 먹거리가 풍성해야 합니다. 생명력이 있는 말씀이 있어야 합니다.

3. 손님(택함 받은 자)

즐거워하는 손님이 있어야 합니다. 예수님 안에서 선택받은 자, 사랑 받는 자가 있어야 합니다.

※ 가나의 혼인잔치 집에서 예수님을 초대하였습니다.

① 예수님과 제자의 초대(요 2:1-2)

(요 2:1-2) 사흘째 되던 날 갈릴리 가나에 혼례가 있어 예

수의 어머니도 거기 계시고 예수와 그 제자들도 혼례에 청함을 받았더니

② 갈증해소 회복(사 55:1-3)

(사 55:1-3) 오호라 너희 모든 목마른 자들아 물로 나아오라 돈 없는 자도 오라 너희는 와서 사 먹되 돈 없이, 값 없이 와서 포도주와 젖을 사라 너희가 어찌하여 양식이 아닌 것을 위하여 은을 달아 주며 배부르게 하지 못할 것을 위하여 수고하느냐 내게 듣고 들을지어다 그리하면 너희가 좋은 것을 먹을 것이며 너희 자신들이 기름진 것으로 즐거움을 얻으리라 너희는 귀를 기울이고 내게로 나아와 들으라 그리하면 너희의 영혼이 살리라 내가 너희를 위하여 영원한 언약을 맺으리니 곧 다윗에게 허락한 확실한 은혜이니라

③ 예수님을 만나서 멍에 멜 자(마 11:28-30)

(마 11:28-30) 수고하고 무거운 짐 진 자들아 다 내게로 오라 내가 너희를 쉬게 하리라 나는 마음이 온유하고 겸손하니 나의 멍에를 메고 내게 배우라 그리하면 너희 마음이 쉼을 얻으리니 이는 내 멍에는 쉽고 내 짐은 가벼움이라 하시니라

주님과 관계되지 않은 결혼은 무의미 합니다. 진지하고 애틋한 사랑과 생명력있는 역동적인 기쁨과 감격의 행복이 주 예수님에게서 옵니다. 이것은 주님의 몸 된 교회 안에서 완성됩니다(엡 5:22-23).

(엡 5:22-23) 아내들이여 자기 남편에게 복종하기를 주께 하듯 하라 이는 남편이 아내의 머리 됨이 그리스도께서 교

회의 머리 됨과 같음이니 그가 바로 몸의 구주시니라

I. 혼인 집의 사건(1-8)

(요 2:1-8) 사흘째 되던 날 갈릴리 가나에 혼례가 있어 예수
의 어머니도 거기 계시고 예수와 그 제자들도 혼례에 청함
을 받았더니 포도주가 떨어진지라 예수의 어머니가 예수
에게 이르되 저들에게 포도주가 없다 하니 예수께서 이르
시되 여자여 나와 무슨 상관이 있나이까 내 때가 아직 이르
지 아니하였나이다 그의 어머니가 하인들에게 이르되 너희
에게 무슨 말씀을 하시든지 그대로 하라 하니라 거기에 유
대인의 정결 예식을 따라 두세 통 드는 돌항아리 여섯이 놓
였는지라 예수께서 그들에게 이르시되 항아리에 물을 채
우라 하신즉 아귀까지 채우니 이제는 떠서 연회장에게 갖
다 주라 하시매 갖다 주었더니

1. 하나님의 섭리적 계획

좋은 날에 귀빈들이 많이 와 있는데(1-2)

(요 2:1-2) 사흘째 되던 날 갈릴리 가나에 혼례가 있어 예
수의 어머니도 거기 계시고 예수와 그 제자들도 혼례에 청
함을 받았더니

음식이 떨어져 모자랍니다(3).

(요 2:3) 포도주가 떨어진지라 예수의 어머니가 예수에게
이르되 저들에게 포도주가 없다 하니

말씀이 모자라거나 떨어지면 큰일이지요.

어머니(마리아)는 예수가 하나님이심을 믿음

(요 2:5) 그의 어머니가 하인들에게 이르되 너희에게 무슨 말씀을 하시든지 그대로 하라 하니라

※ 인생의 삶으로는 언제나 한계가 있고 모자라는 삶이요, 갈증나는 삶입니다(마 11:28-29). 주님을 의지해야 하고 말씀에 순종해야 합니다.

2. 말씀에 순종함

생명력 있는 조언(5)

(요 2:5) 그의 어머니가 하인들에게 이르되 너희에게 무슨 말씀을 하시든지 그대로 하라 하니라

하나님은 전능하시므로 믿는 대로 됩니다.

모든 일에 예비하심(6)

(요 2:6) 거기에 유대인의 정결 예식을 따라 두세 통 드는 돌항아리 여섯이 놓였는지라

하나님의 능력을 믿고 기다리는 자세가 필요합니다.

가득하게 채움의 순종(7)

(요 2:7) 예수께서 그들에게 이르시되 항아리에 물을 채우라 하신즉 아귀까지 채우니
축복과 해결의 열쇠입니다.

즐거움과 감격으로 헌신(8)

(요 2:8) 이제는 떠서 연회장에게 갖다 주라 하시매 갖다 주었더니

말씀에 순종하는 행동을 연회장은 모릅니다.

※ 어찌된 내용인지를 몰라서는 안됩니다. 오직 예수님을 만나야 하고 마음에 영접해야 합니다. 예수님 생명 복음의 능력을 확실하게 알게 해야 합니다.

3. 문제가 문제를 해결하는 축복의 기회였습니다(1-8).

예수님을 그리스도이심을 인정하고 하나님 능력을 인정할 때 역사는 일어납니다(오직 예수님).

어머니가 아들로 생각하지 않고 하나님으로 믿는 믿음이 변화의 초점입니다(이성적 한계를 초월).

말씀의 생명력과 권위가 있음을 인정하고 순종하게 하심은 성령의 역사입니다(믿고 따르는 무조건적 신앙).

Ⅱ. 순종의 결과 – 물이 포도주로 변화됨(9-12)

(요 2:9-12) 연회장은 물로 된 포도주를 맛보고도 어디서 났는지 알지 못하되 물 떠온 하인들은 알더라 연회장이 신랑을 불러 말하되 사람마다 먼저 좋은 포도주를 내고 취한 후에 낮은 것을 내거늘 그대는 지금까지 좋은 포도주를 두었도다 하니라 예수께서 이 첫 표적을 갈릴리 가나에서 행하여 그의 영광을 나타내시매 제자들이 그를 믿으니라 그 후에 예수께서 그 어머니와 형제들과 제자들과 함께 가버나움으로 내려가셨으나 거기에 여러 날 계시지는 아니하시니라

1. 색(아름다움-체질. 고후 5:17, 엡 4:22-24)

(고후 5:17) 그런즉 누구든지 그리스도 안에 있으면 새로운 피조물이라 이전 것은 지나갔으니 보라 새 것이 되었도다

(엡 4:22-24) 너희는 유혹의 욕심을 따라 썩어져 가는 구습을 따르는 옛 사람을 벗어 버리고 오직 너희의 심령이 새롭게 되어 하나님을 따라 의와 진리의 거룩함으로 지으심을 받은 새 사람을 입으라

모세(히 11:24-26), 그리스도 안에서 고정관념이 깨어짐 (빌 3:8, 고상한 예수)

(히 11:24-26) 믿음으로 모세는 장성하여 바로의 공주의 아들이라 칭함 받기를 거절하고 도리어 하나님의 백성과

함께 고난 받기를 잠시 죄악의 낙을 누리는 것보다 더 좋아하고 그리스도를 위하여 받는 수모를 애굽의 모든 보화보다 더 큰 재물로 여겼으니 이는 상 주심을 바라봄이라

(빌 3:8) 또한 모든 것을 해로 여김은 내 주 그리스도 예수를 아는 지식이 가장 고상하기 때문이라 내가 그를 위하여 모든 것을 잃어버리고 배설물로 여김은 그리스도를 얻고

2. 가치(영혼구령-목적, 마 6:33, 마 16:25-26)

(마 6:33) 그런즉 너희는 먼저 그의 나라와 그의 의를 구하라 그리하면 이 모든 것을 너희에게 더하시리라

(마 16:25-6) 누구든지 제 목숨을 구원하고자 하면 잃을 것이요 누구든지 나를 위하여 제 목숨을 잃으면 찾으리라 사람이 만일 온 천하를 얻고도 제 목숨을 잃으면 무엇이 유익하리요 사람이 무엇을 주고 제 목숨과 바꾸겠느냐

바울(행 20:24), 오직 예수 십자가외에는 알 것도, 전할 것도, 자랑할 것도 없음(골 2:14-15, 갈 6:12)

(행 20:24) 내가 달려갈 길과 주 예수께 받은 사명 곧 하나님의 은혜의 복음을 증언하는 일을 마치려 함에는 나의 생명조차 조금도 귀한 것으로 여기지 아니하노라

(골 2:14-15) 우리를 거스르고 불리하게 하는 법조문으로 쓴 증서를 지우시고 제하여 버리사 십자가에 못 박으시고 통치자들과 권세들을 무력화하여 드러내어 구경거리로 삼으시고 십자가로 그들을 이기셨느니라

3. 위치(순종의 삶-역사, 히 11:19, 창 22:1-14)

(히 11:19) 그가 하나님이 능히 이삭을 죽은 자 가운데서 다시 살리실 줄로 생각한지라 비유컨대 그를 죽은 자 가운데서 도로 받은 것이니라

(창 22:1-14) 그 일 후에 하나님이 아브라함을 시험하시려고 그를 부르시되 아브라함아 하시니 그가 이르되 내가 여기 있나이다 여호와께서 이르시되 네 아들 네 사랑하는 독자 이삭을 데리고 모리아 땅으로 가서 내가 네게 일러 준 한 산 거기서 그를 번제로 드리라 아브라함이 아침에 일찍이 일어나 나귀에 안장을 지우고 두 종과 그의 아들 이삭을 데리고 번제에 쓸 나무를 쪼개어 가지고 떠나 하나님이 자기에게 일러 주신 곳으로 가더니 제삼일에 아브라함이 눈을 들어 그 곳을 멀리 바라본지라 이에 아브라함이 종들에게 이르되 너희는 나귀와 함께 여기서 기다리라 내가 아이와 함께 저기 가서 예배하고 우리가 너희에게로 돌아오리라 하고 아브라함이 이에 번제 나무를 가져다가 그의 아들 이삭에게 지우고 자기는 불과 칼을 손에 들고 두 사람이 동행하더니 이삭이 그 아버지 아브라함에게 말하여 이르되 내 아버지여 하니 그가 이르되 내 아들아 내가 여기 있노라 이삭이 이르되 불과 나무는 있거니와 번제할 어린 양은 어디 있나이까 아브라함이 이르되 내 아들아 번제할 어린 양은 하나님이 자기를 위하여 친히 준비하시리라 하고 두 사람이 함께 나아가서 하나님이 그에게 일러 주신 곳에 이른지라 이에 아브라함이 그 곳에 제단을 쌓고 나무를 벌여 놓고 그의 아들 이삭을 결박하여 제단 나무 위에 놓고 손을 내밀어 칼을 잡고 그 아들을 잡으려 하니 여호와의 사자가 하늘에서부터 그를 불러 이르시되 아브라함아 아브라함아 하시는지라 아브라함이 이르되 내가 여기 있나이다 하매

사자가 이르시되 그 아이에게 네 손을 대지 말라 그에게 아무 일도 하지 말라 네가 네 아들 네 독자까지도 내게 아끼지 아니하였으니 내가 이제야 네가 하나님을 경외하는 줄을 아노라 아브라함이 눈을 들어 살펴본즉 한 숫양이 뒤에 있는데 뿔이 수풀에 걸려 있는지라 아브라함이 가서 그 숫양을 가져다가 아들을 대신하여 번제로 드렸더라 아브라함이 그 땅 이름을 여호와 이레라 하였으므로 오늘날까지 사람들이 이르기를 여호와의 산에서 준비되리라 하더라

아브라함(창 13:14-16), 어디든지 무엇이나 오직 예수님으로 우상주의에서 빠져나옴(고전 10:20)

(창 13:14-16) 롯이 아브람을 떠난 후에 여호와께서 아브람에게 이르시되 너는 눈을 들어 너 있는 곳에서 북쪽과 남쪽 그리고 동쪽과 서쪽을 바라보라 보이는 땅을 내가 너와 네 자손에게 주리니 영원히 이르리라 내가 네 자손이 땅의 티끌 같게 하리니 사람이 땅의 티끌을 능히 셀 수 있을진대 네 자손도 세리라

(고전 10:20) 무릇 이방인이 제사하는 것은 귀신에게 하는 것이요 하나님께 제사하는 것이 아니니 나는 너희가 귀신과 교제하는 자가 되기를 원하지 아니하노라

4. 입맛(구원의 감격-사명, 갈 2:20, 빌 1:20-21)

(갈 2:20) 내가 그리스도와 함께 십자가에 못 박혔나니 그런즉 이제는 내가 사는 것이 아니요 오직 내 안에 그리스도께서 사시는 것이라 이제 내가 육체 가운데 사는 것은 나를 사랑하사 나를 위하여 자기 자신을 버리신 하나님의 아들

을 믿는 믿음 안에서 사는 것이라

(빌 1:20-21) 나의 간절한 기대와 소망을 따라 아무 일에든지 부끄러워하지 아니하고 지금도 전과 같이 온전히 담대하여 살든지 죽든지 내 몸에서 그리스도가 존귀하게 되게 하려 하나니 이는 내게 사는 것이 그리스도니 죽는 것도 유익함이라

수가성의 여인(요 4:29) 와보라, 확신과 감격, 인생을 살아가는 비결(과부 삶의 목적)

(요 4:29) 내가 행한 모든 일을 내게 말한 사람을 와서 보라 이는 그리스도가 아니냐 하니

결론

연회장은 변화된 인생의 삶을 모르는 자입니다. 그러나 물을 떠온 하인은 압니다.

예수님을 나의 인생의 삶의 구주로 영접하여 "주는 그리스도시요 살아계신 하나님으로" 경험한 자는 고백이 다릅니다.

예수님을 만나면 변화되고, 순종하면 맹물 같은 인생이 진한 포도주의 맛과 가치와 감격의 기쁨으로 오직 예수님 안에서 죽은 죄인이 영생복락과 천국 혼인잔치의 최대 귀빈으로 승리하며 살 수 있습니다. 할렐루야-아멘 오직 예수그리스도.

4과

◆ 요 2장 13-25절

헐어야 할 성전과 세워야 할 성전

Ⅰ. 순수한 신앙적 바른 행동 제시(13-16)
Ⅱ. 예배의 거룩성과 생명력 있는 삶의 목적 (17. 롬 6:3-9, 골 1:1-10)
Ⅲ. 성전파괴와 재건에 대한 의미(19-25)

유대인은 예루살렘에 세 번 성전을 지었습니다.

① 솔로몬 성전(7년 6개월 18만명)

지구상에서 가장 아름답고 멋있는 성전이었습니다(금·은·백향목 최고가의 품질로 쓰임)

② 스룹바벨 성전(포로에서 귀환한 유대인)

유대인은 성전을 짓고 지키는 것이 사명이었습니다. 우리 성도들도 마찬가지입니다.

③ 헤롯 성전(환심을 얻기 위하여 46년간, 로마 성전을 유지하기 위한 정책적 수단)

I. 순수한 신앙적 바른 행동 제시(13-16)

(요 2:13-16) 유대인의 유월절이 가까운지라 예수께서 예루살렘으로 올라가셨더니 성전 안에서 소와 양과 비둘기 파는 사람들과 돈 바꾸는 사람들이 앉아 있는 것을 보시고 노끈으로 채찍을 만드사 양이나 소를 다 성전에서 내쫓으시고 돈 바꾸는 사람들의 돈을 쏟으시며 상을 엎으시고 비둘기 파는 사람들에게 이르시되 이것을 여기서 가져가라 내 아버지의 집으로 장사하는 집을 만들지 말라 하시니

신앙적인 미명 아래 행해지는 착취와 폭리 등의 그릇된 종교주의 상업주의를 척결하고, 세속주의-편리주의를 타파하는 모습입니다. 가장 순수한 신앙은 오직 예수님 안에서 성령의 인도 받아 약속을 붙잡고 기도하여 응답 받고 승리

하는 삶입니다(요 16:24).

(요 16:24) 지금까지는 너희가 내 이름으로 아무 것도 구하지 아니하였으나 구하라 그리하면 받으리니 너희 기쁨이 충만하리라

※ 예수님은 참 성전이십니다(고전 3:16-17, 6:19-20). 예수님을 영접한 그리스도인 몸이 성전입니다. 주님을 바로 알고 기도할 때, 응답되고 응답받은 기도 장소가 성전입니다(눅 18:9-14).

(고전 3:16-17) 너희는 너희가 하나님의 성전인 것과 하나님의 성령이 너희 안에 계시는 것을 알지 못하느냐 누구든지 하나님의 성전을 더럽히면 하나님이 그 사람을 멸하시리라 하나님의 성전은 거룩하니 너희도 그러하니라

(고전 6:19-20) 너희 몸은 너희가 하나님께로부터 받은 바 너희 가운데 계신 성령의 전인 줄을 알지 못하느냐 너희는 너희 자신의 것이 아니라 값으로 산 것이 되었으니 그런즉 너희 몸으로 하나님께 영광을 돌리라

(눅 18:9-14) 또 자기를 의롭다고 믿고 다른 사람을 멸시하는 자들에게 이 비유로 말씀하시되 두 사람이 기도하러 성전에 올라가니 하나는 바리새인이요 하나는 세리라 바리새인은 서서 따로 기도하여 이르되 하나님이여 나는 다른 사람들 곧 토색, 불의, 간음을 하는 자들과 같지 아니하고 이 세리와도 같지 아니함을 감사하나이다 나는 이레에 두 번씩 금식하고 또 소득의 십일조를 드리나이다 하고 세리는 멀리 서서 감히 눈을 들어 하늘을 쳐다보지도 못하고 다만 가슴을 치며 이르되 하나님이여 불쌍히 여기소서 나는

죄인이로소이다 하였느니라 내가 너희에게 이르노니 이에
저 바리새인이 아니고 이 사람이 의롭다 하심을 받고 그의
집으로 내려갔느니라 무릇 자기를 높이는 자는 낮아지고
자기를 낮추는 자는 높아지리라 하시니라

예수님의 몸 된 주님의 성전이 되어 형식과 외형적 틀에 매
이지 말고 솔직하게 회개하고, 하나님께 진실된 기도를 드
립시다(요 4:23-24).

(요 4:23-24) 아버지께 참되게 예배하는 자들은 영과 진리
로 예배할 때가 오나니 곧 이 때라 아버지께서는 자기에게
이렇게 예배하는 자들을 찾으시느니라 하나님은 영이시니
예배하는 자가 영과 진리로 예배할지니라

II. 예배의 거룩성과 생명력 있는 삶의 목적 (17. 롬 6:3-9, 골 1:1-10)

(요 2:17) 제자들이 성경 말씀에 주의 전을 사모하는 열심
이 나를 삼키리라 한 것을 기억하더라

(롬 6:3-9) 무릇 그리스도 예수와 합하여 세례를 받은 우
리는 그의 죽으심과 합하여 세례를 받은 줄을 알지 못하느
냐 그러므로 우리가 그의 죽으심과 합하여 세례를 받음으
로 그와 함께 장사되었나니 이는 아버지의 영광으로 말미
암아 그리스도를 죽은 자 가운데서 살리심과 같이 우리로
또한 새 생명 가운데서 행하게 하려 함이라 만일 우리가 그
의 죽으심과 같은 모양으로 연합한 자가 되었으면 또한 그
의 부활과 같은 모양으로 연합한 자도 되리라 우리가 알거
니와 우리의 옛 사람이 예수와 함께 십자가에 못 박힌 것은

죄의 몸이 죽어 다시는 우리가 죄에게 종 노릇 하지 아니하려 함이니 이는 죽은 자가 죄에서 벗어나 의롭다 하심을 얻었음이라 만일 우리가 그리스도와 함께 죽었으면 또한 그와 함께 살 줄을 믿노니 이는 그리스도께서 죽은 자 가운데서 살아나셨으매 다시 죽지 아니하시고 사망이 다시 그를 주장하지 못할 줄을 앎이로라

(골 1:1-10) 하나님의 뜻으로 말미암아 그리스도 예수의 사도 된 바울과 형제 디모데는 골로새에 있는 성도들 곧 그리스도 안에서 신실한 형제들에게 편지하노니 우리 아버지 하나님으로부터 은혜와 평강이 너희에게 있을지어다 우리가 너희를 위하여 기도할 때마다 하나님 곧 우리 주 예수 그리스도의 아버지께 감사하노라 이는 그리스도 예수 안에 너희의 믿음과 모든 성도에 대한 사랑을 들었음이요 너희를 위하여 하늘에 쌓아 둔 소망으로 말미암음이니 곧 너희가 전에 복음 진리의 말씀을 들은 것이라 이 복음이 이미 너희에게 이르매 너희가 듣고 참으로 하나님의 은혜를 깨달은 날부터 너희 중에서와 같이 또한 온 천하에서도 열매를 맺어 자라는도다 이와 같이 우리와 함께 종 된 사랑하는 에바브라에게 너희가 배웠나니 그는 너희를 위한 그리스도의 신실한 일꾼이요 성령 안에서 너희 사랑을 우리에게 알린 자니라 이로써 우리도 듣던 날부터 너희를 위하여 기도하기를 그치지 아니하고 구하노니 너희로 하여금 모든 신령한 지혜와 총명에 하나님의 뜻을 아는 것으로 채우게 하시고 주께 합당하게 행하여 범사에 기쁘시게 하고 모든 선한 일에 열매를 맺게 하시며 하나님을 아는 것에 자라게 하시고

예배의 생명성과 거룩성은 주님의 몸으로 회복하는데 있습니다. 옛사람에서 새 생명의 삶으로 회복됨이 없

이 말씀의 원형인 예수님의 삶이 아닌, 형식에 얽매이는 안타까움의 현실의 탄식입니다.

성전의 뜰에서 이방인들이 세속적인 소리로, 물가, 돈, 불평, 물건에 대한 언쟁, 흥정하는 소리는 성전으로 아수라장으로 만들었고 하나님을 경외하는 마음을 소멸시켰습니다.

성전은 만민이 기도하는 집인데 주님께서는 이방인이 점령하여 영성을 쓸어버리고 강도의 소굴을 만든다고 책망하셨습니다(마 21:13, 사 56:7).

(마 21:13) 그들에게 이르시되 기록된 바 내 집은 기도하는 집이라 일컬음을 받으리라 하였거늘 너희는 강도의 소굴을 만드는도다 하시니라

(사 56:7) 내가 곧 그들을 나의 성산으로 인도하여 기도하는 내 집에서 그들을 기쁘게 할 것이며 그들의 번제와 희생을 나의 제단에서 기꺼이 받게 되리니 이는 내 집은 만민이 기도하는 집이라 일컬음이 될 것임이라

Ⅲ. 성전파괴와 재건에 대한 의미(19-25)

1. 예수님의 죽으심과 부활(복음의 핵심, 예수님의 몸인 성전, 19-22)

(요 2:19-22) 예수께서 대답하여 이르시되 너희가 이 성전을 헐라 내가 사흘 동안에 일으키리라 유대인들이 이르되 이 성전은 사십육 년 동안에 지었거늘 네가 삼 일 동안에 일

으키겠느냐 하더라 그러나 예수는 성전된 자기 육체를 가리켜 말씀하신 것이라 죽은 자 가운데서 살아나신 후에야 제자들이 이 말씀하신 것을 기억하고 성경과 예수께서 하신 말씀을 믿었더라

당신의 몸을 주시겠다는 영적 암시(예배는 주님을 모시는 행동이고 그 장소가 교회입니다.)

※ 예배는 장소, 형태, 분위기, 시공을 초월하여 복잡하고 급박한 제도적 종교가 끝나는 것이 아니고 영적 신령함이 중요하다는 것을 암시하고 있습니다(요 4:21-24).

(요 4:21-24) 예수께서 이르시되 여자여 내 말을 믿으라 이 산에서도 말고 예루살렘에서도 말고 너희가 아버지께 예배할 때가 이르리라 너희는 알지 못하는 것을 예배하고 우리는 아는 것을 예배하노니 이는 구원이 유대인에게서 남이라 아버지께 참되게 예배하는 자들은 영과 진리로 예배할 때가 오나니 곧 이 때라 아버지께서는 자기에게 이렇게 예배하는 자들을 찾으시느니라 하나님은 영이시니 예배하는 자가 영과 진리로 예배할지니라

2. 예수님이 계신 곳이 성령의 전(고전 3:16, 6:19-20, 고후 6:16, 엡 2:20-22)

(고전 3:16) 너희는 너희가 하나님의 성전인 것과 하나님의 성령이 너희 안에 계시는 것을 알지 못하느냐

(고전 6:19-20) 너희 몸은 너희가 하나님께로부터 받은 바 너희 가운데 계신 성령의 전인 줄을 알지 못하느냐 너희는

너희 자신의 것이 아니라 값으로 산 것이 되었으니 그런즉 너희 몸으로 하나님께 영광을 돌리라

(엡 2:20-22) 너희는 사도들과 선지자들의 터 위에 세우심을 입은 자라 그리스도 예수께서 친히 모퉁잇돌이 되셨느니라 그의 안에서 건물마다 서로 연결하여 주 안에서 성전이 되어 가고 너희도 성령 안에서 하나님이 거하실 처소가 되기 위하여 그리스도 예수 안에서 함께 지어져 가느니라

① 하나님 전과 우상이 어찌 일치되리요 우리는 하나님의 성전 입니다. 저희 하나님이 되고 저희는 내 백성이 되리라 하시니라(고후 6:16).

(고후 6:16) 하나님의 성전과 우상이 어찌 일치가 되리요 우리는 살아 계신 하나님의 성전이라 이와 같이 하나님께서 이르시되 내가 그들 가운데 거하며 두루 행하여 나는 그들의 하나님이 되고 그들은 나의 백성이 되리라

② "너희 몸은 너희가 하나님께로부터 받은바 너희 가운데 계신 성령의 전인줄 알지 못하느냐 너희는 너희 것이 아니니라. 값으로 산 것이 되었으니 그런즉 너희 몸으로 하나님께 영광을 돌리라."(고전 6:19-20)

(고전 6:19-20) 너희 몸은 너희가 하나님께로부터 받은 바 너희 가운데 계신 성령의 전인 줄을 알지 못하느냐 너희는 너희 자신의 것이 아니라 값으로 산 것이 되었으니 그런즉 너희 몸으로 하나님께 영광을 돌리라

③ 하나님의 집을 위하여 모퉁이 돌이 성전 처소가 되기 위한 성령의 전입니다(엡 2:20-22).

(엡 2:20-22) 너희는 사도들과 선지자들의 터 위에 세우심을 입은 자라 그리스도 예수께서 친히 모퉁잇돌이 되셨느니라 그의 안에서 건물마다 서로 연결하여 주 안에서 성전이 되어 가고 너희도 성령 안에서 하나님이 거하실 처소가 되기 위하여 그리스도 예수 안에서 함께 지어져 가느니라

3. 유월절의 흔적

① 표적을 보고 이름을 믿으나(23) 열성자도 의지않고 하나님만 의지해야 합니다.

(요 2:23) 유월절에 예수께서 예루살렘에 계시니 많은 사람이 그의 행하시는 표적을 보고 그의 이름을 믿었으나

② 사람 증거가 아니라 주님 증거 받으라(24) 오직 예수님의 십자가 생명입니다.

(요 2:24) 예수는 그의 몸을 그들에게 의탁하지 아니하셨으니 이는 친히 모든 사람을 아심이요

③ 연약함, 무능함(좌절 낙심) 해결은 오직 예수님 이십니다(25).

(요 2:25) 또 사람에 대하여 누구의 증언도 받으실 필요가 없었으니 이는 그가 친히 사람의 속에 있는 것을 아셨음이니라

※ 오늘의 사건은

① 예수님을 모심과(요 1:12-13, 마 16:16-17)

(요 1:12-13) 영접하는 자 곧 그 이름을 믿는 자들에게는 하나님의 자녀가 되는 권세를 주셨으니 이는 혈통으로나 육정으로나 사람의 뜻으로 나지 아니하고 오직 하나님께로부터 난 자들이니라

(마 16:16-17) 시몬 베드로가 대답하여 이르되 주는 그리스도시요 살아 계신 하나님의 아들이시니이다 예수께서 대답하여 이르시되 바요나 시몬아 네가 복이 있도다 이를 네게 알게 한 이는 혈육이 아니요 하늘에 계신 내 아버지시니라

② 살아계신 하나님 능력과(고전 3:16, 6:19)

(고전 3:16) 너희는 너희가 하나님의 성전인 것과 하나님의 성령이 너희 안에 계시는 것을 알지 못하느냐

(고전 6:19) 너희 몸은 너희가 하나님께로부터 받은 바 너희 가운데 계신 성령의 전인 줄을 알지 못하느냐 너희는 너희 자신의 것이 아니라

③ 주님과 적용된 실제입니다(마 16:16).

(마 16:16) 시몬 베드로가 대답하여 이르되 주는 그리스도시요 살아 계신 하나님의 아들이시니이다

성전이 우리의 몸입니다.

① 예수님이 내 안에 계십니까?(고전 3:23)

(고전 3:23) 너희는 그리스도의 것이요 그리스도는 하나님의 것이니라

② 성령의 인도를 받습니까?(고전 6:19)

(고전 6:19) 너희 몸은 너희가 하나님께로부터 받은 바 너희 가운데 계신 성령의 전인 줄을 알지 못하느냐 너희는 너희 자신의 것이 아니라

③ 말씀의 약속이 성취됨을 확신합니까?(고전 4:20)

(고전 4:20) 하나님의 나라는 말에 있지 아니하고 오직 능력에 있음이라

물이 포도주가 된 것은 처음 기적이고, 성전이 정화되는 것은 오직 예수님의 몸이 실제화 되는 것입니다.

결론

헐어야 할 성전이.

① 46년동안 지은 예루살렘 성전이요

② 유대주의적 형식과 전통적 위선적 가면의 성전이요

③ 장사꾼들의 인본주의 편리주의라고 한다면 세워야 할 성전은, 오직 예수님의 몸인 주님의 교회 입니다(행 20:24).

(행 20:24) 내가 달려갈 길과 주 예수께 받은 사명 곧 하나님의 은혜의 복음을 증언하는 일을 마치려 함에는 나의 생명조차 조금도 귀한 것으로 여기지 아니하노라

예수님은 십자가에 죽고, 그 흔적인 보혈의 피로 교회를 세우는 일이었습니다. 주님의 교회는 오직 예수 십자가의 생명의 피가 흘러야 하고, 새생명의 삶으로 부활하신 예수님의 살아있는 말씀과 거룩한 성전인 주님 됨이 있어야 합니다(고전 15:20).

(고전 15:20) 그러나 이제 그리스도께서 죽은 자 가운데서 다시 살아나사 잠자는 자들의 첫 열매가 되셨도다

주님의 몸은 성령으로 내가 주님을 영접하고 모셔야 합니다(고전 3:16-17).

(고전 3:16-17) 너희는 너희가 하나님의 성전인 것과 하나님의 성령이 너희 안에 계시는 것을 알지 못하느냐 누구든지 하나님의 성전을 더럽히면 하나님이 그 사람을 멸하시리라 하나님의 성전은 거룩하니 너희도 그러하니라

성령의 강력한 운동이 참 성전이신 예수님의 몸을 세우는 일입니다.

자신을 버리고 향기로운 생축으로 하나님께 드리고(엡 5:2) 예수님은 교회 머리요 죽은 자 가운데 살아나신 자요 만물의 으뜸 입니다(골 1:18).

(엡 5:2) 그리스도께서 너희를 사랑하신 것 같이 너희도 사랑 가운데서 행하라 그는 우리를 위하여 자신을 버리사 향

기로운 제물과 희생제물로 하나님께 드리셨느니라

(골 1:18) 그는 몸인 교회의 머리시라 그가 근본이시요 죽은 자들 가운데서 먼저 나신 이시니 이는 친히 만물의 으뜸이 되려 하심이요

오직 예수 이름 권세로 주님의 교회를 세웁시다. 할렐루야-아멘 오직 예수그리스도.

5과

◆ 요 3장 1-21절

거듭난 새 생명의 삶

본문에서 최고의 메시지는 거듭남의 비밀입니다. 즉 중생이요 새 생명의 삶입니다. 바리새인 중에 유대관 원인 니고데모가 영적 갈증을 느껴 밤중에 예수님께 찾아 왔습니다. 이때, 예수님께서 거듭남의 비밀, 영생 의 진리를 전하지만 깨닫지 못합니다. 그러나 주님께 서는 계속 새 생명의 복음을 제시하십니다.

Ⅰ. 거듭남의 의미(1-2)

(요 3:1-2) 그런데 바리새인 중에 니고데모라 하는 사람이 있으니 유대인의 지도자라 그가 밤에 예수께 와서 이르되 랍비여 우리가 당신은 하나님께로부터 오신 선생인 줄 아 나이다 하나님이 함께 하시지 아니하시면 당신이 행하시는 이 표적을 아무도 할 수 없음이니이다

1. 하늘부터 태어남(3, 31)

(요 3:3) 예수께서 대답하여 이르시되 진실로 진실로 네게 이르노니 사람이 거듭나지 아니하면 하나님의 나라를 볼 수 없느니라

(요 3:31) 위로부터 오시는 이는 만물 위에 계시고 땅에서 난 이는 땅에 속하여 땅에 속한 것을 말하느니라 하늘로부 터 오시는 이는 만물 위에 계시나니

① 죄에서 풀린 자(요 8:36)

(요 8:36) 그러므로 아들이 너희를 자유롭게 하면 너희가 참으로 자유로우리라

② 의롭게 된 자(롬 3:24), 깨끗한 자(요일 1:7)

(롬 3:24) 그리스도 예수 안에 있는 속량으로 말미암아 하나님의 은혜로 값 없이 의롭다 하심을 얻은 자 되었느니라

(요일 1:7) 그가 빛 가운데 계신 것 같이 우리도 빛 가운데 행하면 우리가 서로 사귐이 있고 그 아들 예수의 피가 우리를 모든 죄에서 깨끗하게 하실 것이요

③ 하나님의 양자 된 자(롬 8:15)

(롬 8:15) 너희는 다시 무서워하는 종의 영을 받지 아니하고 양자의 영을 받았으므로 우리가 아빠 아버지라고 부르짖느니라

④ 하나님과 화목된 자(고후 5:17-18)

(고후 5:17-18) 그런즉 누구든지 그리스도 안에 있으면 새로운 피조물이라 이전 것은 지나갔으니 보라 새 것이 되었도다 모든 것이 하나님께로서 났으며 그가 그리스도로 말미암아 우리를 자기와 화목하게 하시고 또 우리에게 화목하게 하는 직분을 주셨으니

⑤ 천국에 들어갈 자(계 21:1-7)

(계 21:1-7) 또 내가 새 하늘과 새 땅을 보니 처음 하늘과 처음 땅이 없어졌고 바다도 다시 있지 않더라 또 내가 보매 거룩한 성 새 예루살렘이 하나님께로부터 하늘에서 내려오니 그 준비한 것이 신부가 남편을 위하여 단장한 것 같더라 내가 들으니 보좌에서 큰 음성이 나서 이르되 보라 하나

님의 장막이 사람들과 함께 있으매 하나님이 그들과 함께 계시리니 그들은 하나님의 백성이 되고 하나님은 친히 그들과 함께 계셔서 모든 눈물을 그 눈에서 닦아 주시니 다시는 사망이 없고 애통하는 것이나 곡하는 것이나 아픈 것이 다시 있지 아니하리니 처음 것들이 다 지나갔음이러라 보좌에 앉으신 이가 이르시되 보라 내가 만물을 새롭게 하노라 하시고 또 이르시되 이 말은 신실하고 참되니 기록하라 하시고 또 내게 말씀하시되 이루었도다 나는 알파와 오메가요 처음과 마지막이라 내가 생명수 샘물을 목마른 자에게 값없이 주리니 이기는 자는 이것들을 상속으로 받으리라 나는 그의 하나님이 되고 그는 내 아들이 되리라

2. 위로부터 남(12-13, 골 3:2-3, 9-10, 막 5:38)

(요 3:12-13) 내가 땅의 일을 말하여도 너희가 믿지 아니하거든 하물며 하늘의 일을 말하면 어떻게 믿겠느냐 하늘에서 내려온 자 곧 인자 외에는 하늘에 올라간 자가 없느니라

(골 3:2-3) 위의 것을 생각하고 땅의 것을 생각하지 말라 이는 너희가 죽었고 너희 생명이 그리스도와 함께 하나님 안에 감추어졌음이라

(골 3:9-10) 너희가 서로 거짓말을 하지 말라 옛 사람과 그 행위를 벗어 버리고 새 사람을 입었으니 이는 자기를 창조하신 이의 형상을 따라 지식에까지 새롭게 하심을 입은 자니라

(막 5:38) 회당장의 집에 함께 가사 떠드는 것과 사람들이 울며 심히 통곡함을 보시고

3. 자연적인 출생이 아님(4-6, 갈 6:8, 17)

(요 3:4-6) 니고데모가 이르되 사람이 늙으면 어떻게 날수 있사옵나이까 두 번째 모태에 들어갔다가 날 수 있사옵나이까 예수께서 대답하시되 진실로 진실로 네게 이르노니 사람이 물과 성령으로 나지 아니하면 하나님의 나라에 들어갈 수 없느니라 육으로 난 것은 육이요 영으로 난 것은 영이니

(갈 6:8) 자기의 육체를 위하여 심는 자는 육체로부터 썩어질 것을 거두고 성령을 위하여 심는 자는 성령으로부터 영생을 거두리라

(갈 6:17) 이 후로는 누구든지 나를 괴롭게 하지 말라 내가 내 몸에 예수의 흔적을 지니고 있노라

인간은 허물과 죄로 죽은 상태 입니다(엡 2:1, 창 2:17, 3:1-6).

(엡 2:1, 개정) 그는 허물과 죄로 죽었던 너희를 살리셨도다

(창 2:17) 선악을 알게 하는 나무의 열매는 먹지 말라 네가 먹는 날에는 반드시 죽으리라 하시니라

(창 3:1-6) 그런데 뱀은 여호와 하나님이 지으신 들짐승 중에 가장 간교하니라 뱀이 여자에게 물어 이르되 하나님이 참으로 너희에게 동산 모든 나무의 열매를 먹지 말라 하시더냐 여자가 뱀에게 말하되 동산 나무의 열매를 우리가 먹을 수 있으나 동산 중앙에 있는 나무의 열매는 하나님의 말씀에 너희는 먹지도 말고 만지지도 말라 너희가 죽을까

하노라 하셨느니라 뱀이 여자에게 이르되 너희가 결코 죽지 아니하리라 너희가 그것을 먹는 날에는 너희 눈이 밝아져 하나님과 같이 되어 선악을 알 줄 하나님이 아심이니라 여자가 그 나무를 본즉 먹음직도 하고 보암직도 하고 지혜롭게 할 만큼 탐스럽기도 한 나무인지라 여자가 그 열매를 따먹고 자기와 함께 있는 남편에게도 주매 그도 먹은지라

새 생명의 씨앗을 심어 영혼이 새롭게 태어남을 의미합니다(롬 6:3-9, 고후 5:17, 벧후 1:3).

(롬 6:3-9) 무릇 그리스도 예수와 합하여 세례를 받은 우리는 그의 죽으심과 합하여 세례를 받은 줄을 알지 못하느냐 그러므로 우리가 그의 죽으심과 합하여 세례를 받음으로 그와 함께 장사되었나니 이는 아버지의 영광으로 말미암아 그리스도를 죽은 자 가운데서 살리심과 같이 우리로 또한 새 생명 가운데서 행하게 하려 함이라 만일 우리가 그의 죽으심과 같은 모양으로 연합한 자가 되었으면 또한 그의 부활과 같은 모양으로 연합한 자도 되리라 우리가 알거니와 우리의 옛 사람이 예수와 함께 십자가에 못 박힌 것은 죄의 몸이 죽어 다시는 우리가 죄에게 종 노릇 하지 아니하려 함이니 이는 죽은 자가 죄에서 벗어나 의롭다 하심을 얻었음이라 만일 우리가 그리스도와 함께 죽었으면 또한 그와 함께 살 줄을 믿노니 이는 그리스도께서 죽은 자 가운데서 살아나셨으매 다시 죽지 아니하시고 사망이 다시 그를 주장하지 못할 줄을 앎이로라

(고후 5:17) 그런즉 누구든지 그리스도 안에 있으면 새로운 피조물이라 이전 것은 지나갔으니 보라 새 것이 되었도다

(벧후 1:3) 그의 신기한 능력으로 생명과 경건에 속한 모든

것을 우리에게 주셨으니 이는 자기의 영광과 덕으로써 우리를 부르신 이를 앎으로 말미암음이라

육적인 몸이 영적으로 태어남이 중생이요 거듭남 입니다 (3:6, 고후 5:17, 벧후 1:3).

(요 3:6) 육으로 난 것은 육이요 영으로 난 것은 영이니

(고후 5:17) 그런즉 누구든지 그리스도 안에 있으면 새로운 피조물이라 이전 것은 지나갔으니 보라 새 것이 되었도다

(벧후 1:3) 그의 신기한 능력으로 생명과 경건에 속한 모든 것을 우리에게 주셨으니 이는 자기의 영광과 덕으로써 우리를 부르신 이를 앎으로 말미암음이라

생명의 근원이신 하나님께 향하며 성령의 인도받아 생명 자체이신 예수님 안에서 영혼이 새롭게 태어남을 말합니다(창 2:7, 고후 5:17, 롬 6:3-9).

(창 2:7) 여호와 하나님이 땅의 흙으로 사람을 지으시고 생기를 그 코에 불어넣으시니 사람이 생령이 되니라

(고후 5:17) 그런즉 누구든지 그리스도 안에 있으면 새로운 피조물이라 이전 것은 지나갔으니 보라 새 것이 되었도다

(롬 6:3-9) 무릇 그리스도 예수와 합하여 세례를 받은 우리는 그의 죽으심과 합하여 세례를 받은 줄을 알지 못하느냐 그러므로 우리가 그의 죽으심과 합하여 세례를 받음으로 그와 함께 장사되었나니 이는 아버지의 영광으로 말미암아 그리스도를 죽은 자 가운데서 살리심과 같이 우리로

또한 새 생명 가운데서 행하게 하려 함이라 만일 우리가 그의 죽으심과 같은 모양으로 연합한 자가 되었으면 또한 그의 부활과 같은 모양으로 연합한 자도 되리라 우리가 알거니와 우리의 옛 사람이 예수와 함께 십자가에 못 박힌 것은 죄의 몸이 죽어 다시는 우리가 죄에게 종 노릇 하지 아니하려 함이니 이는 죽은 자가 죄에서 벗어나 의롭다 하심을 얻었음이라 만일 우리가 그리스도와 함께 죽었으면 또한 그와 함께 살 줄을 믿노니 이는 그리스도께서 죽은 자 가운데서 살아나셨으매 다시 죽지 아니하시고 사망이 다시 그를 주장하지 못할 줄을 앎이로

육적인 옛 생활에서 벗어나 새로운 영적 생명의 삶으로 말씀을 통하여 자라가는 삶을 말합니다(벧전 1:23).

(벧전 1:23) 너희가 거듭난 것은 썩어질 씨로 된 것이 아니요 썩지 아니할 씨로 된 것이니 살아 있고 항상 있는 하나님의 말씀으로 되었느니라

II. 거듭남의 이유 : 왜 거듭나야 하는가?(3-5)

(요 3:3-5) 예수께서 대답하여 이르시되 진실로 진실로 네게 이르노니 사람이 거듭나지 아니하면 하나님의 나라를 볼 수 없느니라 니고데모가 이르되 사람이 늙으면 어떻게 날 수 있사옵나이까 두 번째 모태에 들어갔다가 날 수 있사옵나이까 예수께서 대답하시되 진실로 진실로 네게 이르노니 사람이 물과 성령으로 나지 아니하면 하나님의 나라에 들어갈 수 없느니라

1. 거듭나지 않으면 하나님의 나라를 볼 수도 없고 들어갈 수도 없기 때문입니다(3:5).

(요 3:5) 예수께서 대답하시되 진실로 진실로 네게 이르노니 사람이 물과 성령으로 나지 아니하면 하나님의 나라에 들어갈 수 없느니라

2. 인간은 허물 된 죄인이기 때문입니다(시 14:3, 엡 2:1).

(시 14:3) 다 치우쳐 함께 더러운 자가 되고 선을 행하는 자가 없으니 하나도 없도다

(엡 2:1) 그는 허물과 죄로 죽었던 너희를 살리셨도다

3. 니고데모는 율법학자요, 도덕적으로 모범된 자요, 관원입니다.

4. 인간은 누구나 예수님을 영접하고 구원받은 하나님의 자녀가 되어 영생의 삶을 살아야 합니다(요 1:12, 5:24).

(요 1:12) 영접하는 자 곧 그 이름을 믿는 자들에게는 하나님의 자녀가 되는 권세를 주셨으니

(요 5:24) 내가 진실로 진실로 너희에게 이르노니 내 말을 듣고 또 나 보내신 이를 믿는 자는 영생을 얻었고 심판에 이

르지 아니하나니 사망에서 생명으로 옮겼느니라

III. 거듭나는 방법 : 어떻게 거듭날 수 있는 가?(15-16)

(요 3:15-16) 이는 그를 믿는 자마다 영생을 얻게 하려 하심이니라 하나님이 세상을 이처럼 사랑하사 독생자를 주셨으니 이는 그를 믿는 자마다 멸망하지 않고 영생을 얻게 하려 하심이라

1. 물은 예수님의 부활의 영을 받은 구원의 표 즉, 말씀(예수)을 알리는 선포식이 세례 입니다(벧전 3:21).

(벧전 3:21) 물은 예수 그리스도께서 부활하심으로 말미암아 이제 너희를 구원하는 표니 곧 세례라 이는 육체의 더러운 것을 제하여 버림이 아니요 하나님을 향한 선한 양심의 간구니라

2. 성령

전적인 하나님의 초자연적 역사로만 가능하고 절대적으로 필요합니다. 말씀을 들을 때, 자신의 죄인 됨과 영적인 무능을 깨닫고 성령으로 거듭나지 않으면 안되겠다는 자각심이 중요합니다(롬 3:10-12, 23-24). 이런 마음을 가질 때 성령이 역사합니다(행 2:38).

(롬 3:10-12) 기록된 바 의인은 없나니 하나도 없으며 깨닫는 자도 없고 하나님을 찾는 자도 없고 다 치우쳐 함께 무

익하게 되고 선을 행하는 자는 없나니 하나도 없도다

(롬 3:23-24) 모든 사람이 죄를 범하였으매 하나님의 영광에 이르지 못하더니 그리스도 예수 안에 있는 속량으로 말미암아 하나님의 은혜로 값 없이 의롭다 하심을 얻은 자 되었느니라

(행 2:38) 베드로가 이르되 너희가 회개하여 각각 예수 그리스도의 이름으로 세례를 받고 죄 사함을 받으라 그리하면 성령의 선물을 받으리니

3. 거듭났으면

거듭났으면 - 하나님께 감사하며 영광을 돌리는 은혜의 삶, 기쁨, 감격, 찬미의 삶이 되어야 합니다.

거듭나지 못하였다면 - 죄인임과 영적 무능함을 인정하고, 회개하여 긍휼을 입게 되고, 은혜가 풍성하신 성령 충만의 삶을 살아야 합니다(벧전 1:18-21).

(벧전 1:18-21) 너희가 알거니와 너희 조상이 물려 준 헛된 행실에서 대속함을 받은 것은 은이나 금 같이 없어질 것으로 된 것이 아니요 오직 흠 없고 점 없는 어린 양 같은 그리스도의 보배로운 피로 된 것이니라 그는 창세 전부터 미리 알린 바 되신 이나 이 말세에 너희를 위하여 나타내신 바 되었으니 너희는 그를 죽은 자 가운데서 살리시고 영광을 주신 하나님을 그리스도로 말미암아 믿는 자니 너희 믿음과 소망이 하나님께 있게 하셨느니라

4. 거듭난 자의 실제

① 바람처럼(육으로는 볼 수 없음) 거듭남. 영적 심오한 진리 입니다(8). 영적 생명의 호흡.

(요 3:8) 바람이 임의로 불매 네가 그 소리는 들어도 어디서 와서 어디로 가는지 알지 못하나니 성령으로 난 사람도 다 그러하니라

② 광야에서 뱀을 든 것 같이(14, 민 8:28, 21:9) 상징적 의미 보여준 실제 입니다. 인자가 예수님의 십자가의 구속을 의미합니다(벧전 2:24, 계 20:20).

(요 3:14) 모세가 광야에서 뱀을 든 것 같이 인자도 들려야 하리니

(민 21:9) 모세가 놋뱀을 만들어 장대 위에 다니 뱀에게 물린 자가 놋뱀을 쳐다본즉 모두 살더라

(벧전 2:24) 친히 나무에 달려 그 몸으로 우리 죄를 담당하셨으니 이는 우리로 죄에 대하여 죽고 의에 대하여 살게 하려 하심이라 그가 채찍에 맞음으로 너희는 나음을 얻었나니

③ 육으로 난 자는 육이요, 성령으로 난 자는 영(6, 갈 6:8, 5:16-26)

(요 3:6) 육으로 난 것은 육이요 영으로 난 것은 영이니

(갈 6:8) 자기의 육체를 위하여 심는 자는 육체로부터 썩어

질 것을 거두고 성령을 위하여 심는 자는 성령으로부터 영생을 거두리라

(갈 5:16-26) 내가 이르노니 너희는 성령을 따라 행하라 그리하면 육체의 욕심을 이루지 아니하리라 육체의 소욕은 성령을 거스르고 성령은 육체를 거스르나니 이 둘이 서로 대적함으로 너희가 원하는 것을 하지 못하게 하려 함이니라 너희가 만일 성령의 인도하시는 바가 되면 율법 아래에 있지 아니하리라 육체의 일은 분명하니 곧 음행과 더러운 것과 호색과 우상 숭배와 주술과 원수 맺는 것과 분쟁과 시기와 분냄과 당 짓는 것과 분열함과 이단과 투기와 술취함과 방탕함과 또 그와 같은 것들이라 전에 너희에게 경계한 것 같이 경계하노니 이런 일을 하는 자들은 하나님의 나라를 유업으로 받지 못할 것이요 오직 성령의 열매는 사랑과 희락과 화평과 오래 참음과 자비와 양선과 충성과 온유와 절제니 이같은 것을 금지할 법이 없느니라 그리스도 예수의 사람들은 육체와 함께 그 정욕과 탐심을 십자가에 못 박았느니라 만일 우리가 성령으로 살면 또한 성령으로 행할지니 헛된 영광을 구하여 서로 노엽게 하거나 서로 투기하지 말지니라

IV. 성령으로 거듭난 자는(16-21)

(요 3:16-21) 하나님이 세상을 이처럼 사랑하사 독생자를 주셨으니 이는 그를 믿는 자마다 멸망하지 않고 영생을 얻게 하려 하심이라 하나님이 그 아들을 세상에 보내신 것은 세상을 심판하려 하심이 아니요 그로 말미암아 세상이 구원을 받게 하려 하심이라 그를 믿는 자는 심판을 받지 아니하는 것이요 믿지 아니하는 자는 하나님의 독생자의 이

름을 믿지 아니하므로 벌써 심판을 받은 것이니라 그 정죄
는 이것이니 곧 빛이 세상에 왔으되 사람들이 자기 행위가
악하므로 빛보다 어둠을 더 사랑한 것이니라 악을 행하는
자마다 빛을 미워하여 빛으로 오지 아니하나니 이는 그 행
위가 드러날까 함이요 진리를 따르는 자는 빛으로 오나니
이는 그 행위가 하나님 안에서 행한 것임을 나타내려 함이
라 하시니라

1. 복음의 진수(16-18)

(요 3:16-18) 하나님이 세상을 이처럼 사랑하사 독생자를
주셨으니 이는 그를 믿는 자마다 멸망하지 않고 영생을 얻
게 하려 하심이라 하나님이 그 아들을 세상에 보내신 것은
세상을 심판하려 하심이 아니요 그로 말미암아 세상이 구
원을 받게 하려 하심이라 그를 믿는 자는 심판을 받지 아니
하는 것이요 믿지 아니하는 자는 하나님의 독생자의 이름
을 믿지 아니하므로 벌써 심판을 받은 것이니라

① 세상 : 전인류 전체 중에 믿는 자(요일 5:11-12)

(요일 5:11-12) 또 증거는 이것이니 하나님이 우리에게 영
생을 주신 것과 이 생명이 그의 아들 안에 있는 그것이니라
아들이 있는 자에게는 생명이 있고 하나님의 아들이 없는
자에게는 생명이 없느니라

② 이처럼 : 무한한 헤아릴 수 없는 영광(롬 5:9)

(롬 5:9) 그러면 이제 우리가 그의 피로 말미암아 의롭다 하심을
받았으니 더욱 그로 말미암아 진노하심에서 구원을 받을 것이니

③ 멸망치 : 영원한 정죄에 빠지지 않고. 새 생명의 삶으로 구원받음(롬 6:3-9)

(롬 6:3-9) 무릇 그리스도 예수와 합하여 세례를 받은 우리는 그의 죽으심과 합하여 세례를 받은 줄을 알지 못하느냐 그러므로 우리가 그의 죽으심과 합하여 세례를 받음으로 그와 함께 장사되었나니 이는 아버지의 영광으로 말미암아 그리스도를 죽은 자 가운데서 살리심과 같이 우리로 또한 새 생명 가운데서 행하게 하려 함이라 만일 우리가 그의 죽으심과 같은 모양으로 연합한 자가 되었으면 또한 그의 부활과 같은 모양으로 연합한 자도 되리라 우리가 알거니와 우리의 옛 사람이 예수와 함께 십자가에 못 박힌 것은 죄의 몸이 죽어 다시는 우리가 죄에게 종 노릇 하지 아니하려 함이니 이는 죽은 자가 죄에서 벗어나 의롭다 하심을 얻었음이라 만일 우리가 그리스도와 함께 죽었으면 또한 그와 함께 살 줄을 믿노니 이는 그리스도께서 죽은 자 가운데서 살아나셨으매 다시 죽지 아니하시고 사망이 다시 그를 주장하지 못할 줄을 앎이로

2. 속죄 받는 자(19-20)

① 어둠에 속한 자 - 예수님은 생명이요 빛이십니다(요 1:4).

(요 1:4) 그 안에 생명이 있었으니 이 생명은 사람들의 빛이라

② 악을 합한 자 아니니(합리화시켜 죄짓지 않음) - 물과 성령 거듭난 자의 삶 입니다(요일 5:6-8).

(요일 5:6-8) 이는 물과 피로 임하신 이시니 곧 예수 그리스도시라 물로만 아니요 물과 피로 임하셨고 증언하는 이는 성령이시니 성령은 진리니라 증언하는 이가 셋이니 성령과 물과 피라 또한 이 셋은 합하여 하나이니라

3. 진리를 좇는 자(21, 14:6)

(요 3:21) 진리를 따르는 자는 빛으로 오나니 이는 그 행위가 하나님 안에서 행한 것임을 나타내려 함이라 하시니라

(요 14:6) 예수께서 이르시되 내가 곧 길이요 진리요 생명이니 나로 말미암지 않고는 아버지께로 올 자가 없느니라

① 예수님은 길이요 진리요 생명 입니다(요 14:6).

(요 14:6) 예수께서 이르시되 내가 곧 길이요 진리요 생명이니 나로 말미암지 않고는 아버지께로 올 자가 없느니라

② 빛과 생명으로 오신 분입니다. 말씀입니다(요 14:4-14).

(요 14:4-14) 내가 어디로 가는지 그 길을 너희가 아느니라 도마가 이르되 주여 주께서 어디로 가시는지 우리가 알지 못하거늘 그 길을 어찌 알겠사옵나이까 예수께서 이르시되 내가 곧 길이요 진리요 생명이니 나로 말미암지 않고는 아버지께로 올 자가 없느니라 너희가 나를 알았더라면 내 아버지도 알았으리로다 이제부터는 너희가 그를 알았고 또 보았느니라 빌립이 이르되 주여 아버지를 우리에게 보여 주옵소서 그리하면 족하겠나이다 예수께서 이르

시되 빌립아 내가 이렇게 오래 너희와 함께 있으되 네가 나를 알지 못하느냐 나를 본 자는 아버지를 보았거늘 어찌하여 아버지를 보이라 하느냐 내가 아버지 안에 거하고 아버지는 내 안에 계신 것을 네가 믿지 아니하느냐 내가 너희에게 이르는 말은 스스로 하는 것이 아니라 아버지께서 내 안에 계셔서 그의 일을 하시는 것이라 내가 아버지 안에 거하고 아버지께서 내 안에 계심을 믿으라 그렇지 못하겠거든 행하는 그 일로 말미암아 나를 믿으라 내가 진실로 진실로 너희에게 이르노니 나를 믿는 자는 내가 하는 일을 그도 할 것이요 또한 그보다 큰 일도 하리니 이는 내가 아버지께로 감이라 너희가 내 이름으로 무엇을 구하든지 내가 행하리니 이는 아버지로 하여금 아들로 말미암아 영광을 받으시게 하려 함이라 내 이름으로 무엇이든지 내게 구하면 내가 행하리라

③ 영접하는 자는 하나님 자녀 됩니다(요 1:12).

(요 1:12) 영접하는 자 곧 그 이름을 믿는 자들에게는 하나님의 자녀가 되는 권세를 주셨으니

④ 오직 예수님을 믿음으로 구원받음과(요 3:16) 진리를 좇는 자의 삶 입니다.

(요 3:16) 하나님이 세상을 이처럼 사랑하사 독생자를 주셨으니 이는 그를 믿는 자마다 멸망하지 않고 영생을 얻게 하려 하심이라

⑤ 진리를 좇는 자는 빛으로 옵니다. 빛 된 생활은 새 생명으로 거듭난 영적 삶 입니다(14:6).

(요 14:6) 예수께서 이르시되 내가 곧 길이요 진리요 생명이니 나로 말미암지 않고는 아버지께로 올 자가 없느니라

⑥ 구원받은 하나님의 자녀의 삶을 삽시다(엡 2:19).

(엡 2:19) 그러므로 이제부터 너희는 외인도 아니요 나그네도 아니요 오직 성도들과 동일한 시민이요 하나님의 권속이라

결론

예수님을 믿는 것이 영적으로 거듭나는 진리 입니다(3:6). 이것이 인간의 갈증의 해결 입니다.

(요 3:6) 육으로 난 것은 육이요 영으로 난 것은 영이니

니고데모가 이 문제에 고민하다가 주님을 찾아왔습니다. 물과 성령으로 거듭난 자는 심판에 이르지 아니하고 영생에 이릅니다(3:16).

(요 3:16) 하나님이 세상을 이처럼 사랑하사 독생자를 주셨으니 이는 그를 믿는 자마다 멸망하지 않고 영생을 얻게 하려 하심이라

죄에서 해방 받고 하나님의 자녀답게 누리며 삽시다(요 1:12, 5:24, 롬 8:2). 확신 가지고 날마다 승리하며 사시기를 주님의 이름으로 축복합니다(벧전 2:9-10, 엡 2:19).

(요 1:12) 영접하는 자 곧 그 이름을 믿는 자들에게는 하나님의 자녀가 되는 권세를 주셨으니

(요 5:24) 내가 진실로 진실로 너희에게 이르노니 내 말을 듣고 또 나 보내신 이를 믿는 자는 영생을 얻었고 심판에 이르지 아니하나니 사망에서 생명으로 옮겼느니라

(롬 8:2) 이는 그리스도 예수 안에 있는 생명의 성령의 법이 죄와 사망의 법에서 너를 해방하였음이라

(벧전 2:9-10) 그러나 너희는 택하신 족속이요 왕 같은 제사장들이요 거룩한 나라요 그의 소유가 된 백성이니 이는 너희를 어두운 데서 불러 내어 그의 기이한 빛에 들어가게 하신 이의 아름다운 덕을 선포하게 하려 하심이라 너희가 전에는 백성이 아니더니 이제는 하나님의 백성이요 전에는 긍휼을 얻지 못하였더니 이제는 긍휼을 얻은 자니라

(엡 2:19) 그러므로 이제부터 너희는 외인도 아니요 나그네도 아니요 오직 성도들과 동일한 시민이요 하나님의 권속이라

참고

〈예수님과 니고데모의 대화〉(요 3:1-21)

(요 3:1-21) 그런데 바리새인 중에 니고데모라 하는 사람이 있으니 유대인의 지도자라 그가 밤에 예수께 와서 이르되 랍비여 우리가 당신은 하나님께로부터 오신 선생인 줄 아나이다 하나님이 함께 하시지 아니하시면 당신이 행하시

는 이 표적을 아무도 할 수 없음이니이다 예수께서 대답하여 이르시되 진실로 진실로 네게 이르노니 사람이 거듭나지 아니하면 하나님의 나라를 볼 수 없느니라 니고데모가 이르되 사람이 늙으면 어떻게 날 수 있사옵나이까 두 번째 모태에 들어갔다가 날 수 있사옵나이까 예수께서 대답하시되 진실로 진실로 네게 이르노니 사람이 물과 성령으로 나지 아니하면 하나님의 나라에 들어갈 수 없느니라 육으로 난 것은 육이요 영으로 난 것은 영이니 내가 네게 거듭나야 하겠다 하는 말을 놀랍게 여기지 말라 바람이 임의로 불매 네가 그 소리는 들어도 어디서 와서 어디로 가는지 알지 못하나니 성령으로 난 사람도 다 그러하니라 니고데모가 대답하여 이르되 어찌 그러한 일이 있을 수 있나이까 예수께서 그에게 대답하여 이르시되 너는 이스라엘의 선생으로서 이러한 것들을 알지 못하느냐 진실로 진실로 네게 이르노니 우리는 아는 것을 말하고 본 것을 증언하노라 그러나 너희가 우리의 증언을 받지 아니하는도다 내가 땅의 일을 말하여도 너희가 믿지 아니하거든 하물며 하늘의 일을 말하면 어떻게 믿겠느냐 하늘에서 내려온 자 곧 인자 외에는 하늘에 올라간 자가 없느니라 모세가 광야에서 뱀을 든 것 같이 인자도 들려야 하리니 이는 그를 믿는 자마다 영생을 얻게 하려 하심이니라 하나님이 세상을 이처럼 사랑하사 독생자를 주셨으니 이는 그를 믿는 자마다 멸망하지 않고 영생을 얻게 하려 하심이라 하나님이 그 아들을 세상에 보내신 것은 세상을 심판하려 하심이 아니요 그로 말미암아 세상이 구원을 받게 하려 하심이라 그를 믿는 자는 심판을 받지 아니하는 것이요 믿지 아니하는 자는 하나님의 독생자의 이름을 믿지 아니하므로 벌써 심판을 받은 것이니라 그 정죄는 이것이니 곧 빛이 세상에 왔으되 사람들이 자기 행위가 악하므로 빛보다 어둠을 더 사랑한 것이니라 악을 행하는 자마다 빛을 미워하여 빛으로 오지 아니하나니 이는 그 행위가 드러날까 함이요 진리를 따르는 자는 빛으로 오나니 이는 그 행위가 하나님 안에서 행한 것임을 나타내려 함이라 하시니라

① 배경 ② 내용 ③ 예 / 실증 ④ 방법 ⑤ 대화의 결론, 전개 됩니다.

1. 배경(1-2)

(요 3:1-2) 그런데 바리새인 중에 니고데모라 하는 사람이 있으니 유대인의 지도자라 그가 밤에 예수께 와서 이르되 랍비여 우리가 당신은 하나님께로부터 오신 선생인 줄 아나이다 하나님이 함께 하시지 아니하시면 당신이 행하시는 이 표적을 아무도 할 수 없음이니이다

하나님의 섭리와 구도자의 성격(7:50, 19:39)

(요 7:50) 그 중의 한 사람 곧 전에 예수께 왔던 니고데모가 그들에게 말하되

(요 19:39) 일찍이 예수께 밤에 찾아왔던 니고데모도 몰약과 침향 섞은 것을 백 리트라쯤 가지고 온지라

2. 내용(3-7) - 거듭남의 진리선포

(요 3:3-7) 예수께서 대답하여 이르시되 진실로 진실로 네게 이르노니 사람이 거듭나지 아니하면 하나님의 나라를 볼 수 없느니라 니고데모가 이르되 사람이 늙으면 어떻게 날 수 있

사옵나이까 두 번째 모태에 들어갔다가 날 수 있사옵나이까 예수께서 대답하시되 진실로 진실로 네게 이르노니 사람이 물과 성령으로 나지 아니하면 하나님의 나라에 들어갈 수 없느니라 육으로 난 것은 육이요 영으로 난 것은 영이니 내가 네게 거듭나야 하겠다 하는 말을 놀랍게 여기지 말라

육으로 난 것과 성령으로 난 것(11:25-27, 14:6, 갈 6:8)

(요 11:25-27) 예수께서 이르시되 나는 부활이요 생명이니 나를 믿는 자는 죽어도 살겠고 무릇 살아서 나를 믿는 자는 영원히 죽지 아니하리니 이것을 네가 믿느냐 이르되 주여 그러하외다 주는 그리스도시요 세상에 오시는 하나님의 아들이신 줄 내가 믿나이다

(요 14:6) 예수께서 이르시되 내가 곧 길이요 진리요 생명이니 나로 말미암지 않고는 아버지께로 올 자가 없느니라

(갈 6:8) 자기의 육체를 위하여 심는 자는 육체로부터 썩어질 것을 거두고 성령을 위하여 심는 자는 성령으로부터 영생을 거두리라

3. 실증(8-15)

① 바람처럼 / 느낌(행 2:1-4)

(행 2:1-4) 오순절 날이 이미 이르매 그들이 다같이 한 곳에 모였더니 홀연히 하늘로부터 급하고 강한 바람 같은 소리가 있어 그들이 앉은 온 집에 가득하며 마치 불의 혀처럼 갈라지는 것들이 그들에게 보여 각 사람 위에 하나씩 임하

여 있더니 그들이 다 성령의 충만함을 받고 성령이 말하게 하심을 따라 다른 언어들로 말하기를 시작하니라

② 광야의 놋뱀 / 상징적(창 3:17, 계 20:2, 벧전 2:24)

(창 3:17) 아담에게 이르시되 네가 네 아내의 말을 듣고 내가 네게 먹지 말라 한 나무의 열매를 먹었은즉 땅은 너로 말미암아 저주를 받고 너는 네 평생에 수고하여야 그 소산을 먹으리라

(계 20:2) 용을 잡으니 곧 옛 뱀이요 마귀요 사탄이라 잡아서 천 년 동안 결박하여

(벧전 2:24) 친히 나무에 달려 그 몸으로 우리 죄를 담당하셨으니 이는 우리로 죄에 대하여 죽고 의에 대하여 살게 하려 하심이라 그가 채찍에 맞음으로 너희는 나음을 얻었나니

③ 육과 영의 실제(갈 5:16-26)

(갈 5:16-26) 내가 이르노니 너희는 성령을 따라 행하라 그리하면 육체의 욕심을 이루지 아니하리라 육체의 소욕은 성령을 거스르고 성령은 육체를 거스르나니 이 둘이 서로 대적함으로 너희가 원하는 것을 하지 못하게 하려 함이니라 너희가 만일 성령의 인도하시는 바가 되면 율법 아래에 있지 아니하리라 육체의 일은 분명하니 곧 음행과 더러운 것과 호색과 우상 숭배와 주술과 원수 맺는 것과 분쟁과 시기와 분냄과 당 짓는 것과 분열함과 이단과 투기와 술 취함과 방탕함과 또 그와 같은 것들이라 전에 너희에게 경계한 것 같이 경계하노니 이런 일을 하는 자들은 하나님의 나라를 유업으로 받지 못할 것이요 오직 성령의 열매는 사랑과 희락과 화평과

오래 참음과 자비와 양선과 충성과 온유와 절제니 이같은 것을 금지할 법이 없느니라 그리스도 예수의 사람들은 육체와 함께 그 정욕과 탐심을 십자가에 못 박았느니라 만일 우리가 성령으로 살면 또한 성령으로 행할지니 헛된 영광을 구하여 서로 노엽게 하거나 서로 투기하지 말지니라

4. 방법(16-21)

(요 3:16-21) 하나님이 세상을 이처럼 사랑하사 독생자를 주셨으니 이는 그를 믿는 자마다 멸망하지 않고 영생을 얻게 하려 하심이라 하나님이 그 아들을 세상에 보내신 것은 세상을 심판하려 하심이 아니요 그로 말미암아 세상이 구원을 받게 하려 하심이라 그를 믿는 자는 심판을 받지 아니하는 것이요 믿지 아니하는 자는 하나님의 독생자의 이름을 믿지 아니하므로 벌써 심판을 받은 것이니라 그 정죄는 이것이니 곧 빛이 세상에 왔으되 사람들이 자기 행위가 악하므로 빛보다 어둠을 더 사랑한 것이니라 악을 행하는 자마다 빛을 미워하여 빛으로 오지 아니하나니 이는 그 행위가 드러날까 함이요 진리를 따르는 자는 빛으로 오나니 이는 그 행위가 하나님 안에서 행한 것임을 나타내려 함이라 하시니라

믿는 자는 구원 받고 믿지 않는 자 심판 받음

5. 결과

주 안에서 사는 자는 성령 인도받는 삶으로 삽니다. 할렐루야-아멘 오직 예수그리스도.

6과

◆ 요 3장 22-26절

흥할 자와 쇠할 자

I. 하늘에서 주신 바가 아니면(22-27)
II. 그는(예수님) 흥하고 나는 쇠하여야(28-30)
III. 참 된 증거(31-34)
IV. 영생이 있는 자와 진노가 있는 자(35-36)

흥하여야 할 자는 오직 예수님 이십니다(사 43:19).
광야의 길과 사막에 강을 낼 자는 메시아 예수님이시
고, 쇠하여야 할 자는 세례 요한 입니다.

육체적인 옛 사람은 죽어져야 합니다. "그는(예수님)
흥하여야 하겠고 나는 쇠하여야 하리라"고 자기를 따
르는 제자들 앞에서 확실하게 시인하고 고백했습니다
(30, 롬 10:9-10, 13, 17).

(요 3:30) 그는 흥하여야 하겠고 나는 쇠하여야 하리라 하
니라

(롬 10:9-10) 네가 만일 네 입으로 예수를 주로 시인하며 또
하나님께서 그를 죽은 자 가운데서 살리신 것을 네 마음에
믿으면 구원을 받으리라 사람이 마음으로 믿어 의에 이르
고 입으로 시인하여 구원에 이르느니라

(롬 10:13) 누구든지 주의 이름을 부르는 자는 구원을 받
으리라

(롬 10:17) 그러므로 믿음은 들음에서 나며 들음은 그리스
도의 말씀으로 말미암았느니라

I. 하늘에서 주신 바가 아니면(22-27)

(요 3:22-27) 그 후에 예수께서 제자들과 유대 땅으로 가서
거기 함께 유하시며 세례를 베푸시더라 요한도 살렘 가까
운 애논에서 세례를 베푸니 거기 물이 많음이라 그러므로
사람들이 와서 세례를 받더라 요한이 아직 옥에 갇히지 아

니하였더라 이에 요한의 제자 중에서 한 유대인과 더불어 정결예식에 대하여 변론이 되었더니 그들이 요한에게 가서 이르되 랍비여 선생님과 함께 요단 강 저편에 있던 이 곧 선생님이 증언하시던 이가 세례를 베풀매 사람이 다 그에게로 가더이다 요한이 대답하여 이르되 만일 하늘에서 주신 바 아니면 사람이 아무 것도 받을 수 없느니라

1. 만사에 때가 있음(24)

(요 3:24) 요한이 아직 옥에 갇히지 아니하였더라

① 참새도 하나님께서 섭리하시는 대로 됩니다(마 10:29-30).

(마 10:29-30) 참새 두 마리가 한 앗사리온에 팔리지 않느냐 그러나 너희 아버지께서 허락하지 아니하시면 그 하나도 땅에 떨어지지 아니하리라 너희에게는 머리털까지 다 세신 바 되었나니

② 인생의 삶의 결과도(요 5:29, 호 8:7, 10:13) 예수님께서 세례를 주셨다고 하지만 실상은 제자들이 주신 것이요(22)

(요 5:29) 선한 일을 행한 자는 생명의 부활로, 악한 일을 행한 자는 심판의 부활로 나오리라

(호 8:7) 그들이 바람을 심고 광풍을 거둘 것이라 심은 것이 줄기가 없으며 이삭은 열매를 맺지 못할 것이요 혹시 맺을지라도 이방 사람이 삼키리라
(호 10:13) 너희는 악을 밭 갈아 죄를 거두고 거짓 열매를

먹었나니 이는 네가 네 길과 네 용사의 많음을 의뢰하였음이라

(요 3:22) 그 후에 예수께서 제자들과 유대 땅으로 가서 거기 함께 유하시며 세례를 베푸시더라

세례요한도 그곳에서 세례를 베풀고 있었습니다(23).

(요 3:23) 요한도 살렘 가까운 애논에서 세례를 베푸니 거기 물이 많음이라 그러므로 사람들이 와서 세례를 받더라

요한이 아직 옥에 갇히지 아니한 때 이었습니다(24).

(요 3:24) 요한이 아직 옥에 갇히지 아니하였더라

만사의 때가 있습니다. 심을 때가 있고 거둘 때가 있으며 인생의 삶의 길에서도 마찬가지로 아직 세례 요한의 때가 아니었습니다(마 10:29-30).

(마 10:29-30) 참새 두 마리가 한 앗사리온에 팔리지 않느냐 그러나 너희 아버지께서 허락하지 아니하시면 그 하나도 땅에 떨어지지 아니하리라 너희에게는 머리털까지 다 세신 바 되었나니

2. 하나님의 뜻대로 됩니다(27).

(요 3:27) 요한이 대답하여 이르되 만일 하늘에서 주신 바 아니면 사람이 아무 것도 받을 수 없느니라
요한의 제자 중에 변론이 생겼는데(25), 세례 요한을

따르던 제자들이 예수님에게로 가는 제자의 심정은 아쉬웠지만(26), 요한은 하나님의 뜻에 순종하고 포기하는 것이 인상을 짙게 남겨둡니다.

(요 3:25) 이에 요한의 제자 중에서 한 유대인과 더불어 정결예식에 대하여 변론이 되었더니

(요 3:26) 그들이 요한에게 가서 이르되 랍비여 선생님과 함께 요단 강 저편에 있던 이 곧 선생님이 증언하시던 이가 세례를 베풀매 사람이 다 그에게로 가더이다

우리 성도는,

① 분명한 하나님의 뜻과(하나님의 부르심)

② 자신의 위치(사명감) 확인하고(능력)

③ 하나님께 대한 역사적 소명의식은 배워야 할 교훈입니다. 십자가의 삶의 헌신적 희생과 모습이 인상 깊게 보입니다(사 53:5-6).

(사 53:5-6) 그가 찔림은 우리의 허물 때문이요 그가 상함은 우리의 죄악 때문이라 그가 징계를 받으므로 우리는 평화를 누리고 그가 채찍에 맞으므로 우리는 나음을 받았도다 우리는 다 양 같아서 그릇 행하여 각기 제 길로 갔거늘 여호와께서는 우리 모두의 죄악을 그에게 담당시키셨도다

Ⅱ. 그는(예수님) 흥하고 나는 쇠하여야(28-30)

(요 3:28-30) 내가 말한 바 나는 그리스도가 아니요 그의 앞에 보내심을 받은 자라고 한 것을 증언할 자는 너희니라 신부를 취하는 자는 신랑이나 서서 신랑의 음성을 듣는 친구가 크게 기뻐하나니 나는 이러한 기쁨으로 충만하였노라 그는 흥하여야 하겠고 나는 쇠하여야 하리라 하니라

1. 나는 그리스도의 증인

① 세례 요한(28)

(요 3:28) 내가 말한 바 나는 그리스도가 아니요 그의 앞에 보내심을 받은 자라고 한 것을 증언할 자는 너희니라

② 성령을 받은 자(행 1:8)

(행 1:8) 오직 성령이 너희에게 임하시면 너희가 권능을 받고 예루살렘과 온 유대와 사마리아와 땅 끝까지 이르러 내 증인이 되리라 하시니라

③ 보내심은 받은 자(사 6:8)

(사 6:8) 내가 또 주의 목소리를 들으니 주께서 이르시되 내가 누구를 보내며 누가 우리를 위하여 갈꼬 하시니 그 때에 내가 이르되 내가 여기 있나이다 나를 보내소서 하였더니

세례 요한은 자신은 그리스도가 아니요 증거자로 보냄

받은 자 입니다. 예수는 생명의 빛으로 오셨지만 자신은 생명도 빛도 아니요 이 빛과 생명을 증거하는 자 임을 자신이 확실하게 고백합니다(요 1:4-8).

(요 1:4-8) 그 안에 생명이 있었으니 이 생명은 사람들의 빛이라 빛이 어둠에 비치되 어둠이 깨닫지 못하더라 하나님께로부터 보내심을 받은 사람이 있으니 그의 이름은 요한이라 그가 증언하러 왔으니 곧 빛에 대하여 증언하고 모든 사람이 자기로 말미암아 믿게 하려 함이라 그는 이 빛이 아니요 이 빛에 대하여 증언하러 온 자라

우리는 오직 예수님을 증거하는 전달자이지 그리스도가 아닙니다. 그러나 확실하게 예수를 바로 증거하는 증인 입니다(행 1:8).

(행 1:8) 오직 성령이 너희에게 임하시면 너희가 권능을 받고 예루살렘과 온 유대와 사마리아와 땅 끝까지 이르러 내 증인이 되리라 하시니라

성령 받는 자는 확실한 그리스도의 몸 입니다(고전 6:19).

(고전 6:19) 너희 몸은 너희가 하나님께로부터 받은 바 너희 가운데 계신 성령의 전인 줄을 알지 못하느냐 너희는 너희 자신의 것이 아니라

2. 신랑과 신랑 친구를 비유한 말씀(29)

(요 3:29) 신부를 취하는 자는 신랑이나 서서 신랑의 음성

을 듣는 친구가 크게 기뻐하나니 나는 이러한 기쁨으로 충
만하였노라

신부를 맞은 자는 신랑이지만 함께 기뻐하는 것은 친
구 입니다. 구원의 기쁨 같지만 사명 따라 상급은 각각
다릅니다(마 25장-달란트 비유).

3. 흥할 자와 쇠할 자는(30)

(요 3:30) 그는 흥하여야 하겠고 나는 쇠하여야 하리라 하
니라

예수님의 이름 권세는 흥하여야 하고, 어둠의 권세, 사
단의 권세, 죄악 세력은 쇠하여야 합니다.

빛이요 생명이신 하나님의 아들 예수님께서 어둠의 권
세를 멸하셨습니다(요일 3:8-9).

(요일 3:8-9) 죄를 짓는 자는 마귀에게 속하나니 마귀는
처음부터 범죄함이라 하나님의 아들이 나타나신 것은 마
귀의 일을 멸하려 하심이라 하나님께로부터 난 자마다 죄
를 짓지 아니하나니 이는 하나님의 씨가 그의 속에 거함이
요 그도 범죄하지 못하는 것은 하나님께로부터 났음이라

그러기에 예수님의 이름이 흥하여야 하고, 인본주의
율법과 도덕주의는 쇠하여 복음의 계절과 성령의 무
드가 되고, 말씀의 생수 되신 예수님의 갈증나는 인생
삶을 시원스럽게 풀어주는 생수를 만나야 됩니다(렘
17:5-8, 시 23:1-6, 요 7:37-39).

(렘 17:5-8) 여호와께서 이와 같이 말씀하시니라 무릇 사람을 믿으며 육신으로 그의 힘을 삼고 마음이 여호와에게서 떠난 그 사람은 저주를 받을 것이라 그는 사막의 떨기나무 같아서 좋은 일이 오는 것을 보지 못하고 광야 간조한 곳, 건건한 땅, 사람이 살지 않는 땅에 살리라 그러나 무릇 여호와를 의지하며 여호와를 의뢰하는 그 사람은 복을 받을 것이라 그는 물 가에 심어진 나무가 그 뿌리를 강변에 뻗치고 더위가 올지라도 두려워하지 아니하며 그 잎이 청청하며 가무는 해에도 걱정이 없고 결실이 그치지 아니함 같으리라

(시 23:1-6) [다윗의 시] 여호와는 나의 목자시니 내게 부족함이 없으리로다 그가 나를 푸른 풀밭에 누이시며 쉴 만한 물 가로 인도하시는도다 내 영혼을 소생시키시고 자기 이름을 위하여 의의 길로 인도하시는도다 내가 사망의 음침한 골짜기로 다닐지라도 해를 두려워하지 않을 것은 주께서 나와 함께 하심이라 주의 지팡이와 막대기가 나를 안위하시나이다 주께서 내 원수의 목전에서 내게 상을 차려 주시고 기름을 내 머리에 부으셨으니 내 잔이 넘치나이다 내 평생에 선하심과 인자하심이 반드시 나를 따르리니 내가 여호와의 집에 영원히 살리로다

III. 참 된 증거(31-34)

(요 3:31-34) 위로부터 오시는 이는 만물 위에 계시고 땅에서 난 이는 땅에 속하여 땅에 속한 것을 말하느니라 하늘로부터 오시는 이는 만물 위에 계시나니 그가 친히 보고 들은 것을 증언하되 그의 증언을 받는 자가 없도다 그의 증언을 받는 자는 하나님이 참되시다는 것을 인쳤느니라 하나

님이 보내신 이는 하나님의 말씀을 하나니 이는 하나님이
성령을 한량 없이 주심이니라

예수님은 위(하늘)에서 나셨고 참되십니다. 그 증거를
받는 이가 참된 증인 입니다. 제자들이 예수님과 2년
동안을 동고동락했지만 위로부터 받은 성령이 없기에
실수했습니다만, 오순절 성령강림(체험)한 후에 삶이
전혀 달라지고 균형잡힌 삶과 확신에 찬 비전이 있었
고, 생명을 기꺼이 바쳐 헌신하였습니다(행 2:1-12).

(행 2:1-12) 오순절 날이 이미 이르매 그들이 다같이 한 곳
에 모였더니 홀연히 하늘로부터 급하고 강한 바람 같은 소
리가 있어 그들이 앉은 온 집에 가득하며 마치 불의 혀처
럼 갈라지는 것들이 그들에게 보여 각 사람 위에 하나씩 임
하여 있더니 그들이 다 성령의 충만함을 받고 성령이 말하
게 하심을 따라 다른 언어들로 말하기를 시작하니라 그 때
에 경건한 유대인들이 천하 각국으로부터 와서 예루살렘
에 머물러 있더니 이 소리가 나매 큰 무리가 모여 각각 자기
의 방언으로 제자들이 말하는 것을 듣고 소동하여 다 놀라
신기하게 여겨 이르되 보라 이 말하는 사람들이 다 갈릴리
사람이 아니냐 우리가 우리 각 사람이 난 곳 방언으로 듣
게 되는 것이 어찌 됨이냐 우리는 바대인과 메대인과 엘람
인과 또 메소보다미아, 유대와 갑바도기아, 본도와 아시아,
브루기아와 밤빌리아, 애굽과 및 구레네에 가까운 리비야
여러 지방에 사는 사람들과 로마로부터 온 나그네 곧 유대
인과 유대교에 들어온 사람들과 그레데인과 아라비아인들
이라 우리가 다 우리의 각 언어로 하나님의 큰 일을 말함
을 듣는도다 하고 다 놀라며 당황하여 서로 이르되 이 어
찌 된 일이냐 하며

IV. 영생이 있는 자와 진노가 있는 자(35-36)

(요 3:35-36) 아버지께서 아들을 사랑하사 만물을 다 그의 손에 주셨으니 아들을 믿는 자에게는 영생이 있고 아들에게 순종하지 아니하는 자는 영생을 보지 못하고 도리어 하나님의 진노가 그 위에 머물러 있느니라

예수님이 있는 자에게는 영생이 있습니다. 예수님이 없는 자에게는 진노가 있습니다. 그러므로 우리는 오직 예수님을 증거하고 예수 안에 충만한 그리스도의 목자와 성도가 됩시다.

① 예수님이 있는 자는 생명이 있고(요일 5:11-12)

(요일 5:11-12) 또 증거는 이것이니 하나님이 우리에게 영생을 주신 것과 이 생명이 그의 아들 안에 있는 그것이니라 아들이 있는 자에게는 생명이 있고 하나님의 아들이 없는 자에게는 생명이 없느니라

② 예수님이 있는 자는 손대지 못하고(5:18)

(요일 5:18) 하나님께로부터 난 자는 다 범죄하지 아니하는 줄을 우리가 아노라 하나님께로부터 나신 자가 그를 지키시매 악한 자가 그를 만지지도 못하느니라

③ 사망에서 생명으로 옮기고(요 5:24)

(요 5:24) 내가 진실로 진실로 너희에게 이르노니 내 말을

듣고 또 나 보내신 이를 믿는 자는 영생을 얻었고 심판에 이르지 아니하나니 사망에서 생명으로 옮겼느니라

④ 그리스도 사랑으로 넉넉히 승리합니다(롬 8:35-39).

(롬 8:35-39) 누가 우리를 그리스도의 사랑에서 끊으리요 환난이나 곤고나 박해나 기근이나 적신이나 위험이나 칼이랴 기록된 바 우리가 종일 주를 위하여 죽임을 당하게 되며 도살 당할 양 같이 여김을 받았나이다 함과 같으니라 그러나 이 모든 일에 우리를 사랑하시는 이로 말미암아 우리가 넉넉히 이기느니라 내가 확신하노니 사망이나 생명이나 천사들이나 권세자들이나 현재 일이나 장래 일이나 능력이나 높음이나 깊음이나 다른 어떤 피조물이라도 우리를 우리 주 그리스도 예수 안에 있는 하나님의 사랑에서 끊을 수 없으리라

결론

흥할 자와 쇠할 자는 내용을 보면, 예수님과 세례 요한을 말하고 있습니다만, 신령한 영적 신앙의 도전을 예수님의 권세 있는 복음이 흥하고, 성령의 능력과 말씀의 성취가 흥왕하여야 합니다. 쇠하여야 할 것은 자신의 육적인 모든 것, 인본주의적인 욕망 입니다. 우리 교회와 나 자신에게 예수님의 푸른 계절이 오고 성령의 능력이 오순절에 초대교회에 임한 것처럼 임하시고 에스겔의 환상처럼 성전 문지방에서 생수가 흘러 넘침과 같이 말씀의 강수가 ① 발목과 ② 무릎과 ③ 허리와 ④ 창일하여 온몸을 잠그고 헤엄칠 수 있고 강변에서 과일과 약재료와 물고기가 풍성했던 복음의 능력이 물결치는 주님의 거룩한 성전이 됩시다(겔 47:1-12). 할렐

루야-아멘 오직 예수그리스도.

(겔 47:1-12) 그가 나를 데리고 성전 문에 이르시니 성전의 앞면이 동쪽을 향하였는데 그 문지방 밑에서 물이 나와 동쪽으로 흐르다가 성전 오른쪽 제단 남쪽으로 흘러 내리더라 그가 또 나를 데리고 북문으로 나가서 바깥 길로 꺾여 동쪽을 향한 바깥 문에 이르시기로 본즉 물이 그 오른쪽에서 스며 나오더라 그 사람이 손에 줄을 잡고 동쪽으로 나아가며 천 척을 측량한 후에 내게 그 물을 건너게 하시니 물이 발목에 오르더니 다시 천 척을 측량하고 내게 물을 건너게 하시니 물이 무릎에 오르고 다시 천 척을 측량하고 내게 물을 건너게 하시니 물이 허리에 오르고 다시 천 척을 측량하시니 물이 내가 건너지 못할 강이 된지라 그 물이 가득하여 헤엄칠 만한 물이요 사람이 능히 건너지 못할 강이더라 그가 내게 이르시되 인자야 네가 이것을 보았느냐 하시고 나를 인도하여 강 가로 돌아가게 하시기로 내가 돌아가니 강 좌우편에 나무가 심히 많더라 그가 내게 이르시되 이 물이 동쪽으로 향하여 흘러 아라바로 내려가서 바다에 이르리니 이 흘러 내리는 물로 그 바다의 물이 되살아나리라 이 강물이 이르는 곳마다 번성하는 모든 생물이 살고 또 고기가 심히 많으리니 이 물이 흘러 들어가므로 바닷물이 되살아나겠고 이 강이 이르는 각처에 모든 것이 살 것이며 또 이 강 가에 어부가 설 것이니 엔게디에서부터 에네글라임까지 그물 치는 곳이 될 것이라 그 고기가 각기 종류를 따라 큰 바다의 고기 같이 심히 많으려니와 그 진펄과 개펄은 되살아나지 못하고 소금 땅이 될 것이며 강 좌우 가에는 각종 먹을 과실나무가 자라서 그 잎이 시들지 아니하며 열매가 끊이지 아니하고 달마다 새 열매를 맺으리니 그 물이 성소를 통하여 나옴이라 그 열매는 먹을 만하고 그 잎사귀는 약 재료가 되리라

7과

◆ 요 4장 1-42절

생명력 있는 삶의 원천

사람은 세상을 살면서 삶의 원인인 진리를 알아야 합니다(요 8:31-32, 14:6). 생명력 있는 사람의 원천은 오직 예수님 이십니다(요 3:16, 5:24, 17:2). 실의와 낙담에 빠졌던 수가 성 여인은 주님을 만난 후에 삶의 활력과 생명력을 가지게 되었습니다(4:29).

(요 8:31-32) 그러므로 예수께서 자기를 믿은 유대인들에게 이르시되 너희가 내 말에 거하면 참으로 내 제자가 되고 진리를 알지니 진리가 너희를 자유롭게 하리라

(요 14:6) 예수께서 이르시되 내가 곧 길이요 진리요 생명이니 나로 말미암지 않고는 아버지께로 올 자가 없느니라

(요 3:16) 하나님이 세상을 이처럼 사랑하사 독생자를 주셨으니 이는 그를 믿는 자마다 멸망하지 않고 영생을 얻게 하려 하심이라

(요 5:24) 내가 진실로 진실로 너희에게 이르노니 내 말을 듣고 또 나 보내신 이를 믿는 자는 영생을 얻었고 심판에 이르지 아니하나니 사망에서 생명으로 옮겼느니라

(요 17:2) 아버지께서 아들에게 주신 모든 사람에게 영생을 주게 하시려고 만민을 다스리는 권세를 아들에게 주셨음이로소이다

(요 4:29) 내가 행한 모든 일을 내게 말한 사람을 와서 보라 이는 그리스도가 아니냐 하니

Ⅰ. 사마리아를 통행하는 예수를 만난 여인 (1-19)

(요 4:1-19) 예수께서 제자를 삼고 세례를 베푸시는 것이 요한보다 많다 하는 말을 바리새인들이 들은 줄을 주께서 아신지라 (예수께서 친히 세례를 베푸신 것이 아니요 제자들이 베푼 것이라) 유대를 떠나사 다시 갈릴리로 가실새 사마리아를 통과하여야 하겠는지라 사마리아에 있는 수가라 하는 동네에 이르시니 야곱이 그 아들 요셉에게 준 땅이 가깝고 거기 또 야곱의 우물이 있더라 예수께서 길 가시다가 피곤하여 우물 곁에 그대로 앉으시니 때가 여섯 시쯤 되었더라 사마리아 여자 한 사람이 물을 길으러 왔으매 예수께서 물을 좀 달라 하시니 이는 제자들이 먹을 것을 사러 그 동네에 들어갔음이러라 사마리아 여자가 이르되 당신은 유대인으로서 어찌하여 사마리아 여자인 나에게 물을 달라 하나이까 하니 이는 유대인이 사마리아인과 상종하지 아니함이러라 예수께서 대답하여 이르시되 네가 만일 하나님의 선물과 또 네게 물 좀 달라 하는 이가 누구인 줄 알았더라면 네가 그에게 구하였을 것이요 그가 생수를 네게 주었으리라 여자가 이르되 주여 물 길을 그릇도 없고 이 우물은 깊은데 어디서 당신이 그 생수를 얻겠사옵나이까 우리 조상 야곱이 이 우물을 우리에게 주셨고 또 여기서 자기와 자기 아들들과 짐승이 다 마셨는데 당신이 야곱보다 더 크니이까 예수께서 대답하여 이르시되 이 물을 마시는 자마다 다시 목마르려니와 내가 주는 물을 마시는 자는 영원히 목마르지 아니하리니 내가 주는 물은 그 속에서 영생하도록 솟아나는 샘물이 되리라 여자가 이르되 주여 그런 물을 내게 주사 목마르지도 않고 또 여기 물 길으러 오지도 않게 하옵소서 이르시되 가서 네 남편을 불러 오라 여자가

대답하여 이르되 나는 남편이 없나이다 예수께서 이르시되 네가 남편이 없다 하는 말이 옳도다 너에게 남편 다섯이 있었고 지금 있는 자도 네 남편이 아니니 네 말이 참되도다 여자가 이르되 주여 내가 보니 선지자로소이다

1. 사마리아를 통행하신 이유(1-6)

(요 4:1-6) 예수께서 제자를 삼고 세례를 베푸시는 것이 요한보다 많다 하는 말을 바리새인들이 들은 줄을 주께서 아신지라 (예수께서 친히 세례를 베푸신 것이 아니요 제자들이 베푼 것이라) 유대를 떠나사 다시 갈릴리로 가실새 사마리아를 통과하여야 하겠는지라 사마리아에 있는 수가라 하는 동네에 이르시니 야곱이 그 아들 요셉에게 준 땅이 가깝고 거기 또 야곱의 우물이 있더라 예수께서 길 가시다가 피곤하여 우물 곁에 그대로 앉으시니 때가 여섯 시쯤 되었더라

◎ 유대인의 반목을 해결하려고,

① BC. 722. 북왕국 이스라엘이 앗수르에 멸망. 앗수르인과 유대인간의 혼열족 된 자들이 사마리아 모여 살고 있음

② 혈통을 더럽혔다고 유대인들이 사마리아 사람들을 멸시함

③ 혈통을 더럽혔다고 유대인들이 사마리아 사람들을 멸시함

④ 바벨론 포로 귀환시 성전건축에 협력하겠다는 사마리아인의 요청을 거절함

⑤ 서로 상종하지 않고 사마리아를 통과하지 않으려고 돌아다님

2. 목마른 여인에게 생수를 주기 위해서(7-19)

(요 4:7-19) 사마리아 여자 한 사람이 물을 길으러 왔으매 예수께서 물을 좀 달라 하시니 이는 제자들이 먹을 것을 사러 그 동네에 들어갔음이러라 사마리아 여자가 이르되 당신은 유대인으로서 어찌하여 사마리아 여자인 나에게 물을 달라 하나이까 하니 이는 유대인이 사마리아인과 상종하지 아니함이러라 예수께서 대답하여 이르시되 네가 만일 하나님의 선물과 또 네게 물 좀 달라 하는 이가 누구인 줄 알았더라면 네가 그에게 구하였을 것이요 그가 생수를 네게 주었으리라 여자가 이르되 주여 물 길을 그릇도 없고 이 우물은 깊은데 어디서 당신이 그 생수를 얻겠사옵나이까 우리 조상 야곱이 이 우물을 우리에게 주셨고 또 여기서 자기와 자기 아들들과 짐승이 다 마셨는데 당신이 야곱보다 더 크니이까 예수께서 대답하여 이르시되 이 물을 마시는 자마다 다시 목마르려니와 내가 주는 물을 마시는 자는 영원히 목마르지 아니하리니 내가 주는 물은 그 속에서 영생하도록 솟아나는 샘물이 되리라 여자가 이르되 주여 그런 물을 내게 주사 목마르지도 않고 또 여기 물 길으러 오지도 않게 하옵소서 이르시되 가서 네 남편을 불러 오라 여자가 대답하여 이르되 나는 남편이 없나이다 예수께서 이르시되 네가 남편이 없다 하는 말이 옳도다 너에게 남편 다섯이 있었고 지금 있는 자도 네 남편이 아니니 네 말이 참되도다 여자가 이르되 주여 내가 보니 선지자로소이다

◎ 목마른 원인

① 생수의 근원이신 하나님을 떠남(창 3:1-6, 히 9:27, 롬 3:23)

(창 3:1-6) 그런데 뱀은 여호와 하나님이 지으신 들짐승 중에 가장 간교하니라 뱀이 여자에게 물어 이르되 하나님이 참으로 너희에게 동산 모든 나무의 열매를 먹지 말라 하시더냐 여자가 뱀에게 말하되 동산 나무의 열매를 우리가 먹을 수 있으나 동산 중앙에 있는 나무의 열매는 하나님의 말씀에 너희는 먹지도 말고 만지지도 말라 너희가 죽을까 하노라 하셨느니라 뱀이 여자에게 이르되 너희가 결코 죽지 아니하리라 너희가 그것을 먹는 날에는 너희 눈이 밝아져 하나님과 같이 되어 선악을 알 줄 하나님이 아심이니라 여자가 그 나무를 본즉 먹음직도 하고 보암직도 하고 지혜롭게 할 만큼 탐스럽기도 한 나무인지라 여자가 그 열매를 따먹고 자기와 함께 있는 남편에게도 주매 그도 먹은지라

(히 9:27) 한번 죽는 것은 사람에게 정해진 것이요 그 후에는 심판이 있으리니

(롬 3:23) 모든 사람이 죄를 범하였으매 하나님의 영광에 이르지 못하더니

② 인간의 욕망대로 안됨. 오직 예수님 안에만 해결됨(전 3:11, 골 3:8, 요 14:6).

(전 3:11) 하나님이 모든 것을 지으시되 때를 따라 아름답게 하셨고 또 사람들에게는 영원을 사모하는 마음을 주셨느니라 그러나 하나님이 하시는 일의 시종을 사람으로 측

량할 수 없게 하셨도다

(골 3:8) 이제는 너희가 이 모든 것을 벗어 버리라 곧 분함
과 노여움과 악의와 비방과 너희 입의 부끄러운 말이라
(요 14:6) 예수께서 이르시되 내가 곧 길이요 진리요 생명
이니 나로 말미암지 않고는 아버지께로 올 자가 없느니라

③ 죄의 노예가 된 상태(18, 약 1:15, 롬 6:23, 7:24)

(요 4:18) 너에게 남편 다섯이 있었고 지금 있는 자도 네 남
편이 아니니 네 말이 참되도다

(약 1:15) 욕심이 잉태한즉 죄를 낳고 죄가 장성한즉 사망
을 낳느니라

(롬 6:23) 죄의 삯은 사망이요 하나님의 은사는 그리스도
예수 우리 주 안에 있는 영생이니라

(롬 7:24) 오호라 나는 곤고한 사람이로다 이 사망의 몸에
서 누가 나를 건져내랴

3. 하나님과 인간의 막힌 담을 허시고 하나 되게 하심(
엡 1:14-16)

(엡 1:14-16) 이는 우리 기업의 보증이 되사 그 얻으신 것을
속량하시고 그의 영광을 찬송하게 하려 하심이라 이로 말
미암아 주 예수 안에서 너희 믿음과 모든 성도를 향한 사랑
을 나도 듣고 내가 기도할 때에 기억하며 너희로 말미암아
감사하기를 그치지 아니하고

◎ 예수님의 주시는 물은?

① 일시적인 갈증 해소적인 것이 아닌 영원토록 솟아나는 영생의 샘물(14)

(요 4:14) 내가 주는 물을 마시는 자는 영원히 목마르지 아니하리니 내가 주는 물은 그 속에서 영생하도록 솟아나는 샘물이 되리라

② 메시아를 고백하는 자에게 주는 권능의 생수(25-26)

(요 4:25-26) 여자가 이르되 메시야 곧 그리스도라 하는 이가 오실 줄을 내가 아노니 그가 오시면 모든 것을 우리에게 알려 주시리이다 예수께서 이르시되 네게 말하는 내가 그라 하시니라

③ 믿는 자에게 항상 흘러 넘치는 영원한 생수(6:37-39)

(요 6:37-39) 아버지께서 내게 주시는 자는 다 내게로 올 것이요 내게 오는 자는 내가 결코 내쫓지 아니하리라 내가 하늘에서 내려온 것은 내 뜻을 행하려 함이 아니요 나를 보내신 이의 뜻을 행하려 함이니라 나를 보내신 이의 뜻은 내게 주신 자 중에 내가 하나도 잃어버리지 아니하고 마지막 날에 다시 살리는 이것이니라

④ 믿는 자에게 구원과 축복을 주는 거룩한 물(엡 5:26)

(엡 5:26, 개정) 이는 곧 물로 씻어 말씀으로 깨끗하게 하사 거룩하게 하시고

◎ 생명을 살리려는 계획과 행동은 하나님의 뜻이요 생명력 있는 삶은 예수님이 힘의 원천이 됩니다. 오직 예수님 (요 11:25-27)

(요 11:25-27) 예수께서 이르시되 나는 부활이요 생명이니 나를 믿는 자는 죽어도 살겠고 무릇 살아서 나를 믿는 자는 영원히 죽지 아니하리니 이것을 네가 믿느냐 이르되 주여 그러하외다 주는 그리스도시요 세상에 오시는 하나님의 아들이신 줄 내가 믿나이다

II. 사마리아 여인의 고백(20-26)

예수님을 만난 자는 말하기를, 나는 그리스도를 만났다고 고백합니다(요 1:12-14, 마 16:16-18).

(요 1:12-14) 영접하는 자 곧 그 이름을 믿는 자들에게는 하나님의 자녀가 되는 권세를 주셨으니 이는 혈통으로나 육정으로나 사람의 뜻으로 나지 아니하고 오직 하나님께로부터 난 자들이니라 말씀이 육신이 되어 우리 가운데 거하시매 우리가 그의 영광을 보니 아버지의 독생자의 영광이요 은혜와 진리가 충만하더라

(마 16:16-18) 시몬 베드로가 대답하여 이르되 주는 그리스도시요 살아 계신 하나님의 아들이시니이다 예수께서 대답하여 이르시되 바요나 시몬아 네가 복이 있도다 이를 네게 알게 한 이는 혈육이 아니요 하늘에 계신 내 아버지시니라 또 내가 네게 이르노니 너는 베드로라 내가 이 반석 위에 내 교회를 세우리니 음부의 권세가 이기지 못하리라

주님을 만난 자는 시인하여 구원을 얻고, 구원받은 자의 영적 삶은 예배의 삶 입니다(롬 10:9-15, 12:1-2).

(롬 10:9-15) 네가 만일 네 입으로 예수를 주로 시인하며 또 하나님께서 그를 죽은 자 가운데서 살리신 것을 네 마음에 믿으면 구원을 받으리라 사람이 마음으로 믿어 의에 이르고 입으로 시인하여 구원에 이르느니라 성경에 이르되 누구든지 그를 믿는 자는 부끄러움을 당하지 아니하리라 하니 유대인이나 헬라인이나 차별이 없음이라 한 분이신 주께서 모든 사람의 주가 되사 그를 부르는 모든 사람에게 부요하시도다 누구든지 주의 이름을 부르는 자는 구원을 받으리라 그런즉 그들이 믿지 아니하는 이를 어찌 부르리요 듣지도 못한 이를 어찌 믿으리요 전파하는 자가 없이 어찌 들으리요 보내심을 받지 아니하였으면 어찌 전파하리요 기록된 바 아름답도다 좋은 소식을 전하는 자들의 발이여 함과 같으니라

예배의 삶은 신령한 삶이요, 생명력 있는 축복의 삶 입니다(요 4:23-24).

(요 4:23-24) 아버지께 참되게 예배하는 자들은 영과 진리로 예배할 때가 오나니 곧 이 때라 아버지께서는 자기에게 이렇게 예배하는 자들을 찾으시느니라 하나님은 영이시니 예배하는 자가 영과 진리로 예배할지니라

1. 예배의 대상

하나님께 영광(창 4:4-5, 히 11:4)

(창 4:4-5) 아벨은 자기도 양의 첫 새끼와 그 기름으로 드

렸더니 여호와께서 아벨과 그의 제물은 받으셨으나 가인과 그의 제물은 받지 아니하신지라 가인이 몹시 분하여 안색이 변하니

(히 11:4) 믿음으로 아벨은 가인보다 더 나은 제사를 하나님께 드림으로 의로운 자라 하시는 증거를 얻었으니 하나님이 그 예물에 대하여 증언하심이라 그가 죽었으나 그 믿음으로써 지금도 말하느니라

하나님은 살아계시고 전능하시고 불변하심

2. 예배의 내용

예수님의 이름으로 영혼 구령에 초점(요 4:20-24)

(요 4:20-24) 우리 조상들은 이 산에서 예배하였는데 당신들의 말은 예배할 곳이 예루살렘에 있다 하더이다 예수께서 이르시되 여자여 내 말을 믿으라 이 산에서도 말고 예루살렘에서도 말고 너희가 아버지께 예배할 때가 이르리라 너희는 알지 못하는 것을 예배하고 우리는 아는 것을 예배하노니 이는 구원이 유대인에게서 남이라 아버지께 참되게 예배하는 자들은 영과 진리로 예배할 때가 오나니 곧 이 때라 아버지께서는 자기에게 이렇게 예배하는 자들을 찾으시느니라 하나님은 영이시니 예배하는 자가 영과 진리로 예배할지니라

3. 예배의 방법

성령님의 인도를 받아 새 생명의 삶을 주심에 감사, 구원 받은 감격의 기쁨 소유(롬 12:1-2, 엡 5:19-21)

(롬 12:1-2) 그러므로 형제들아 내가 하나님의 모든 자비하심으로 너희를 권하노니 너희 몸을 하나님이 기뻐하시는 거룩한 산 제물로 드리라 이는 너희가 드릴 영적 예배니라 너희는 이 세대를 본받지 말고 오직 마음을 새롭게 함으로 변화를 받아 하나님의 선하시고 기뻐하시고 온전하신 뜻이 무엇인지 분별하도록 하라

(엡 5:19-21) 시와 찬송과 신령한 노래들로 서로 화답하며 너희의 마음으로 주께 노래하며 찬송하며 범사에 우리 주 예수 그리스도의 이름으로 항상 아버지 하나님께 감사하며 그리스도를 경외함으로 피차 복종하라

4. 확신과 고백

참 세상의 구주가 되심을 고백함(42, 마 16:16-19, 롬 10:9-10, 13, 17), 말씀의 권세

(요 4:42) 그 여자에게 말하되 이제 우리가 믿는 것은 네 말로 인함이 아니니 이는 우리가 친히 듣고 그가 참으로 세상의 구주신 줄 앎이라 하였더라

(마 16:16-19) 시몬 베드로가 대답하여 이르되 주는 그리스도시요 살아 계신 하나님의 아들이시니이다 예수께서 대답하여 이르시되 바요나 시몬아 네가 복이 있도다 이를

네게 알게 한 이는 혈육이 아니요 하늘에 계신 내 아버지시
니라 또 내가 네게 이르노니 너는 베드로라 내가 이 반석
위에 내 교회를 세우리니 음부의 권세가 이기지 못하리라
내가 천국 열쇠를 네게 주리니 네가 땅에서 무엇이든지 매
면 하늘에서도 매일 것이요 네가 땅에서 무엇이든지 풀면
하늘에서도 풀리리라 하시고

III. 참 된 양식이신 예수님을 증언함(27-42)

예배를 통한 은혜와 축복은 주님을 만난 감격입니다.
이런 영적인 생수의 기쁨이 충만한 여인에게서 성령
의 불타는 듯한 구령의 열정이 솟아났습니다. 그러기
에 그녀는 견딜 수 없는 즐거움으로 사마리아로 전도
하러 갔습니다.

1. 성령 받은 자의 행동은 구령(영혼 구원)의 우선권을
가짐(27-30)

(요 4:27-30) 이 때에 제자들이 돌아와서 예수께서 여자
와 말씀하시는 것을 이상히 여겼으나 무엇을 구하시나이
까 어찌하여 그와 말씀하시나이까 묻는 자가 없더라 여
자가 물동이를 버려 두고 동네로 들어가서 사람들에게 이
르되 내가 행한 모든 일을 내게 말한 사람을 와서 보라 이
는 그리스도가 아니냐 하니 그들이 동네에서 나와 예수께
로 오더라

① 물동이를 버려두고 삶의 현장으로 감 / 행동(28)

(요 4:28) 여자가 물동이를 버려 두고 동네로 들어가서 사

람들에게 이르되

② 내가 만난 그리스도를 와 보라 / 시인(29, 1:39, 1:46)

(요 4:29) 내가 행한 모든 일을 내게 말한 사람을 와서 보라 이는 그리스도가 아니냐 하니

(요 1:39) 예수께서 이르시되 와서 보라 그러므로 그들이 가서 계신 데를 보고 그 날 함께 거하니 때가 열 시쯤 되었더라

(요 1:46) 나다나엘이 이르되 나사렛에서 무슨 선한 것이 날 수 있느냐 빌립이 이르되 와서 보라 하니라

③ 말씀의 생명력 있음을 보여줌(예수님을 만나게 해줌) / 증인(30)

(요 4:30) 그들이 동네에서 나와 예수께로 오더라

2. 생명의 양식을 가르쳐 주심(31-34)

(요 4:31-34) 그 사이에 제자들이 청하여 이르되 랍비여 잡수소서 이르시되 내게는 너희가 알지 못하는 먹을 양식이 있느니라 제자들이 서로 말하되 누가 잡수실 것을 갖다 드렸는가 하니 예수께서 이르시되 나의 양식은 나를 보내신 이의 뜻을 행하며 그의 일을 온전히 이루는 이것이니라

① 물과 양식을 가르쳐 주는(예수님은 자신임을 선포하심) / (32)

(요 4:32) 이르시되 내게는 너희가 알지 못하는 먹을 양식이 있느니라

② 제자들은 깨닫지 못함(33)

(요 4:33) 제자들이 서로 말하되 누가 잡수실 것을 갖다 드렸는가 하니

육의 사람에게는 신령한 세계가 보이지 않습니다.

③ 참 양식은 하나님 뜻(말씀) 행할 때 평화를 얻음

3. 참된 양식

① 시기 / 전도의 때는 지금(35, 딤후 4:2)

(요 4:35) 너희는 넉 달이 지나야 추수할 때가 이르겠다 하지 아니하느냐 그러나 나는 너희에게 이르노니 너희 눈을 들어 밭을 보라 희어져 추수하게 되었도다

(딤후 4:2) 너는 말씀을 전파하라 때를 얻든지 못 얻든지 항상 힘쓰라 범사에 오래 참음과 가르침으로 경책하며 경계하며 권하라

② 전도 / 뿌림과 거둠은 함께 즐거움(36), 전도자와 전도 받은 자의 즐거움

(요 4:36) 거두는 자가 이미 삯도 받고 영생에 이르는 열매를 모으나니 이는 뿌리는 자와 거두는 자가 함께 즐거워하

게 하려 함이라

③ 효과 / 여인에게 전도하고 함께 누리는 기쁨(제자-예수 / 37-38)

(요 4:37-38) 그런즉 한 사람이 심고 다른 사람이 거둔다 하는 말이 옳도다 내가 너희로 노력하지 아니한 것을 거두러 보내었노니 다른 사람들은 노력하였고 너희는 그들이 노력한 것에 참여하였느니라

4. 전도함을 통한 생명의 열매(39-42)

① 여인의 증언 / 전도하는 자가 있어야 구원받는 자가 있음(39, 롬 10:14)

(요 4:39) 여자의 말이 내가 행한 모든 것을 그가 내게 말하였다 증언하므로 그 동네 중에 많은 사마리아인이 예수를 믿는지라

(롬 10:14) 그런즉 그들이 믿지 아니하는 이를 어찌 부르리요 듣지도 못한 이를 어찌 믿으리요 전파하는 자가 없이 어찌 들으리요

② 여인의 접근 / 분명한 복음의 원천을 알고 전함(40, 17, 17:2-3)

(요 4:40) 사마리아인들이 예수께 와서 자기들과 함께 유하시기를 청하니 거기서 이틀을 유하시매

(요 4:17) 여자가 대답하여 이르되 나는 남편이 없나이다 예수께서 이르시되 네가 남편이 없다 하는 말이 옳도다

(요 17:2-3) 아버지께서 아들에게 주신 모든 사람에게 영생을 주게 하시려고 만민을 다스리는 권세를 아들에게 주셨음이로소이다 영생은 곧 유일하신 참 하나님과 그가 보내신 자 예수 그리스도를 아는 것이니이다

③ 여인의 태도 / 오직 예수님의 살아있는 말씀을 전함 (41, 히 4:12)

(요 4:41) 예수의 말씀으로 말미암아 믿는 자가 더욱 많아

(히 4:12) 하나님의 말씀은 살아 있고 활력이 있어 좌우에 날선 어떤 검보다도 예리하여 혼과 영과 및 관절과 골수를 찔러 쪼개기까지 하며 또 마음의 생각과 뜻을 판단하나니

④ 확신과 고백 / 참세상의 구주임을 고백(42, 마 16:16-18)

(요 4:42) 그 여자에게 말하되 이제 우리가 믿는 것은 네 말로 인함이 아니니 이는 우리가 친히 듣고 그가 참으로 세상의 구주신 줄 앎이라 하였더라

(마 16:16-18) 시몬 베드로가 대답하여 이르되 주는 그리스도시요 살아 계신 하나님의 아들이시니이다 예수께서 대답하여 이르시되 바요나 시몬아 네가 복이 있도다 이를 네게 알게 한 이는 혈육이 아니요 하늘에 계신 내 아버지시니라 또 내가 네게 이르노니 너는 베드로라 내가 이 반석 위에 내 교회를 세우리니 음부의 권세가 이기지 못하리라

결론

생명력 있는 삶의 원천은 오직 예수님 이십니다.
예수님을 만난 수가 성읍의 여인은 성령의 생수를 접하고 심령의 진동과 행동적 삶은 예배하는 삶으로 전도하는 실제적 행동으로 살아가는 현장을 보여 주었습니다.

사랑하는 성도여, 주님을 만납시다. 성령의 인도받아 생명의 근원되신 예수님의 확실한 복음을 전하여 구원받는 새 생명 역사의 현장을 만듭시다. 오직 예수님의 이름으로 승리합시다. 할렐루야-아멘 오직 예수그리스도.

8과

◆ 요 4장 43-54절

네 아들이 살았다 하거늘

예수님께서 갈릴리로 가시는 도중에, 수가 성읍의 여인이 구원받고 사마리아인에게 생명의 복음이 전파 된 후 갈릴리 가나에서 두 번째 표적과 기사가 나타났는데 신하의 아들이 병들어 죽게 되었을 때 고침 받은 내용의 사건입니다.

Ⅰ. 선지자가 고향에서 받은 대우와 갈릴리 (43-45)

◎ 사마리아를 떠나시는 예수(43) / 순례자의 길-복음 전하는 자는 어느 한 지역에 안주할 수 없습니다.

(요 4:43) 이틀이 지나매 예수께서 거기를 떠나 갈릴리로 가시며

◎ 갈릴리로 가시는 예수(43)

(요 4:43) 이틀이 지나매 예수께서 거기를 떠나 갈릴리로 가시며

① 제자 부르시던 곳(마 4:19) 저 멀리 뵈는 시온성

(마 4:19) 말씀하시되 나를 따라오라 내가 너희를 사람을 낚는 어부가 되게 하리라 하시니

② 가르치시던 곳(마 4:23, 9:35)

(마 4:23) 예수께서 온 갈릴리에 두루 다니사 그들의 회당에서 가르치시며 천국 복음을 전파하시며 백성 중의 모든

병과 모든 약한 것을 고치시니

(마 9:35) 예수께서 모든 도시와 마을에 두루 다니사 그들의 회당에서 가르치시며 천국 복음을 전파하시며 모든 병과 모든 약한 것을 고치시니라

③ 이적을 행하시던 곳(2:1-11, 마 15:22-28)

(요 2:1-11) 사흘째 되던 날 갈릴리 가나에 혼례가 있어 예수의 어머니도 거기 계시고 예수와 그 제자들도 혼례에 청함을 받았더니 포도주가 떨어진지라 예수의 어머니가 예수에게 이르되 저들에게 포도주가 없다 하니 예수께서 이르시되 여자여 나와 무슨 상관이 있나이까 내 때가 아직 이르지 아니하였나이다 그의 어머니가 하인들에게 이르되 너희에게 무슨 말씀을 하시든지 그대로 하라 하니라 거기에 유대인의 정결 예식을 따라 두세 통 드는 돌항아리 여섯이 놓였는지라 예수께서 그들에게 이르시되 항아리에 물을 채우라 하신즉 아귀까지 채우니 이제는 떠서 연회장에게 갖다 주라 하시매 갖다 주었더니 연회장은 물로 된 포도주를 맛보고도 어디서 났는지 알지 못하되 물 떠온 하인들은 알더라 연회장이 신랑을 불러 말하되 사람마다 먼저 좋은 포도주를 내고 취한 후에 낮은 것을 내거늘 그대는 지금까지 좋은 포도주를 두었도다 하니라 예수께서 이 첫 표적을 갈릴리 가나에서 행하여 그의 영광을 나타내시매 제자들이 그를 믿으니라

(마 15:22-28) 가나안 여자 하나가 그 지경에서 나와서 소리 질러 이르되 주 다윗의 자손이여 나를 불쌍히 여기소서 내 딸이 흉악하게 귀신 들렸나이다 하되 예수는 한 말씀도 대답하지 아니하시니 제자들이 와서 청하여 말하되 그 여자

가 우리 뒤에서 소리를 지르오니 그를 보내소서 예수께서
대답하여 이르시되 나는 이스라엘 집의 잃어버린 양 외에는
다른 데로 보내심을 받지 아니하였노라 하시니 여자가 와서
예수께 절하며 이르되 주여 저를 도우소서 대답하여 이르시
되 자녀의 떡을 취하여 개들에게 던짐이 마땅하지 아니하니
라 여자가 이르되 주여 옳소이다마는 개들도 제 주인의 상
에서 떨어지는 부스러기를 먹나이다 하니 이에 예수께서 대
답하여 이르시되 여자여 네 믿음이 크도다 네 소원대로 되
리라 하시니 그 때로부터 그의 딸이 나으니라

1. 고향에서 대우받지 못함(44-45)

(요 4:44-45) 친히 증언하시기를 선지자가 고향에서는 높
임을 받지 못한다 하시고 갈릴리에 이르시매 갈릴리인들이
그를 영접하니 이는 자기들도 명절에 갔다가 예수께서 명
절중 예루살렘에서 하신 모든 일을 보았음이더라

1) 선지자

① 엘리야 - 시돈 사람인데 사렙다 과부에게 도움을 받음
(왕상 17:8-16, 눅 4:24-26)

(왕상 17:8-18) 여호와의 말씀이 엘리야에게 임하여 이르
시되 너는 일어나 시돈에 속한 사르밧으로 가서 거기 머물
라 내가 그 곳 과부에게 명령하여 네게 음식을 주게 하였느
니라 그가 일어나 사르밧으로 가서 성문에 이를 때에 한 과
부가 그 곳에서 나뭇가지를 줍는지라 이에 불러 이르되 청
하건대 그릇에 물을 조금 가져다가 내가 마시게 하라 그가
가지러 갈 때에 엘리야가 그를 불러 이르되 청하건대 네 손

의 떡 한 조각을 내게로 가져오라 그가 이르되 당신의 하나
님 여호와께서 살아 계심을 두고 맹세하노니 나는 떡이 없
고 다만 통에 가루 한 움큼과 병에 기름 조금 뿐이라 내가
나뭇가지 둘을 주워다가 나와 내 아들을 위하여 음식을 만
들어 먹고 그 후에는 죽으리라 엘리야가 그에게 이르되 두
려워하지 말고 가서 네 말대로 하려니와 먼저 그것으로 나
를 위하여 작은 떡 한 개를 만들어 내게로 가져오고 그 후
에 너와 네 아들을 위하여 만들라 이스라엘의 하나님 여호
와의 말씀이 나 여호와가 비를 지면에 내리는 날까지 그 통
의 가루가 떨어지지 아니하고 그 병의 기름이 없어지지 아
니하리라 하셨느니라 그가 가서 엘리야의 말대로 하였더니
그와 엘리야와 그의 식구가 여러 날 먹었으나 여호와께서
엘리야를 통하여 하신 말씀 같이 통의 가루가 떨어지지 아
니하고 병의 기름이 없어지지 아니하니라

(눅 4:24-26) 또 이르시되 내가 진실로 너희에게 이르노니
선지자가 고향에서는 환영을 받는 자가 없느니라 내가 참
으로 너희에게 이르노니 엘리야 시대에 하늘이 삼 년 육 개
월간 닫히어 온 땅에 큰 흉년이 들었을 때에 이스라엘에
많은 과부가 있었으되 엘리야가 그 중 한 사람에게도 보
내심을 받지 않고 오직 시돈 땅에 있는 사렙다의 한 과부
에게 뿐이었으며

② 엘리사 – 수리아와 나아만 장군에게 전혀 대우도 도움
도 받지 않음(왕하 5:14)

(왕하 5:14) 나아만이 이에 내려가서 하나님의 사람의 말대
로 요단 강에 일곱 번 몸을 잠그니 그의 살이 어린 아이의
살 같이 회복되어 깨끗하게 되었더라

③ 기타 - 핍박을 받고 순교당한 선지자들이 많음(히 11:36-38)

(히 11:36-38) 또 어떤 이들은 조롱과 채찍질뿐 아니라 결박과 옥에 갇히는 시련도 받았으며 돌로 치는 것과 톱으로 켜는 것과 시험과 칼로 죽임을 당하고 양과 염소의 가죽을 입고 유리하여 궁핍과 환난과 학대를 받았으니 (이런 사람은 세상이 감당하지 못하느니라) 그들이 광야와 산과 동굴과 토굴에 유리하였느니라

2) 예수님

① 탄생 때 헤롯 왕 - 2세 미만에게 살해령 내림으로 피난을 가야 했다(마 2:23, 15-18).

(마 2:15-18) 헤롯이 죽기까지 거기 있었으니 이는 주께서 선지자를 통하여 말씀하신 바 애굽으로부터 내 아들을 불렀다 함을 이루려 하심이라 이에 헤롯이 박사들에게 속은 줄 알고 심히 노하여 사람을 보내어 베들레헴과 그 모든 지경 안에 있는 사내아이를 박사들에게 자세히 알아본 그 때를 기준하여 두 살부터 그 아래로 다 죽이니 이에 선지자 예레미야를 통하여 말씀하신 바 라마에서 슬퍼하며 크게 통곡하는 소리가 들리니 라헬이 그 자식을 위하여 애곡하는 것이라 그가 자식이 없으므로 위로 받기를 거절하였도다 함이 이루어졌느니라

② 사역 당시는 친동생도 안 믿었고, 가는 곳마다 핍박 받았다(7:3-5).

(요 7:3-5) 그 형제들이 예수께 이르되 당신이 행하는 일을

제자들도 보게 여기를 떠나 유대로 가소서 스스로 나타나기를 구하면서 묻혀서 일하는 사람이 없나니 이 일을 행하려 하거든 자신을 세상에 나타내소서 하니 이는 그 형제들까지도 예수를 믿지 아니함이러라

③ 십자가에 죽으실 때, 자기 동족이 십자가에 못 박았다(마 27:25-27, 눅 23:23)

(마 27:25-27) 백성이 다 대답하여 이르되 그 피를 우리와 우리 자손에게 돌릴지어다 하거늘 이에 바라바는 그들에게 놓아 주고 예수는 채찍질하고 십자가에 못 박히게 넘겨 주니라 이에 총독의 군병들이 예수를 데리고 관정 안으로 들어가서 온 군대를 그에게로 모으고

(눅 23:23) 그들이 큰 소리로 재촉하여 십자가에 못 박기를 구하니 그들의 소리가 이긴지라

※ 재림 때에는 어떻게 될 것인지 오직 예수님 안에 확실한 복음의 사람이 됩시다.

3) 갈릴리에서 영접한 이유

① 소문을 들었기 때문에

② 명절을 경험하기 위하여

③ 성전생활이 체질화 되었기 때문이었다.

※ 유월절 절기에 예루살렘에 올라갔다가 예수를 영접하였습니다.

예) 에디오피아 여왕의 국고 맡은 내시가 성경 읽다가
빌립을 만나 참 뜻을 깨닫습니다.

Ⅱ. 갈릴리 가나에서 왕의 신하가 병이 들다(46-50)

1. 물로 포도주를 만드시던 곳(46, 2:1-11)

(요 4:46) 예수께서 다시 갈릴리 가나에 이르시니 전에 물로 포도주를 만드신 곳이라 왕의 신하가 있어 그의 아들이 가버나움에서 병들었더니

(요 2:1-11) 사흘째 되던 날 갈릴리 가나에 혼례가 있어 예수의 어머니도 거기 계시고 예수와 그 제자들도 혼례에 청함을 받았더니 포도주가 떨어진지라 예수의 어머니가 예수에게 이르되 저들에게 포도주가 없다 하니 예수께서 이르시되 여자여 나와 무슨 상관이 있나이까 내 때가 아직 이르지 아니하였나이다 그의 어머니가 하인들에게 이르되 너희에게 무슨 말씀을 하시든지 그대로 하라 하니라 거기에 유대인의 정결 예식을 따라 두세 통 드는 돌항아리 여섯이 놓였는지라 예수께서 그들에게 이르시되 항아리에 물을 채우라 하신즉 아귀까지 채우니 이제는 떠서 연회장에게 갖다 주라 하시매 갖다 주었더니 연회장은 물로 된 포도주를 맛보고도 어디서 났는지 알지 못하되 물 떠온 하인들은 알더라 연회장이 신랑을 불러 말하되 사람마다 먼저 좋은 포도주를 내고 취한 후에 낮은 것을 내거늘 그대는 지금까지 좋은 포도주를 두었도다 하니라 예수께서 이 첫 표적을 갈릴리 가나에서 행하여 그의 영광을 나타내시매 제자들이 그를 믿으니라

자연계를 다스림과 죽을 생명을 살리는 곳이 됨

2. 아들이 죽게 됨을 고백(47)

(요 4:47) 그가 예수께서 유대로부터 갈릴리로 오셨다는 것을 듣고 가서 청하되 내려오셔서 내 아들의 병을 고쳐 주소서 하니 그가 거의 죽게 되었음이라

① 가정사랑 / 절망과 좌절에서 환희와 소망

② 영혼사랑 / 지옥갈 영혼 구원하는 열정

③ 성령인도(하나님 계획) / 믿고 순종하는 삶

3. 아들이 살았다 하심을 믿음(48-50)

(요 4:48-50) 예수께서 이르시되 너희는 표적과 기사를 보지 못하면 도무지 믿지 아니하리라 신하가 이르되 주여 내 아이가 죽기 전에 내려오소서 예수께서 이르시되 가라 네 아들이 살아 있다 하시니 그 사람이 예수께서 하신 말씀을 믿고 가더니

① 겸손 - 세상 지위와 신앙과 상관없음(마 11:29, 사 53:1-6)

(마 11:29) 나는 마음이 온유하고 겸손하니 나의 멍에를 메고 내게 배우라 그리하면 너희 마음이 쉼을 얻으리니

(사 53:1-6) 우리가 전한 것을 누가 믿었느냐 여호와의 팔이 누구에게 나타났느냐 그는 주 앞에서 자라나기를 연한 순 같고 마른 땅에서 나온 뿌리 같아서 고운 모양도 없고 풍채도 없은즉 우리가 보기에 흠모할 만한 아름다운 것이 없도다 그는 멸시를 받아 사람들에게 버림 받았으며 간고를 많이 겪었으며 질고를 아는 자라 마치 사람들이 그에게서 얼굴을 가리는 것 같이 멸시를 당하였고 우리도 그를 귀히 여기지 아니하였도다 그는 실로 우리의 질고를 지고 우리의 슬픔을 당하였거늘 우리는 생각하기를 그는 징벌을 받아 하나님께 맞으며 고난을 당한다 하였노라 그가 찔림은 우리의 허물 때문이요 그가 상함은 우리의 죄악 때문이라 그가 징계를 받으므로 우리는 평화를 누리고 그가 채찍에 맞으므로 우리는 나음을 받았도다 우리는 다 양 같아서 그릇 행하여 각기 제 길로 갔거늘 여호와께서는 우리 모두의 죄악을 그에게 담당시키셨도다

(곡식도 익으면 익을수록 고개를 숙인다)

② 확신 – 믿고 구할 때 응답 받음(요 16:24, 막 9:9)

(요 16:24) 지금까지는 너희가 내 이름으로 아무 것도 구하지 아니하였으나 구하라 그리하면 받으리니 너희 기쁨이 충만하리라

(막 9:9) 그들이 산에서 내려올 때에 예수께서 경고하시되 인자가 죽은 자 가운데서 살아날 때까지는 본 것을 아무에게도 이르지 말라 하시니

③ 구원 – 가정에 새 생명의 삶이 시작됨(행 16:31-34, 요 5:24)

(행 16:31-34) 이르되 주 예수를 믿으라 그리하면 너와 네 집이 구원을 받으리라 하고 주의 말씀을 그 사람과 그 집에 있는 모든 사람에게 전하더라 그 밤 그 시각에 간수가 그들을 데려다가 그 맞은 자리를 씻어 주고 자기와 그 온 가족이 다 세례를 받은 후 그들을 데리고 자기 집에 올라가서 음식을 차려 주고 그와 온 집안이 하나님을 믿으므로 크게 기뻐하니라

(요 5:24, 개정) 내가 진실로 진실로 너희에게 이르노니 내 말을 듣고 또 나 보내신 이를 믿는 자는 영생을 얻었고 심판에 이르지 아니하나니 사망에서 생명으로 옮겼느니라

1) 약속대로 함(48)

(요 4:48) 예수께서 이르시되 너희는 표적과 기사를 보지 못하면 도무지 믿지 아니하리라

① 사마리아 사람들은 표적과 이적 아닌 약속의 언약을 믿고 여인의 말에 따라 예수를 영접함

② 신하는 표적과 기사를 보고 온 집안을 예수 믿게 함

2) 죽기 전에 내려오소서(49)

(요 4:49) 신하가 이르되 주여 내 아이가 죽기 전에 내려오소서

사모하는 자에게 믿음의 역사가 일어남(15:22-28, 수로 보니게 여인)

3) 가라(50-51)

(요 4:50-51) 예수께서 이르시되 가라 네 아들이 살아 있다 하시니 그 사람이 예수께서 하신 말씀을 믿고 가더니 내려가는 길에서 그 종들이 오다가 만나서 아이가 살아 있다 하거늘

① 아버지의 믿음

백부장의 믿음은 '말씀만 하옵소서'인데 신하는 '죽기 전 오소서'라고 하는 작은 믿음이었지만 "가라 네 아들이 살았느니라" 할 때 성숙단계의 믿음으로 성장

② 말씀을 믿는 신앙

"아멘"이라 하는 올바른 신앙의 태도로 가라(아브라함, 창 12:1)

(창 12:1) 여호와께서 아브람에게 이르시되 너는 너의 고향과 친척과 아버지의 집을 떠나 내가 네게 보여 줄 땅으로 가라

③ 살았다는 확신

말씀을 믿고 가는 약속 신앙이 즉시 응답 받음

III. 기적을 통한 하나님의 섭리(52-54)

(요 4:52-54) 그 낫기 시작한 때를 물은즉 어제 일곱 시에 열기가 떨어졌나이다 하는지라 그의 아버지가 예수께서 네 아들이 살아 있다 말씀하신 그 때인 줄 알고 자기와 그 온 집안이 다 믿으니라 이것은 예수께서 유대에서 갈릴리로 오신 후에 행하신 두 번째 표적이니라

1. 주님의 말씀을 믿을 때와 기적의 순간이 일치됨(52)
개인, 가정, 교회, 국가, 세상만사 모든 것이 해결

(요 4:52,) 그 낫기 시작한 때를 물은즉 어제 일곱 시에 열기가 떨어졌나이다 하는지라

2. 온 가족이 예수님을 믿어 구원 얻게 됨(53)

(요 4:53) 그의 아버지가 예수께서 네 아들이 살아 있다 말씀하신 그 때인 줄 알고 자기와 그 온 집안이 다 믿으니라

① 백부장(마 8:5-13)

(마 8:5-13) 예수께서 가버나움에 들어가시니 한 백부장이 나아와 간구하여 이르되 주여 내 하인이 중풍병으로 집에 누워 몹시 괴로워하나이다 이르시되 내가 가서 고쳐 주리라 백부장이 대답하여 이르되 주여 내 집에 들어오심을 나는 감당하지 못하겠사오니 다만 말씀으로만 하옵소서 그러면 내 하인이 낫겠사옵나이다 나도 남의 수하에 있는 사람이요 내 아래에도 군사가 있으니 이더러 가라 하면 가고

저더러 오라 하면 오고 내 종더러 이것을 하라 하면 하나이
다 예수께서 들으시고 놀랍게 여겨 따르는 자들에게 이르
시되 내가 진실로 너희에게 이르노니 이스라엘 중 아무에
게서도 이만한 믿음을 보지 못하였노라 또 너희에게 이르
노니 동 서로부터 많은 사람이 이르러 아브라함과 이삭과
야곱과 함께 천국에 앉으려니와 그 나라의 본 자손들은 바
깥 어두운 데 쫓겨나 거기서 울며 이를 갈게 되리라 예수께
서 백부장에게 이르시되 가라 네 믿은 대로 될지어다 하시
니 그 즉시 하인이 나으니라

② 고넬료(행 10:40-48)

(행 10:40-48) 하나님이 사흘 만에 다시 살리사 나타내시
되 모든 백성에게 하신 것이 아니요 오직 미리 택하신 증인
곧 죽은 자 가운데서 부활하신 후 그를 모시고 음식을 먹
은 우리에게 하신 것이라 우리에게 명하사 백성에게 전도
하되 하나님이 살아 있는 자와 죽은 자의 재판장으로 정하
신 자가 곧 이 사람인 것을 증언하게 하셨고 그에 대하여 모
든 선지자도 증언하되 그를 믿는 사람들이 다 그의 이름을
힘입어 죄 사함을 받는다 하였느니라 베드로가 이 말을 할
때에 성령이 말씀 듣는 모든 사람에게 내려오시니 베드로
와 함께 온 할례 받은 신자들이 이방인들에게도 성령 부어
주심으로 말미암아 놀라니 이는 방언을 말하며 하나님 높
임을 들음이러라 이에 베드로가 이르되 이 사람들이 우리
와 같이 성령을 받았으니 누가 능히 물로 세례 베풂을 금하
리요 하고 명하여 예수 그리스도의 이름으로 세례를 베풀
라 하니라 그들이 베드로에게 며칠 더 머물기를 청하니라

③ 간수장(행 16:33-34)

(행 16:33-34) 그 밤 그 시각에 간수가 그들을 데려다가 그
맞은 자리를 씻어 주고 자기와 그 온 가족이 다 세례를 받
은 후 그들을 데리고 자기 집에 올라가서 음식을 차려 주고
그와 온 집안이 하나님을 믿으므로 크게 기뻐하니라

④ 사마리아 사람(4:38-42)

(요 4:38-42) 내가 너희로 노력하지 아니한 것을 거두러 보
내었노니 다른 사람들은 노력하였고 너희는 그들이 노력
한 것에 참여하였느니라 여자의 말이 내가 행한 모든 것을
그가 내게 말하였다 증언하므로 그 동네 중에 많은 사마리
아인이 예수를 믿는지라 사마리아인들이 예수께 와서 자
기들과 함께 유하시기를 청하니 거기서 이틀을 유하시매
예수의 말씀으로 말미암아 믿는 자가 더욱 많아 그 여자에
게 말하되 이제 우리가 믿는 것은 네 말로 인함이 아니니
이는 우리가 친히 듣고 그가 참으로 세상의 구주신 줄 앎
이라 하였더라

3. 갈릴리로 오신 후 2번째 표적(53)

1) 첫 번째 / 물이 포도주로(자연계 지배)

① 색(체질)

② 가치(목적)

③ 맛(감격)

④ 위치의 변화(순종)

2) 두 번째 / 생명이 살아남(영혼 구령)

① 가정의 행복

② 영혼구원

③ 직장과 민족 활로

※ 어려운 시대일수록 낙심말고 살아계신 전능하신 하나님을 믿고 오직 예수님 안에서 확실하게 승리합시다.

결론

"네 아들이 살았다"는 말은 가장 소중한 것이 충족됨과 시간적으로는 가장 신속하고 정확하게 성취된 사실입니다. 이런 역사는 주님의 말씀에 "아멘" 하고 믿음으로 받아들일 때 확실한 역사가 일어났습니다. 오직 예수님 안에서 승리합시다. 할렐루야-아멘 오직 예수 그리스도.

9과

◆ 요 5장 1-29절

네 자리를 들고 걸어가라

베데스다(긍휼의 집) 못가에서 38년 된 병자를 만난 예수님께서 '일어나 네 자리를 들고 걸어가라'고 말씀하시므로 병자는 고침을 받습니다. 그러나 유대인은 불만이 큽니다. 예수님은 육체적 질고보다 영적인 생명 구원의 초점에 맞추어 믿음을 통한 생명의 부활을 소망하는 미래적 삶을 조명하여 주는 생명력 있는 영혼의 말씀을 하셨습니다.

Ⅰ. 베데스다 못가의 병자(1-9)

(요 5:1-9) 그 후에 유대인의 명절이 되어 예수께서 예루살렘에 올라가시니라 예루살렘에 있는 양문 곁에 히브리말로 베데스다 하는 못이 있는데 거기 행각 다섯이 있고 그 안에 많은 병자, 맹인, 다리 저는 사람, 혈기 마른 사람들이 누워 [물의 움직임을 기다리니 이는 천사가 가끔 못에 내려와 물을 움직이게 하는데 움직인 후에 먼저 들어가는 자는 어떤 병에 걸렸든지 낫게 됨이러라] 거기 서른여덟 해 된 병자가 있더라 예수께서 그 누운 것을 보시고 병이 벌써 오래된 줄 아시고 이르시되 네가 낫고자 하느냐 병자가 대답하되 주여 물이 움직일 때에 나를 못에 넣어 주는 사람이 없어 내가 가는 동안에 다른 사람이 먼저 내려가나이다 예수께서 이르시되 일어나 네 자리를 들고 걸어가라 하시니 그 사람이 곧 나아서 자리를 들고 걸어가니라 이 날은 안식일이니

1. 예수님께서 예루살렘에 올라가신 이유(1-3, 마 10:29, 눅 2:17)

(요 5:1-3) 그 후에 유대인의 명절이 되어 예수께서 예루살

렘에 올라가시니라 예루살렘에 있는 양문 곁에 히브리 말로 베데스다라 하는 못이 있는데 거기 행각 다섯이 있고 그 안에 많은 병자, 맹인, 다리 저는 사람, 혈기 마른 사람들이 누워 [물의 움직임을 기다리니

(눅 2:17) 보고 천사가 자기들에게 이 아기에 대하여 말한 것을 전하니

① 명절(1)

(요 5:1) 그 후에 유대인의 명절이 되어 예수께서 예루살렘에 올라가시니라

② 베데스다 / 긍휼의 집(2)

(요 5:2) 예루살렘에 있는 양문 곁에 히브리 말로 베데스다라 하는 못이 있는데 거기 행각 다섯이 있고

③ 병자가 모여 있는 곳(3, 눅 5:31-32)

(요 5:3) 그 안에 많은 병자, 맹인, 다리 저는 사람, 혈기 마른 사람들이 누워 [물의 움직임을 기다리니

(눅 5:31-32) 예수께서 대답하여 이르시되 건강한 자에게는 의사가 쓸 데 없고 병든 자에게라야 쓸 데 있나니 내가 의인을 부르러 온 것이 아니요 죄인을 불러 회개시키러 왔노라

2. 못의 물이 동하면

① 성령 임재
천사가 내려와 물을 동하게 함(4, 행 2:1-10, 4:32)

(요 5:4) 이는 천사가 가끔 못에 내려와 물을 움직이게 하
는데 움직인 후에 먼저 들어가는 자는 어떤 병에 걸렸든지
낫게 됨이러라]

② 병자가 나음
문제 해결에 대한 소망과 확신(4)

(요 5:4) 이는 천사가 가끔 못에 내려와 물을 움직이게 하
는데 움직인 후에 먼저 들어가는 자는 어떤 병에 걸렸든지
낫게 됨이러라]

③ 안타까운 병자
못에 넣어줄 자가 없는 안타까운 실제 현실(5-7)

(요 5:5-7) 거기 서른여덟 해 된 병자가 있더라 예수께서 그
누운 것을 보시고 병이 벌써 오래된 줄 아시고 이르시되 네
가 낫고자 하느냐 병자가 대답하되 주여 물이 움직일 때에
나를 못에 넣어 주는 사람이 없어 내가 가는 동안에 다른
사람이 먼저 내려가나이다

3. '네 자리를 들고' 걸어가게 하신 예수님(8-9, 창 3:15, 21)

(요 5:8-9) 예수께서 이르시되 일어나 네 자리를 들고 걸어

가라 하시니 그 사람이 곧 나아서 자리를 들고 걸어가니라 이 날은 안식일이니

◎ 예수님은 병자를 고치실 때

① 믿음대로 될지어다(마 8:13, 막 9:23) - 백부장의 믿음

(마 8:13) 예수께서 백부장에게 이르시되 가라 네 믿은 대로 될지어다 하시니 그 즉시 하인이 나으니라

(막 9:23) 예수께서 이르시되 할 수 있거든이 무슨 말이냐 믿는 자에게는 능히 하지 못할 일이 없느니라 하시니

② 죄 사함을 받았느니라(마 9:2, 눅 5:20) - 죄와 고통에서 자유

(마 9:2) 침상에 누운 중풍병자를 사람들이 데리고 오거늘 예수께서 그들의 믿음을 보시고 중풍병자에게 이르시되 작은 자야 안심하라 네 죄 사함을 받았느니라

(눅 5:20) 예수께서 그들의 믿음을 보시고 이르시되 이 사람아 네 죄 사함을 받았느니라 하시니

③ 귀신아 나오라(막 9:25) - 살아계신 주님의 명령

(막 9:25) 예수께서 무리가 달려와 모이는 것을 보시고 그 더러운 귀신을 꾸짖어 이르시되 말 못하고 못 듣는 귀신아 내가 네게 명하노니 그 아이에게서 나오고 다시 들어가지 말라 하시매

Ⅱ. 자리를 들고 걸어가라(10-18)

(요 5:10-18) 유대인들이 병 나은 사람에게 이르되 안식일
인데 네가 자리를 들고 가는 것이 옳지 아니하니라 대답하
되 나를 낫게 한 그가 자리를 들고 걸어가라 하더라 하니
그들이 묻되 너에게 자리를 들고 걸어가라 한 사람이 누
구냐 하되 고침을 받은 사람은 그가 누구인지 알지 못하
니 이는 거기 사람이 많으므로 예수께서 이미 피하셨음이
라 그 후에 예수께서 성전에서 그 사람을 만나 이르시되
보라 네가 나았으니 더 심한 것이 생기지 않게 다시는 죄
를 범하지 말라 하시니 그 사람이 유대인들에게 가서 자기
를 고친 이는 예수라 하니라 그러므로 안식일에 이러한 일
을 행하신다 하여 유대인들이 예수를 박해하게 된지라 예
수께서 그들에게 이르시되 내 아버지께서 이제까지 일하
시니 나도 일한다 하시매 유대인들이 이로 말미암아 더욱
예수를 죽이고자 하니 이는 안식일을 범할 뿐만 아니라 하
나님을 자기의 친 아버지라 하여 자기를 하나님과 동등으
로 삼으심이러라

1. 38년된 병자를 고쳐주심에 대한 각자의 생각(10-13)

(요 5:10-13) 유대인들이 병 나은 사람에게 이르되 안식일
인데 네가 자리를 들고 가는 것이 옳지 아니하니라 대답하
되 나를 낫게 한 그가 자리를 들고 걸어가라 하더라 하니
그들이 묻되 너에게 자리를 들고 걸어가라 한 사람이 누구
냐 하되 고침을 받은 사람은 그가 누구인지 알지 못하니
이는 거기 사람이 많으므로 예수께서 이미 피하셨음이라

① 유대인 - 안식일에 행한 일이 잘못임을 지적함(10) / 율법주의 산물

(요 5:10) 유대인들이 병 나은 사람에게 이르되 안식일인데 네가 자리를 들고 가는 것이 옳지 아니하니라

② 병자 - 고침을 받았지만 하나님의 뜻을 모름(11-12) / 은혜에 무지

(요 5:11-12) 대답하되 나를 낫게 한 그가 자리를 들고 걸어가라 하더라 하니 그들이 묻되 너에게 자리를 들고 걸어가라 한 사람이 누구냐 하되

③ 예수님 - 걸어가라고 명령한 안식일의 주인이심(13, 마 12:8)

(요 5:13) 고침을 받은 사람은 그가 누구인지 알지 못하니 이는 거기 사람이 많으므로 예수께서 이미 피하셨음이라

(마 12:8) 인자는 안식일의 주인이니라 하시니라

2. 예수님은 병자를 고치실 때(14-16)

(요 5:14-16) 그 후에 예수께서 성전에서 그 사람을 만나 이르시되 보라 네가 나았으니 더 심한 것이 생기지 않게 다시는 죄를 범하지 말라 하시니 그 사람이 유대인들에게 가서 자기를 고친 이는 예수라 하니라 그러므로 안식일에 이러한 일을 행하신다 하여 유대인들이 예수를 박해하게 된지라

① 은밀히 행하심 - 거저 주라(마 10:8)(13)

(마 10:8) 병든 자를 고치며 죽은 자를 살리며 나병환자를 깨끗하게 하며 귀신을 쫓아내되 너희가 거저 받았으니 거저 주라

(요 5:13) 고침을 받은 사람은 그가 누구인지 알지 못하니 이는 거기 사람이 많으므로 예수께서 이미 피하셨음이라

병자 고치고 죽은 자 살리는 것 까지도(행 20:35)

(행 20:35) 범사에 여러분에게 모본을 보여준 바와 같이 수고하여 약한 사람들을 돕고 또 주 예수께서 친히 말씀하신 바 주는 것이 받는 것보다 복이 있다 하심을 기억하여야 할지니라

② 재발 방지하심 - 죄를 짓지 말라(14)

(요 5:14) 그 후에 예수께서 성전에서 그 사람을 만나 이르시되 보라 네가 나았으니 더 심한 것이 생기지 않게 다시는 죄를 범하지 말라 하시니

하나님을 떠나 죄지을 때 인간에게 저주와 고통과 죽음이 옴(창 3:16-19).

(창 3:16-19) 또 여자에게 이르시되 내가 네게 입신하는 고통을 크게 더하리니 네가 수고하고 자식을 낳을 것이며 너는 남편을 원하고 남편은 너를 다스릴 것이니라 하시고 아담에게 이르시되 네가 네 아내의 말을 듣고 내가 네게 먹지 말라 한 나무의 열매를 먹었은즉 땅은 너로 말미암아 저

주를 받고 너는 네 평생에 수고하여야 그 소산을 먹으리라 땅이 네게 가시덤불과 엉겅퀴를 낼 것이라 네가 먹을 것은 밭의 채소인즉 네가 흙으로 돌아갈 때까지 얼굴에 땀을 흘려야 먹을 것을 먹으리니 네가 그것에서 취함을 입었음이라 너는 흙이니 흙으로 돌아갈 것이니라 하시니라

③ 핍박을 받으면서도 생명을 살리시다(16, 막 2:17, 눅 5:32).

(요 5:16) 그러므로 안식일에 이러한 일을 행하신다 하여 유대인들이 예수를 박해하게 된지라

(막 2:17) 예수께서 들으시고 그들에게 이르시되 건강한 자에게는 의사가 쓸 데 없고 병든 자에게라야 쓸 데 있느니라 나는 의인을 부르러 온 것이 아니요 죄인을 부르러 왔노라 하시니라

(눅 5:23) 네 죄 사함을 받았느니라 하는 말과 일어나 걸어가라 하는 말이 어느 것이 쉽겠느냐

인자가 온 것은 섬기고 대속물로(마 20:26-28)

※ 죄를 짓지 않는 것은 예수님을 나의 주님으로 시인하는 것입니다(15, 롬 1:9-10, 13, 17).

3. 예수님의 일하심과 유대인의 반응(17-18)

(요 5:17-18) 예수께서 그들에게 이르시되 내 아버지께서 이제까지 일하시니 나도 일한다 하시매 유대인들이 이로 말미암아 더욱 예수를 죽이고자 하니 이는 안식일을 범할

뿐만 아니라 하나님을 자기의 친 아버지라 하여 자기를 하나님과 동등으로 삼으심이러라

1) 예수님의 일하심은 하나님의 뜻에 순종하심(17)

(요 5:17) 예수께서 그들에게 이르시되 내 아버지께서 이제까지 일하시니 나도 일한다 하시매

2) 유대인의 반응(18)

(요 5:18) 유대인들이 이로 말미암아 더욱 예수를 죽이고자 하니 이는 안식일을 범할 뿐만 아니라 하나님을 자기의 친 아버지라 하여 자기를 하나님과 동등으로 삼으심이러라

① 예수님을 죽이려고 하다

② 안식일을 범함과

③ 예수님이 하나님과 동등되는 것 때문에

※ 결국 유대인은 육체의 소욕대로 율법 아래 있으면서 율법의 범법자가 되었습니다(갈 5:17-21)

Ⅲ. 생명과 심판의 기준(19-29)

(요 5:19-29) 그러므로 예수께서 그들에게 이르시되 내가 진실로 진실로 너희에게 이르노니 아들이 아버지께서 하시는 일을 보지 않고는 아무 것도 스스로 할 수 없나니 아버지께서 행하시는 그것을 아들도 그와 같이 행하느니라 아

버지께서 아들을 사랑하사 자기가 행하시는 것을 다 아들에게 보이시고 또 그보다 더 큰 일을 보이사 너희로 놀랍게 여기게 하시리라 아버지께서 죽은 자들을 일으켜 살리심 같이 아들도 자기가 원하는 자들을 살리느니라 아버지께서 아무도 심판하지 아니하시고 심판을 다 아들에게 맡기셨으니 이는 모든 사람으로 아버지를 공경하는 것 같이 아들을 공경하게 하려 하심이라 아들을 공경하지 아니하는 자는 그를 보내신 아버지도 공경하지 아니하느니라 내가 진실로 진실로 너희에게 이르노니 내 말을 듣고 또 나 보내신 이를 믿는 자는 영생을 얻었고 심판에 이르지 아니하나니 사망에서 생명으로 옮겼느니라 진실로 진실로 너희에게 이르노니 죽은 자들이 하나님의 아들의 음성을 들을 때가 오나니 곧 이 때라 듣는 자는 살아나리라 아버지께서 자기 속에 생명이 있음 같이 아들에게도 생명을 주어 그 속에 있게 하셨고 또 인자됨으로 말미암아 심판하는 권한을 주셨느니라 이를 놀랍게 여기지 말라 무덤 속에 있는 자가 다 그의 음성을 들을 때가 오나니 선한 일을 행한 자는 생명의 부활로, 악한 일을 행한 자는 심판의 부활로 나오리라

1. 생명 얻는 일은 오직 예수님을 구주로 믿음

① 하나님이 함께 함(만남) - 스스로는 못함(19)

(요 5:19) 그러므로 예수께서 그들에게 이르시되 내가 진실로 진실로 너희에게 이르노니 아들이 아버지께서 하시는 일을 보지 않고는 아무 것도 스스로 할 수 없나니 아버지께서 행하시는 그것을 아들도 그와 같이 행하느니라

② 사랑의 증거(경험) – 큰 일을 보이심(20)

(요 5:20) 아버지께서 아들을 사랑하사 자기가 행하시는 것을 다 아들에게 보이시고 또 그보다 더 큰 일을 보이사 너희로 놀랍게 여기게 하시리라

③ 하나님의 권세(위임) – 아들에게 심판권(21-22)

(요 5:21-22) 아버지께서 죽은 자들을 일으켜 살리심 같이 아들도 자기가 원하는 자들을 살리느니라 아버지께서 아무도 심판하지 아니하시고 심판을 다 아들에게 맡기셨으니

※ 예수님을 믿는 일이 아버지 하나님을 공경하고 구원받는 일입니다(요 14:6, 행 4:12, 16:31)

2. 믿는 자는

① 영생을 얻었고

② 심판에 이르지 않고

③ 사망에서 생명으로(24)

(요 5:24) 내가 진실로 진실로 너희에게 이르노니 내 말을 듣고 또 나 보내신 이를 믿는 자는 영생을 얻었고 심판에 이르지 아니하나니 사망에서 생명으로 옮겼느니라

3. 믿는 자의 증거

① 하나님의 음성을 들음(25, 엡 2:1, 5, 요 1:12-14)

(요 5:25) 진실로 진실로 너희에게 이르노니 죽은 자들이 하나님의 아들의 음성을 들을 때가 오나니 곧 이 때라 듣는 자는 살아나리라

(엡 2:1) 그는 허물과 죄로 죽었던 너희를 살리셨도다

(엡 2:5) 허물로 죽은 우리를 그리스도와 함께 살리셨고 (너희는 은혜로 구원을 받은 것이라)

(요 1:12-14) 영접하는 자 곧 그 이름을 믿는 자들에게는 하나님의 자녀가 되는 권세를 주셨으니 이는 혈통으로나 육정으로나 사람의 뜻으로 나지 아니하고 오직 하나님께로부터 난 자들이니라 말씀이 육신이 되어 우리 가운데 거하시매 우리가 그의 영광을 보니 아버지의 독생자의 영광이요 은혜와 진리가 충만하더라

② 예수 안에서 생명을 얻음(26, 요 10:9, 14:6)

(요 5:26) 아버지께서 자기 속에 생명이 있음 같이 아들에게도 생명을 주어 그 속에 있게 하셨고

(요 10:9) 내가 문이니 누구든지 나로 말미암아 들어가면 구원을 받고 또는 들어가며 나오며 꼴을 얻으리라

(요 14:6) 예수께서 이르시되 내가 곧 길이요 진리요 생명이니 나로 말미암지 않고는 아버지께로 올 자가 없느니라

③ 하나님의 자녀의 권세와 부활 생명으로(27-29, 벧전 2:9)

(요 5:27-29) 또 인자됨으로 말미암아 심판하는 권한을 주셨느니라 이를 놀랍게 여기지 말라 무덤 속에 있는 자가 다 그의 음성을 들을 때가 오나니 선한 일을 행한 자는 생명의 부활로, 악한 일을 행한 자는 심판의 부활로 나오리라

(벧전 2:9) 그러나 너희는 택하신 족속이요 왕 같은 제사장들이요 거룩한 나라요 그의 소유가 된 백성이니 이는 너희를 어두운 데서 불러 내어 그의 기이한 빛에 들어가게 하신 이의 아름다운 덕을 선포하게 하려 하심이라

결론

아들이 있는 자에게는 생명이 있고 아들이 없는 자에게는 생명이 없습니다(요일 5:11-12, 요 5:27). 예수님을 모르던 38년된 병자는 주님의 말씀에 생명을 얻었다고 시인하여 구원 받았는데 유대인들은 예수를 영접하지 않고 죽이려고 핍박하였습니다. 지식으로만 아는 것과 인격적인 만남은 전혀 다르고 만남의 경험이 영접입니다.

(요일 5:11-12) 또 증거는 이것이니 하나님이 우리에게 영생을 주신 것과 이 생명이 그의 아들 안에 있는 그것이니라 아들이 있는 자에게는 생명이 있고 하나님의 아들이 없는 자에게는 생명이 없느니라

(요 5:27) 또 인자됨으로 말미암아 심판하는 권한을 주셨

느니라

상담학에서 말하는 스침의 관계와 만남의 관계가 확실하게 정립되어야 합니다. 절대절명의 순간에 예수님을 만나 주님의 일꾼으로 쓰임을 받는 성도의 삶으로 당당하게 승리하며 축복받는 하나님 자녀가 됩시다. 할렐루야-아멘 오직 예수그리스도.

(예 : 눅 19:1-11 / 여리고 사람들은 스침의 관계이고, 삭개오는 주님을 만남의 관계입니다.)

10과

◆ 요 5장 30-47절

예수님을 증거하는 성경

성경은 살아있는 하나님의 생생한 음성이요, 예수님의 숨결입니다. 성경은 성령의 능력의 손길입니다. 성경은 살아 있습니다. 성경은 능력입니다. 성경은 권세요, 축복입니다. 성경을 통하여 온 우주의 삼라만상 모든 것과 삶의 규범을 알 수 있고, 영원한 생명의 진리와 행복한 삶, 승리의 삶의 키가 성경 속에 있음을 믿으시기 바랍니다.

Ⅰ. 예수님을 증거하는 성경(30-38)

예수님은 하나님이심을(동등됨) 증거합니다(19-29).

(요 5:19-29) 그러므로 예수께서 그들에게 이르시되 내가 진실로 진실로 너희에게 이르노니 아들이 아버지께서 하시는 일을 보지 않고는 아무 것도 스스로 할 수 없나니 아버지께서 행하시는 그것을 아들도 그와 같이 행하느니라 아버지께서 아들을 사랑하사 자기가 행하시는 것을 다 아들에게 보이시고 또 그보다 더 큰 일을 보이사 너희로 놀랍게 여기게 하시리라 아버지께서 죽은 자들을 일으켜 살리심 같이 아들도 자기가 원하는 자들을 살리느니라 아버지께서 아무도 심판하지 아니하시고 심판을 다 아들에게 맡기셨으니 이는 모든 사람으로 아버지를 공경하는 것 같이 아들을 공경하게 하려 하심이라 아들을 공경하지 아니하는 자는 그를 보내신 아버지도 공경하지 아니하느니라 내가 진실로 진실로 너희에게 이르노니 내 말을 듣고 또 나 보내신 이를 믿는 자는 영생을 얻었고 심판에 이르지 아니하나니 사망에서 생명으로 옮겼느니라 진실로 진실로 너희에게 이르노니 죽은 자들이 하나님의 아들의 음성을 들을 때가 오나니 곧 이 때라 듣는 자는 살아나리라 아버지께서

자기 속에 생명이 있음 같이 아들에게도 생명을 주어 그 속에 있게 하셨고 또 인자됨으로 말미암아 심판하는 권한을 주셨느니라 이를 놀랍게 여기지 말라 무덤 속에 있는 자가 다 그의 음성을 들을 때가 오나니 선한 일을 행한 자는 생명의 부활로, 악한 일을 행한 자는 심판의 부활로 나오리라

예수님께서는 자신의 정체성을(요 1:19-34) 네 가지의 증거로 제시합니다(30-31).

1. 성부 하나님께서 친히 성자 예수님을 증거하시다 (32, 37, 38).

(요 1:32) 요한이 또 증언하여 이르되 내가 보매 성령이 비둘기 같이 하늘로부터 내려와서 그의 위에 머물렀더라

(요 1:37-38) 두 제자가 그의 말을 듣고 예수를 따르거늘 예수께서 돌이켜 그 따르는 것을 보시고 물어 이르시되 무엇을 구하느냐 이르되 랍비여 어디 계시오니이까 하니 (랍비는 번역하면 선생이라)

2. 세례 요한의 증거 - ① 요 1:19-24 ② 요 3:22-36 ③ 33-35

(요 1:19-4) 유대인들이 예루살렘에서 제사장들과 레위인들을 요한에게 보내어 네가 누구냐 물을 때에 요한의 증언이 이러하니라 요한이 드러내어 말하고 숨기지 아니하니 드러내어 하는 말이 나는 그리스도가 아니라 한대 또 묻되 그러면 누구냐 네가 엘리야냐 이르되 나는 아니라 또 묻되

네가 그 선지자냐 대답하되 아니라 또 말하되 누구냐 우리
를 보낸 이들에게 대답하게 하라 너는 네게 대하여 무엇이
라 하느냐 이르되 나는 선지자 이사야의 말과 같이 주의 길
을 곧게 하라고 광야에서 외치는 자의 소리로라 하니라 그
들은 바리새인들이 보낸 자라

(요 3:32-36) 그가 친히 보고 들은 것을 증언하되 그의 증
언을 받는 자가 없도다 그의 증언을 받는 자는 하나님이 참
되시다는 것을 인쳤느니라 하나님이 보내신 이는 하나님의
말씀을 하나니 이는 하나님이 성령을 한량 없이 주심이니
라 아버지께서 아들을 사랑하사 만물을 다 그의 손에 주셨
으니 아들을 믿는 자에게는 영생이 있고 아들에게 순종하
지 아니하는 자는 영생을 보지 못하고 도리어 하나님의 진
노가 그 위에 머물러 있느니라

(요 5:33-36) 너희가 요한에게 사람을 보내매 요한이 진리
에 대하여 증언하였느니라 그러나 나는 사람에게서 증언
을 취하지 아니하노라 다만 이 말을 하는 것은 너희로 구원
을 받게 하려 함이니라 요한은 켜서 비추이는 등불이라 너
희가 한때 그 빛에 즐거이 있기를 원하였거니와

3. 자신의 사역이 스스로 증거 - ① 36-38 ② 17:2-3 ③ 17:21-22

(요 5:36-38) 내게는 요한의 증거보다 더 큰 증거가 있으
니 아버지께서 내게 주사 이루게 하시는 역사 곧 내가 하
는 그 역사가 아버지께서 나를 보내신 것을 나를 위하여 증
언하는 것이요 또한 나를 보내신 아버지께서 친히 나를 위
하여 증언하셨느니라 너희는 아무 때에도 그 음성을 듣지

못하였고 그 형상을 보지 못하였으며 그 말씀이 너희 속에 거하지 아니하니 이는 그가 보내신 이를 믿지 아니함이라

(요 17:2-3) 아버지께서 아들에게 주신 모든 사람에게 영생을 주게 하시려고 만민을 다스리는 권세를 아들에게 주셨음이로소이다 영생은 곧 유일하신 참 하나님과 그가 보내신 자 예수 그리스도를 아는 것이니이다

(요 17:21-22) 아버지여, 아버지께서 내 안에, 내가 아버지 안에 있는 것 같이 그들도 다 하나가 되어 우리 안에 있게 하사 세상으로 아버지께서 나를 보내신 것을 믿게 하옵소서 내게 주신 영광을 내가 그들에게 주었사오니 이는 우리가 하나가 된 것 같이 그들도 하나가 되게 하려 함이니이다

4. 성경 말씀으로 예수님을 증거 - (39-40, 1:14)

(요 5:39-40) 너희가 성경에서 영생을 얻는 줄 생각하고 성경을 연구하거니와 이 성경이 곧 내게 대하여 증언하는 것이니라 그러나 너희가 영생을 얻기 위하여 내게 오기를 원하지 아니하는도다

(요 1:14 말씀이 육신이 되어 우리 가운데 거하시매 우리가 그의 영광을 보니 아버지의 독생자의 영광이요 은혜와 진리가 충만하더라

II. 성경은 영생이요, 예수님의 증거(39-42)

유대인들은 구약성경을 잘 알고 있고 구약의 대표 자격인 모세에게는 최대의 존경심을 나타내었습니다. 그렇지만 정작 모세의 율법이 성육신하사 자기 백성을 구원할 자인 예수님께 초점을 맞추지 못했고, 불순종과 배척으로 일관하였습니다(41-47 참조, 1:11-12).

◎ 성경은

① 영생을 얻게 하는 책(39, 17:3, 딤후 3:15) 성경에 예수님이 구원자이심을 증거

(요 5:39) 너희가 성경에서 영생을 얻는 줄 생각하고 성경을 연구하거니와 이 성경이 곧 내게 대하여 증언하는 것이니라

(요 17:3) 영생은 곧 유일하신 참 하나님과 그가 보내신 자 예수 그리스도를 아는 것이니이다

(딤후 3:15) 또 어려서부터 성경을 알았나니 성경은 능히 너로 하여금 그리스도 예수 안에 있는 믿음으로 말미암아 구원에 이르는 지혜가 있게 하느니라

② 메시아를 증거하는 책(1:1-4, 14, 6:68) 구원자이심을 말씀

(요 1:1-4) 태초에 말씀이 계시니라 이 말씀이 하나님과 함께 계셨으니 이 말씀은 곧 하나님이시니라 그가 태초에 하

나님과 함께 계셨고 만물이 그로 말미암아 지은 바 되었으니 지은 것이 하나도 그가 없이는 된 것이 없느니라 그 안에 생명이 있었으니 이 생명은 사람들의 빛이라

(요 1:14) 말씀이 육신이 되어 우리 가운데 거하시매 우리가 그의 영광을 보니 아버지의 독생자의 영광이요 은혜와 진리가 충만하더라

(요 6:68) 시몬 베드로가 대답하되 주여 영생의 말씀이 주께 있사오니 우리가 누구에게로 가오리이까

③ 상고해야 할 책(39-40, 계 1:3, 시 1:2) 구원과 축복된 사람의 규범

(요 5:39-40) 너희가 성경에서 영생을 얻는 줄 생각하고 성경을 연구하거니와 이 성경이 곧 내게 대하여 증언하는 것이니라 그러나 너희가 영생을 얻기 위하여 내게 오기를 원하지 아니하는도다

(계 1:3) 이 예언의 말씀을 읽는 자와 듣는 자와 그 가운데에 기록한 것을 지키는 자는 복이 있나니 때가 가까움이라

(시 1:2) 오직 여호와의 율법을 즐거워하여 그의 율법을 주야로 묵상하는도다

※ 성경은 오직 예수님 이십니다.

① 살았습니다(히 4:12)

(히 4:12) 하나님의 말씀은 살아 있고 활력이 있어 좌우에

날선 어떤 검보다도 예리하여 혼과 영과 및 관절과 골수를 찔러 쪼개기까지 하며 또 마음의 생각과 뜻을 판단하나니

② 능력입니다(렘 23:29).

(렘 23:29) 여호와의 말씀이니라 내 말이 불 같지 아니하냐 바위를 쳐서 부스러뜨리는 방망이 같지 아니하냐

③ 전능하신 하나님의 권세입니다(창 1:3).

(창 1:3) 하나님이 이르시되 빛이 있으라 하시니 빛이 있었고

– 창조의 권세(눅 4:32)

(눅 4:32) 그들이 그 가르치심에 놀라니 이는 그 말씀이 권위가 있음이러라

– 가르치는 권세(눅 4:36)

(눅 4:36) 다 놀라 서로 말하여 이르되 이 어떠한 말씀인고 권위와 능력으로 더러운 귀신을 명하매 나가는도다 하더라

– 귀신 쫓는 권세(눅 5:24)

(눅 5:24) 그러나 인자가 땅에서 죄를 사하는 권세가 있는 줄을 너희로 알게 하리라 하시고 중풍병자에게 말씀하시되 내가 네게 이르노니 일어나 네 침상을 가지고 집으로 가라 하시매

- 죄를 사하는 권세

④ 축복입니다(마 28:18-20, 신 28:1-14).

(마 28:18-20) 예수께서 나아와 말씀하여 이르시되 하늘과 땅의 모든 권세를 내게 주셨으니 그러므로 너희는 가서 모든 민족을 제자로 삼아 아버지와 아들과 성령의 이름으로 세례를 베풀고 내가 너희에게 분부한 모든 것을 가르쳐 지키게 하라 볼지어다 내가 세상 끝날까지 너희와 항상 함께 있으리라 하시니라

(신 28:1-14) 네가 네 하나님 여호와의 말씀을 삼가 듣고 내가 오늘 네게 명령하는 그의 모든 명령을 지켜 행하면 네 하나님 여호와께서 너를 세계 모든 민족 위에 뛰어나게 하실 것이라 네가 네 하나님 여호와의 말씀을 청종하면 이 모든 복이 네게 임하며 네게 이르리니 성읍에서도 복을 받고 들에서도 복을 받을 것이며 네 몸의 자녀와 네 토지의 소산과 네 짐승의 새끼와 소와 양의 새끼가 복을 받을 것이며 네 광주리와 떡 반죽 그릇이 복을 받을 것이며 네가 들어와도 복을 받고 나가도 복을 받을 것이니라 여호와께서 너를 대적하기 위해 일어난 적군들을 네 앞에서 패하게 하시리라 그들이 한 길로 너를 치러 들어왔으나 네 앞에서 일곱 길로 도망하리라 여호와께서 명령하사 네 창고와 네 손으로 하는 모든 일에 복을 내리시고 네 하나님 여호와께서 네게 주시는 땅에서 네게 복을 주실 것이며 여호와께서 네게 맹세하신 대로 너를 세워 자기의 성민이 되게 하시리니 이는 네가 네 하나님 여호와의 명령을 지켜 그 길로 행할 것임이니라 땅의 모든 백성이 여호와의 이름이 너를 위하여 불리는 것을 보고 너를 두려워하리라 여호와께서 네게 주리라고 네 조상들에게 맹세하신 땅에서 네게 복을 주사 네 몸

의 소생과 가축의 새끼와 토지의 소산을 많게 하시며 여호와께서 너를 위하여 하늘의 아름다운 보고를 여시사 네 땅에 때를 따라 비를 내리시고 네 손으로 하는 모든 일에 복을 주시리니 네가 많은 민족에게 꾸어줄지라도 너는 꾸지 아니할 것이요 여호와께서 너를 머리가 되고 꼬리가 되지 않게 하시며 위에만 있고 아래에 있지 않게 하시리니 오직 너는 내가 오늘 네게 명령하는 네 하나님 여호와의 명령을 듣고 지켜 행하며 내가 오늘 너희에게 명령하는 그 말씀을 떠나 좌로나 우로나 치우치지 아니하고 다른 신을 따라 섬기지 아니하면 이와 같으리라

⑤ 영원하신 하나님의 말씀이요(사 40:8, 벧전 2:24-25, 마 24:35, 신 4:35).

(사 40:8) 풀은 마르고 꽃은 시드나 우리 하나님의 말씀은 영원히 서리라 하라

(벧전 2:24-25) 친히 나무에 달려 그 몸으로 우리 죄를 담당하셨으니 이는 우리로 죄에 대하여 죽고 의에 대하여 살게 하려 하심이라 그가 채찍에 맞음으로 너희는 나음을 얻었나니 너희가 전에는 양과 같이 길을 잃었더니 이제는 너희 영혼의 목자와 감독 되신 이에게 돌아왔느니라

(마 24:35) 천지는 없어질지언정 내 말은 없어지지 아니하리라

(신 4:35) 이것을 네게 나타내심은 여호와는 하나님이시요 그 외에는 다른 신이 없음을 네게 알게 하려 하심이니라

⑥ 예수님의 숨결이요(요 1:1-4, 14, 5:39).

(요 1:1-4) 태초에 말씀이 계시니라 이 말씀이 하나님과 함께 계셨으니 이 말씀은 곧 하나님이시니라 그가 태초에 하나님과 함께 계셨고 만물이 그로 말미암아 지은 바 되었으니 지은 것이 하나도 그가 없이는 된 것이 없느니라 그 안에 생명이 있었으니 이 생명은 사람들의 빛이라

(요 1:14) 말씀이 육신이 되어 우리 가운데 거하시매 우리가 그의 영광을 보니 아버지의 독생자의 영광이요 은혜와 진리가 충만하더라

(요 5:39) 너희가 성경에서 영생을 얻는 줄 생각하고 성경을 연구하거니와 이 성경이 곧 내게 대하여 증언하는 것이니라

⑦ 성령의 능력의 손길입니다(행 1:8, 행 3:6).

(행 1:8) 오직 성령이 너희에게 임하시면 너희가 권능을 받고 예루살렘과 온 유대와 사마리아와 땅 끝까지 이르러 내 증인이 되리라 하시니라

(행 3:6) 베드로가 이르되 은과 금은 내게 없거니와 내게 있는 이것을 네게 주노니 나사렛 예수 그리스도의 이름으로 일어나 걸으라 하고

Ⅲ. 유대인의 심판(43-47)

예수님께서는 유대인의 그릇된 신앙의 형태를 책망하

시면서 그들이 존경하는 모세가 하나님께 고소할 것을 경고하셨습니다(45).

(요 5:45) 내가 너희를 아버지께 고발할까 생각하지 말라 너희를 고발하는 이가 있으니 곧 너희가 바라는 자 모세니라

1. 유대인은 모세가 예언한 예수님은 영접하지 않으므로 하나님의 심판을 받음(43-44).

(요 5:43-44) 나는 내 아버지의 이름으로 왔으매 너희가 영접하지 아니하나 만일 다른 사람이 자기 이름으로 오면 영접하리라 너희가 서로 영광을 취하고 유일하신 하나님께로부터 오는 영광은 구하지 아니하니 어찌 나를 믿을 수 있느냐

선민의식이 강한 유대인은 참 어리석은 자가 되었습니다(요 1:11-12).

(요 1:11-12) 자기 땅에 오매 자기 백성이 영접하지 아니하였으나 영접하는 자 곧 그 이름을 믿는 자들에게는 하나님의 자녀가 되는 권세를 주셨으니

2. 율법의 생명은 예수님을 아는 것이고 믿고 구원 얻는 길임을 알지 못함(45, 9:28-29, 20:31).

(요 5:45) 내가 너희를 아버지께 고발할까 생각하지 말라 너희를 고발하는 이가 있으니 곧 너희가 바라는 자 모세

니라

(요 9:28-29) 그들이 욕하여 이르되 너는 그의 제자이나 우리는 모세의 제자라 하나님이 모세에게는 말씀하신 줄을 우리가 알거니와 이 사람은 어디서 왔는지 알지 못하노라

(요 20:31) 오직 이것을 기록함은 너희로 예수께서 하나님의 아들 그리스도이심을 믿게 하려 함이요 또 너희로 믿고 그 이름을 힘입어 생명을 얻게 하려 함이니라

3. 모세의 사역을 바로 이해하지 못했기 때문에 예수님의 구주가 되심을 거절함(46-47).

(요 5:46-47) 모세를 믿었더라면 또 나를 믿었으리니 이는 그가 내게 대하여 기록하였음이라 그러나 그의 글도 믿지 아니하거든 어찌 내 말을 믿겠느냐 하시니라

오늘날에도 성도들 중에서 풍부한 성경 지식과 폭넓은 신학적 교리를 정립했다고 하면서 정작 지식의 핵심인 예수님을 모르고 만나지 못했다면 영적인 소경일 뿐입니다. 생명보다 귀하고, 온 천하보다 귀한 예수님을 지식, 부(재물), 명예, 예술에 비교한다면 선민의식으로 사로잡힌 유대인의 생명력을 읽은 율법주의 모습입니다(빌 3:4-9).

(빌 3:4-9) 그러나 나도 육체를 신뢰할 만하며 만일 누구든지 다른 이가 육체를 신뢰할 것이 있는 줄로 생각하면 나는 더욱 그러하리니 나는 팔일 만에 할례를 받고 이스라엘 족속이요 베냐민 지파요 히브리인 중의 히브리인이요 율법

으로는 바리새인이요 열심으로는 교회를 박해하고 율법의 의로는 흠이 없는 자라 그러나 무엇이든지 내게 유익하던 것을 내가 그리스도를 위하여 다 해로 여길뿐더러 또한 모든 것을 해로 여김은 내 주 그리스도 예수를 아는 지식이 가장 고상하기 때문이라 내가 그를 위하여 모든 것을 잃어버리고 배설물로 여김은 그리스도를 얻고 그 안에서 발견되려 함이니 내가 가진 의는 율법에서 난 것이 아니요 오직 그리스도를 믿음으로 말미암은 것이니 곧 믿음으로 하나님께로부터 난 의라

결론

성경은 오직 예수님을 말하고 있습니다. 예수님은 말씀이요, 생명이요, 구원이요, 축복의 능력입니다. 말씀의 언약을 붙잡고 승리하는 축복의 삶을 삽시다. 할렐루야-아멘 오직 예수그리스도.

11과

◆ 요 6장 1-35절

주림과 갈증의 해결은 오직 예수

Ⅰ. 예수님을 증거하는 성경(1-15)
Ⅱ. 물 위로 걸어가심(16-21)
Ⅲ. 가버나움에서 가르치심(22-35)

본문의 내용은 굶주린 군중에게 떡을 먹이심과 풍랑 속에 표류하는 삶의 방향적 지표가 누구인가와 목적 없이 밀려드는 군중들에게 참 생명의 메시지를 들려 주는 말씀입니다. 예수님의 생생한 음성과 영원한 생명의 떡을 공급하는 주님의 축복된 은혜가 되는 말씀의 시간 되시기를 예수 이름으로 간절히 축복합니다.

Ⅰ. 예수님을 증거하는 성경(1-15)

성경에 나타난 이적들은 인간의 호기심을 만족시키기 위한 위력적 시위가 아닙니다. 성경을 주신 이유는 하나님의 존재와 주권을 깨달아 하나님의 뜻에 순종하게 하는데 목적이 있습니다.
특별히 오천 명을 먹이신 기적은 4복음서 똑같이 언급 되었거니와 중요한 의미가 있습니다.

1. 이적의 의미

– 신적 권능(1-23)

(요 6:1-23) 그 후에 예수께서 디베랴의 갈릴리 바다 건너편으로 가시매 큰 무리가 따르니 이는 병자들에게 행하시는 표적을 보았음이러라 예수께서 산에 오르사 제자들과 함께 거기 앉으시니 마침 유대인의 명절인 유월절이 가까운지라 예수께서 눈을 들어 큰 무리가 자기에게로 오는 것을 보시고 빌립에게 이르시되 우리가 어디서 떡을 사서 이 사람들을 먹이겠느냐 하시니 이렇게 말씀하심은 친히 어떻게 하실지를 아시고 빌립을 시험하고자 하심이라 빌립

이 대답하되 각 사람으로 조금씩 받게 할지라도 이백 데
나리온의 떡이 부족하리이다 제자 중 하나 곧 시몬 베드로
의 형제 안드레가 예수께 여짜오되 여기 한 아이가 있어 보
리떡 다섯 개와 물고기 두 마리를 가지고 있나이다 그러나
그것이 이 많은 사람에게 얼마나 되겠사옵나이까 예수께
서 이르시되 이 사람들로 앉게 하라 하시니 그 곳에 잔디가
많은지라 사람들이 앉으니 수가 오천 명쯤 되더라 예수께
서 떡을 가져 축사하신 후에 앉아 있는 자들에게 나눠 주
시고 물고기도 그렇게 그들의 원대로 주시니라 그들이 배
부른 후에 예수께서 제자들에게 이르시되 남은 조각을 거
두고 버리는 것이 없게 하라 하시므로 이에 거두니 보리떡
다섯 개로 먹고 남은 조각이 열두 바구니에 찼더라 그 사람
들이 예수께서 행하신 이 표적을 보고 말하되 이는 참으로
세상에 오실 그 선지자라 하더라 그러므로 예수께서 그들
이 와서 자기를 억지로 붙들어 임금으로 삼으려는 줄 아시
고 다시 혼자 산으로 떠나 가시니라 저물매 제자들이 바다
에 내려가서 배를 타고 바다를 건너 가버나움으로 가는데
이미 어두웠고 예수는 아직 그들에게 오시지 아니하셨더니
큰 바람이 불어 파도가 일어나더라 제자들이 노를 저어 십
여 리쯤 가다가 예수께서 바다 위로 걸어 배에 가까이 오심
을 보고 두려워하거늘 이르시되 내니 두려워하지 말라 하
신대 이에 기뻐서 배로 영접하니 배는 곧 그들이 가려던 땅
에 이르렀더라 이튿날 바다 건너편에 서 있던 무리가 배 한
척 외에 다른 배가 거기 없는 것과 또 어제 예수께서 제자
들과 함께 그 배에 오르지 아니하시고 제자들만 가는 것을
보았더니 (그러나 디베랴에서 배들이 주께서 축사하신 후
여럿이 떡 먹던 그 곳에 가까이 왔더라)

– 영생을 주시기 위해 오심(35)

(요 6:35) 예수께서 이르시되 나는 생명의 떡이니 내게 오는 자는 결코 주리지 아니할 터이요 나를 믿는 자는 영원히 목마르지 아니하리라

– 장차 천국잔치의 예시(계 19:6-10)

(계 19:6-10) 또 내가 들으니 허다한 무리의 음성과도 같고 많은 물 소리와도 같고 큰 우렛소리와도 같은 소리로 이르되 할렐루야 주 우리 하나님 곧 전능하신 이가 통치하시도다 우리가 즐거워하고 크게 기뻐하며 그에게 영광을 돌리세 어린 양의 혼인 기약이 이르렀고 그의 아내가 자신을 준비하였으므로 그에게 빛나고 깨끗한 세마포 옷을 입도록 허락하셨으니 이 세마포 옷은 성도들의 옳은 행실이로다 하더라 천사가 내게 말하기를 기록하라 어린 양의 혼인 잔치에 청함을 받은 자들은 복이 있도다 하고 또 내게 말하되 이것은 하나님의 참되신 말씀이라 하기로 내가 그 발 앞에 엎드려 경배하려 하니 그가 나에게 말하기를 나는 너와 및 예수의 증언을 받은 네 형제들과 같이 된 종이니 삼가 그리하지 말고 오직 하나님께 경배하라 예수의 증언은 예언의 영이라 하더라

2. 사건을 보는 안목

1) 군중

– 표적을 보기 위해서(2-3)

(요 6:2-3) 큰 무리가 따르니 이는 병자들에게 행하시는 표적을 보았음이러라 예수께서 산에 오르사 제자들과 함께 거기 앉으시니

- 유월절 명절을 지키기 위해서(4)

(요 6:4) 마침 유대인의 명절인 유월절이 가까운지라

- 예수님을 구경하려고

2) 빌립

- 할 수 있느냐는 예수님의 질문에(5)

(요 6:5,) 예수께서 눈을 들어 큰 무리가 자기에게로 오는 것을 보시고 빌립에게 이르시되 우리가 어디서 떡을 사서 이 사람들을 먹이겠느냐 하시니

- 예수님의 뜻도 모르고 돈 계산부터 합니다(6-7).

(요 6:6-7) 이렇게 말씀하심은 친히 어떻게 하실지를 아시고 빌립을 시험하고자 하심이라 빌립이 대답하되 각 사람으로 조금씩 받게 할지라도 이백 데나리온의 떡이 부족하리이다

- 할 수 없다고 부정적인 태도를 취합니다(7).

(요 6:7) 빌립이 대답하되 각 사람으로 조금씩 받게 할지라도 이백 데나리온의 떡이 부족하리이다

3) 안드레

– 할 수 있습니다. 아멘 체질(8-9)

(요 6:8-9) 제자 중 하나 곧 시몬 베드로의 형제 안드레가
예수께 여짜오되 여기 한 아이가 있어 보리떡 다섯 개와 물
고기 두 마리를 가지고 있나이다 그러나 그것이 이 많은 사
람에게 얼마나 되겠사옵나이까

– 어린아이가 보리떡 5개, 물고기 2마리(오병이어의 기
적, 9)

(요 6:9) 여기 한 아이가 있어 보리떡 다섯 개와 물고기 두
마리를 가지고 있나이다 그러나 그것이 이 많은 사람에게
얼마나 되겠사옵나이까

– 할 수 있는 대로 최선을 다해 바침. 순수함과 전적인 믿
음으로 "아멘" 중요

3. 사건의 결과

– 순종 → 기적(10)

(요 6:10) 예수께서 이르시되 이 사람들로 앉게 하라 하시
니 그 곳에 잔디가 많은지라 사람들이 앉으니 수가 오천 명
쯤 되더라

- 주님의 손에 축사 → 원대로(11)

(요 6:11) 예수께서 떡을 가져 축사하신 후에 앉아 있는 자들에게 나눠 주시고 물고기도 그렇게 그들의 원대로 주시니라

- 작은 것 중요 → 환경보호(12)

(요 6:12) 그들이 배부른 후에 예수께서 제자들에게 이르시되 남은 조각을 거두고 버리는 것이 없게 하라 하시므로

※ 예수님은 정치적 메시아가 아닌 인류의 구세주로 오셨습니다. 왕으로 세우려는 군중들을 피하시고 말씀으로 영원한 생명의 양식을 공급하는 것이 주님의 뜻이었습니다(14-15).

(요 6:14-15) 그 사람들이 예수께서 행하신 이 표적을 보고 말하되 이는 참으로 세상에 오실 그 선지자라 하더라 그러므로 예수께서 그들이 와서 자기를 억지로 붙들어 임금으로 삼으려는 줄 아시고 다시 혼자 산으로 떠나 가시니라

Ⅱ. 물 위로 걸어가심(16-21)

군중들의 목적은 예수님을 로마 식민지 통치에서 해방시켜주는 정치적 메시아로 꿈꾸었습니다. 그들이 세상적 번영과 물질의 풍요를 꿈꾸는 것은 우리 똑같은 생각이지만 예수님은 다르셨습니다.

하나님의 뜻이 아닐 때는 조용히 혼자 산으로 떠나십니다
(15).

(요 6:15) 그러므로 예수께서 그들이 와서 자기를 억지로
붙들어 임금으로 삼으려는 줄 아시고 다시 혼자 산으로 떠
나 가시니라

세상적 욕망을 가지고 주님을 따르다가 제자들과 군중은
지치고 고달파 삶을 포기하고 큰 바람의 파도의 위협에 속
수무책으로 절대절명의 위기에서 물 위에 홀연히 나타나
신 구세주를 만납니다(20).

(요 6:20) 이르시되 내니 두려워하지 말라 하신대

주님 없이 인생의 목적지로 갈 수 없습니다. 인생의 삶은
오직 예수님입니다(요 14:6).

(요 14:6) 예수께서 이르시되 내가 곧 길이요 진리요 생명
이니 나로 말미암지 않고는 아버지께로 올 자가 없느니라

◎ 교훈

① 살아계시고 전능하신 하나님은 온 세상 모든 일에 역사
하시는 그리스도(16-20)

(요 6:16-20) 저물매 제자들이 바다에 내려가서 배를 타고
바다를 건너 가버나움으로 가는데 이미 어두웠고 예수는
아직 그들에게 오시지 아니하셨더니 큰 바람이 불어 파도
가 일어나더라 제자들이 노를 저어 십여 리쯤 가다가 예수
께서 바다 위로 걸어 배에 가까이 오심을 보고 두려워하거

늘 이르시되 내니 두려워하지 말라 하신대

② 위험에 처한 양을 버려두지 않으시고, 안전하고 인도하는 선한 목자가 되어 양을 문으로 인도하십니다(21, 요 10:7).

(요 6:21) 이에 기뻐서 배로 영접하니 배는 곧 그들이 가려던 땅에 이르렀더라

(요 10:7) 그러므로 예수께서 다시 이르시되 내가 진실로 진실로 너희에게 말하노니 나는 양의 문이라

③ 예수님은 택한 성도 한 사람을 잃지 않고 지켜주시는 참 목자요, 생명의 구주 이십니다(요 10:11-15, 7:12).

(요 10:11-15) 나는 선한 목자라 선한 목자는 양들을 위하여 목숨을 버리거니와 삯꾼은 목자가 아니요 양도 제 양이 아니라 이리가 오는 것을 보면 양을 버리고 달아나나니 이리가 양을 물어 가고 또 헤치느니라 달아나는 것은 그가 삯꾼인 까닭에 양을 돌보지 아니함이나 나는 선한 목자라 나는 내 양을 알고 양도 나를 아는 것이 아버지께서 나를 아시고 내가 아버지를 아는 것 같으니 나는 양을 위하여 목숨을 버리노라

(요 7:12) 예수에 대하여 무리 중에서 수군거림이 많아 어떤 사람은 좋은 사람이라 하며 어떤 사람은 아니라 무리를 미혹한다 하나

III. 가버나움에서 가르치심(22-35)

1. 목적없이 따라 온 무리들(22-35)

(요 6:22-35) 이튿날 바다 건너편에 서 있던 무리가 배 한 척외에 다른 배가 거기 없는 것과 또 어제 예수께서 제자들과함께 그 배에 오르지 아니하시고 제자들만 가는 것을 보았더니 (그러나 디베랴에서 배들이 주께서 축사하신 후 여럿이 떡 먹던 그 곳에 가까이 왔더라) 무리가 거기에 예수도안 계시고 제자들도 없음을 보고 곧 배들을 타고 예수를 찾으러 가버나움으로 가서 바다 건너편에서 만나 랍비여 언제 여기 오셨나이까 하니 예수께서 대답하여 이르시되 내가 진실로 진실로 너희에게 이르노니 너희가 나를 찾는 것은 표적을 본 까닭이 아니요 떡을 먹고 배부른 까닭이로다썩을 양식을 위하여 일하지 말고 영생하도록 있는 양식을위하여 하라 이 양식은 인자가 너희에게 주리니 인자는 아버지 하나님께서 인치신 자니라 그들이 묻되 우리가 어떻게 하여야 하나님의 일을 하오리이까 예수께서 대답하여이르시되 하나님께서 보내신 이를 믿는 것이 하나님의 일이니라 하시니 그들이 묻되 그러면 우리가 보고 당신을 믿도록 행하시는 표적이 무엇이니이까, 하시는 일이 무엇이니이까 기록된 바 하늘에서 그들에게 떡을 주어 먹게 하였다 함과 같이 우리 조상들은 광야에서 만나를 먹었나이다예수께서 이르시되 내가 진실로 진실로 너희에게 이르노니모세가 너희에게 하늘로부터 떡을 준 것이 아니라 내 아버지께서 너희에게 하늘로부터 참 떡을 주시나니 하나님의떡은 하늘에서 내려 세상에 생명을 주는 것이니라 그들이이르되 주여 이 떡을 항상 우리에게 주소서 예수께서 이르

시되 나는 생명의 떡이니 내게 오는 자는 결코 주리지 아니할 터이요 나를 믿는 자는 영원히 목마르지 아니하리라

육신의 빵을 위하여 따랐음. 인간은 하나님의 영광을 위하여 창조된 피조물입니다(26).

(요 6:26) 예수께서 대답하여 이르시되 내가 진실로 진실로 너희에게 이르노니 너희가 나를 찾는 것은 표적을 본 까닭이 아니요 떡을 먹고 배부른 까닭이로다

2. 생명의 양식을 위해 일하라(27)

생명의 양식이 오직 예수님이시며, 하나님에게 인친 자 이십니다(27).

(요 6:27) 썩을 양식을 위하여 일하지 말고 영생하도록 있는 양식을 위하여 하라 이 양식은 인자가 너희에게 주리니 인자는 아버지 하나님께서 인치신 자니라

3. 하나님의 일(28)

오직 예수님을 믿는 일이 인생의 최대의 중대사입니다.

(요 6:28) 그들이 묻되 우리가 어떻게 하여야 하나님의 일을 하오리이까

4. 예수님의 이적의 실제와 영적 의미

① 믿음 없는 자에게는 광야에서 만나를 먹었으나 생명의 떡을 못먹으므로 영혼은 죽었습니다(31).

(요 6:31) 기록된 바 하늘에서 그들에게 떡을 주어 먹게 하였다 함과 같이 우리 조상들은 광야에서 만나를 먹었나이다

② 만나는 먹었지만 예수님의 참 떡을 먹지 못함, 떡만 먹고 예수는 영접하지 않았습니다(31).

(요 6:31) 기록된 바 하늘에서 그들에게 떡을 주어 먹게 하였다 함과 같이 우리 조상들은 광야에서 만나를 먹었나이다

③ 믿는 자에게 만나 주님은 생명 얻어 구원받게 하십니다(33).

(요 6:33) 하나님의 떡은 하늘에서 내려 세상에 생명을 주는 것이니라

④ 생명의 떡이신 예수님을 모르고 있는 모습에 안타까움을 금할 길 없습니다(34).

(요 6:34) 그들이 이르되 주여 이 떡을 항상 우리에게 주소서

⑤ 생명의 길은 오직 예수님이신데 갈증나게 살지 맙시다 (35).

(요 6:35) 예수께서 이르시되 나는 생명의 떡이니 내게 오는 자는 결코 주리지 아니할 터이요 나를 믿는 자는 영원히 목마르지 아니하리라

결론

생명의 떡 되신 예수님께 나오는 자는 결코 주리지 않고, 목마르지 않습니다. 빈들의 광야에서나 풍랑의 위험한 바다에서도, 어려운 시대적 삶의 현실에서도 오직 예수님은 선한 목자요, 구원의 등대요, 생명력 있는 삶의 지주 이십니다. 오직 예수님은 정치적 메시아가 아닌 인류의 생명의 구속주 이십니다. 할렐루야-아멘 오직 예수그리스도.

① 확실하게 믿고

② 감격적 기쁨으로 만남과

③ 따뜻하게 영접하고

④ 하나님의 자녀의 신분을 당당하게 누리며

⑤ 영광스러운 승리의 삶을 삽시다.

12과

◆ 요 6장 36-71절

주여, 영생의 말씀이 계시매

인생의 삶의 길에는 영생을 얻는 생명의 길인 오직 주 예수님을 통한 하나님 만나는 길이 있고, 하나님을 떠나 세상에서 방황하며 죄 짓다 멸망의 길로 가는 길이 있습니다(마 7:13-14).

(마 7:13-14) 좁은 문으로 들어가라 멸망으로 인도하는 문은 크고 그 길이 넓어 그리로 들어가는 자가 많고 생명으로 인도하는 문은 좁고 길이 협착하여 찾는 자가 적음이라

사랑하는 성도들이여, 나는 어느 길로 가고 있으며 여러분은 어떻게 하시겠습니까?

I. 믿는 자는 확실한 구원과 영생을 얻음 (36-48)

1. 마지막 날에 살리심을 받으려면

① 성령의 인도를 받아야 하는데 이런 삶이 바로 예수님 안에서의 삶입니다(36-37).

(요 6:36-37) 그러나 내가 너희에게 이르기를 너희는 나를 보고도 믿지 아니하는도다 하였느니라 아버지께서 내게 주시는 자는 다 내게로 올 것이요 내게 오는 자는 내가 결코 내쫓지 아니하리라

② 하나님의 뜻은 택한 자를 구원하는데 있습니다. 은혜로 구원(38-40, 엡 2:8).

(요 6:38-40) 내가 하늘에서 내려온 것은 내 뜻을 행하려 함이 아니요 나를 보내신 이의 뜻을 행하려 함이니라 나를 보내신 이의 뜻은 내게 주신 자 중에 내가 하나도 잃어버리지 아니하고 마지막 날에 다시 살리는 이것이니라 내 아버지의 뜻은 아들을 보고 믿는 자마다 영생을 얻는 이것이니 마지막 날에 내가 이를 다시 살리리라 하시니라

(엡 2:8) 너희는 그 은혜에 의하여 믿음으로 말미암아 구원을 받았으니 이것은 너희에게서 난 것이 아니요 하나님의 선물이라

③ 예수님이 없이는 하나님을 못 만납니다. 예수는 길이요, 진리요, 생명입니다(41-43, 요 14:6, 행 4:12).

(요 6:41-43) 자기가 하늘에서 내려온 떡이라 하시므로 유대인들이 예수에 대하여 수군거려 이르되 이는 요셉의 아들 예수가 아니냐 그 부모를 우리가 아는데 자기가 지금 어찌하여 하늘에서 내려왔다 하느냐 예수께서 대답하여 이르시되 너희는 서로 수군거리지 말라

(요 14:6) 예수께서 이르시되 내가 곧 길이요 진리요 생명이니 나로 말미암지 않고는 아버지께로 올 자가 없느니라

(행 4:12) 다른 이로써는 구원을 받을 수 없나니 천하 사람 중에 구원을 받을 만한 다른 이름을 우리에게 주신 일이 없음이라 하였더라

2. 하나님께 나온 자만이 믿어 영생을 얻음

– 하나님의 뜻대로(선지자의 말) 예수님을 알게 됨(44-45)

(요 6:44-45) 나를 보내신 아버지께서 이끌지 아니하시면 아무도 내게 올 수 없으니 오는 그를 내가 마지막 날에 다시 살리리라 선지자의 글에 그들이 다 하나님의 가르치심을 받으리라 기록되었은즉 아버지께 듣고 배운 사람마다 내게로 오느니라

– 하나님의 주권적 섭리로 구원받음(엡 1:3-7), 유대인은 수군거리고 믿지 않음(41-43)

(요 6:41-43) 자기가 하늘에서 내려온 떡이라 하시므로 유대인들이 예수에 대하여 수군거려 이르되 이는 요셉의 아들 예수가 아니냐 그 부모를 우리가 아는데 자기가 지금 어찌하여 하늘에서 내려왔다 하느냐 예수께서 대답하여 이르시되 너희는 서로 수군거리지 말라

– 믿는 자에게는 영생이 있느니라(46-48, 3:15-16)

(요 6:46-48) 이는 아버지를 본 자가 있다는 것이 아니니라 오직 하나님에게서 온 자만 아버지를 보았느니라 진실로 진실로 너희에게 이르노니 믿는 자는 영생을 가졌나니 내가 곧 생명의 떡이니라

(요 3:15-16) 이는 그를 믿는 자마다 영생을 얻게 하려 하심이니라 하나님이 세상을 이처럼 사랑하사 독생자를 주셨으니 이는 그를 믿는 자마다 멸망하지 않고 영생을 얻게

하려 하심이라

◎ 신앙의 기본 뼈대는 예수님 이십니다.

1) 말씀이 육신되어 초림하심과(요 1:14)

(요 1:14) 말씀이 육신이 되어 우리 가운데 거하시매 우리가 그의 영광을 보니 아버지의 독생자의 영광이요 은혜와 진리가 충만하더라

2) 내 죄를 위하여 십자가에 죽으심과(벧전 2:24, 1:18-19)

(벧전 2:14) 혹은 그가 악행하는 자를 징벌하고 선행하는 자를 포상하기 위하여 보낸 총독에게 하라

(벧전 1:18-19) 너희가 알거니와 너희 조상이 물려 준 헛된 행실에서 대속함을 받은 것은 은이나 금 같이 없어질 것으로 된 것이 아니요 오직 흠 없고 점 없는 어린 양 같은 그리스도의 보배로운 피로 된 것이니라

3) 장사한 지 3일만에 성경대로 부활하심과(고전 15:2-3)

(고전 15:2-3) 너희가 만일 내가 전한 그 말을 굳게 지키고 헛되이 믿지 아니하였으면 그로 말미암아 구원을 받으리라 내가 받은 것을 먼저 너희에게 전하였노니 이는 성경대로 그리스도께서 우리 죄를 위하여 죽으시고

4) 부활하신 새 생명 예수님이 성령으로 우리 함께 임마누엘 되심과(롬 6:3-9)

(롬 6:3-9) 무릇 그리스도 예수와 합하여 세례를 받은 우리는 그의 죽으심과 합하여 세례를 받은 줄을 알지 못하느냐 그러므로 우리가 그의 죽으심과 합하여 세례를 받음으로 그와 함께 장사되었나니 이는 아버지의 영광으로 말미암아 그리스도를 죽은 자 가운데서 살리심과 같이 우리로 또한 새 생명 가운데서 행하게 하려 함이라 만일 우리가 그의 죽으심과 같은 모양으로 연합한 자가 되었으면 또한 그의 부활과 같은 모양으로 연합한 자도 되리라 우리가 알거니와 우리의 옛 사람이 예수와 함께 십자가에 못 박힌 것은 죄의 몸이 죽어 다시는 우리가 죄에게 종 노릇 하지 아니하려 함이니 이는 죽은 자가 죄에서 벗어나 의롭다 하심을 얻었음이라 만일 우리가 그리스도와 함께 죽었으면 또한 그와 함께 살 줄을 믿노니 이는 그리스도께서 죽은 자 가운데서 살아나셨으매 다시 죽지 아니하시고 사망이 다시 그를 주장하지 못할 줄을 앎이로라

5) 재림주로 다시 오시는 것입니다(계 22:20). 위 사건이 구약, 신약의 요점입니다.

(계 22:20) 이것들을 증언하신 이가 이르시되 내가 진실로 속히 오리라 하시거늘 아멘 주 예수여 오시옵소서

재림신앙의 확고한 성도가 됩시다. 주님은 반드시 재림주로 오십니다. 언약은 반드시 성취됩니다. 그러므로 예비 된 면류관을 받읍시다.

II. 생명의 떡을 먹고 예수님의 생명의 피에 젖어라(49-50)

생명의 떡은 예수님이며, 말씀이요, 생명이고, 빛이십니다. 예수님의 피에 젖는 삶은 십자가의 삶입니다. 유월절 어린 양의 피, 십자가의 삶이 구원받은 삶의 원리입니다(히 9:12-14).

(히 9:12-14) 염소와 송아지의 피로 하지 아니하고 오직 자기의 피로 영원한 속죄를 이루사 단번에 성소에 들어가셨느니라 염소와 황소의 피와 및 암송아지의 재를 부정한 자에게 뿌려 그 육체를 정결하게 하여 거룩하게 하거든 하물며 영원하신 성령으로 말미암아 흠 없는 자기를 하나님께 드린 그리스도의 피가 어찌 너희 양심을 죽은 행실에서 깨끗하게 하고 살아 계신 하나님을 섬기게 하지 못하겠느냐

1. 광야에서 만나를 먹은 자는 죽었지만(49)

(요 6:49) 너희 조상들은 광야에서 만나를 먹었어도 죽었거니와

2. 산떡 되신 예수님을 먹은 자는 영생했습니다(50-51).

(요 6:50-51) 이는 하늘에서 내려오는 떡이니 사람으로 하여금 먹고 죽지 아니하게 하는 것이니라 나는 하늘에서 내려온 살아 있는 떡이니 사람이 이 떡을 먹으면 영생하리라

내가 줄 떡은 곧 세상의 생명을 위한 내 살이니라 하시니라

※ 생명의 피에 젖어라

① 사람은 살을 먹지 못함(심령에 받아들이지 못한 상태)
(52)

(요 6:52) 그러므로 유대인들이 서로 다투어 이르되 이 사
람이 어찌 능히 자기 살을 우리에게 주어 먹게 하겠느냐

② 예수님의 피를 먹지 않은 자는 생명이 없음(53-54)

(요 6:53-54) 예수께서 이르시되 내가 진실로 진실로 너희
에게 이르노니 인자의 살을 먹지 아니하고 인자의 피를 마
시지 아니하면 너희 속에 생명이 없느니라 내 살을 먹고 내
피를 마시는 자는 영생을 가졌고 마지막 날에 내가 그를 다
시 살리리니

③ 함께 죽고, 함께 사는(롬 6:3-9, 고전 11:23-29)

(롬 6:3-9) 무릇 그리스도 예수와 합하여 세례를 받은 우
리는 그의 죽으심과 합하여 세례를 받은 줄을 알지 못하느
냐 그러므로 우리가 그의 죽으심과 합하여 세례를 받음으
로 그와 함께 장사되었나니 이는 아버지의 영광으로 말미
암아 그리스도를 죽은 자 가운데서 살리심과 같이 우리로
또한 새 생명 가운데서 행하게 하려 함이라 만일 우리가 그
의 죽으심과 같은 모양으로 연합한 자가 되었으면 또한 그
의 부활과 같은 모양으로 연합한 자도 되리라 우리가 알거
니와 우리의 옛 사람이 예수와 함께 십자가에 못 박힌 것은
죄의 몸이 죽어 다시는 우리가 죄에게 종 노릇 하지 아니하

려 함이니 이는 죽은 자가 죄에서 벗어나 의롭다 하심을 얻었음이라 만일 우리가 그리스도와 함께 죽었으면 또한 그와 함께 살 줄을 믿노니 이는 그리스도께서 죽은 자 가운데서 살아나셨으매 다시 죽지 아니하시고 사망이 다시 그를 주장하지 못할 줄을 앎이로라

(고전 11:23-9) 내가 너희에게 전한 것은 주께 받은 것이니 곧 주 예수께서 잡히시던 밤에 떡을 가지사 축사하시고 떼어 이르시되 이것은 너희를 위하는 내 몸이니 이것을 행하여 나를 기념하라 하시고 식후에 또한 그와 같이 잔을 가지시고 이르시되 이 잔은 내 피로 세운 새 언약이니 이것을 행하여 마실 때마다 나를 기념하라 하셨으니 너희가 이 떡을 먹으며 이 잔을 마실 때마다 주의 죽으심을 그가 오실 때까지 전하는 것이니라 그러므로 누구든지 주의 떡이나 잔을 합당하지 않게 먹고 마시는 자는 주의 몸과 피에 대하여 죄를 짓는 것이니라 사람이 자기를 살피고 그 후에야 이 떡을 먹고 이 잔을 마실지니 주의 몸을 분별하지 못하고 먹고 마시는 자는 자기의 죄를 먹고 마시는 것이니라

④ 예수님은 참 된 양식과 음료이고 오직 예수 안에 있어야 함(55-57)

(요 6:55-57) 내 살은 참된 양식이요 내 피는 참된 음료로다 내 살을 먹고 내 피를 마시는 자는 내 안에 거하고 나도 그의 안에 거하나니 살아 계신 아버지께서 나를 보내시매 내가 아버지로 말미암아 사는 것 같이 나를 먹는 그 사람도 나로 말미암아 살리라

※ 우리는 오직 예수님의 생명의 떡이 되심과 십자가의 구속의 진리에 젖어야 합니다(58-59).

Ⅲ. 살리는 영과 죽이는 영(60-71)

예수님의 영을 받은 자는 생명의 진리를 깨달아 알고, 육에 속한 자는 멸망 길로 가면서도 대책 없이 망합니다. 세상 길로 가다 생명력 잃어버리고 삶의 실패자가 됩니다. 대표적인 예가 베드로와 가룟 유다의 차이입니다.

베드로의 생명력 있는 삶의 고백 - 주여 영생의 말씀이 계시오매(68), (마 16:16) 내가 어디로 가오리까? 이 말씀의 심지가 베드로의 인생을 바꾸어 놓고 승리의 삶을 살게 했는데 3가지 의미가 있습니다.

첫째, 끝까지 남겠다는 의미

- 나중(끝)까지 견디는 자는 구원(요2 1:15-19, 마 10:22, 24:13)

(마 10:22) 또 너희가 내 이름으로 말미암아 모든 사람에게 미움을 받을 것이나 끝까지 견디는 자는 구원을 얻으리라

(마 24:13) 그러나 끝까지 견디는 자는 구원을 얻으리라

둘째, 고난을 달게 받겠다는 의미

- 하나님의 후사는 고난을 받습니다(행 12:6-11, 롬 8:17-18, 벧전 4:13).

(행 12:6-11) 헤롯이 잡아 내려고 하는 그 전날 밤에 베드

로가 두 군인 틈에서 두 쇠사슬에 매여 누워 자는데 파수꾼들이 문 밖에서 옥을 지키더니 홀연히 주의 사자가 나타나매 옥중에 광채가 빛나며 또 베드로의 옆구리를 쳐 깨워 이르되 급히 일어나라 하니 쇠사슬이 그 손에서 벗어지더라 천사가 이르되 띠를 띠고 신을 신으라 하거늘 베드로가 그대로 하니 천사가 또 이르되 겉옷을 입고 따라오라 한대 베드로가 나와서 따라갈새 천사가 하는 것이 생시인 줄 알지 못하고 환상을 보는가 하니라 이에 첫째와 둘째 파수를 지나 시내로 통한 쇠문에 이르니 문이 저절로 열리는지라 나와서 한 거리를 지나매 천사가 곧 떠나더라 이에 베드로가 정신이 들어 이르되 내가 이제야 참으로 주께서 그의 천사를 보내어 나를 헤롯의 손과 유대 백성의 모든 기대에서 벗어나게 하신 줄 알겠노라 하여

(롬 8:17-18) 자녀이면 또한 상속자 곧 하나님의 상속자요 그리스도와 함께 한 상속자니 우리가 그와 함께 영광을 받기 위하여 고난도 함께 받아야 할 것이니라 생각하건대 현재의 고난은 장차 우리에게 나타날 영광과 비교할 수 없도다

(벧전 4:13) 오히려 너희가 그리스도의 고난에 참여하는 것으로 즐거워하라 이는 그의 영광을 나타내실 때에 너희로 즐거워하고 기뻐하게 하려 함이라

고난의 즐거움을 느낍니다(고후 1:5-7).

(고후 1:5-7) 그리스도의 고난이 우리에게 넘친 것 같이 우리가 받는 위로도 그리스도로 말미암아 넘치는도다 우리가 환난 당하는 것도 너희가 위로와 구원을 받게 하려는 것이요 우리가 위로를 받는 것도 너희가 위로를 받게 하려는

것이니 이 위로가 너희 속에 역사하여 우리가 받는 것 같은 고난을 너희도 견디게 하느니라 너희를 위한 우리의 소망이 견고함은 너희가 고난에 참여하는 자가 된 것 같이 위로에도 그러할 줄을 앎이라

셋째, 영생은 오직 그리스도 안에서

– 천하 인간에 다른 이름이 없고 오직 예수님(요 3:16, 5:24, 14:6, 행 4:12)

(요 3:16) 하나님이 세상을 이처럼 사랑하사 독생자를 주셨으니 이는 그를 믿는 자마다 멸망하지 않고 영생을 얻게 하려 하심이라

(요 5:24) 내가 진실로 진실로 너희에게 이르노니 내 말을 듣고 또 나 보내신 이를 믿는 자는 영생을 얻었고 심판에 이르지 아니하나니 사망에서 생명으로 옮겼느니라

(요 14:6) 예수께서 이르시되 내가 곧 길이요 진리요 생명이니 나로 말미암지 않고는 아버지께로 올 자가 없느니라

(행 4:12) 다른 이로써는 구원을 받을 수 없나니 천하 사람 중에 구원을 받을 만한 다른 이름을 우리에게 주신 일이 없음이라 하였더라

결론

예수님은 우리에게 생명의 빛이요, 살아있는 말씀이요, 생명의 양식이며, 영생하는 생수 이십니다.

예수님은 스스로 하나님의 형상이요, 본체이십니다(요 1:4, 14, 6:35, 빌 2:6, 골 1:15, 고후 4:4).

(요 1:4) 그 안에 생명이 있었으니 이 생명은 사람들의 빛이라

(요 1:14) 말씀이 육신이 되어 우리 가운데 거하시매 우리가 그의 영광을 보니 아버지의 독생자의 영광이요 은혜와 진리가 충만하더라

(요 6:35) 예수께서 이르시되 나는 생명의 떡이니 내게 오는 자는 결코 주리지 아니할 터이요 나를 믿는 자는 영원히 목마르지 아니하리라

(빌 2:) 그는 근본 하나님의 본체시나 하나님과 동등됨을 취할 것으로 여기지 아니하시고

(골 1:15) 그는 보이지 아니하는 하나님의 형상이시요 모든 피조물보다 먼저 나신 이시니
(고후 4:4) 그 중에 이 세상의 신이 믿지 아니하는 자들의 마음을 혼미하게 하여 그리스도의 영광의 복음의 광채가 비치지 못하게 함이니 그리스도는 하나님의 형상이니라

오직 예수님 안에서만 생명의 열매와 영생의 복락을 약속 받습니다(요 15:5).

(요 15:5) 나는 포도나무요 너희는 가지라 그가 내 안에, 내가 그 안에 거하면 사람이 열매를 많이 맺나니 나를 떠나서는 너희가 아무 것도 할 수 없음이라

13과

◆ 요 7장 1-36절

외모의 판단과 공의 판단

I. 초막절에 예루살렘 올라가신 예수님(1-9)
II. 성전에서 가르치신 예수님(10-24)
III. 예수님의 신성(25-36)

신앙생활의 기초는 예수님이시라는 사실이 ① 믿어지고 ② 영접하여 ③ 구원받은 ④ 하나님 자녀라는 확신을 갖는데 있습니다.

오늘 말씀은 외모로 판단하는 사람들과 공의로 판단하시는 예수님의 가르침의 태도를 보여주고 있습니다.

◎ 외모의 판단 / 본질적이 아닌 피상적이며 편견이나 뇌물받고 부당하게 판단함을 말합니다(출 23:8).

(출 23:8) 너는 뇌물을 받지 말라 뇌물은 밝은 자의 눈을 어둡게 하고 의로운 자의 말을 굽게 하느니라

◎ 공의 판단 / 메시아의 공의로운 판단사상과 하나님 말씀 중심의 판단함을 말합니다(삼상 16:7, 사 11:3-5).

(삼상 16:7) 여호와께서 사무엘에게 이르시되 그의 용모와 키를 보지 말라 내가 이미 그를 버렸노라 내가 보는 것은 사람과 같지 아니하니 사람은 외모를 보거니와 나 여호와는 중심을 보느니라 하시더라

(사 11:3-5) 그가 여호와를 경외함으로 즐거움을 삼을 것이며 그의 눈에 보이는 대로 심판하지 아니하며 그의 귀에 들리는 대로 판단하지 아니하며 공의로 가난한 자를 심판하며 정직으로 세상의 겸손한 자를 판단할 것이며 그의 입의 막대기로 세상을 치며 그의 입술의 기운으로 악인을 죽일 것이며 공의로 그의 허리띠를 삼으며 성실로 그의 몸의 띠를 삼으리라

Ⅰ. 초막절에 예루살렘 올라가신 예수님(1-9)

예수님을 따르던 추종자들도 떠나가고(요 6:66) 갈릴리에 오셨을 때 예수님의 형제들도 메시아로 인정하지 않는 안타까운 광경입니다(3-5).

(요 6:66) 그 때부터 그의 제자 중에서 많은 사람이 떠나가고 다시 그와 함께 다니지 아니하더라

(요 7:3-5) 그 형제들이 예수께 이르되 당신이 행하는 일을 제자들도 보게 여기를 떠나 유대로 가소서 스스로 나타나기를 구하면서 묻혀서 일하는 사람이 없나니 이 일을 행하려 하거든 자신을 세상에 나타내소서 하니 이는 그 형제들까지도 예수를 믿지 아니함이러라

그러나 이들이 예수님께서 십자가에 죽으시고 부활하신 후에 승천하실 때 분부하신 약속대로 믿고(행 1:4) 기도하여 성령 받고 위대한 그리스도의 증인된 사실을 봅니다(행 1:4).

(행 1:4) 사도와 함께 모이사 그들에게 분부하여 이르시되 예루살렘을 떠나지 말고 내게서 들은 바 아버지께서 약속하신 것을 기다리라

우리들은 무슨 일에든지 하나님의 뜻과 때를 지혜롭게 분별하여(롬 12:1-2)

(롬 12:1-2) 그러므로 형제들아 내가 하나님의 모든 자비

하심으로 너희를 권하노니 너희 몸을 하나님이 기뻐하시는 거룩한 산 제물로 드리라 이는 너희가 드릴 영적 예배니라 너희는 이 세대를 본받지 말고 오직 마음을 새롭게 함으로 변화를 받아 하나님의 선하시고 기뻐하시고 온전하신 뜻이 무엇인지 분별하도록 하라

– 지나치게 조급하거나

– 때가 되었는데도 머뭇거리지 말고

– 분명히 책임져야 할 일에는 회피하지 말고

– 철저하게 성령의 인도받아 예수님 안에서 승리하는 능력자가 되어야 합니다(마 16:16-19, 행 1:8, 마 28:18-20).

(마 16:16-19) 시몬 베드로가 대답하여 이르되 주는 그리스도시요 살아 계신 하나님의 아들이시니이다 예수께서 대답하여 이르시되 바요나 시몬아 네가 복이 있도다 이를 네게 알게 한 이는 혈육이 아니요 하늘에 계신 내 아버지시니라 또 내가 네게 이르노니 너는 베드로라 내가 이 반석 위에 내 교회를 세우리니 음부의 권세가 이기지 못하리라 내가 천국 열쇠를 네게 주리니 네가 땅에서 무엇이든지 매면 하늘에서도 매일 것이요 네가 땅에서 무엇이든지 풀면 하늘에서도 풀리리라 하시고

(행 1:8) 오직 성령이 너희에게 임하시면 너희가 권능을 받고 예루살렘과 온 유대와 사마리아와 땅 끝까지 이르러 내 증인이 되리라 하시니라

(마 28:18-20) 예수께서 나아와 말씀하여 이르시되 하늘과 땅의 모든 권세를 내게 주셨으니 그러므로 너희는 가서 모든 민족을 제자로 삼아 아버지와 아들과 성령의 이름으로 침례를 베풀고 내가 너희에게 분부한 모든 것을 가르쳐 지키게 하라 볼지어다 내가 세상 끝날까지 너희와 항상 함께 있으리라 하시니라

II. 성전에서 가르치신 예수님(10-24)

예루살렘 성전에 모여 있는 사람들의 기대와 상상을 초월한 하나님의 교훈만 선포하니까 많은 사람들은 이해하지 못합니다. 예수님의 의도는 초막절 축제 기간에 율법의 올바른 의미를 가르치고 구원과 영생의 진리를 증거하기 위하여 예루살렘에 가신 것입니다.

1. 예루살렘 사람들의 예수님에 대한 생각(10-13)

– 비밀리에 형제와 함께 올라감. 형제는 군중들의 뜻과 달랐습니다(10).

(요 7:10) 그 형제들이 명절에 올라간 후에 자기도 올라가시되 나타내지 않고 은밀히 가시니라

– 찾는 사람(11)과 수군거리는 사람 중에 굳은 사람(12), 미혹하는 사람도 있었습니다(12).

(요 7:11) 명절중에 유대인들이 예수를 찾으면서 그가 어디 있느냐 하고

(요 7:12) 예수에 대하여 무리 중에서 수군거림이 많아 어떤 사람은 좋은 사람이라 하며 어떤 사람은 아니라 무리를 미혹한다 하나

- 두려워하는 자, 중심을 말하지 못하고 환경과 현실을 보고 눌린 자도 있었습니다(13).

(요 7:13) 그러나 유대인들을 두려워하므로 드러나게 그에 대하여 말하는 자가 없더라

2. 가르치실 때 반응(14-24)

1) 교육

- 랍비 교육을 정규적으로 받지 않고 가르친다고 공공연히 비난(15)

(요 7:15) 유대인들이 놀랍게 여겨 이르되 이 사람은 배우지 아니하였거늘 어떻게 글을 아느냐 하니

- 주님께서는 신적인 권위와 근거로 압도시킴(16-18)

(요 7:16-18) 예수께서 대답하여 이르시되 내 교훈은 내 것이 아니요 나를 보내신 이의 것이니라 사람이 하나님의 뜻을 행하려 하면 이 교훈이 하나님께로부터 왔는지 내가 스스로 말함인지 알리라 스스로 말하는 자는 자기 영광만 구하되 보내신 이의 영광을 구하는 자는 참되니 그 속에 불의가 없느니라

- 예수님은 교육의 본질이시며, 전능하시기에 가르침의 원형

2) 율법

- 왜 율법을 지키지 아니하느냐(19)

(요 7:19) 모세가 너희에게 율법을 주지 아니하였느냐 너희 중에 율법을 지키는 자가 없도다 너희가 어찌하여 나를 죽이려 하느냐

- 귀신들렸다고 몰아부쳐 매도함(20)

(요 7:20) 무리가 대답하되 당신은 귀신이 들렸도다 누가 당신을 죽이려 하나이까

- 이적을 보고(38년된 병자) 기이 여김(21)

(요 7:21) 예수께서 대답하여 이르시되 내가 한 가지 일을 행하매 너희가 다 이로 말미암아 이상히 여기는도다

3) 할례

율법적 할례보다 생명을 구원하신 할례 자체이신 예수님을 모르는 것과 유대인은 율법의 근본정신을 변질시킴을 책망하면서 예수님은 공의로 판단하시어 생명력 있는 삶의 근원임을 제시합니다(22-24).

(요 7:22-24) 모세가 너희에게 할례를 행했으니 (그러나 할례는 모세에게서 난 것이 아니요 조상들에게서 난 것이라)

그러므로 너희가 안식일에도 사람에게 할례를 행하느니라 모세의 율법을 범하지 아니하려고 사람이 안식일에도 할례를 받는 일이 있거든 내가 안식일에 사람의 전신을 건전하게 한 것으로 너희가 내게 노여워하느냐 외모로 판단하지 말고 공의롭게 판단하라 하시니라

※ 영적으로는 눈이 멀고 마음의 욕심과 기득권 몰락의 위기와 영적 귀가 막혀 있음으로 예수님의 가르침을 이해하지 못하고 어두움의 빛을 미워하는 영적 소경의 상태가 됨을 말하고 있습니다(요 1:5).

(요 1:5) 빛이 어둠에 비치되 어둠이 깨닫지 못하더라

III. 예수님의 신성(25-36)

예수님께서 예루살렘 성전에 올라오셔서 하나님의 말씀을 가르치는 사실을 보고 예수님의 사역과 관련하여 대제사장들과 바리새인들이 예수님을 배척할 뿐만 아니라 체포하고자 하는 사실을 보도합니다. 이런 무지한 행동이 나타나는 것은 당사자들도 착각하고 있는 것이며 하나님께서는 섭리하고 계십니다. 창조주이시며 전 우주의 참 구주이신 살아계신 하나님이신 예수님이 지금 우리 속에 역사하고 계십니다.

첫째, 구약 곧 옛 언약을 성취하시고, 영생과 천국을 골자로 하는 새언약 곧 신약을 주시고, 구약의 계시의 핵심인 율법이 신약적 계승 발전된 예수님의 생명의 복음을 모르고 있는 유대인들의 편견과 배척을 볼 수 있습니다.

둘째, 구약의 일부 내용이 이스라엘 민족주의적인 인본주의 관점에서 편협한 생각과 왜곡된 율법해석의 근거로 하여금 영적 메시아를 보지 못하는 율법사들의 어두운 면이 단적인 표현입니다.

셋째, 살아계신 하나님이신 예수님이 생명의 말씀으로 정의와 진리가 선포될 때 양심의 가책과 기득권을 유지하려는 ① 대제사장, ② 바리새인, ③ 사두개인들과 ④ 정치권력자들의 동조와 음모로 예수님을 잡아 죽이려고 하였습니다(25-29).

(요 7:25-29) 예루살렘 사람 중에서 어떤 사람이 말하되 이는 그들이 죽이고자 하는 그 사람이 아니냐 보라 드러나게 말하되 그들이 아무 말도 아니하는도다 당국자들은 이 사람을 참으로 그리스도인 줄 알았는가 그러나 우리는 이 사람이 어디서 왔는지 아노라 그리스도께서 오실 때에는 어디서 오시는지 아는 자가 없으리라 하는지라 예수께서 성전에서 가르치시며 외쳐 이르시되 너희가 나를 알고 내가 어디서 온 것도 알거니와 내가 스스로 온 것이 아니니라 나를 보내신 이는 참되시니 너희는 그를 알지 못하나 나는 아노니 이는 내가 그에게서 났고 그가 나를 보내셨음이라 하시니

결론

유대인은 동족인 예수님을 왜 죽이려고 했는가? 유대인과 식구들이 환경적 세상적 행위에 약해져 있었기 때문입니다(롬 12:2). 이런 상황에서 초월적 승리의 삶은 오직 예수님 밖에 없습니다.

(롬 12:2) 너희는 이 세대를 본받지 말고 오직 마음을 새롭게 함으로 변화를 받아 하나님의 선하시고 기뻐하시고 온전하신 뜻이 무엇인지 분별하도록 하라

바리새인은 왜 예수님을 미워했는가? 지식인과 전통주의 때문이었습니다.

① 유전을 무시했고

② 화석화된 종교생활을 택하였고

③ 생명력있는 복음을 선포하므로 자존심을 건드렸기 때문입니다.

당시에 대제사장, 사두개인, 정치가는 왜 예수님을 죽이려고 했는가? 힘 있는 자 권력자의 횡포였습니다. 기득권 상실과 권력의 맛을 보았기 때문입니다(엡 2:2-3, 6:12-13).

(엡 2:2-3) 그 때에 너희는 그 가운데서 행하여 이 세상 풍조를 따르고 공중의 권세 잡은 자를 따랐으니 곧 지금 불순종의 아들들 가운데서 역사하는 영이라 전에는 우리도 다 그 가운데서 우리 육체의 욕심을 따라 지내며 육체와 마음의 원하는 것을 하여 다른 이들과 같이 본질상 진노의 자녀이었더니

(엡 6:12-13) 우리의 씨름은 혈과 육을 상대하는 것이 아니요 통치자들과 권세들과 이 어둠의 세상 주관자들과 하늘에 있는 악의 영들을 상대함이라 그러므로 하나님의 전신갑주를 취하라 이는 악한 날에 너희가 능히 대적하고 모든

일을 행한 후에 서기 위함이라

예수님은 살아계신 하나님이시요, 영원한 메시야요, 그리스도시며, 구원자 이십니다. 어느 시대나 어느 계층과 어떤 상황에서도 오직 예수님 안에 있으면 반드시 승리합니다. 믿으시기 바라며 누리시기 바랍니다. 할렐루야-아멘 오직 예수그리스도.

14과

◆ 요 7장 37-53절

생수의 강이 흘러나리라

목마른 나그네에게 시원한 생수보다 고마움이 어디에 있겠습니까?(잠 25:25)

(잠 25:25) 먼 땅에서 오는 좋은 기별은 목마른 사람에게 냉수와 같으니라

인생의 삶의 현실에는 갈증이 많이 있습니다(행 4:12, 골 2:8, 사 64:40). 그러나 진정한 해결은 오직 예수님 안에서만이 시원스럽고 확실하게 해결해줍니다(요 5:24, 14:6, 마 11:25, 28-30).

(행 4:12) 다른 이로써는 구원을 받을 수 없나니 천하 사람 중에 구원을 받을 만한 다른 이름을 우리에게 주신 일이 없음이라 하였더라

(골 2:8) 누가 철학과 헛된 속임수로 너희를 사로잡을까 주의하라 이것은 사람의 전통과 세상의 초등학문을 따름이요 그리스도를 따름이 아니니라

(요 5:24) 내가 진실로 진실로 너희에게 이르노니 내 말을 듣고 또 나 보내신 이를 믿는 자는 영생을 얻었고 심판에 이르지 아니하나니 사망에서 생명으로 옮겼느니라

(요 14:6) 예수께서 이르시되 내가 곧 길이요 진리요 생명이니 나로 말미암지 않고는 아버지께로 올 자가 없느니라

(마 11:25) 그 때에 예수께서 대답하여 이르시되 천지의 주재이신 아버지여 이것을 지혜롭고 슬기 있는 자들에게는 숨기시고 어린 아이들에게는 나타내심을 감사하나이다

(마 11:28-30) 수고하고 무거운 짐 진 자들아 다 내게로 오라 내가 너희를 쉬게 하리라 나는 마음이 온유하고 겸손하니 나의 멍에를 메고 내게 배우라 그리하면 너희 마음이 쉼을 얻으리니 이는 내 멍에는 쉽고 내 짐은 가벼움이라 하시니라

'명절 끝 날에 예수께서 나를 믿는 자는 배에서 생수의 강이 흘러나리라'고 말씀하셨습니다.

① 배 – 양심 혹은 전인격을 말합니다.

② 신자의 배 – 예수님 안에서 목마름이 해결된 자(예수 영접한 자)

③ 생수 – 오직 예수님에 대한 상징(4:10-17, 7:37)

(요 4:10-17) 예수께서 대답하여 이르시되 네가 만일 하나님의 선물과 또 네게 물 좀 달라 하는 이가 누구인 줄 알았더라면 네가 그에게 구하였을 것이요 그가 생수를 네게 주었으리라 여자가 이르되 주여 물 길을 그릇도 없고 이 우물은 깊은데 어디서 당신이 그 생수를 얻겠사옵나이까 우리 조상 야곱이 이 우물을 우리에게 주셨고 또 여기서 자기와 자기 아들들과 짐승이 다 마셨는데 당신이 야곱보다 더 크니이까 예수께서 대답하여 이르시되 이 물을 마시는 자마다 다시 목마르려니와 내가 주는 물을 마시는 자는 영원히 목마르지 아니하리니 내가 주는 물은 그 속에서 영생하도록 솟아나는 샘물이 되리라 여자가 이르되 주여 그런 물을 내게 주사 목마르지도 않고 또 여기 물 길으러 오지도 않게 하옵소서 이르시되 가서 네 남편을 불러 오라 여자가 대답하여 이르되 나는 남편이 없나이다 예수께서 이르시되 네

가 남편이 없다 하는 말이 옳도다

④ 생수의 강 – 성령충만한 삶을 의미합니다(겔 47:1-12)

(겔 47:1-12) 그가 나를 데리고 성전 문에 이르시니 성전의 앞면이 동쪽을 향하였는데 그 문지방 밑에서 물이 나와 동쪽으로 흐르다가 성전 오른쪽 제단 남쪽으로 흘러 내리더라 그가 또 나를 데리고 북문으로 나가서 바깥 길로 꺾여 동쪽을 향한 바깥 문에 이르시기로 본즉 물이 그 오른쪽에서 스며 나오더라 그 사람이 손에 줄을 잡고 동쪽으로 나아가며 천 척을 측량한 후에 내게 그 물을 건너게 하시니 물이 발목에 오르더니 다시 천 척을 측량하고 내게 물을 건너게 하시니 물이 무릎에 오르고 다시 천 척을 측량하고 내게 물을 건너게 하시니 물이 허리에 오르고 다시 천 척을 측량하시니 물이 내가 건너지 못할 강이 된지라 그 물이 가득하여 헤엄칠 만한 물이요 사람이 능히 건너지 못할 강이더라 그가 내게 이르시되 인자야 네가 이것을 보았느냐 하시고 나를 인도하여 강 가로 돌아가게 하시기로 내가 돌아가니 강 좌우편에 나무가 심히 많더라 그가 내게 이르시되 이 물이 동쪽으로 향하여 흘러 아라바로 내려가서 바다에 이르리니 이 흘러 내리는 물로 그 바다의 물이 되살아나리라 이 강물이 이르는 곳마다 번성하는 모든 생물이 살고 또 고기가 심히 많으리니 이 물이 흘러 들어가므로 바닷물이 되살아나겠고 이 강이 이르는 각처에 모든 것이 살 것이며 또 이 강 가에 어부가 설 것이니 엔게디에서부터 에네글라임까지 그물 치는 곳이 될 것이라 그 고기가 각기 종류를 따라 큰 바다의 고기 같이 심히 많으려니와 그 진펄과 개펄은 되살아나지 못하고 소금 땅이 될 것이며 강 좌우 가에는 각종 먹을 과실나무가 자라서 그 잎이 시들지 아니하며 열매가 끊이지 아니하고 달마다 새 열매를 맺으리니 그 물

이 성소를 통하여 나옴이라 그 열매는 먹을 만하고 그 잎사귀는 약 재료가 되리라

Ⅰ. 생수의 강의 발원지(37-39)

(요 7:37-39) 명절 끝날 곧 큰 날에 예수께서 서서 외쳐 이르시되 누구든지 목마르거든 내게로 와서 마시라 나를 믿는 자는 성경에 이름과 같이 그 배에서 생수의 강이 흘러나오리라 하시니 이는 그를 믿는 자들이 받을 성령을 가리켜 말씀하신 것이라 (예수께서 아직 영광을 받지 않으셨으므로 성령이 아직 그들에게 계시지 아니하시더라)

1. 하나님과 어린 양의 보좌로부터 길 가운데로 흘러 강 좌우에 생명나무가 있어 열두 과실을 맺히되 달마다 실과를 맺히고 그 잎사귀는 만국을 소성하기 위하여 있더라(계 22:1-12)

(계 22:1-12) 또 그가 수정 같이 맑은 생명수의 강을 내게 보이니 하나님과 및 어린 양의 보좌로부터 나와서 길 가운데로 흐르더라 강 좌우에 생명나무가 있어 열두 가지 열매를 맺되 달마다 그 열매를 맺고 그 나무 잎사귀들은 만국을 치료하기 위하여 있더라 다시 저주가 없으며 하나님과 그 어린 양의 보좌가 그 가운데에 있으리니 그의 종들이 그를 섬기며 그의 얼굴을 볼 터이요 그의 이름도 그들의 이마에 있으리라 다시 밤이 없겠고 등불과 햇빛이 쓸 데 없으니 이는 주 하나님이 그들에게 비치심이라 그들이 세세토록 왕 노릇 하리로다 또 그가 내게 말하기를 이 말은 신실하고 참된지라 주 곧 선지자들의 영의 하나님이 그의 종들

에게 반드시 속히 되어질 일을 보이시려고 그의 천사를 보내셨도다 보라 내가 속히 오리니 이 두루마리의 예언의 말씀을 지키는 자는 복이 있으리라 하더라 이것들을 보고 들은 자는 나 요한이니 내가 듣고 볼 때에 이 일을 내게 보이던 천사의 발 앞에 경배하려고 엎드렸더니 그가 내게 말하기를 나는 너와 네 형제 선지자들과 또 이 두루마리의 말을 지키는 자들과 함께 된 종이니 그리하지 말고 하나님께 경배하라 하더라 또 내게 말하되 이 두루마리의 예언의 말씀을 인봉하지 말라 때가 가까우니라 불의를 행하는 자는 그대로 불의를 행하고 더러운 자는 그대로 더럽고 의로운 자는 그대로 의를 행하고 거룩한 자는 그대로 거룩하게 하라 보라 내가 속히 오리니 내가 줄 상이 내게 있어 각 사람에게 그가 행한 대로 갚아 주리라

2. 성전 문에서 흘러넘침(겔 47:1-12)

(겔 47:1-12) 그가 나를 데리고 성전 문에 이르시니 성전의 앞면이 동쪽을 향하였는데 그 문지방 밑에서 물이 나와 동쪽으로 흐르다가 성전 오른쪽 제단 남쪽으로 흘러 내리더라 그가 또 나를 데리고 북문으로 나가서 바깥 길로 꺾여 동쪽을 향한 바깥 문에 이르시기로 본즉 물이 그 오른쪽에서 스며 나오더라 그 사람이 손에 줄을 잡고 동쪽으로 나아가며 천 척을 측량한 후에 내게 그 물을 건너게 하시니 물이 발목에 오르더니 다시 천 척을 측량하고 내게 물을 건너게 하시니 물이 무릎에 오르고 다시 천 척을 측량하고 내게 물을 건너게 하시니 물이 허리에 오르고 다시 천 척을 측량하시니 물이 내가 건너지 못할 강이 된지라 그 물이 가득하여 헤엄칠 만한 물이요 사람이 능히 건너지 못할 강이더라 그가 내게 이르시되 인자야 네가 이것을 보았느냐 하

시고 나를 인도하여 강 가로 돌아가게 하시기로 내가 돌아가니 강 좌우편에 나무가 심히 많더라 그가 내게 이르시되 이 물이 동쪽으로 향하여 흘러 아라바로 내려가서 바다에 이르리니 이 흘러 내리는 물로 그 바다의 물이 되살아나리라 이 강물이 이르는 곳마다 번성하는 모든 생물이 살고 또 고기가 심히 많으리니 이 물이 흘러 들어가므로 바닷물이 되살아나겠고 이 강이 이르는 각처에 모든 것이 살 것이며 또 이 강 가에 어부가 설 것이니 엔게디에서부터 에네글라임까지 그물 치는 곳이 될 것이라 그 고기가 각기 종류를 따라 큰 바다의 고기 같이 심히 많으려니와 그 진펄과 개펄은 되살아나지 못하고 소금 땅이 될 것이며 강 좌우 가에는 각종 먹을 과실나무가 자라서 그 잎이 시들지 아니하며 열매가 끊이지 아니하고 달마다 새 열매를 맺으리니 그 물이 성소를 통하여 나옴이라 그 열매는 먹을 만하고 그 잎사귀는 약 재료가 되리라

① 발목
② 무릎
③ 허리
④ 창일
⑤ 소성함
⑥ 심히 많은 고기와
⑦ 풍성한 열매
⑧ 풍요로운 영적 승리의 삶

※ 영적 회복과 점차적으로 확장하는 것은 예수님이 생명의 복음, 세계복음화 상징, 풍요로운 영적 승리의 삶

3. 메시아를 믿는 성도의 마음속(38, 5:24, 마 16:16-19, 28:18-20)

(요 7:38) 나를 믿는 자는 성경에 이름과 같이 그 배에서 생수의 강이 흘러나오리라 하시니

(요 5:24) 내가 진실로 진실로 너희에게 이르노니 내 말을 듣고 또 나 보내신 이를 믿는 자는 영생을 얻었고 심판에 이르지 아니하나니 사망에서 생명으로 옮겼느니라

(마 16:16-19) 시몬 베드로가 대답하여 이르되 주는 그리스도시요 살아 계신 하나님의 아들이시니이다 예수께서 대답하여 이르시되 바요나 시몬아 네가 복이 있도다 이를 네게 알게 한 이는 혈육이 아니요 하늘에 계신 내 아버지시니라 또 내가 네게 이르노니 너는 베드로라 내가 이 반석 위에 내 교회를 세우리니 음부의 권세가 이기지 못하리라 내가 천국 열쇠를 네게 주리니 네가 땅에서 무엇이든지 매면 하늘에서도 매일 것이요 네가 땅에서 무엇이든지 풀면 하늘에서도 풀리리라 하시고

(마 28:18-20) 예수께서 나아와 말씀하여 이르시되 하늘과 땅의 모든 권세를 내게 주셨으니 그러므로 너희는 가서 모든 민족을 제자로 삼아 아버지와 아들과 성령의 이름으로 침례를 베풀고 내가 너희에게 분부한 모든 것을 가르쳐 지키게 하라 볼지어다 내가 세상 끝날까지 너희와 항상 함께 있으리라 하시니라

※ 생수의 특징

① 주의 전 어린 양 보좌
② 극히 풍부함
③ 생명 소성시킴
④ 열매를 맺게 함과 풍부함

⑤ 수정 같이 맑음(계 22:1-2, 겔 47:1-12)

(계 22:1-2) 또 그가 수정 같이 맑은 생명수의 강을 내게 보이니 하나님과 및 어린 양의 보좌로부터 나와서 길 가운데로 흐르더라 강 좌우에 생명나무가 있어 열두 가지 열매를 맺되 달마다 그 열매를 맺고 그 나무 잎사귀들은 만국을 치료하기 위하여 있더라

(겔 47:1-17) 그가 나를 데리고 성전 문에 이르시니 성전의 앞면이 동쪽을 향하였는데 그 문지방 밑에서 물이 나와 동쪽으로 흐르다가 성전 오른쪽 제단 남쪽으로 흘러 내리더라 그가 또 나를 데리고 북문으로 나가서 바깥 길로 꺾여 동쪽을 향한 바깥 문에 이르시기로 본즉 물이 그 오른쪽에서 스며 나오더라 그 사람이 손에 줄을 잡고 동쪽으로 나아가며 천 척을 측량한 후에 내게 그 물을 건너게 하시니 물이 발목에 오르더니 다시 천 척을 측량하고 내게 물을 건너게 하시니 물이 무릎에 오르고 다시 천 척을 측량하고 내게 물을 건너게 하시니 물이 허리에 오르고 다시 천 척을 측량하시니 물이 내가 건너지 못할 강이 된지라 그 물이 가득하여 헤엄칠 만한 물이요 사람이 능히 건너지 못할 강이더라 그가 내게 이르시되 인자야 네가 이것을 보았느냐 하시고 나를 인도하여 강 가로 돌아가게 하시기로 내가 돌아가니 강 좌우편에 나무가 심히 많더라 그가 내게 이르시되 이

물이 동쪽으로 향하여 흘러 아라바로 내려가서 바다에 이르니 이 흘러 내리는 물로 그 바다의 물이 되살아나리라 이 강물이 이르는 곳마다 번성하는 모든 생물이 살고 또 고기가 심히 많으리니 이 물이 흘러 들어가므로 바닷물이 되살아나겠고 이 강이 이르는 각처에 모든 것이 살 것이며 또 이 강 가에 어부가 설 것이니 엔게디에서부터 에네글라임까지 그물 치는 곳이 될 것이라 그 고기가 각기 종류를 따라 큰 바다의 고기 같이 심히 많으려니와 그 진펄과 개펄은 되살아나지 못하고 소금 땅이 될 것이며 강 좌우 가에는 각종 먹을 과실나무가 자라서 그 잎이 시들지 아니하며 열매가 끊이지 아니하고 달마다 새 열매를 맺으리니 그 물이 성소를 통하여 나옴이라 그 열매는 먹을 만하고 그 잎사귀는 약 재료가 되리라 주 여호와께서 이같이 말씀하셨느니라 너희는 이 경계선대로 이스라엘 열두 지파에게 이 땅을 나누어 기업이 되게 하되 요셉에게는 두 몫이니라 내가 옛적에 내 손을 들어 맹세하여 이 땅을 너희 조상들에게 주겠다고 하였나니 너희는 공평하게 나누어 기업을 삼으라 이 땅이 너희의 기업이 되리라 이 땅 경계선은 이러하니라 북쪽은 대해에서 헤들론 길을 거쳐 스닷 어귀까지니 곧 하맛과 브로다며 다메섹 경계선과 하맛 경계선 사이에 있는 시브라임과 하우란 경계선 곁에 있는 하셀핫디곤이라 그 경계선이 바닷가에서부터 다메섹 경계선에 있는 하살에논까지요 그 경계선이 또 북쪽 끝에 있는 하맛 경계선에 이르렀나니 이는 그 북쪽이요

⑥ 변함없음(슥 14:8)

(슥 14:8) 그 날에 생수가 예루살렘에서 솟아나서 절반은 동해로, 절반은 서해로 흐를 것이라 여름에도 겨울에도 그러하리라

⑦ 영원히 마르지 않음(요 7:7 참조)

(요 7:7) 세상이 너희를 미워하지 아니하되 나를 미워하나 니 이는 내가 세상의 일들을 악하다고 증언함이라

4. 므리바에서 터져 나온 생수(출 17:1-7, 고전 10:4, 사 12:3)

(출 17:1-7) 이스라엘 자손의 온 회중이 여호와의 명령대로 신 광야에서 떠나 그 노정대로 행하여 르비딤에 장막을 쳤 으나 백성이 마실 물이 없는지라 백성이 모세와 다투어 이 르되 우리에게 물을 주어 마시게 하라 모세가 그들에게 이 르되 너희가 어찌하여 나와 다투느냐 너희가 어찌하여 여 호와를 시험하느냐 거기서 백성이 목이 말라 물을 찾으매 그들이 모세에게 대하여 원망하여 이르되 당신이 어찌하 여 우리를 애굽에서 인도해 내어서 우리와 우리 자녀와 우 리 가축이 목말라 죽게 하느냐 모세가 여호와께 부르짖어 이르되 내가 이 백성에게 어떻게 하리이까 그들이 조금 있 으면 내게 돌을 던지겠나이다 여호와께서 모세에게 이르 시되 백성 앞을 지나서 이스라엘 장로들을 데리고 나일 강 을 치던 네 지팡이를 손에 잡고 가라 내가 호렙 산에 있는 그 반석 위 거기서 네 앞에 서리니 너는 그 반석을 치라 그 것에서 물이 나오리니 백성이 마시리라 모세가 이스라엘 장로들의 목전에서 그대로 행하니라 그가 그 곳 이름을 맛 사 또는 므리바라 불렀으니 이는 이스라엘 자손이 다투었 음이요 또는 그들이 여호와를 시험하여 이르기를 여호와께 서 우리 중에 계신가 안 계신가 하였음이더라

(고전 10:4) 다 같은 신령한 음료를 마셨으니 이는 그들을

따르는 신령한 반석으로부터 마셨으매 그 반석은 곧 그리스도시라

(사 12:3) 그러므로 너희가 기쁨으로 구원의 우물들에서 물을 길으리로다

혹은 맛사(시험하다) 므리바(다투다) 반석의 생수는 오직 예수님(고전 10:4)이며, 예수의 생수는 성령 충만함이요, 완전히 갈증을 해소합니다.

5. 예수님은 영원한 생수의 근원이요(요 4:10-14) 하나님의 본체요(빌 2:6) 성령의 전이라(고전 3:16) 예수님께서 십자가에 죽으시고 부활하시고 승천하실 때 영광스럽고, 생명의 구원을 완성하시고 보혜사 성령은 승천하신 후 임하셨습니다(행 2:1-10).

(요 4:10-14) 예수께서 대답하여 이르시되 네가 만일 하나님의 선물과 또 네게 물 좀 달라 하는 이가 누구인 줄 알았더라면 네가 그에게 구하였을 것이요 그가 생수를 네게 주었으리라 여자가 이르되 주여 물 길을 그릇도 없고 이 우물은 깊은데 어디서 당신이 그 생수를 얻겠사옵나이까 우리 조상 야곱이 이 우물을 우리에게 주셨고 또 여기서 자기와 자기 아들들과 짐승이 다 마셨는데 당신이 야곱보다 더 크니이까 예수께서 대답하여 이르시되 이 물을 마시는 자마다 다시 목마르려니와 내가 주는 물을 마시는 자는 영원히 목마르지 아니하리니 내가 주는 물은 그 속에서 영생하도록 솟아나는 샘물이 되리라

(빌 2:6) 그는 근본 하나님의 본체시나 하나님과 동등됨을

취할 것으로 여기지 아니하시고

(고전 3:16) 너희는 너희가 하나님의 성전인 것과 하나님의 성령이 너희 안에 계시는 것을 알지 못하느냐

(행 2:1-10) 오순절 날이 이미 이르매 그들이 다같이 한 곳에 모였더니 홀연히 하늘로부터 급하고 강한 바람 같은 소리가 있어 그들이 앉은 온 집에 가득하며 마치 불의 혀처럼 갈라지는 것들이 그들에게 보여 각 사람 위에 하나씩 임하여 있더니 그들이 다 성령의 충만함을 받고 성령이 말하게 하심을 따라 다른 언어들로 말하기를 시작하니라 그 때에 경건한 유대인들이 천하 각국으로부터 와서 예루살렘에 머물러 있더니 이 소리가 나매 큰 무리가 모여 각각 자기의 방언으로 제자들이 말하는 것을 듣고 소동하여 다 놀라 신기하게 여겨 이르되 보라 이 말하는 사람들이 다 갈릴리 사람이 아니냐 우리가 우리 각 사람이 난 곳 방언으로 듣게 되는 것이 어찌 됨이냐 우리는 바대인과 메대인과 엘람인과 또 메소보다미아, 유대와 갑바도기아, 본도와 아시아, 브루기아와 밤빌리아, 애굽과 및 구레네에 가까운 리비야 여러 지방에 사는 사람들과 로마로부터 온 나그네 곧 유대인과 유대교에 들어온 사람들과

II. 영적 생수를 경험하지 못한 자의 오해 (40-44)

만사의 때가 있고 하나님의 계획과 섭리가 있습니다. 이것을 믿는 것이 약속신앙이요, 성령 충만함의 증거입니다.

① 믿는 사람도 있고(40)

(요 7:40) 이 말씀을 들은 무리 중에서 어떤 사람은 이 사람이 참으로 그 선지자라 하며

② 오해하는 자도 있고(41-43)

(요 7:41-43) 어떤 사람은 그리스도라 하며 어떤 이들은 그리스도가 어찌 갈릴리에서 나오겠느냐 성경에 이르기를 그리스도는 다윗의 씨로 또 다윗이 살던 마을 베들레헴에서 나오리라 하지 아니하였느냐 하며 예수로 말미암아 무리 중에서 쟁론이 되니

③ 죽이려고 합니다(44).

(요 7:44) 그 중에는 그를 잡고자 하는 자들도 있으나 손을 대는 자가 없었더라

III. 지도자들의 논란(45-53)

1. 지도층들은 잡아오지 않았다고 질책합니다(45-49).

1) 하속들이 잡아오지 못함은 하나님의 계획된 때가 되지 않았음(45-47)

(요 7:45-47) 아랫사람들이 대제사장들과 바리새인들에게로 오니 그들이 묻되 어찌하여 잡아오지 아니하였느냐 아랫사람들이 대답하되 그 사람이 말하는 것처럼 말한 사람은 이 때까지 없었나이다 하니 바리새인들이 대답하되 너

희도 미혹되었느냐

2) 그 이유는 믿음이 없기 때문입니다(48).

(요 7:48) 당국자들이나 바리새인 중에 그를 믿는 자가 있느냐

3) 율법을 알지 못하는 자는 저주받는다는 편견이 있었습니다(49).

(요 7:49) 율법을 알지 못하는 이 무리는 저주를 받은 자로다

① 그릇된 판단으로
② 당을 짓는 것이 되고
③ 기득권을 이용한 악영향을 주는 나쁜 행동이었습니다.

2. 진정한 지도자 니고데모(50-52)

(요 7:50-52) 그 중의 한 사람 곧 전에 예수께 왔던 니고데모가 그들에게 말하되 우리 율법은 사람의 말을 듣고 그 행한 것을 알기 전에 심판하느냐 그들이 대답하여 이르되 너도 갈릴리에서 왔느냐 찾아 보라 갈릴리에서는 선지자가 나지 못하느니라 하였더라

율법의 그릇된 판결에 반박하여 그리스도의 진정한 변론자가 된 것을 보면, 신앙으로 깨어난 성숙한 모습은 예수님을 만나 본 자의 진취적 신앙적 방향입니다.

① 거듭나지 아니하면 진리를 전혀 모름(3:3)

(요 3:3) 예수께서 대답하여 이르시되 진실로 진실로 네게 이르노니 사람이 거듭나지 아니하면 하나님의 나라를 볼 수 없느니라

② 주 예수님의 변호자가 될(7:50)

(요 7:50) 그 중의 한 사람 곧 전에 예수께 왔던 니고데모가 그들에게 말하되

③ 장사를 위한 예비된 준비의 사람(19:39)

(요 19:39) 일찍 예수께 밤에 나아왔던 니고데모도 몰약과 침향 섞은 것을 백 근쯤 가지고 온지라

결론

맹목적 신앙이 아니라 편견의 그릇된 율법적 맹종자보다 생명이신 예수님 안에서 약속 믿고 하나님의 때를 기다리는 축복된 성도의 삶이 되며, 생명수가 흘러넘치는 성령충만한 승리적 교회가 되기를 간절히 축복합니다. 할렐루야-아멘 오직 예수그리스도.

15과

◆ 요 8장 1-30절

죄 없는 자가 돌로 치라

서기관과 바리새인들이 간음한 여인을 현장에서 잡아 끌고 예수께 나와서 '모세의 율법은 돌로 치라 명하는데 어떻게 처리하겠습니까' 라고 하며 예수님을 시험할 때 '죄 없는 자가 돌로 치라'고 땅에 쓰시니 모두다 도망갔습니다. 인간은 모두가 죄인입니다(롬 3:10, 23). 당당하게 나서서 돌팔매질 할 인간은 아무도 없습니다(사 64:6-7).

(롬 3:10) 기록된 바 의인은 없나니 하나도 없으며

(롬 3:23) 모든 사람이 죄를 범하였으매 하나님의 영광에 이르지 못하더니

(사 64:6-7) 무릇 우리는 다 부정한 자 같아서 우리의 의는 다 더러운 옷 같으며 우리는 다 잎사귀 같이 시들므로 우리의 죄악이 바람 같이 우리를 몰아가나이다 주의 이름을 부르는 자가 없으며 스스로 분발하여 주를 붙잡는 자가 없사오니 이는 주께서 우리에게 얼굴을 숨기시며 우리의 죄악으로 말미암아 우리가 소멸되게 하셨음이니이다

Ⅰ. 간음한 여인에 대한 예수님의 용서(1-11)

1. 서기관과 바리새인의 생각

1) 예수님을 잡기 위한 올무(6)

(요 8:6) 그들이 이렇게 말함은 고발할 조건을 얻고자 하여 예수를 시험함이러라 예수께서 몸을 굽히사 손가락으

로 땅에 쓰시니

2) 올무의 실체

- 돌로 쳐라 : 정치범, 잔인한 자로 매도할 목적이었습니다.

- 놓아 주어라 : 율법의 파기자로 몰아세워 궁지로 몰아넣고 죽이려는 의도가 깔려 있었습니다.

2. 예수님의 처방

- 묵인이 아닌 용서받게 하셨습니다(7).

(요 8:7) 그들이 묻기를 마지 아니하는지라 이에 일어나 이르시되 너희 중에 죄 없는 자가 먼저 돌로 치라 하시고

- 율법의 파기가 아니라 완성하는데 초점이 있습니다(8).

(요 8:8) 다시 몸을 굽혀 손가락으로 땅에 쓰시니

- 죄인을 구원할 목적이었습니다(9).

(요 8:9) 그들이 이 말씀을 듣고 양심에 가책을 느껴 어른으로 시작하여 젊은이까지 하나씩 하나씩 나가고 오직 예수와 그 가운데 섰는 여자만 남았더라

- 죄에서 해방 받으라는 뜻이었습니다(롬 8:2).

(롬 8:2) 이는 그리스도 예수 안에 있는 생명의 성령의 법이 죄와 사망의 법에서 너를 해방하였음이라

3. 교훈

- 인간은 모두가 죄인이다(롬 3:10, 23, 엡 2:1-3, 요 3:16, 5:24, 14:6).

(롬 3:10) 기록된 바 의인은 없나니 하나도 없으며

(롬 3:23) 모든 사람이 죄를 범하였으매 하나님의 영광에 이르지 못하더니

(엡 2:1-3) 그는 허물과 죄로 죽었던 너희를 살리셨도다 그 때에 너희는 그 가운데서 행하여 이 세상 풍조를 따르고 공중의 권세 잡은 자를 따랐으니 곧 지금 불순종의 아들들 가운데서 역사하는 영이라 전에는 우리도 다 그 가운데서 우리 육체의 욕심을 따라 지내며 육체와 마음의 원하는 것을 하여 다른 이들과 같이 본질상 진노의 자녀이었더니

(요 3:16) 하나님이 세상을 이처럼 사랑하사 독생자를 주셨으니 이는 그를 믿는 자마다 멸망하지 않고 영생을 얻게 하려 하심이라

(요 5:24) 내가 진실로 진실로 너희에게 이르노니 내 말을 듣고 또 나 보내신 이를 믿는 자는 영생을 얻었고 심판에 이르지 아니하나니 사망에서 생명으로 옮겼느니라

(요 14:6) 예수께서 이르시되 내가 곧 길이요 진리요 생명이니 나로 말미암지 않고는 아버지께로 올 자가 없느니라

– 솔직하지 못한 자는 용서받지 못하고 자기 죄를 자백하면 용서 받습니다(9, 요일 1:9).

(요 8:9) 그들이 이 말씀을 듣고 양심에 가책을 느껴 어른으로 시작하여 젊은이까지 하나씩 하나씩 나가고 오직 예수와 그 가운데 섰는 여자만 남았더라

(요일 1:9) 만일 우리가 우리 죄를 자백하면 그는 미쁘시고 의로우사 우리 죄를 사하시며 우리를 모든 불의에서 깨끗하게 하실 것이요

– 계속해서 죄를 범해서는 안됩니다. 오직 예수님의 이름으로 해결합시다(요일 3:8, 엡 2:5-8).

(요일 3:8) 죄를 짓는 자는 마귀에게 속하나니 마귀는 처음부터 범죄함이라 하나님의 아들이 나타나신 것은 마귀의 일을 멸하려 하심이라

(엡 2:5-8) 허물로 죽은 우리를 그리스도와 함께 살리셨고 (너희는 은혜로 구원을 받은 것이라) 또 함께 일으키사 그리스도 예수 안에서 함께 하늘에 앉히시니 이는 그리스도 예수 안에서 우리에게 자비하심으로써 그 은혜의 지극히 풍성함을 오는 여러 세대에 나타내려 하심이라 너희는 그 은혜에 의하여 믿음으로 말미암아 구원을 받았으니 이것은 너희에게서 난 것이 아니요 하나님의 선물이라

II. 세상에 빛 되신 예수님(12-20)

예수님은 어둠을 밝히는 참 빛이십니다(1:1-10, 요일 1장)

(요 1:1-10) 태초에 말씀이 계시니라 이 말씀이 하나님과 함께 계셨으니 이 말씀은 곧 하나님이시니라 그가 태초에 하나님과 함께 계셨고 만물이 그로 말미암아 지은 바 되었으니 지은 것이 하나도 그가 없이는 된 것이 없느니라 그 안에 생명이 있었으니 이 생명은 사람들의 빛이라 빛이 어둠에 비치되 어둠이 깨닫지 못하더라 하나님께로부터 보내심을 받은 사람이 있으니 그의 이름은 요한이라 그가 증언하러 왔으니 곧 빛에 대하여 증언하고 모든 사람이 자기로 말미암아 믿게 하려 함이라 그는 이 빛이 아니요 이 빛에 대하여 증언하러 온 자라 참 빛 곧 세상에 와서 각 사람에게 비추는 빛이 있었나니 그가 세상에 계셨으며 세상은 그로 말미암아 지은 바 되었으되 세상이 그를 알지 못하였고

지금까지 요한복음에서는 빛 되신 예수님을 강조합니다. 1장 생명의 빛, 2장 성전 정화, 3장 육으로 난 자와 성령으로 난 자, 4장 수가성 여인, 5장 베데스다 못가의 병자, 6장 생명의 떡, 7장 성령의 생수의 강.

예수님을 구주로 영접한 자는 어둠에 속하지 아니하고 생명의 빛을 받아 영적 생명력있는 삶을 삽니다(요 1:1-14, 요일 1:5-7, 엡 2:2-3, 6:12).

(요 1:1-14) 태초에 말씀이 계시니라 이 말씀이 하나님과 함께 계셨으니 이 말씀은 곧 하나님이시니라 그가 태초에

하나님과 함께 계셨고 만물이 그로 말미암아 지은 바 되었으니 지은 것이 하나도 그가 없이는 된 것이 없느니라 그 안에 생명이 있었으니 이 생명은 사람들의 빛이라 빛이 어둠에 비치되 어둠이 깨닫지 못하더라 하나님께로부터 보내심을 받은 사람이 있으니 그의 이름은 요한이라 그가 증언하러 왔으니 곧 빛에 대하여 증언하고 모든 사람이 자기로 말미암아 믿게 하려 함이라 그는 이 빛이 아니요 이 빛에 대하여 증언하러 온 자라 참 빛 곧 세상에 와서 각 사람에게 비추는 빛이 있었나니 그가 세상에 계셨으며 세상은 그로 말미암아 지은 바 되었으되 세상이 그를 알지 못하였고 자기 땅에 오매 자기 백성이 영접하지 아니하였으나 영접하는 자 곧 그 이름을 믿는 자들에게는 하나님의 자녀가 되는 권세를 주셨으니 이는 혈통으로나 육정으로나 사람의 뜻으로 나지 아니하고 오직 하나님께로부터 난 자들이니라 말씀이 육신이 되어 우리 가운데 거하시매 우리가 그의 영광을 보니 아버지의 독생자의 영광이요 은혜와 진리가 충만하더라

(요일 1:5-7) 우리가 그에게서 듣고 너희에게 전하는 소식은 이것이니 곧 하나님은 빛이시라 그에게는 어둠이 조금도 없으시다는 것이라 만일 우리가 하나님과 사귐이 있다 하고 어둠에 행하면 거짓말을 하고 진리를 행하지 아니함이거니와 그가 빛 가운데 계신 것 같이 우리도 빛 가운데 행하면 우리가 서로 사귐이 있고 그 아들 예수의 피가 우리를 모든 죄에서 깨끗하게 하실 것이요

(엡 2:2-3) 그 때에 너희는 그 가운데서 행하여 이 세상 풍조를 따르고 공중의 권세 잡은 자를 따랐으니 곧 지금 불순종의 아들들 가운데서 역사하는 영이라 전에는 우리도 다 그 가운데서 우리 육체의 욕심을 따라 지내며 육체와

마음의 원하는 것을 하여 다른 이들과 같이 본질상 진노의 자녀이었더니

(엡 6:12) 우리의 씨름은 혈과 육을 상대하는 것이 아니요 통치자들과 권세들과 이 어둠의 세상 주관자들과 하늘에 있는 악의 영들을 상대함이라

Ⅲ. 예수님과 하나님의 일체성(21-30)

1. 위에서 난 자와 땅에 속한 육신적 생각은 결과가 다름(21-24)

(요 8:21-24) 다시 이르시되 내가 가리니 너희가 나를 찾다가 너희 죄 가운데서 죽겠고 내가 가는 곳에는 너희가 오지 못하리라 유대인들이 이르되 그가 말하기를 내가 가는 곳에는 너희가 오지 못하리라 하니 그가 자결하려는가 예수께서 이르시되 너희는 아래에서 났고 나는 위에서 났으며 너희는 이 세상에 속하였고 나는 이 세상에 속하지 아니하였느니라 그러므로 내가 너희에게 말하기를 너희가 너희 죄 가운데서 죽으리라 하였노라 너희가 만일 내가 그인 줄 믿지 아니하면 너희 죄 가운데서 죽으리라

2. 하나님의 본 뜻을 모르는 자들은 예수님을 알지 못함(25-27)

(요 8:25-27) 그들이 말하되 네가 누구냐 예수께서 이르시되 나는 처음부터 너희에게 말하여 온 자니라 내가 너희에

게 대하여 말하고 판단할 것이 많으나 나를 보내신 이가 참되시매 내가 그에게 들은 그것을 세상에 말하노라 하시되 그들은 아버지를 가리켜 말씀하신 줄을 깨닫지 못하더라

3. 예수님이 메시아이심을 증거함(28-30)

(요 8:28-30) 이에 예수께서 이르시되 너희가 인자를 든 후에 내가 그인 줄을 알고 또 내가 스스로 아무 것도 하지 아니하고 오직 아버지께서 가르치신 대로 이런 것을 말하는 줄도 알리라 나를 보내신 이가 나와 함께 하시도다 나는 항상 그가 기뻐하시는 일을 행하므로 나를 혼자 두지 아니하셨느니라 이 말씀을 하시매 많은 사람이 믿더라

예수님은 하나님의 본체시며, 인간을 죄와 사망에서 사단에게서 자유하게 하시려고 세상의 빛으로 오셨습니다(요일 3:8, 빌 2:6, 요 1:1-4, 창 3:15).

(요일 3:8) 죄를 짓는 자는 마귀에게 속하나니 마귀는 처음부터 범죄함이라 하나님의 아들이 나타나신 것은 마귀의 일을 멸하려 하심이라

(빌 2:6) 그는 근본 하나님의 본체시나 하나님과 동등됨을 취할 것으로 여기지 아니하시고

(요 1:1-4) 태초에 말씀이 계시니라 이 말씀이 하나님과 함께 계셨으니 이 말씀은 곧 하나님이시니라 그가 태초에 하나님과 함께 계셨고 만물이 그로 말미암아 지은 바 되었으니 지은 것이 하나도 그가 없이는 된 것이 없느니라 그 안에 생명이 있었으니 이 생명은 사람들의 빛이라

(창 3:15) 내가 너로 여자와 원수가 되게 하고 네 후손도 여자의 후손과 원수가 되게 하리니 여자의 후손은 네 머리를 상하게 할 것이요 너는 그의 발꿈치를 상하게 할 것이니라 하시고

예수님은 위로부터 오신 메시아 이십니다(골 3:1-4, 약 3:15-18).

(골 3:1-4) 그러므로 너희가 그리스도와 함께 다시 살리심을 받았으면 위의 것을 찾으라 거기는 그리스도께서 하나님 우편에 앉아 계시느니라 위의 것을 생각하고 땅의 것을 생각하지 말라 이는 너희가 죽었고 너희 생명이 그리스도와 함께 하나님 안에 감추어졌음이라 우리 생명이신 그리스도께서 나타나실 그 때에 너희도 그와 함께 영광 중에 나타나리라

(약 3:15-18) 이러한 지혜는 위로부터 내려온 것이 아니요 땅 위의 것이요 정욕의 것이요 귀신의 것이니 시기와 다툼이 있는 곳에는 혼란과 모든 악한 일이 있음이라 오직 위로부터 난 지혜는 첫째 성결하고 다음에 화평하고 관용하고 양순하며 긍휼과 선한 열매가 가득하고 편견과 거짓이 없나니 화평하게 하는 자들은 화평으로 심어 의의 열매를 거두느니라

결론

율법의 본질은 생명이었습니다. 어둡고 죄악된 세상에 생명의 빛으로 영원한 새 생명의 참 길은 오직 예수님이십니다. 인간은 누구나 죄인이기에 빛도 생명도 잃

었습니다. 현장에서 잡혀온 간음한 여인에게 돌팔매질 할 수 있는 인간은 아무도 없습니다. 이것이 율법의 약점입니다. 돌에 맞아 죽을 여인을 해방시키신 분은 오직 예수님 이십니다.

사랑하는 성도 여러분, 긍휼과 자비와 사랑의 주님을 영접하고 하나님 자녀답게 예수 안에서 당당하게 누리며 사는 축복된 자유자가 되시기를 예수 이름으로 축복합니다. 할렐루야-아멘 오직 예수그리스도.

16과

◆ 요 8장 31-59절

참 자유인이 되는 길

Ⅰ. 믿는 자를 자유케 하시는 하나님(31-32)

(요 8:31-32) 그러므로 예수께서 자기를 믿은 유대인들에게 이르시되 너희가 내 말에 거하면 참으로 내 제자가 되고 진리를 알지니 진리가 너희를 자유롭게 하리라

1. 믿는 자에게 일어나는 변화

- 주님의 제자가 되고(마 16:24)

(마 16:24) 이에 예수께서 제자들에게 이르시되 누구든지 나를 따라오려거든 자기를 부인하고 자기 십자가를 지고 나를 따를 것이니라

- 진리를 알고(요 14:6)

(요 14:6) 예수께서 이르시되 내가 곧 길이요 진리요 생명이니 나로 말미암지 않고는 아버지께로 올 자가 없느니라

- 자유자가 됩시다(갈 5:1).

(갈 5:1) 그리스도께서 우리를 자유롭게 하려고 자유를 주셨으니 그러므로 굳건하게 서서 다시는 종의 멍에를 메지 말라

2. 자유케 함

- 죄와 사망에서 자유함(34, 롬 8:1-2, 갈 5:16, 22-26)

(요 8:34, 개정) 예수께서 대답하시되 진실로 진실로 너희에게 이르노니 죄를 범하는 자마다 죄의 종이라

(롬 8:1-2) 그러므로 이제 그리스도 예수 안에 있는 자에게는 결코 정죄함이 없나니 이는 그리스도 예수 안에 있는 생명의 성령의 법이 죄와 사망의 법에서 너를 해방하였음이라

(갈 5:16) 내가 이르노니 너희는 성령을 따라 행하라 그리하면 육체의 욕심을 이루지 아니하리라

(갈 5:22-26) 오직 성령의 열매는 사랑과 희락과 화평과 오래 참음과 자비와 양선과 충성과 온유와 절제니 이같은 것을 금지할 법이 없느니라 그리스도 예수의 사람들은 육체와 함께 그 정욕과 탐심을 십자가에 못 박았느니라 만일 우리가 성령으로 살면 또한 성령으로 행할지니 헛된 영광을 구하여 서로 노엽게 하거나 서로 투기하지 말지니라

- 사단에게서 자유함(44, 창 3:15, 요일 3:8, 히 2:14-15)

(요 8:44) 너희는 너희 아비 마귀에게서 났으니 너희 아비의 욕심대로 너희도 행하고자 하느니라 그는 처음부터 살인한 자요 진리가 그 속에 없으므로 진리에 서지 못하고 거짓을 말할 때마다 제 것으로 말하나니 이는 그가 거짓말쟁이요 거짓의 아비가 되었음이라

(창 3:15) 내가 너로 여자와 원수가 되게 하고 네 후손도
여자의 후손과 원수가 되게 하리니 여자의 후손은 네 머
리를 상하게 할 것이요 너는 그의 발꿈치를 상하게 할 것
이니라 하시고

(요일 3:8) 죄를 짓는 자는 마귀에게 속하나니 마귀는 처음
부터 범죄함이라 하나님의 아들이 나타나신 것은 마귀의
일을 멸하려 하심이라

(히 2:14-15) 자녀들은 혈과 육에 속하였으매 그도 또한 같
은 모양으로 혈과 육을 함께 지니심은 죽음을 통하여 죽
음의 세력을 잡은 자 곧 마귀를 멸하시며 또 죽기를 무서
워하므로 한평생 매여 종 노릇 하는 모든 자들을 놓아 주
려 하심이니

– 질병에서 자유함(마 8:17, 사 53:5-6, 약 5:15)

(마 8:17) 이는 선지자 이사야를 통하여 하신 말씀에 우리
의 연약한 것을 친히 담당하시고 병을 짊어지셨도다 함을
이루려 하심이더라

(사 53:5-6) 그가 찔림은 우리의 허물 때문이요 그가 상함
은 우리의 죄악 때문이라 그가 징계를 받으므로 우리는 평
화를 누리고 그가 채찍에 맞으므로 우리는 나음을 받았도
다 우리는 다 양 같아서 그릇 행하여 각기 제 길로 갔거늘
여호와께서는 우리 모두의 죄악을 그에게 담당시키셨도다

(약 5:15) 믿음의 기도는 병든 자를 구원하리니 주께서 그
를 일으키시리라 혹시 죄를 범하였을지라도 사하심을 받
으리라

Ⅱ. 참 자유와 진정한 아브라함 자손(33-34)

1. 육적인 아브라함의 자손에게는 신령한 자유가 없음 (33-34)

(요 8:33-34) 그들이 대답하되 우리가 아브라함의 자손이라 남의 종이 된 적이 없거늘 어찌하여 우리가 자유롭게 되리라 하느냐 예수께서 대답하시되 진실로 진실로 너희에게 이르노니 죄를 범하는 자마다 죄의 종이라

2. 참 자유는 오직 예수님 안에 거할 때 있음(35-36)

(요 8:35-36) 종은 영원히 집에 거하지 못하되 아들은 영원히 거하나니 그러므로 아들이 너희를 자유롭게 하면 너희가 참으로 자유로우리라

3. 예수님의 말씀이 있는 자에게는 영적인 아브라함의 자손(37-40, 1:2-4, 요일 5:11-12).

(요 8:37-40) 나도 너희가 아브라함의 자손인 줄 아노라 그러나 내 말이 너희 안에 있을 곳이 없으므로 나를 죽이려 하는도다 나는 내 아버지에게서 본 것을 말하고 너희는 너희 아비에게서 들은 것을 행하느니라 대답하여 이르되 우리 아버지는 아브라함이라 하니 예수께서 이르시되 너희가 아브라함의 자손이면 아브라함이 행한 일들을 할 것이거늘 지금 하나님께 들은 진리를 너희에게 말한 사람인 나를

죽이려 하는도다 아브라함은 이렇게 하지 아니하였느니라

(요 1:2-4) 그가 태초에 하나님과 함께 계셨고 만물이 그로 말미암아 지은 바 되었으니 지은 것이 하나도 그가 없이는 된 것이 없느니라 그 안에 생명이 있었으니 이 생명은 사람들의 빛이라

(요일 5:11-12) 또 증거는 이것이니 하나님이 우리에게 영생을 주신 것과 이 생명이 그의 아들 안에 있는 그것이니라 아들이 있는 자에게는 생명이 있고 하나님의 아들이 없는 자에게는 생명이 없느니라

※ 참 자유자와 진정한 아브라함의 자손은 약속의 자녀이며 예수님을 구주로 영접한 자는 하나님의 자녀가 되어 기업을 받은 자입니다(갈 4:21-31, 요 1:12, 롬 8:15-17, 벧전 2:9-10, 엡 2:19, 갈 4:6-7).

(갈 4:21-31) 내게 말하라 율법 아래에 있고자 하는 자들아 율법을 듣지 못하였느냐 기록된 바 아브라함에게 두 아들이 있으니 하나는 여종에게서, 하나는 자유 있는 여자에게서 났다 하였으며 여종에게서는 육체를 따라 났고 자유 있는 여자에게서는 약속으로 말미암았느니라 이것은 비유니 이 여자들은 두 언약이라 하나는 시내 산으로부터 종을 낳은 자니 곧 하갈이라 이 하갈은 아라비아에 있는 시내 산으로서 지금 있는 예루살렘과 같은 곳이니 그가 그 자녀들과 더불어 종 노릇 하고 오직 위에 있는 예루살렘은 자유자니 곧 우리 어머니라 기록된 바 잉태하지 못한 자여 즐거워하라 산고를 모르는 자여 소리 질러 외치라 이는 홀로 사는 자의 자녀가 남편 있는 자의 자녀보다 많음이라 하였으니 형제들아 너희는 이삭과 같이 약속의 자녀라 그러나

그 때에 육체를 따라 난 자가 성령을 따라 난 자를 박해한 것 같이 이제도 그러하도다 그러나 성경이 무엇을 말하느냐 여종과 그 아들을 내쫓으라 여종의 아들이 자유 있는 여자의 아들과 더불어 유업을 얻지 못하리라 하였느니라 그런즉 형제들아 우리는 여종의 자녀가 아니요 자유 있는 여자의 자녀니라

(요 1:12) 영접하는 자 곧 그 이름을 믿는 자들에게는 하나님의 자녀가 되는 권세를 주셨으니

(롬 8:15-17) 너희는 다시 무서워하는 종의 영을 받지 아니하고 양자의 영을 받았으므로 우리가 아빠 아버지라고 부르짖느니라 성령이 친히 우리의 영과 더불어 우리가 하나님의 자녀인 것을 증언하시나니 자녀이면 또한 상속자 곧 하나님의 상속자요 그리스도와 함께 한 상속자니 우리가 그와 함께 영광을 받기 위하여 고난도 함께 받아야 할 것이니라

(벧전 2:9-10) 그러나 너희는 택하신 족속이요 왕 같은 제사장들이요 거룩한 나라요 그의 소유가 된 백성이니 이는 너희를 어두운 데서 불러 내어 그의 기이한 빛에 들어가게 하신 이의 아름다운 덕을 선포하게 하려 하심이라 너희가 전에는 백성이 아니더니 이제는 하나님의 백성이요 전에는 긍휼을 얻지 못하였더니 이제는 긍휼을 얻은 자니라

(엡 2:19) 그러므로 이제부터 너희는 외인도 아니요 나그네도 아니요 오직 성도들과 동일한 시민이요 하나님의 권속이라

(갈 4:6-7) 너희가 아들이므로 하나님이 그 아들의 영을 우

리 마음 가운데 보내사 아빠 아버지라 부르게 하셨느니라 그러므로 네가 이 후로는 종이 아니요 아들이니 아들이면 하나님으로 말미암아 유업을 받을 자니라

III. 하나님께로 난 자와 진리가 없는 자의 차이(41-46)

1. 오신 예수님을 거절하는 것은 진리가 없기 때문(41-43)

(요 8:41-43) 너희는 너희 아비가 행한 일들을 하는도다 대답하되 우리가 음란한 데서 나지 아니하였고 아버지는 한 분뿐이시니 곧 하나님이시로다 예수께서 이르시되 하나님이 너희 아버지였으면 너희가 나를 사랑하였으리니 이는 내가 하나님께로부터 나와서 왔음이라 나는 스스로 온 것이 아니요 아버지께서 나를 보내신 것이니라 어찌하여 내 말을 깨닫지 못하느냐 이는 내 말을 들을 줄 알지 못함이로다

2. 마귀의 특성

① 세상의 아비 노릇함(41, 44), 공인받지 않은 아들은 사생자(요 14:18)

(요 8:41) 너희는 너희 아비가 행한 일들을 하는도다 대답하되 우리가 음란한 데서 나지 아니하였고 아버지는 한 분뿐이시니 곧 하나님이시로다

(요 8:44) 너희는 너희 아비 마귀에게서 났으니 너희 아비의 욕심대로 너희도 행하고자 하느니라 그는 처음부터 살인한 자요 진리가 그 속에 없으므로 진리에 서지 못하고 거짓을 말할 때마다 제 것으로 말하나니 이는 그가 거짓말쟁이요 거짓의 아비가 되었음이라

(요 14:18) 내가 너희를 고아와 같이 버려두지 아니하고 너희에게로 오리라

② 욕심(약 1:15)

(약 1:15) 욕심이 잉태한즉 죄를 낳고 죄가 장성한즉 사망을 낳느니라

③ 살인(마 5:21-25, 요 10:10, 창 4:8)

(마 5:21-25) 옛 사람에게 말한 바 살인하지 말라 누구든지 살인하면 심판을 받게 되리라 하였다는 것을 너희가 들었으나 나는 너희에게 이르노니 형제에게 노하는 자마다 심판을 받게 되고 형제를 대하여 라가라 하는 자는 공회에 잡혀가게 되고 미련한 놈이라 하는 자는 지옥 불에 들어가게 되리라 그러므로 예물을 제단에 드리려다가 거기서 네 형제에게 원망들을 만한 일이 있는 것이 생각나거든 예물을 제단 앞에 두고 먼저 가서 형제와 화목하고 그 후에 와서 예물을 드리라 너를 고발하는 자와 함께 길에 있을 때에 급히 사화하라 그 고발하는 자가 너를 재판관에게 내어 주고 재판관이 옥리에게 내어 주어 옥에 가둘까 염려하라 (요 10:10) 도둑이 오는 것은 도둑질하고 죽이고 멸망시키려는 것뿐이요 내가 온 것은 양으로 생명을 얻게 하고 더 풍성히 얻게 하려는 것이라

(창 4:8) 가인이 그의 아우 아벨에게 말하고 그들이 들에 있을 때에 가인이 그의 아우 아벨을 쳐죽이니라

④ 진리가 없고(창 3:1-6, 마 27:2)

(창 3:1-6) 그런데 뱀은 여호와 하나님이 지으신 들짐승 중에 가장 간교하니라 뱀이 여자에게 물어 이르되 하나님이 참으로 너희에게 동산 모든 나무의 열매를 먹지 말라 하시더냐 여자가 뱀에게 말하되 동산 나무의 열매를 우리가 먹을 수 있으나 동산 중앙에 있는 나무의 열매는 하나님의 말씀에 너희는 먹지도 말고 만지지도 말라 너희가 죽을까 하노라 하셨느니라 뱀이 여자에게 이르되 너희가 결코 죽지 아니하리라 너희가 그것을 먹는 날에는 너희 눈이 밝아져 하나님과 같이 되어 선악을 알 줄 하나님이 아심이니라 여자가 그 나무를 본즉 먹음직도 하고 보암직도 하고 지혜롭게 할 만큼 탐스럽기도 한 나무인지라 여자가 그 열매를 따먹고 자기와 함께 있는 남편에게도 주매 그도 먹은지라

⑤ 거짓말(행 5:3, 수 7:1, 왕하 5:22)

(행 5:3) 베드로가 이르되 아나니아야 어찌하여 사탄이 네 마음에 가득하여 네가 성령을 속이고 땅 값 얼마를 감추었느냐

(수 7:1) 이스라엘 자손들이 온전히 바친 물건으로 말미암아 범죄하였으니 이는 유다 지파 세라의 증손 삽디의 손자 갈미의 아들 아간이 온전히 바친 물건을 가졌음이라 여호와께서 이스라엘 자손들에게 진노하시니라

(왕하 5:22) 그가 이르되 평안하나이다 우리 주인께서 나

를 보내시며 말씀하시기를 지금 선지자의 제자 중에 두 청년이 에브라임 산지에서부터 내게로 왔으니 청하건대 당신은 그들에게 은 한 달란트와 옷 두 벌을 주라 하시더이다

3. 진리를 거절하는 이유

① 어둠(죄, 두려움 – 엡 6:12)

(엡 6:12) 우리의 씨름은 혈과 육을 상대하는 것이 아니요 통치자들과 권세들과 이 어둠의 세상 주관자들과 하늘에 있는 악의 영들을 상대함이라

② 가리어짐
③ 하나님 소속이 아님
④ 말씀을 떠났기 때문

Ⅳ. 예수님의 증언과 실체(47-59)

1. 하나님께 속한 자와 속하지 않은 자의 결과(47-51, 갈 5:16-22)

(요 8:47-51) 하나님께 속한 자는 하나님의 말씀을 듣나니 너희가 듣지 아니함은 하나님께 속하지 아니하였음이로다 유대인들이 대답하여 이르되 우리가 너를 사마리아 사람이라 또는 귀신이 들렸다 하는 말이 옳지 아니하냐 예수께서 대답하시되 나는 귀신 들린 것이 아니라 오직 내 아버지를 공경함이거늘 너희가 나를 무시하는도다 나는 내 영광

을 구하지 아니하나 구하고 판단하시는 이가 계시니라 진
실로 진실로 너희에게 이르노니 사람이 내 말을 지키면 영
원히 죽음을 보지 아니하리라

(갈 5:16-22) 내가 이르노니 너희는 성령을 따라 행하라 그
리하면 육체의 욕심을 이루지 아니하리라 육체의 소욕은
성령을 거스르고 성령은 육체를 거스르나니 이 둘이 서로
대적함으로 너희가 원하는 것을 하지 못하게 하려 함이니
라 너희가 만일 성령의 인도하시는 바가 되면 율법 아래에
있지 아니하리라 육체의 일은 분명하니 곧 음행과 더러운
것과 호색과 우상 숭배와 주술과 원수 맺는 것과 분쟁과 시
기와 분냄과 당 짓는 것과 분열함과 이단과 투기와 술 취함
과 방탕함과 또 그와 같은 것들이라 전에 너희에게 경계한
것 같이 경계하노니 이런 일을 하는 자들은 하나님의 나라
를 유업으로 받지 못할 것이요 오직 성령의 열매는 사랑과
희락과 화평과 오래 참음과 자비와 양선과 충성과

1) 하나님께 속한 자의 분별법(47, 1:1-4, 요일 5:11-
12)

(요 8:47) 하나님께 속한 자는 하나님의 말씀을 듣나니 너
희가 듣지 아니함은 하나님께 속하지 아니하였음이로다

(요 1:1-4) 태초에 말씀이 계시니라 이 말씀이 하나님과 함
께 계셨으니 이 말씀은 곧 하나님이시니라 그가 태초에 하
나님과 함께 계셨고 만물이 그로 말미암아 지은 바 되었으
니 지은 것이 하나도 그가 없이는 된 것이 없느니라 그 안에
생명이 있었으니 이 생명은 사람들의 빛이라

(요일 5:11-12) 또 증거는 이것이니 하나님이 우리에게 영

생을 주신 것과 이 생명이 그의 아들 안에 있는 그것이니라 아들이 있는 자에게는 생명이 있고 하나님의 아들이 없는 자에게는 생명이 없느니라

2) 예수님을

① 사마리안 취급과
② 귀신들린 자로 매도함(48)

(요 8:48) 유대인들이 대답하여 이르되 우리가 너를 사마리아 사람이라 또는 귀신이 들렸다 하는 말이 옳지 아니하냐

3) 예수님은

① 무시를 받으며
② 영광을 구하지 않고
③ 말씀의 생명력을 전달하심(49-51)

2. 유대인의 조상들은 아는데 하나님을 모신 예수님을 모름(52-57)

① 아브라함보다 크신 예수님을 모르고 분개함(52-53)

(요 8:52-53) 유대인들이 이르되 지금 네가 귀신 들린 줄을 아노라 아브라함과 선지자들도 죽었거늘 네 말은 사람이 내 말을 지키면 영원히 죽음을 맛보지 아니하리라 하니 너는 이미 죽은 우리 조상 아브라함보다 크냐 또 선지자들도 죽었거늘 너는 너를 누구라 하느냐

② 유대인의 주장과 예수님을 경험한 말씀 전파 차이(54-55)

(요 8:54-55) 예수께서 대답하시되 내가 내게 영광을 돌리면 내 영광이 아무 것도 아니거니와 내게 영광을 돌리시는 이는 내 아버지시니 곧 너희가 너희 하나님이라 칭하는 그이시라 너희는 그를 알지 못하되 나는 아노니 만일 내가 알지 못한다 하면 나도 너희 같이 거짓말쟁이가 되리라 나는 그를 알고 또 그의 말씀을 지키노라

③ 아브라함이 예수님의 때를 즐거워 하였습니다(56-57)

(요 8:56-57) 너희 조상 아브라함은 나의 때 볼 것을 즐거워하다가 보고 기뻐하였느니라 유대인들이 이르되 네가 아직 오십 세도 못되었는데 아브라함을 보았느냐

3. 아브라함이 나기 전에 계신 영원하신 예수님을 지혜롭게 순종해야(58-59)

(요 8:58-59) 예수께서 이르시되 진실로 진실로 너희에게 이르노니 아브라함이 나기 전부터 내가 있느니라 하시니 그들이 돌을 들어 치려 하거늘 예수께서 숨어 성전에서 나가시니라

결론

진리는 예수님 이십니다. 변하지 않는 하나님의 약속이요, 길이며, 생명이요, 빛입니다. 신령한 영적 눈이

열려 축복된 아브라함의 자손으로 하나님의 자녀답게 생명력있는 승리의 삶을 삽시다.

예수 안에서 삶은 ① 죄와 사망에서, ② 사단에게서, ③ 세상 근심 걱정에서, ④ 질병에서 자유를 얻으며 순간마다 공간을 초월하여 성령의 인도받아 축복된 감격의 삶을 살게 하심이 그리스도 안에서 얻는 자유입니다. 우리는 그리스도 안에 자유인입니다. 할렐루야-아멘 오직 예수그리스도.

17과

◆ 요 9장 1-41절

실로암에 가서 씻으라

실로암은 보냄을 받았다는 뜻으로 이 못은 예루살렘 성전 남쪽 두메레온 골짜기 입구에 있습니다. 이곳의 의미는 영원한 생수 되시는 예수님의 말씀에 순종하여 소경이 눈을 뜨게 된 결정적 장소입니다. 씻으라는 말은 목욕하라는 말인데 예수님께서 제자들의 발을 씻기셨습니다(요 13:4-10).

이때, 베드로가 거절할 때 나와 상관이 없다고 하시자 목욕시켜 달라고(손과 머리 발) 요청하였습니다.

우리는 성전에서 흐르는 성령의 생수와 십자가의 보혈로 죄 씻음 받아야 영적 생명을 얻습니다.

Ⅰ. 나면서 소경된 자를 고치신 예수님(1-12)

1. '소경이 된 것이 누구의 죄입니까?'의 대답은 하나님의 하시고자 하는 일 나타내고자 함(1-3)

(요 9:1-3) 예수께서 길을 가실 때에 날 때부터 맹인 된 사람을 보신지라 제자들이 물어 이르되 랍비여 이 사람이 맹인으로 난 것이 누구의 죄로 인함이니이까 자기니이까 그의 부모니이까 예수께서 대답하시되 이 사람이나 그 부모의 죄로 인한 것이 아니라 그에게서 하나님이 하시는 일을 나타내고자 하심이라

1) 고통이 오는 것은

① 죄 때문에(창 3:16-19, 출 20:5)

(창 3:16-19) 또 여자에게 이르시되 내가 네게 임신하는 고통을 크게 더하리니 네가 수고하고 자식을 낳을 것이며 너는 남편을 원하고 남편은 너를 다스릴 것이니라 하시고 아담에게 이르시되 네가 네 아내의 말을 듣고 내가 네게 먹지 말라 한 나무의 열매를 먹었은즉 땅은 너로 말미암아 저주를 받고 너는 네 평생에 수고하여야 그 소산을 먹으리라 땅이 네게 가시덤불과 엉겅퀴를 낼 것이라 네가 먹을 것은 밭의 채소인즉 네가 흙으로 돌아갈 때까지 얼굴에 땀을 흘려야 먹을 것을 먹으리니 네가 그것에서 취함을 입었음이라 너는 흙이니 흙으로 돌아갈 것이니라 하시니라

(출 20:5) 그것들에게 절하지 말며 그것들을 섬기지 말라 나 네 하나님 여호와는 질투하는 하나님인즉 나를 미워하는 자의 죄를 갚되 아버지로부터 아들에게로 삼사 대까지 이르게 하거니와

② 하나님의 영광을 위하여(요 9:3, 11:4, 15, 40)

(요 9:3) 예수께서 대답하시되 이 사람이나 그 부모의 죄로 인한 것이 아니라 그에게서 하나님이 하시는 일을 나타내고자 하심이라

(요 11:4) 예수께서 들으시고 이르시되 이 병은 죽을 병이 아니라 하나님의 영광을 위함이요 하나님의 아들이 이로 말미암아 영광을 받게 하려 함이라 하시더라

(요 11:15) 내가 거기 있지 아니한 것을 너희를 위하여 기뻐하노니 이는 너희로 믿게 하려 함이라 그러나 그에게로 가자 하시니

(요 11:40) 예수께서 이르시되 내 말이 네가 믿으면 하나님의 영광을 보리라 하지 아니하였느냐 하시니

③ 영적 성숙함을 위하여(욥 23:10, 시 119:50, 롬 5:3-5, 약 1:2-4)

(욥 23:10) 그러나 내가 가는 길을 그가 아시나니 그가 나를 단련하신 후에는 내가 순금 같이 되어 나오리라

(시 119:50) 이 말씀은 나의 고난 중의 위로라 주의 말씀이 나를 살리셨기 때문이니이다

(롬 5:3-5) 다만 이뿐 아니라 우리가 환난 중에도 즐거워하나니 이는 환난은 인내를, 인내는 연단을, 연단은 소망을 이루는 줄 앎이로다 소망이 우리를 부끄럽게 하지 아니함은 우리에게 주신 성령으로 말미암아 하나님의 사랑이 우리 마음에 부은 바 됨이니

(약 1:2-4) 내 형제들아 너희가 여러 가지 시험을 당하거든 온전히 기쁘게 여기라 이는 너희 믿음의 시련이 인내를 만들어 내는 줄 너희가 앎이라 인내를 온전히 이루라 이는 너희로 온전하고 구비하여 조금도 부족함이 없게 하려 함이라

2) 소경된 사람이 받은 축복

① 죄책감에서 자유를 얻게 됨(출 20:5, 34:6-7)

(출 20:5) 그것들에게 절하지 말며 그것들을 섬기지 말라 나 네 하나님 여호와는 질투하는 하나님인즉 나를 미워하는 자의 죄를 갚되 아버지로부터 아들에게로 삼사 대까지 이르게 하거니와

(출 34:6-7) 여호와께서 그의 앞으로 지나시며 선포하시되 여호와라 여호와라 자비롭고 은혜롭고 노하기를 더디하고 인자와 진실이 많은 하나님이라 인자를 천대까지 베풀며 악과 과실과 죄를 용서하리라 그러나 벌을 면제하지는 아니하고 아버지의 악행을 자손 삼사 대까지 보응하리라

② 죄와 질병에 눌려 있던 소경이 자유함(요일 3:8, 행 10:38)

(요일 3:8) 죄를 짓는 자는 마귀에게 속하나니 마귀는 처음부터 범죄함이라 하나님의 아들이 나타나신 것은 마귀의 일을 멸하려 하심이라

(행 10:38) 하나님이 나사렛 예수에게 성령과 능력을 기름 붓듯 하셨으매 그가 두루 다니시며 선한 일을 행하시고 마귀에게 눌린 모든 사람을 고치셨으니 이는 하나님이 함께 하셨음이라

③ 예수님의 기적을 통하여 세상도 보고, 주님을 증거함 (33)

(요 9:33) 이 사람이 하나님께로부터 오지 아니하였으면 아무 일도 할 수 없으리이다

2. 낮과 밤의 의미(4-5)

(요 9:4-5) 때가 아직 낮이매 나를 보내신 이의 일을 우리가 하여야 하리라 밤이 오리니 그 때는 아무도 일할 수 없느니라 내가 세상에 있는 동안에는 세상의 빛이로라

- 낮 : 참 빛이 되시는 예수님의 지상에 살아계실 때(1:9)

(요 1:9) 참 빛 곧 세상에 와서 각 사람에게 비추는 빛이 있었나니

- 밤 : 주 예수님께서 공생애를 마치고 죽으실 때(마 27:15)

(마 27:15) 명절이 되면 총독이 무리의 청원대로 죄수 한 사람을 놓아 주는 전례가 있더니

※ 주 예수님을 구주로 영접하고 하나님 자녀 된 자는 예수님 안에서 빛 된 주님의 일에 힘써야 합니다.

3. 영광을 나타낸 소경(6-12)

① 인생의 삶의 고통 속에서 주님을 만날 때까지 참고 기다림(6)

(요 9:6) 이 말씀을 하시고 땅에 침을 뱉어 진흙을 이겨 그의 눈에 바르시고

② 말씀에 순종하는 확인의 삶(7)
– 언약의 말씀은 반드시 성취됩니다.

(요 9:7) 이르시되 실로암 못에 가서 씻으라 하시니 (실로암은 번역하면 보냄을 받았다는 뜻이라) 이에 가서 씻고 밝은 눈으로 왔더라

③ 예수 그리스도의 하신 일을 사실대로 증거함(8-12)

(요 9:8-12) 이웃 사람들과 전에 그가 걸인인 것을 보았던 사람들이 이르되 이는 앉아서 구걸하던 자가 아니냐 어떤 사람은 그 사람이라 하며 어떤 사람은 아니라 그와 비슷하다 하거늘 자기 말은 내가 그라 하니 그들이 묻되 그러면 네 눈이 어떻게 떠졌느냐 대답하되 예수라 하는 그 사람이 진흙을 이겨 내 눈에 바르고 나더러 실로암에 가서 씻으라 하기에 가서 씻었더니 보게 되었노라 그들이 이르되 그가 어디 있느냐 이르되 알지 못하노라 하니라

II. 소경의 신앙고백(13-34)

1. 바리새인들은 신앙의 독선에 빠져 있음(13-34)

1) 교만하고 편견적인 율법주의(13-17)

– 정죄하고, 죄인으로 매도하고, 사실을 부인함

(요 9:13-17) 그들이 전에 맹인이었던 사람을 데리고 바리새인들에게 갔더라 예수께서 진흙을 이겨 눈을 뜨게 하신 날은 안식일이라 그러므로 바리새인들도 그가 어떻게 보게 되었는지를 물으니 이르되 그 사람이 진흙을 내 눈에 바르매 내가 씻고 보나이다 하니 바리새인 중에 어떤 사람은 말하되 이 사람이 안식일을 지키지 아니하니 하나님께로부터 온 자가 아니라 하며 어떤 사람은 말하되 죄인으로서 어떻게 이러한 표적을 행하겠느냐 하여 그들 중에 분쟁이 있었더니 이에 맹인되었던 자에게 다시 묻되 그 사람이 네 눈을 뜨게 하였으니 너는 그를 어떠한 사람이라 하느냐 대답하되 선지자니이다 하니

2) 영적 눈이 어두운 자(18-27)

- 소경을 보고 있는데도 안 믿고, 믿는 자를 출교하려고 함

(요 9:18-27) 유대인들이 그가 맹인으로 있다가 보게 된 것을 믿지 아니하고 그 부모를 불러 묻되 이는 너희 말에 맹인으로 났다 하는 너희 아들이냐 그러면 지금은 어떻게 해서 보느냐 그 부모가 대답하여 이르되 이 사람이 우리 아들인 것과 맹인으로 난 것을 아나이다 그러나 지금 어떻게 해서 보는지 또는 누가 그 눈을 뜨게 하였는지 우리는 알지 못하나이다 그에게 물어 보소서 그가 장성하였으니 자기 일을 말하리이다 그 부모가 이렇게 말한 것은 이미 유대인들이 누구든지 예수를 그리스도로 시인하는 자는 출교하기로 결의하였으므로 그들을 무서워함이러라 이러므로 그 부모가 말하기를 그가 장성하였으니 그에게 물어 보소서 하였더라 이에 그들이 맹인이었던 사람을 두 번째 불러 이르되 너는 하나님께 영광을 돌리라 우리는 이 사람이 죄

인인 줄 아노라 대답하되 그가 죄인인지 내가 알지 못하나 한 가지 아는 것은 내가 맹인으로 있다가 지금 보는 그것이니이다 그들이 이르되 그 사람이 네게 무엇을 하였느냐 어떻게 네 눈을 뜨게 하였느냐 대답하되 내가 이미 일렀어도 듣지 아니하고 어찌하여 다시 듣고자 하나이까 당신들도 그의 제자가 되려 하나이까

3) 기득권의 상실이 두렵기 때문에 무조건 배척함(28-29)

- 자칭 모세의 제자라고 하면서 하나님의 능력 거절

(요 9:28-29) 그들이 욕하여 이르되 너는 그의 제자이나 우리는 모세의 제자라 하나님이 모세에게는 말씀하신 줄을 우리가 알거니와 이 사람은 어디서 왔는지 알지 못하노라

2. 소경이 예수님에 대한 신앙고백(9:11, 17, 33)

1) 예수라고 고백하고 실로암에 가서 씻고 예수께 돌아옴(11)

(요 9:11) 대답하되 예수라 하는 그 사람이 진흙을 이겨 내 눈에 바르고 나더러 실로암에 가서 씻으라 하기에 가서 씻었더니 보게 되었노라

(요 9:17) 이에 맹인되었던 자에게 다시 묻되 그 사람이 네 눈을 뜨게 하였으니 너는 그를 어떠한 사람이라 하느냐 대답하되 선지자니이다 하니

(요 9:33) 이 사람이 하나님께로부터 오지 아니하였으면 아무 일도 할 수 없으리이다

2) 예수님을 선지자라고 부름(17)

(요 9:17) 이에 맹인되었던 자에게 다시 묻되 그 사람이 네 눈을 뜨게 하였으니 너는 그를 어떠한 사람이라 하느냐 대답하되 선지자니이다 하니

- 하나님의 뜻을 알고 말씀 전하는 자(암 3:7)

(암 3:7) 주 여호와께서는 자기의 비밀을 그 종 선지자들에게 보이지 아니하시고는 결코 행하심이 없으시리라

3) 하나님의 아들이라고 고백함(33, 마 16:16)

(요 9:33) 이 사람이 하나님께로부터 오지 아니하였으면 아무 일도 할 수 없으리이다

(마 16:16) 시몬 베드로가 대답하여 이르되 주는 그리스도시요 살아 계신 하나님의 아들이시니이다

※ 부모의 대답 태도

① 두려워함

② 무모한 논쟁을 포함(23)

(요 9:23) 이러므로 그 부모가 말하기를 그가 장성하였으니 그에게 물어 보소서 하였더라

③ 성도는 뱀처럼 지혜롭게(마 10:16)

(마 10:16) 보라 내가 너희를 보냄이 양을 이리 가운데로 보냄과 같도다 그러므로 너희는 뱀 같이 지혜롭고 비둘기 같이 순결하라

III. 영적 소경에 대한 교훈(35-41)

1. 믿고자 하는 마음이 없는 사람이 영적 소경. 소경은 믿음 있었음(35-36)

(요 9:35-36) 예수께서 그들이 그 사람을 쫓아냈다 하는 말을 들으셨더니 그를 만나사 이르시되 네가 인자를 믿느냐 대답하여 이르되 주여 그가 누구시오니이까 내가 믿고자 하나이다

2. 어둠에서 보고 있다는 착각자가 영적인 소경. 예수님을 믿느냐 할 때 "아멘" 해야(37-39)

(요 9:37-39) 예수께서 이르시되 네가 그를 보았거니와 지금 너와 말하는 자가 그이니라 이르되 주여 내가 믿나이다 하고 절하는지라 예수께서 이르시되 내가 심판하러 이 세상에 왔으니 보지 못하는 자들은 보게 하고 보는 자들은 맹인이 되게 하려 함이라 하시니

3. 주님을 만나면 영적 눈을 뜨게 됨(40-41). 죄가 있는 자와 없는 자의 차이

(요 9:40-41) 바리새인 중에 예수와 함께 있던 자들이 이 말씀을 듣고 이르되 우리도 맹인인가 예수께서 이르시되 너희가 맹인이 되었더라면 죄가 없으려니와 본다고 하니 너희 죄가 그대로 있느니라

결론

나면서 소경된 자가 주님의 보내심을 받아 육적 눈을 뜨고 영적 눈이 밝아져 주 예수님을 ① 구세주로, ② 선지자로, ③ 하나님의 아들로 고백하여 그리스도의 참 증인이 되어 바리새인에게도 당당하게 생명의 복음을 간증하여 세상의 빛 된 삶을 확실하게 살았습니다. 오직 예수님 안에서 믿음으로 승리합시다. 할렐루야- 아멘 오직 예수그리스도.

18과

◆ 요 10장 1-21절

양과 목자의 만남

예수님은 선한 목자로서, 우리 성도들은 어린 양으로 예수님께서 친히 맡아 기르시고 다스리시며 이끌어 주시고 푸른 초장과 잔잔한 시냇가에서 풍성한 꼴과 시원한 생수를 넉넉하게 공급하여 주심을 암시하고 있습니다.

물을 떠나서 살 수 없는 물고기처럼 인간은 하나님의 범주를 떠날 수 없고(시 139:1-13), 천하 인간의 구원을 얻을 만한 다른 이름을 우리에게 주신 일이 없습니다(행 4:12).

(시 139:1-13) [다윗의 시, 인도자를 따라 부르는 노래] 여호와여 주께서 나를 살펴 보셨으므로 나를 아시나이다 주께서 내가 앉고 일어섬을 아시고 멀리서도 나의 생각을 밝히 아시오며 나의 모든 길과 내가 눕는 것을 살펴 보셨으므로 나의 모든 행위를 익히 아시오니 여호와여 내 혀의 말을 알지 못하시는 것이 하나도 없으시니이다 주께서 나의 앞뒤를 둘러싸시고 내게 안수하셨나이다 이 지식이 내게 너무 기이하니 높아서 내가 능히 미치지 못하나이다 내가 주의 영을 떠나 어디로 가며 주의 앞에서 어디로 피하리이까 내가 하늘에 올라갈지라도 거기 계시며 스올에 내 자리를 펼지라도 거기 계시니이다 내가 새벽 날개를 치며 바다 끝에 가서 거주할지라도 거기서도 주의 손이 나를 인도하시며 주의 오른손이 나를 붙드시리이다 내가 혹시 말하기를 흑암이 반드시 나를 덮고 나를 두른 빛은 밤이 되리라 할지라도 주에게서는 흑암이 숨기지 못하며 밤이 낮과 같이 비추이나니 주에게는 흑암과 빛이 같음이니이다 주께서 내 내장을 지으시며 나의 모태에서 나를 만드셨나이다

(행 4:12) 다른 이로써는 구원을 받을 수 없나니 천하 사람

중에 구원을 받을 만한 다른 이름을 우리에게 주신 일이 없음이라 하였더라

오직 예수님 밖에는 구원 받을 길이 없습니다(요 5:24, 14:6).

(요 5:24) 내가 진실로 진실로 너희에게 이르노니 내 말을 듣고 또 나 보내신 이를 믿는 자는 영생을 얻었고 심판에 이르지 아니하나니 사망에서 생명으로 옮겼느니라

(요 14:6) 예수께서 이르시되 내가 곧 길이요 진리요 생명이니 나로 말미암지 않고는 아버지께로 올 자가 없느니라

I. 목자와 양의 비유(1-6)

(요 10:1-6) 내가 진실로 진실로 너희에게 이르노니 문을 통하여 양의 우리에 들어가지 아니하고 다른 데로 넘어가는 자는 절도며 강도요 문으로 들어가는 이는 양의 목자라 문지기는 그를 위하여 문을 열고 양은 그의 음성을 듣나니 그가 자기 양의 이름을 각각 불러 인도하여 내느니라 자기 양을 다 내놓은 후에 앞서 가면 양들이 그의 음성을 아는 고로 따라오되 타인의 음성은 알지 못하는 고로 타인을 따르지 아니하고 도리어 도망하느니라 예수께서 이 비유로 그들에게 말씀하셨으나 그들은 그가 하신 말씀이 무엇인지 알지 못하니라

1. 목자

① 이름을 부르고(3)

(요 10:3) 문지기는 그를 위하여 문을 열고 양은 그의 음성을 듣나니 그가 자기 양의 이름을 각각 불러 인도하여 내느니라

② 길 인도하고(3)

(요 10:3) 문지기는 그를 위하여 문을 열고 양은 그의 음성을 듣나니 그가 자기 양의 이름을 각각 불러 인도하여 내느니라

③ 양의 앞선 자가 됨과(4)

(요 10:4) 자기 양을 다 내놓은 후에 앞서 가면 양들이 그의 음성을 아는 고로 따라오되

④ 길 인도하고(3)

(요 10:3) 문지기는 그를 위하여 문을 열고 양은 그의 음성을 듣나니 그가 자기 양의 이름을 각각 불러 인도하여 내느니라

⑤ 생명을 얻고 더 풍성히 얻음(10)

(요 10:10) 도둑이 오는 것은 도둑질하고 죽이고 멸망시키려는 것뿐이요 내가 온 것은 양으로 생명을 얻게 하고 더 풍성히 얻게 하려는 것이라

⑥ 양을 위하여 목숨을 버림(11)

(요 10:11) 나는 선한 목자라 선한 목자는 양들을 위하여 목숨을 버리거니와

⑦ 양과 목자가 서로 앎(14)

(요 10:14) 나는 선한 목자라 나는 내 양을 알고 양도 나를 아는 것이

⑧ 한 우리에 모듬(16)

(요 10:16) 또 이 우리에 들지 아니한 다른 양들이 내게 있어 내가 인도하여야 할 터이니 그들도 내 음성을 듣고 한 무리가 되어 한 목자에게 있으리라

⑨ 영생을 주심과 빼앗을 수 없음(28)

(요 10:28) 내가 그들에게 영생을 주노니 영원히 멸망하지 아니할 것이요 또 그들을 내 손에서 빼앗을 자가 없느니라

2. 양

1) 문으로 들어감(1, 7)

(요 10:1) 내가 진실로 진실로 너희에게 이르노니 문을 통하여 양의 우리에 들어가지 아니하고 다른 데로 넘어가는 자는 절도며 강도요

(요 10:7) 그러므로 예수께서 다시 이르시되 내가 진실로 진실로 너희에게 말하노니 나는 양의 문이라

예수 이름으로 도래한 하늘나라, 즉 교회를 가리켜서 말합니다(마 7:13-14).

(마 7:13-14) 좁은 문으로 들어가라 멸망으로 인도하는 문은 크고 그 길이 넓어 그리로 들어가는 자가 많고 생명으로 인도하는 문은 좁고 길이 협착하여 찾는 자가 적음이라

2) 목자의 음성을 들음(4)

목자 되신 예수님 음성을 듣게 됩니다(마 3:15,17)

(마 5:15) 사람이 등불을 켜서 말 아래에 두지 아니하고 등경 위에 두나니 이러므로 집 안 모든 사람에게 비치느니라

(마 5:17) 내가 율법이나 선지자를 폐하러 온 줄로 생각하지 말라 폐하러 온 것이 아니요 완전하게 하려 함이라

3) 목자를 따름(4, 마 16:24)

(요 10:4) 자기 양을 다 내놓은 후에 앞서 가면 양들이 그의 음성을 아는 고로 따라오되

(마 16:24) 이에 예수께서 제자들에게 이르시되 누구든지 나를 따라오려거든 자기를 부인하고 자기 십자가를 지고 나를 따를 것이니라

제자의 삶 : 자기부인, 십자가의 사랑, 예수 안의 순종

※ 양의 우리의 문 : 양들을 돌보도록 위임받은 자, 오직 예수 그리스도에 대한 생명의 복음의 문입니다.

Ⅱ. 선한 목자와 거짓 목자의 비유(7-16)

(요 10:7-16) 그러므로 예수께서 다시 이르시되 내가 진실로 진실로 너희에게 말하노니 나는 양의 문이라 나보다 먼저 온 자는 다 절도요 강도니 양들이 듣지 아니하였느니라 내가 문이니 누구든지 나로 말미암아 들어가면 구원을 받고 또는 들어가며 나오며 꼴을 얻으리라 도둑이 오는 것은 도둑질하고 죽이고 멸망시키려는 것뿐이요 내가 온 것은 양으로 생명을 얻게 하고 더 풍성히 얻게 하려는 것이라 나는 선한 목자라 선한 목자는 양들을 위하여 목숨을 버리거니와 삯꾼은 목자가 아니요 양도 제 양이 아니라 이리가 오는 것을 보면 양을 버리고 달아나나니 이리가 양을 물어 가고 또 헤치느니라 달아나는 것은 그가 삯꾼인 까닭에 양을 돌보지 아니함이나 나는 선한 목자라 나는 내 양을 알고 양도 나를 아는 것이 아버지께서 나를 아시고 내가 아버지를 아는 것 같으니 나는 양을 위하여 목숨을 버리노라 또 이 우리에 들지 아니한 다른 양들이 내게 있어 내가 인도하여야 할 터이니 그들도 내 음성을 듣고 한 무리가 되어 한 목자에게 있으리라

1. 선한 목자와 거짓 목자의 특징(10:1-18)

(요 10:1-18) 내가 진실로 진실로 너희에게 이르노니 문을

통하여 양의 우리에 들어가지 아니하고 다른 데로 넘어가는 자는 절도며 강도요 문으로 들어가는 이는 양의 목자라 문지기는 그를 위하여 문을 열고 양은 그의 음성을 듣나니 그가 자기 양의 이름을 각각 불러 인도하여 내느니라 자기 양을 다 내놓은 후에 앞서 가면 양들이 그의 음성을 아는 고로 따라오되 타인의 음성은 알지 못하는 고로 타인을 따르지 아니하고 도리어 도망하느니라 예수께서 이 비유로 그들에게 말씀하셨으나 그들은 그가 하신 말씀이 무엇인지 알지 못하니라 그러므로 예수께서 다시 이르시되 내가 진실로 진실로 너희에게 말하노니 나는 양의 문이라 나보다 먼저 온 자는 다 절도요 강도니 양들이 듣지 아니하였느니라 내가 문이니 누구든지 나로 말미암아 들어가면 구원을 받고 또는 들어가며 나오며 꼴을 얻으리라 도둑이 오는 것은 도둑질하고 죽이고 멸망시키려는 것뿐이요 내가 온 것은 양으로 생명을 얻게 하고 더 풍성히 얻게 하려는 것이라 나는 선한 목자라 선한 목자는 양들을 위하여 목숨을 버리거니와 삯꾼은 목자가 아니요 양도 제 양이 아니라 이리가 오는 것을 보면 양을 버리고 달아나나니 이리가 양을 물어 가고 또 헤치느니라 달아나는 것은 그가 삯꾼인 까닭에 양을 돌보지 아니함이나 나는 선한 목자라 나는 내 양을 알고 양도 나를 아는 것이 아버지께서 나를 아시고 내가 아버지를 아는 것 같으니 나는 양을 위하여 목숨을 버리노라 또 이 우리에 들지 아니한 다른 양들이 내게 있어 내가 인도하여야 할 터이니 그들도 내 음성을 듣고 한 무리가 되어 한 목자에게 있으리라 내가 내 목숨을 버리는 것은 그것을 내가 다시 얻기 위함이니 이로 말미암아 아버지께서 나를 사랑하시느니라 이를 내게서 빼앗는 자가 있는 것이 아니라 내가 스스로 버리노라 나는 버릴 권세도 있고 다시 얻을 권세도 있으니 이 계명은 내 아버지에게서 받았노라 하시니라

1) 선한 목자

① 양의 우리의 문으로 들어감(1)

(요 10:1) 내가 진실로 진실로 너희에게 이르노니 문을 통하여 양의 우리에 들어가지 아니하고 다른 데로 넘어가는 자는 절도며 강도요

② 양들이 그의 음성을 들음(4)

(요 10:4) 자기 양을 다 내놓은 후에 앞서 가면 양들이 그의 음성을 아는 고로 따라오되

③ 양들이 그를 따름(4)

(요 10:4) 자기 양을 다 내놓은 후에 앞서 가면 양들이 그의 음성을 아는 고로 따라오되

④ 양으로 생명을 얻게 하고 풍성이 더 얻게하려 함(10)

(요 10:10) 도둑이 오는 것은 도둑질하고 죽이고 멸망시키려는 것뿐이요 내가 온 것은 양으로 생명을 얻게 하고 더 풍성히 얻게 하려는 것이라

⑤ 양을 위한 목숨 버림(11)

(요 10:11) 나는 선한 목자라 선한 목자는 양들을 위하여 목숨을 버리거니와

2) 거짓 목자

① 양 우리의 다른 데로 넘어감(1)

(요 10:1) 내가 진실로 진실로 너희에게 이르노니 문을 통하여 양의 우리에 들어가지 아니하고 다른 데로 넘어가는 자는 절도며 강도요

② 양들이 그의 목소리를 모름(5)

(요 10:5) 타인의 음성은 알지 못하는 고로 타인을 따르지 아니하고 도리어 도망하느니라

③ 양들이 도망감(5)

(요 10:5) 타인의 음성은 알지 못하는 고로 타인을 따르지 아니하고 도리어 도망하느니라

④ 양을 도적질하고 죽이고 멸망시킴(10)

(요 10:10) 도둑이 오는 것은 도둑질하고 죽이고 멸망시키려는 것뿐이요 내가 온 것은 양으로 생명을 얻게 하고 더 풍성히 얻게 하려는 것이라

⑤ 위험이 닥치면 양을 버리고 달아남(12)

(요 10:12) 삯꾼은 목자가 아니요 양도 제 양이 아니라 이리가 오는 것을 보면 양을 버리고 달아나나니 이리가 양을 물어 가고 또 헤치느니라

2. 예수님을 믿음으로 얻는 축복(9)

(요 10:9) 내가 문이니 누구든지 나로 말미암아 들어가면 구원을 받고 또는 들어가며 나오며 꼴을 얻으리라

들어가면, 믿으면, 즉 예수님을 영접하면 꼴도 구원도 확실히 얻게 됩니다.

1) 영혼 구원의 축복(요 3:15, 5:24, 14:6, 20:31, 롬 8:33-34, 히 7:15)

(요 3:15) 이는 그를 믿는 자마다 영생을 얻게 하려 하심이니라

(요 5:24) 내가 진실로 진실로 너희에게 이르노니 내 말을 듣고 또 나 보내신 이를 믿는 자는 영생을 얻었고 심판에 이르지 아니하나니 사망에서 생명으로 옮겼느니라

(요 14:6) 예수께서 이르시되 내가 곧 길이요 진리요 생명이니 나로 말미암지 않고는 아버지께로 올 자가 없느니라

(요 20:31) 오직 이것을 기록함은 너희로 예수께서 하나님의 아들 그리스도이심을 믿게 하려 함이요 또 너희로 믿고 그 이름을 힘입어 생명을 얻게 하려 함이니라

(롬 8:33-34) 누가 능히 하나님께서 택하신 자들을 고발하리요 의롭다 하신 이는 하나님이시니 누가 정죄하리요 죽으실 뿐 아니라 다시 살아나신 이는 그리스도 예수시니 그는 하나님 우편에 계신 자요 우리를 위하여 간구하시는 자시니라

(히 7:15) 멜기세덱과 같은 별다른 한 제사장이 일어난 것을 보니 더욱 분명하도다

2) 육체적 안전보장

① 아들 주신 깊은 사랑과 은사(롬 8:32)

(롬 8:32) 자기 아들을 아끼지 아니하시고 우리 모든 사람을 위하여 내주신 이가 어찌 그 아들과 함께 모든 것을 우리에게 주시지 아니하겠느냐

② 유라굴로 광풍 일어났을 때(행 27:24)

(행 27:24) 바울아 두려워하지 말라 네가 가이사 앞에 서야 하겠고 또 하나님께서 너와 함께 항해하는 자를 다 네게 주셨다 하였으니

③ 풀무불과 사자굴(단 3:17, 6:10)

(단 3:17) 왕이여 우리가 섬기는 하나님이 계시다면 우리를 맹렬히 타는 풀무불 가운데에서 능히 건져내시겠고 왕의 손에서도 건져내시리이다

(단 6:10) 다니엘이 이 조서에 왕의 도장이 찍힌 것을 알고도 자기 집에 돌아가서는 윗방에 올라가 예루살렘으로 향한 창문을 열고 전에 하던 대로 하루 세 번씩 무릎을 꿇고 기도하며 그의 하나님께 감사하였더라

⑥ 여호와는 나의 목자(시 23:4, 121:4)

(시 23:4) 내가 사망의 음침한 골짜기로 다닐지라도 해를 두려워하지 않을 것은 주께서 나와 함께 하심이라 주의 지팡이와 막대기가 나를 안위하시나이다

(시 121:4) 이스라엘을 지키시는 이는 졸지도 아니하시고 주무시지도 아니하시리로다

3) 경제적 안정을 보장

① 염려하지 말라(마 6:31-32)

(마 6:31-32) 그러므로 염려하여 이르기를 무엇을 먹을까 무엇을 마실까 무엇을 입을까 하지 말라 이는 다 이방인들이 구하는 것이라 너희 하늘 아버지께서 이 모든 것이 너희에게 있어야 할 줄을 아시느니라

② 좋은 것으로 주심(눅 11:13)

(눅 11:13) 너희가 악할지라도 좋은 것을 자식에게 줄 줄 알거든 하물며 너희 천부께서 구하는 자에게 성령을 주시지 않겠느냐 하시니라

III. 하나님의 사랑과 유대인의 논쟁(17-21)

(요 10:17-21) 내가 내 목숨을 버리는 것은 그것을 내가 다시 얻기 위함이니 이로 말미암아 아버지께서 나를 사랑하시느니라 이를 내게서 빼앗는 자가 있는 것이 아니라 내가

스스로 버리노라 나는 버릴 권세도 있고 다시 얻을 권세도 있으니 이 계명은 내 아버지에게서 받았노라 하시니라 이 말씀으로 말미암아 유대인 중에 다시 분쟁이 일어나니 그 중에 많은 사람이 말하되 그가 귀신 들려 미쳤거늘 어찌하여 그 말을 듣느냐 하며 어떤 사람은 말하되 이 말은 귀신 들린 자의 말이 아니라 귀신이 맹인의 눈을 뜨게 할 수 있느냐 하더라

1. 하나님의 사랑의 방법(7, 13:16, 행 16:31)

하나님의 뜻(말씀) 순종

(요 10:7) 그러므로 예수께서 다시 이르시되 내가 진실로 진실로 너희에게 말하노니 나는 양의 문이라

(요 13:16) 내가 진실로 진실로 너희에게 이르노니 종이 주인보다 크지 못하고 보냄을 받은 자가 보낸 자보다 크지 못하나니

(행 16:31) 이르되 주 예수를 믿으라 그리하면 너와 네 집이 구원을 받으리라 하고

2. 하나님의 권세와 계명(빌 2:6-11, 요일 2:4-12)

생명과 구원과 사랑을 깨달음

(빌 2:6-11) 그는 근본 하나님의 본체시나 하나님과 동등됨을 취할 것으로 여기지 아니하시고 오히려 자기를 비워

종의 형체를 가지사 사람들과 같이 되셨고 사람의 모양으로 나타나사 자기를 낮추시고 죽기까지 복종하셨으니 곧 십자가에 죽으심이라 이러므로 하나님이 그를 지극히 높여 모든 이름 위에 뛰어난 이름을 주사 하늘에 있는 자들과 땅에 있는 자들과 땅 아래에 있는 자들로 모든 무릎을 예수의 이름에 꿇게 하시고 모든 입으로 예수 그리스도를 주라 시인하여 하나님 아버지께 영광을 돌리게 하셨느니라

(요일 2:4-11) 그를 아노라 하고 그의 계명을 지키지 아니하는 자는 거짓말하는 자요 진리가 그 속에 있지 아니하되 누구든지 그의 말씀을 지키는 자는 하나님의 사랑이 참으로 그 속에서 온전하게 되었나니 이로써 우리가 그의 안에 있는 줄을 아노라 그의 안에 산다고 하는 자는 그가 행하시는 대로 자기도 행할지니라 사랑하는 자들아 내가 새 계명을 너희에게 쓰는 것이 아니라 너희가 처음부터 가진 옛 계명이니 이 옛 계명은 너희가 들은 바 말씀이거니와 다시 내가 너희에게 새 계명을 쓰노니 그에게와 너희에게도 참된 것이라 이는 어둠이 지나가고 참빛이 벌써 비침이니라 빛 가운데 있다 하면서 그 형제를 미워하는 자는 지금까지 어둠에 있는 자요 그의 형제를 사랑하는 자는 빛 가운데 거하여 자기 속에 거리낌이 없으나 그의 형제를 미워하는 자는 어둠에 있고 또 어둠에 행하며 갈 곳을 알지 못하나니 이는 그 어둠이 그의 눈을 멀게 하였음이라 자녀들아 내가 너희에게 쓰는 것은 너희 죄가 그의 이름으로 말미암아 사함을 받았음이요

3. 예수님의 교훈과 유대인의 논쟁(19-21)

영적 무지와 소경을 눈뜨게 함에 대한 착각

(요일 2:19-21) 그들이 우리에게서 나갔으나 우리에게 속하지 아니하였나니 만일 우리에게 속하였더라면 우리와 함께 거하였으려니와 그들이 나간 것은 다 우리에게 속하지 아니함을 나타내려 함이니라 너희는 거룩하신 자에게서 기름 부음을 받고 모든 것을 아느니라 내가 너희에게 쓰는 것은 너희가 진리를 알지 못하기 때문이 아니라 알기 때문이요 또 모든 거짓은 진리에서 나지 않기 때문이라

결론

선한 목자 되신 예수님을 통하여(문) 들어가며 나가며 생명의 꼴(말씀)을 얻읍시다. 인생의 삶은 오직 예수님의 참 행복과 구원과 축복을 얻습니다. 우리는 주님의 어린 양 입니다.

주님, 우리가 생명의 음성을 듣게 하옵소서!
주님, 사랑의 주님의 인도함을 받게 하옵소서!
주님, 우리가 생명을 얻고 풍성하게 얻게 하옵소서!
할렐루야! 오직 예수님 안에서 승리하게 하옵소서! 할렐루야-아멘 오직 예수그리스도.

19과

◆ 요 10장 22-42절

많은 사람이 예수를 믿으니라

"주 예수를 믿으라 그리하면 너와 네 집이 구원을 얻으리라"(행 16:31, 요 3:16)

유대인들은 생명의 주요 세상의 빛 되신 예수님과 대화하면서도 그리스도이심을 믿지 못하고, 어둠 속에서 헤매고, 생명력있는 구원의 축복된 삶을 살지 못함을 보여주고 있습니다.

오직 예수님을 구주로 믿고 하나님의 사랑받는 자녀답게 승리하며 삽시다(요 1:12-13).

(요 1:12-13) 영접하는 자 곧 그 이름을 믿는 자들에게는 하나님의 자녀가 되는 권세를 주셨으니 이는 혈통으로나 육정으로나 사람의 뜻으로 나지 아니하고 오직 하나님께로부터 난 자들이니라

Ⅰ. 유대인의 초점은 의혹을 밝혀 달라는 요청(22-24)

(요 10:22-24) 예루살렘에 수전절이 이르니 때는 겨울이라 예수께서 성전 안 솔로몬 행각에서 거니시니 유대인들이 에워싸고 이르되 당신이 언제까지나 우리 마음을 의혹하게 하려 하나이까 그리스도이면 밝히 말씀하소서 하니

- 때 : 수전절(겨울) 예루살렘 회복 기념 절기
- 곳 : 솔로몬 행각(장소) 기둥과 지붕만 있는 토론장
- 주제 : 의혹을 벗겨 주시오

① 애매하다.

② 마음을 졸이게 한다.

③ 의심과 불안의 항의 – 진짜 그리스도인가?

2. 예수님의 대답(25-27)

(요 10:25-27) 예수께서 대답하시되 내가 너희에게 말하였으되 믿지 아니하는도다 내가 내 아버지의 이름으로 행하는 일들이 나를 증거하는 것이거늘 너희가 내 양이 아니므로 믿지 아니하는도다 내 양은 내 음성을 들으며 나는 그들을 알며 그들은 나를 따르느니라

1) 예수님은 진실을 말씀하시는 데도 믿지 않음

① 생명의 떡

② 영원한 생수

③ 진리의 꼴

2) 내 말은 아버지의 증거임을 말씀하실 때 믿지 않음

① 유대인의 율법

② 예수의 말씀

③ 예수님의 기적

3) 믿지 않는 이유 : 양이 아니기 때문입니다(26).

(요 10:26) 너희가 내 양이 아니므로 믿지 아니하는도다

※ 양은 목자의 음성을 듣고, 목자를 알고, 목자를 따릅니다.

3. 예수님을 믿는 자는(28-30)

(요 10:28-30) 내가 그들에게 영생을 주노니 영원히 멸망하지 아니할 것이요 또 그들을 내 손에서 빼앗을 자가 없느니라 그들을 주신 내 아버지는 만물보다 크시매 아무도 아버지 손에서 빼앗을 수 없느니라 나와 아버지는 하나이니라 하신대

1) 믿고 따릅니다.

영생을 얻고, 멸망치 않으며, 하나님의 손에서 빼앗지 못함(28).

(요 10:28) 내가 그들에게 영생을 주노니 영원히 멸망하지 아니할 것이요 또 그들을 내 손에서 빼앗을 자가 없느니라

2) 예수님은 만유보다 크시며 아버지의 권능이 있음 (29, 빌 2:5-11).

천하 뛰어난 이름이 오직 예수님

(요 10:29) 그들을 주신 내 아버지는 만물보다 크시매 아무도 아버지 손에서 빼앗을 수 없느니라

(빌 2:5-11) 너희 안에 이 마음을 품으라 곧 그리스도 예수의 마음이니 그는 근본 하나님의 본체시나 하나님과 동등

됨을 취할 것으로 여기지 아니하시고 오히려 자기를 비워 종의 형체를 가지사 사람들과 같이 되셨고 사람의 모양으로 나타나사 자기를 낮추시고 죽기까지 복종하셨으니 곧 십자가에 죽으심이라 이러므로 하나님이 그를 지극히 높여 모든 이름 위에 뛰어난 이름을 주사 하늘에 있는 자들과 땅에 있는 자들과 땅 아래에 있는 자들로 모든 무릎을 예수의 이름에 꿇게 하시고 모든 입으로 예수 그리스도를 주라 시인하여 하나님 아버지께 영광을 돌리게 하셨느니라

3) 예수님은 하나님이시며 살아계신 하나님(30, 마 16:16-19)

(요 10:30) 나와 아버지는 하나이니라 하신대

(마 16:16-19) 시몬 베드로가 대답하여 이르되 주는 그리스도시요 살아 계신 하나님의 아들이시니이다 예수께서 대답하여 이르시되 바요나 시몬아 네가 복이 있도다 이를 네게 알게 한 이는 혈육이 아니요 하늘에 계신 내 아버지시니라 또 내가 네게 이르노니 너는 베드로라 내가 이 반석 위에 내 교회를 세우리니 음부의 권세가 이기지 못하리라 내가 천국 열쇠를 네게 주리니 네가 땅에서 무엇이든지 매면 하늘에서도 매일 것이요 네가 땅에서 무엇이든지 풀면 하늘에서도 풀리리라 하시고

II. 유대인의 행동과 예수님의 처세(30-38)

(요 10:30-38) 나와 아버지는 하나이니라 하신대 유대인들이 다시 돌을 들어 치려 하거늘 예수께서 대답하시되 내가 아버지로 말미암아 여러 가지 선한 일로 너희에게 보였

거늘 그 중에 어떤 일로 나를 돌로 치려 하느냐 유대인들이 대답하되 선한 일로 말미암아 우리가 너를 돌로 치려는 것이 아니라 신성모독으로 인함이니 네가 사람이 되어 자칭 하나님이라 함이로라 예수께서 이르시되 너희 율법에 기록된 바 내가 너희를 신이라 하였노라 하지 아니하였느냐 성경은 폐하지 못하나니 하나님의 말씀을 받은 사람들을 신이라 하셨거든 하물며 아버지께서 거룩하게 하사 세상에 보내신 자가 나는 하나님의 아들이라 하는 것으로 너희가 어찌 신성모독이라 하느냐 만일 내가 내 아버지의 일을 행하지 아니하거든 나를 믿지 말려니와 내가 행하거든 나를 믿지 아니할지라도 그 일은 믿으라 그러면 너희가 아버지께서 내 안에 계시고 내가 아버지 안에 있음을 깨달아 알리라 하시니

1. 유대인의 행동

1) 돌로 치려는 이유

참람하다(신성모독), 자칭 하나님, 율법을 이해 못함, 실체를 거절함

2) 만사의 때가 있는지라 죽으실 때가 아닌 고로 그 손에서 벗어남(39)

하나님의 계획된 때와 사건에 쓰임받는 주님의 일꾼이 됩시다. 성령의 인도하심 따라 기다리고 있는 하나님의 예정 때가 옵니다.

2. 예수님의 처세

① 예수 이름으로 선한 일을 행하시는 정당함

② 예수는 그리스도시며 하나님이십니다(마 11:11, 빌 2:6-10).

(마 11:11) 내가 진실로 너희에게 말하노니 여자가 낳은 자 중에 침례 요한보다 큰 이가 일어남이 없도다 그러나 천국에서는 극히 작은 자라도 그보다 크니라

(빌 2:6-10) 그는 근본 하나님의 본체시나 하나님과 동등됨을 취할 것으로 여기지 아니하시고 오히려 자기를 비워 종의 형체를 가지사 사람들과 같이 되셨고 사람의 모양으로 나타나사 자기를 낮추시고 죽기까지 복종하셨으니 곧 십자가에 죽으심이라 이러므로 하나님이 그를 지극히 높여 모든 이름 위에 뛰어난 이름을 주사 하늘에 있는 자들과 땅에 있는 자들과 땅 아래에 있는 자들로 모든 무릎을 예수의 이름에 꿇게 하시고

③ 율법의 내용이 예수님이시며 메시아를 모르는 무지한 표현

④ 예수를 못 믿으면 예수님의 행위를 믿으라

III. 피신하신 예수님(40-42)

(요 10:40-42) 다시 요단 강 저편 요한이 처음으로 침례 베풀던 곳에 가사 거기 거하시니 많은 사람이 왔다가 말하되

요한은 아무 표적도 행하지 아니하였으나 요한이 이 사람을 가리켜 말한 것은 다 참이라 하더라 그리하여 거기서 많은 사람이 예수를 믿으니라

1. 세례 받으신 곳으로 가심(40)

(요 10:40) 다시 요단 강 저편 요한이 처음으로 침례 베풀던 곳에 가사 거기 거하시니

① 하늘이 열리고

② 하늘의 음성이 들리고

③ 사랑의 확신 있는(마 3:15-17)

(마 3:15-17) 예수께서 대답하여 이르시되 이제 허락하라 우리가 이와 같이 하여 모든 의를 이루는 것이 합당하니라 하시니 이에 요한이 허락하는지라 예수께서 침례를 받으시고 곧 물에서 올라오실새 하늘이 열리고 하나님의 성령이 비둘기 같이 내려 자기 위에 임하심을 보시더니 하늘로부터 소리가 있어 말씀하시되 이는 내 사랑하는 아들이요 내 기뻐하는 자라 하시니라

2. 요한은 예수님의 증거자가 됨(41)

(요 10:41) 많은 사람이 왔다가 말하되 요한은 아무 표적도 행하지 아니하였으나 요한이 이 사람을 가리켜 말한 것은 다 참이라 하더라

성령을 받으면 예수님의 증인이 됩니다(행 1:8, 마 28:18-20).

(행 1:8) 오직 성령이 너희에게 임하시면 너희가 권능을 받고 예루살렘과 온 유대와 사마리아와 땅 끝까지 이르러 내 증인이 되리라 하시니라

(마 28:18-20) 예수께서 나아와 말씀하여 이르시되 하늘과 땅의 모든 권세를 내게 주셨으니 그러므로 너희는 가서 모든 민족을 제자로 삼아 아버지와 아들과 성령의 이름으로 침례를 베풀고 내가 너희에게 분부한 모든 것을 가르쳐 지키게 하라 볼지어다 내가 세상 끝날까지 너희와 항상 함께 있으리라 하시니라

3. 많은 사람이 구원받음(42)

(요 10:42) 그리하여 거기서 많은 사람이 예수를 믿으니라

① 예수님의 오신 목적과
② 성경 기록 목적이 구원받는데 있음(막 10:45, 요 20:31)

(막 10:45) 인자가 온 것은 섬김을 받으려 함이 아니라 도리어 섬기려 하고 자기 목숨을 많은 사람의 대속물로 주려 함이니라

(요 20:31) 오직 이것을 기록함은 너희로 예수께서 하나님의 아들 그리스도이심을 믿게 하려 함이요 또 너희로 믿고 그 이름을 힘입어 생명을 얻게 하려 함이니라

결론

지금 나와 임마누엘 되신 예수님을 확인하며 사는 것이 신앙생활입니다(마 1:12-23).

(마 1:12-23) 바벨론으로 사로잡혀 간 후에 여고냐는 스알디엘을 낳고 스알디엘은 스룹바벨을 낳고 스룹바벨은 아비훗을 낳고 아비훗은 엘리아김을 낳고 엘리아김은 아소르를 낳고 아소르는 사독을 낳고 사독은 아킴을 낳고 아킴은 엘리웃을 낳고 엘리웃은 엘르아살을 낳고 엘르아살은 맛단을 낳고 맛단은 야곱을 낳고 야곱은 마리아의 남편 요셉을 낳았으니 마리아에게서 그리스도라 칭하는 예수가 나시니라 그런즉 모든 대 수가 아브라함부터 다윗까지 열네 대요 다윗부터 바벨론으로 사로잡혀 갈 때까지 열네 대요 바벨론으로 사로잡혀 간 후부터 그리스도까지 열네 대더라 예수 그리스도의 나심은 이러하니라 그의 어머니 마리아가 요셉과 약혼하고 동거하기 전에 성령으로 잉태된 것이 나타났더니 그의 남편 요셉은 의로운 사람이라 그를 드러내지 아니하고 가만히 끊고자 하여 이 일을 생각할 때에 주의 사자가 현몽하여 이르되 다윗의 자손 요셉아 네 아내 마리아 데려오기를 무서워하지 말라 그에게 잉태된 자는 성령으로 된 것이라 아들을 낳으리니 이름을 예수라 하라 이는 그가 자기 백성을 그들의 죄에서 구원할 자이심이라 하니라 이 모든 일이 된 것은 주께서 선지자로 하신 말씀을 이루려 하심이니 이르시되 보라 처녀가 잉태하여 아들을 낳을 것이요 그의 이름은 임마누엘이라 하리라 하셨으니 이를 번역한즉 하나님이 우리와 함께 계시다 함이라

오직 예수 그리스도를 구주로 영접하고 시인하여 하나님의 자녀의 신분을 누리며 삽시다(요 1:2, 롬 10:9-10, 엡 2:19).

(요 1:2) 그가 태초에 하나님과 함께 계셨고

(롬 10:9-10) 네가 만일 네 입으로 예수를 주로 시인하며 또 하나님께서 그를 죽은 자 가운데서 살리신 것을 네 마음에 믿으면 구원을 받으리라 사람이 마음으로 믿어 의에 이르고 입으로 시인하여 구원에 이르느니라

(엡 2:19) 그러므로 이제부터 너희는 외인도 아니요 나그네도 아니요 오직 성도들과 동일한 시민이요 하나님의 권속이라

살아계신 주님께 모든 것을 맡기고 승리하며 축복되게 삽시다(대하 20:20, 사 42:10).

(대하 20:20) 이에 백성들이 아침에 일찍이 일어나서 드고아 들로 나가니라 나갈 때에 여호사밧이 서서 이르되 유다와 예루살렘 주민들아 내 말을 들을지어다 너희는 너희 하나님 여호와를 신뢰하라 그리하면 견고히 서리라 그의 선지자들을 신뢰하라 그리하면 형통하리라 하고

(사 42:10) 항해하는 자들과 바다 가운데의 만물과 섬들과 거기에 사는 사람들아 여호와께 새 노래로 노래하며 땅 끝에서부터 찬송하라

(히 6:14) 가라사대 내가 반드시 너를 복주고 복주며 너를 번성케 하고 번성케 하리라 하셨더니

(창 12:2-3) 내가 너로 큰 민족을 이루고 네게 복을 주어 네 이름을 창대하게 하리니 너는 복이 될지라 너를 축복하는 자에게는 내가 복을 내리고 너를 저주하는 자에게는 내가 저주하리니 땅의 모든 족속이 너로 말미암아 복을 얻을 것이라 하신지라

하나님의 언약을 믿고 승리합시다. 언약은 살아있는 하나님의 말씀이요, 예수님 이십니다.
하나님의 언약은 반드시 성취됩니다.
유대인과 예수님의 갈등적 차이는 언약 신앙의 차이입니다. 영적 아브라함의 자손처럼 축복받고, 승리하며 복되기를 주님의 이름으로 축원합니다. 할렐루야 - 아멘 오직 예수 그리스도.

20과

◆ 요 11장 1-57절

하늘의 아들이심을 믿나이다

예수님에게 특심한 사랑을 가지고 정성과 심혈을 기울여 헌신 봉사하던 마리아의 가정에 나사로가 죽었습니다. 문제는 나사로가 병들었다는 소식을 전해 드렸는데도 예수님께서 의도적으로 늦게 도착하셨습니다. 모든 것을 전능하신 하나님께서 섭리하시고 통치하십니다. 어린아이를 사랑합시다. 하나님의 계획과 뜻이 숨겨져 있습니다.

I. 병든 나사로(1-6)

1. 하나님께서 성도의 죽음을 허용하신 까닭(1-5)

(요 11:1-5) 어떤 병자가 있으니 이는 마리아와 그 자매 마르다의 마을 베다니에 사는 나사로라 이 마리아는 향유를 주께 붓고 머리털로 주의 발을 닦던 자요 병든 나사로는 그의 오라버니더라 이에 그 누이들이 예수께 사람을 보내어 이르되 주여 보시옵소서 사랑하시는 자가 병들었나이다 하니 예수께서 들으시고 이르시되 이 병은 죽을 병이 아니라 하나님의 영광을 위함이요 하나님의 아들이 이로 말미암아 영광을 받게 하려 함이라 하시더라 예수께서 본래 마르다와 그 동생과 나사로를 사랑하시더니

① 생명의 년수가 다 했을 때(욥 30:23)

(욥 30:23) 내가 아나이다 주께서 나를 죽게 하사 모든 생물을 위하여 정한 집으로 돌려보내시리이다

② 이 땅의 삶이 무익하다고 느낄 때(눅 16:22)

(눅 16:22) 이에 그 거지가 죽어 천사들에게 받들려 아브라함의 품에 들어가고 부자도 죽어 장사되매

③ 하나님의 영광을 나타나기 위하여(4, 15)

(요 11:4) 예수께서 들으시고 이르시되 이 병은 죽을 병이 아니라 하나님의 영광을 위함이요 하나님의 아들이 이로 말미암아 영광을 받게 하려 함이라 하시더라

(요 11:15) 내가 거기 있지 아니한 것을 너희를 위하여 기뻐하노니 이는 너희로 믿게 하려 함이라 그러나 그에게로 가자 하시니

④ 다른 사람을 주께로 돌아오도록 하실 때(빌 1:21)

(빌 1:21) 이는 내게 사는 것이 그리스도니 죽는 것도 유익함이라

⑤ 안식을 주기 위함(계 14:13)

(계 14:13) 또 내가 들으니 하늘에서 음성이 나서 이르되 기록하라 지금 이후로 주 안에서 죽는 자들은 복이 있도다 하시매 성령이 이르시되 그러하다 그들이 수고를 그치고 쉬리니 이는 그들의 행한 일이 따름이라 하시더라

2. 병들었다는 소식을 듣고 예수님께서 지체하신 의미 (6-16)

(요 11:6-16) 나사로가 병들었다 함을 들으시고 그 계시던

곳에 이틀을 더 유하시고 그 후에 제자들에게 이르시되 유대로 다시 가자 하시니 제자들이 말하되 랍비여 방금도 유대인들이 돌로 치려 하였는데 또 그리로 가시려 하나이까 예수께서 대답하시되 낮이 열두 시간이 아니냐 사람이 낮에 다니면 이 세상의 빛을 보므로 실족하지 아니하고 밤에 다니면 빛이 그 사람 안에 없는 고로 실족하느니라 이 말씀을 하신 후에 또 이르시되 우리 친구 나사로가 잠들었도다 그러나 내가 깨우러 가노라 제자들이 이르되 주여 잠들었으면 낫겠나이다 하더라 예수는 그의 죽음을 가리켜 말씀하신 것이나 그들은 잠들어 쉬는 것을 가리켜 말씀하심인 줄 생각하는지라 이에 예수께서 밝히 이르시되 나사로가 죽었느니라 내가 거기 있지 아니한 것을 너희를 위하여 기뻐하노니 이는 너희로 믿게 하려 함이라 그러나 그에게로 가자 하시니 디두모라고도 하는 도마가 다른 제자들에게 말하되 우리도 주와 함께 죽으러 가자 하니라

① 나사로가 죽기를 기다리심. 전능하신 하나님의 능력을 나타내기 위함(27)

(요 11:27) 이르되 주여 그러하외다 주는 그리스도시요 세상에 오시는 하나님의 아들이신 줄 내가 믿나이다

② 죽은 후 나흘에 찾으심. 더 큰 이적을 통한 하나님 섭리를 보여주심(14-15)

(요 11:14-15) 이에 예수께서 밝히 이르시되 나사로가 죽었느니라 내가 거기 있지 아니한 것을 너희를 위하여 기뻐하노니 이는 너희로 믿게 하려 함이라 그러나 그에게로 가자 하시니

③ 예수님은 자의적이며 환경과 사건에 메이지 않고 통치하심을 보여주고 있습니다.

※ 주 예수님께서 나의 주인이신가? 주님을 이용하려는 잘못된 신앙을 점검하면서 주님을 나의 주님으로 고백하고 제자의 삶을 살아야 합니다(27, 마 16:24). 자기 자신을 부인하고, 십자가를 지고, 말씀에 순종할 때 입니다.

(요 11:27) 이르되 주여 그러하외다 주는 그리스도시요 세상에 오시는 하나님의 아들이신 줄 내가 믿나이다

(마 16:24) 이에 예수께서 제자들에게 이르시되 누구든지 나를 따라오려거든 자기를 부인하고 자기 십자가를 지고 나를 따를 것이니라

3. 응답이 지체되는 이유

① 인내를 가르쳐 주고
② 주님의 능력을 체험하게 함
③ 주님의 때가 분명히 있음을 알려줌

4. 도마의 믿음(16)

(요 11:16) 디두모라고도 하는 도마가 다른 제자들에게 말하되 우리도 주와 함께 죽으러 가자 하니라

① 순종하는 믿음

② 주님을 위하여 헌신하는 믿음

③ 형제를 권면하는 믿음

Ⅱ. 유대인의 핍박과 예수님의 대처(7-16)

(요 11:7-16) 그 후에 제자들에게 이르시되 유대로 다시 가자 하시니 제자들이 말하되 랍비여 방금도 유대인들이 돌로 치려 하였는데 또 그리로 가시려 하나이까 예수께서 대답하시되 낮이 열두 시간이 아니냐 사람이 낮에 다니면 이 세상의 빛을 보므로 실족하지 아니하고 밤에 다니면 빛이 그 사람 안에 없는 고로 실족하느니라 이 말씀을 하신 후에 또 이르시되 우리 친구 나사로가 잠들었도다 그러나 내가 깨우러 가노라 제자들이 이르되 주여 잠들었으면 낫겠나이다 하더라 예수는 그의 죽음을 가리켜 말씀하신 것이나 그들은 잠들어 쉬는 것을 가리켜 말씀하심인 줄 생각하는지라 이에 예수께서 밝히 이르시되 나사로가 죽었느니라 내가 거기 있지 아니한 것을 너희를 위하여 기뻐하노니 이는 너희로 믿게 하려 함이라 그러나 그에게로 가자 하시니 디두모라고도 하는 도마가 다른 제자들에게 말하되 우리도 주와 함께 죽으러 가자 하니라

1. 유대인이 돌로 쳐 죽이려고 함

① 빛이 없어 실족함(9)

(요 11:9) 예수께서 대답하시되 낮이 열두 시간이 아니냐 사람이 낮에 다니면 이 세상의 빛을 보므로 실족하지 아니하고

② 세상 일을 함(9:4)

(요 9:4) 때가 아직 낮이매 나를 보내신 이의 일을 우리가 하여야 하리라 밤이 오리니 그 때는 아무도 일할 수 없느니라

③ 타락하여 죄에 빠짐(롬 13:12-13)

(롬 13:12) 밤이 깊고 낮이 가까웠으니 그러므로 우리가 어둠의 일을 벗고 빛의 갑옷을 입자 낮에와 같이 단정히 행하고 방탕하거나 술 취하지 말며 음란하거나 호색하지 말며 다투거나 시기하지 말고

④ 영적 소경이 됨(사 59:10)

(사 59:10) 우리가 맹인 같이 담을 더듬으며 눈 없는 자 같이 두루 더듬으며 낮에도 황혼 때 같이 넘어지니 우리는 강장한 자 중에서도 죽은 자 같은지라

⑤ 불의 가운데 행함(요일 1:6)

(요일 1:6) 만일 우리가 하나님과 사귐이 있다 하고 어둠에 행하면 거짓말을 하고 진리를 행하지 아니함이거니와

※ 밤이 오기 전에 일을 마쳐야 하는 인생의 삶으로 삽시다. 시간적으로, 삶의 행동으로, 생애 충성된 자가 되는 것이 행하는 빛된 하나님의 자녀 된 자의 삶입니다.

2. 예수님은 낮과 밤의 비유로 가르침

① 빛이 있어 안전함(9)

(요 11:9) 예수께서 대답하시되 낮이 열두 시간이 아니냐 사람이 낮에 다니면 이 세상의 빛을 보므로 실족하지 아니하고

② 하나님의 일을 함(9:11)

(요 9:11) 대답하되 예수라 하는 그 사람이 진흙을 이겨 내 눈에 바르고 나더러 실로암에 가서 씻으라 하기에 가서 씻었더니 보게 되었노라

③ 영원토록 빛을 비춤(단 12:3)

(단 12:3) 지혜 있는 자는 궁창의 빛과 같이 빛날 것이요 많은 사람을 옳은 데로 돌아오게 한 자는 별과 같이 영원토록 빛나리라

④ 생명의 빛을 얻음(8:12)

(요 8:12) 예수께서 또 말씀하여 이르시되 나는 세상의 빛이니 나를 따르는 자는 어둠에 다니지 아니하고 생명의 빛을 얻으리라

⑤ 죄사함 받음(요일 1:9)

(요일 1:9) 만일 우리가 우리 죄를 자백하면 그는 미쁘시고 의로우사 우리 죄를 사하시며 우리를 모든 불의에서 깨끗

하게 하실 것이요

Ⅲ. 죽은 나사로를 살리신 예수님(17-44)

(요 11:17-44) 예수께서 와서 보시니 나사로가 무덤에 있은 지 이미 나흘이라 베다니는 예루살렘에서 가깝기가 한 오 리쯤 되매 많은 유대인이 마르다와 마리아에게 그 오라비의 일로 위문하러 왔더니 마르다는 예수께서 오신다는 말을 듣고 곧 나가 맞이하되 마리아는 집에 앉았더라 마르다가 예수께 여짜오되 주께서 여기 계셨더라면 내 오라버니가 죽지 아니하였겠나이다 그러나 나는 이제라도 주께서 무엇이든지 하나님께 구하시는 것을 하나님이 주실 줄을 아나이다 예수께서 이르시되 네 오라비가 다시 살아나리라 마르다가 이르되 마지막 날 부활 때에는 다시 살아날 줄을 내가 아나이다 예수께서 이르시되 나는 부활이요 생명이니 나를 믿는 자는 죽어도 살겠고 무릇 살아서 나를 믿는 자는 영원히 죽지 아니하리니 이것을 네가 믿느냐 이르되 주여 그러하외다 주는 그리스도시요 세상에 오시는 하나님의 아들이신 줄 내가 믿나이다 이 말을 하고 돌아가서 가만히 그 자매 마리아를 불러 말하되 선생님이 오셔서 너를 부르신다 하니 마리아가 이 말을 듣고 급히 일어나 예수께 나아가매 예수는 아직 마을로 들어오지 아니하시고 마르다가 맞이했던 곳에 그대로 계시더라 마리아와 함께 집에 있어 위로하던 유대인들은 그가 급히 일어나 나가는 것을 보고 곡하러 무덤에 가는 줄로 생각하고 따라가더니 마리아가 예수 계신 곳에 가서 뵈옵고 그 발 앞에 엎드리어 이르되 주께서 여기 계셨더라면 내 오라버니가 죽지 아니하였겠나이다 하더라 예수께서 그가 우는 것과 또 함께 온 유대인들이 우는 것을 보시고 심령에 비통히 여기시고 불

쌓히 여기사 이르시되 그를 어디 두었느냐 이르되 주여 와서 보옵소서 하니 예수께서 눈물을 흘리시더라 이에 유대인들이 말하되 보라 그를 얼마나 사랑하셨는가 하며 그 중 어떤 이는 말하되 맹인의 눈을 뜨게 한 이 사람이 그 사람은 죽지 않게 할 수 없었더냐 하더라 이에 예수께서 다시 속으로 비통히 여기시며 무덤에 가시니 무덤이 굴이라 돌로 막았거늘 예수께서 이르시되 돌을 옮겨 놓으라 하시니 그 죽은 자의 누이 마르다가 이르되 주여 죽은 지가 나흘이 되었으매 벌써 냄새가 나나이다 예수께서 이르시되 내 말이 네가 믿으면 하나님의 영광을 보리라 하지 아니하였느냐 하시니 돌을 옮겨 놓으니 예수께서 눈을 들어 우러러 보시고 이르시되 아버지여 내 말을 들으신 것을 감사하나이다 항상 내 말을 들으시는 줄을 내가 알았나이다 그러나 이 말씀 하옵는 것은 둘러선 무리를 위함이니 곧 아버지께서 나를 보내신 것을 그들로 믿게 하려 함이니이다 이 말씀을 하시고 큰 소리로 나사로야 나오라 부르시니 죽은 자가 수족을 베로 동인 채로 나오는데 그 얼굴은 수건에 싸였더라 예수께서 이르시되 풀어 놓아 다니게 하라 하시니라

1. 성도의 올바른 신앙은 부활 신앙(17-27)

(요 11:17-27) 예수께서 와서 보시니 나사로가 무덤에 있은 지 이미 나흘이라 베다니는 예루살렘에서 가깝기가 한 오 리쯤 되매 많은 유대인이 마르다와 마리아에게 그 오라비의 일로 위문하러 왔더니 마르다는 예수께서 오신다는 말을 듣고 곧 나가 맞이하되 마리아는 집에 앉았더라 마르다가 예수께 여짜오되 주께서 여기 계셨더라면 내 오라버니가 죽지 아니하였겠나이다 그러나 나는 이제라도 주께서 무엇이든지 하나님께 구하시는 것을 하나님이 주실 줄을 아나이다 예수께서 이르시되 네 오라비가 다시 살아나

리라 마르다가 이르되 마지막 날 부활 때에는 다시 살아날 줄을 내가 아나이다 예수께서 이르시되 나는 부활이요 생명이니 나를 믿는 자는 죽어도 살겠고 무릇 살아서 나를 믿는 자는 영원히 죽지 아니하리니 이것을 네가 믿느냐 이르되 주여 그러하외다 주는 그리스도시요 세상에 오시는 하나님의 아들이신 줄 내가 믿나이다

1) 죄로 인해 하나님을 떠난 우리는 죽은 몸인데 예수님께서 다시 살리심(3:5, 엡 2:1, 8)

(요 3:5) 예수께서 대답하시되 진실로 진실로 네게 이르노니 사람이 물과 성령으로 나지 아니하면 하나님의 나라에 들어갈 수 없느니라

(엡 2:1) 그는 허물과 죄로 죽었던 너희를 살리셨도다

(엡 2:8) 너희는 그 은혜에 의하여 믿음으로 말미암아 구원을 받았으니 이것은 너희에게서 난 것이 아니요 하나님의 선물이라

① 영적 죽음(롬 3:23)

(롬 3:23, 개정) 모든 사람이 죄를 범하였으매 하나님의 영광에 이르지 못하더니

② 육체적 죽음(창 3:19)

(창 3:19) 네가 흙으로 돌아갈 때까지 얼굴에 땀을 흘려야 먹을 것을 먹으리니 네가 그것에서 취함을 입었음이라 너는 흙이니 흙으로 돌아갈 것이니라 하시니라

③ 영원한 죽음(계 21:8)

(계 21:8) 그러나 두려워하는 자들과 믿지 아니하는 자들과 흉악한 자들과 살인자들과 음행하는 자들과 점술가들과 우상 숭배자들과 거짓말하는 모든 자들은 불과 유황으로 타는 못에 던져지리니 이것이 둘째 사망이라

2) 예수님을 영접한 자는 영생에 이르고, 죽음이 끝이 아니라 새로운 출발점(눅 16:19-31, 눅 23:43)

(눅 16:19-31) 한 부자가 있어 자색 옷과 고운 베옷을 입고 날마다 호화롭게 즐기더라 그런데 나사로라 이름하는 한 거지가 헌데 투성이로 그의 대문 앞에 버려진 채 그 부자의 상에서 떨어지는 것으로 배불리려 하매 심지어 개들이 와서 그 헌데를 핥더라 이에 그 거지가 죽어 천사들에게 받들려 아브라함의 품에 들어가고 부자도 죽어 장사되매 그가 음부에서 고통중에 눈을 들어 멀리 아브라함과 그의 품에 있는 나사로를 보고 불러 이르되 아버지 아브라함이여 나를 긍휼히 여기사 나사로를 보내어 그 손가락 끝에 물을 찍어 내 혀를 서늘하게 하소서 내가 이 불꽃 가운데서 괴로워하나이다 아브라함이 이르되 얘 너는 살았을 때에 좋은 것을 받았고 나사로는 고난을 받았으니 이것을 기억하라 이제 그는 여기서 위로를 받고 너는 괴로움을 받느니라 그뿐 아니라 너희와 우리 사이에 큰 구렁텅이가 놓여 있어 여기서 너희에게 건너가고자 하되 갈 수 없고 거기서 우리에게 건너올 수도 없게 하였느니라 이르되 그러면 아버지여 구하노니 나사로를 내 아버지의 집에 보내소서 내 형제 다섯이 있으니 그들에게 증언하게 하여 그들로 이 고통 받는 곳에 오지 않게 하소서 아브라함이 이르되 그들에게 모세와 선지자들이 있으니 그들에게 들을지니라 이르되 그렇지 아

니하니이다 아버지 아브라함이여 만일 죽은 자에게서 그들에게 가는 자가 있으면 회개하리이다 이르되 모세와 선지자들에게 듣지 아니하면 비록 죽은 자 가운데서 살아나는 자가 있을지라도 권함을 받지 아니하리라 하였다 하시니라

(눅 23:43) 예수께서 이르시되 내가 진실로 네게 이르노니 오늘 네가 나와 함께 낙원에 있으리라 하시니라

3) 살아서 재림하실 주님을 만납시다. 죽음없이 새 하늘과 새 땅에 입성할 수 있습니다(살전 4:16-17).

(살전 4:16-17) 주께서 호령과 천사장의 소리와 하나님의 나팔 소리로 친히 하늘로부터 강림하시리니 그리스도 안에서 죽은 자들이 먼저 일어나고 그 후에 우리 살아 남은 자들도 그들과 함께 구름 속으로 끌어 올려 공중에서 주를 영접하게 하시리니 그리하여 우리가 항상 주와 함께 있으리라

4) 성도의 올바른 신앙

① 그리스도를 나의 구주로 인정(27)

(요 11:27) 이르되 주여 그러하외다 주는 그리스도시요 세상에 오시는 하나님의 아들이신 줄 내가 믿나이다

② 세상에 오실 구속주로 믿음

③ 하나님의 아들을 믿어야(27)

(요 11:27) 이르되 주여 그러하외다 주는 그리스도시요 세상에 오시는 하나님의 아들이신 줄 내가 믿나이다

2. 예수님의 눈물(28-37)

(요 11:28-37) 이 말을 하고 돌아가서 가만히 그 자매 마리아를 불러 말하되 선생님이 오셔서 너를 부르신다 하니 마리아가 이 말을 듣고 급히 일어나 예수께 나아가매 예수는 아직 마을로 들어오지 아니하시고 마르다가 맞이했던 곳에 그대로 계시더라 마리아와 함께 집에 있어 위로하던 유대인들은 그가 급히 일어나 나가는 것을 보고 곡하러 무덤에 가는 줄로 생각하고 따라가더니 마리아가 예수 계신 곳에 가서 뵈옵고 그 발 앞에 엎드리어 이르되 주께서 여기 계셨더라면 내 오라버니가 죽지 아니하였겠나이다 하더라 예수께서 그가 우는 것과 또 함께 온 유대인들이 우는 것을 보시고 심령에 비통히 여기시고 불쌍히 여기사 이르시되 그를 어디 두었느냐 이르되 주여 와서 보옵소서 하니 예수께서 눈물을 흘리시더라 이에 유대인들이 말하되 보라 그를 얼마나 사랑하셨는가 하며 그 중 어떤 이는 말하되 맹인의 눈을 뜨게 한 이 사람이 그 사람은 죽지 않게 할 수 없었더냐 하더라

① 나사로의 죽음(35)

가족을 불쌍히 여기시며 함께 우심을 볼 수 있습니다.

(요 11:35) 예수께서 눈물을 흘리시더라

② 예루살렘 멸망(눅 19:41-44)

예수를 영접하지 못함을 보시고, 주님의 사랑을 이해하지 못함을 보시고 우셨습니다.

(눅 19:41-44) 가까이 오사 성을 보시고 우시며 이르시되 너도 오늘 평화에 관한 일을 알았더라면 좋을 뻔하였거니와 지금 네 눈에 숨겨졌도다 날이 이를지라 네 원수들이 토둔을 쌓고 너를 둘러 사면으로 가두고 또 너와 및 그 가운데 있는 네 자식들을 땅에 메어치며 돌 하나도 돌 위에 남기지 아니하리니 이는 네가 보살핌 받는 날을 알지 못함을 인함이니라 하시니라

③ 기도하실 때(눅 22:41-44)

십자가 앞에서 인류를 구속하기 위한 최종 결단의 눈물

(눅 22:41-44) 그들을 떠나 돌 던질 만큼 가서 무릎을 꿇고 기도하여 이르시되 아버지여 만일 아버지의 뜻이거든 이 잔을 내게서 옮기시옵소서 그러나 내 원대로 마시옵고 아버지의 원대로 되기를 원하나이다 하시니 천사가 하늘로부터 예수께 나타나 힘을 더하더라 예수께서 힘쓰고 애써 더욱 간절히 기도하시니 땀이 땅에 떨어지는 핏방울 같이 되더라

3. 무덤 앞에 예수님의 행동(38-44)

① 돌을 옮겨 놓으라(38-40)

내 말을 믿고 순종하면 하나님의 영광을 보리라

(요 11:38-40) 이에 예수께서 다시 속으로 비통히 여기시며 무덤에 가시니 무덤이 굴이라 돌로 막았거늘 예수께서 이

르시되 돌을 옮겨 놓으라 하시니 그 죽은 자의 누이 마르다가 이르되 주여 죽은 지가 나흘이 되었으매 벌써 냄새가 나나이다 예수께서 이르시되 내 말이 네가 믿으면 하나님의 영광을 보리라 하지 아니하였느냐 하시니

② 감사기도(41, 막 9:29)

기도 이외는 이런 유가 날 수 없음

(요 11:41) 돌을 옮겨 놓으니 예수께서 눈을 들어 우러러 보시고 이르시되 아버지여 내 말을 들으신 것을 감사하나이다

(막 9:29) 이르시되 기도 외에 다른 것으로는 이런 종류가 나갈 수 없느니라 하시니라

③ 무덤에서 나오라고 명령(42-44)

죽은 나사로가 살아나심은 하나님의 권능을 보여주는 장면입니다.

(요 11:42-44) 항상 내 말을 들으시는 줄을 내가 알았나이다 그러나 이 말씀 하옵는 것은 둘러선 무리를 위함이니 곧 아버지께서 나를 보내신 것을 그들로 믿게 하려 함이니이다 이 말씀을 하시고 큰 소리로 나사로야 나오라 부르시니 죽은 자가 수족을 베로 동인 채로 나오는데 그 얼굴은 수건에 싸였더라 예수께서 이르시되 풀어 놓아 다니게 하라 하시니라

IV. 예수를 찾는 유대인들이 죽이려는 음모가 있음(11:47)

(요 11:47) 이에 대제사장들과 바리새인들이 공회를 모으고 이르되 이 사람이 많은 표적을 행하니 우리가 어떻게 하겠느냐

1. 음모기관은 예루살렘 공회

1) 구성원 70인

① 바리새인
② 서기관
③ 사두개파

2) 대제사장은 공회 의장이 됨

3) 권한은 온 세계에 미침(행 4:15)

(행 4:15) 명하여 공회에서 나가라 하고 서로 의논하여 이르되

2. 공회로 모이는 이유

① 많은 사람이 예수님을 생명의 복음으로 따르는 것이 두려움, 예수님의 인기 시기

② 기득권 상실 위협, 세상적 지위와 명예에 연연함
③ 하나님의 뜻을 모르기에, 로마 권력에 종이 되어서 흑암세력에 눌린 상태

결론

하나님을 모르는 행사나 기관이나 삶의 방법이 허무하고 무의미 합니다. 어린아이에 대한 예수님의 관심과 제자들의 생각이 차이가 납니다(마 19:13-15). 어린아이의 영혼을 사랑합시다.

(마 19:13-15) 그 때에 사람들이 예수께서 안수하고 기도해 주심을 바라고 어린 아이들을 데리고 오매 제자들이 꾸짖거늘 예수께서 이르시되 어린 아이들을 용납하고 내게 오는 것을 금하지 말라 천국이 이런 사람의 것이니라 하시고 그들에게 안수하시고 거기를 떠나시니라

살아계신 하나님의 뜻과 새 생명 예수님의 영적 삶이 내 생애와 사업과 직장과 하는 모든 일이 하나님께 영광돌리는 집중된 삶으로 승리하는 축복의 삶이 되시기를 축원합니다. 할렐루야-아멘 오직 예수그리스도.

21과

◆ 요 12장 1-30절

한 알의 밀알처럼

본문에서 밀알 하나가 땅에 떨어져 죽으면 많은 열매를 맺는다고 말씀 하십니다. 예수님은 밀알처럼 죄인 된 인간을 위하여 십자가의 죽으시고 부활하셔서 새 생명의 능력과 풍성한 삶의 열매 맺는 삶으로 지금 우리 속에 성령으로 역사하고 계십니다. 밀알처럼 희생하신 부모님의 사랑이 훌륭한 자녀로 성장시켜 주셨습니다.

I. 예수님에게 향유 붓는 마리아(12:1-11)

(요 12:1-11) 유월절 엿새 전에 예수께서 베다니에 이르시니 이 곳은 예수께서 죽은 자 가운데서 살리신 나사로가 있는 곳이라 거기서 예수를 위하여 잔치할새 마르다는 일을 하고 나사로는 예수와 함께 앉은 자 중에 있더라 마리아는 지극히 비싼 향유 곧 순전한 나드 한 근을 가져다가 예수의 발에 붓고 자기 머리털로 그의 발을 닦으니 향유 냄새가 집에 가득하더라 제자 중 하나로서 예수를 잡아 줄 가룟 유다가 말하되 이 향유를 어찌하여 삼백 데나리온에 팔아 가난한 자들에게 주지 아니하였느냐 하니 이렇게 말함은 가난한 자들을 생각함이 아니요 그는 도둑이라 돈궤를 맡고 거기 넣는 것을 훔쳐 감이러라 예수께서 이르시되 그를 가만 두어 나의 장례할 날을 위하여 그것을 간직하게 하라 가난한 자들은 항상 너희와 함께 있거니와 나는 항상 있지 아니하리라 하시니라 유대인의 큰 무리가 예수께서 여기 계신 줄을 알고 오니 이는 예수만 보기 위함이 아니요 죽은 자 가운데서 살리신 나사로도 보려 함이러라 대제사장들이 나사로까지 죽이려고 모의하니 나사로 때문에 많은 유대인이 가서 예수를 믿음이러라

1. 값진 마리아의 헌신은 순전한 나드 한 근의 향유를 예수님의 발에 붓고 머리털로 씻은 것입니다(3).

(요 12:3) 마리아는 지극히 비싼 향유 곧 순전한 나드 한 근을 가져다가 예수의 발에 붓고 자기 머리털로 그의 발을 닦으니 향유 냄새가 집에 가득하더라

1) 은혜의 감사 표현

① 나사로를 살려주심(1-3, 11:43-44)

(요 12:1-3) 유월절 엿새 전에 예수께서 베다니에 이르시니 이 곳은 예수께서 죽은 자 가운데서 살리신 나사로가 있는 곳이라 거기서 예수를 위하여 잔치할새 마르다는 일을 하고 나사로는 예수와 함께 앉은 자 중에 있더라 마리아는 지극히 비싼 향유 곧 순전한 나드 한 근을 가져다가 예수의 발에 붓고 자기 머리털로 그의 발을 닦으니 향유 냄새가 집에 가득하더라

(요 11:43-44) 이 말씀을 하시고 큰 소리로 나사로야 나오라 부르시니 죽은 자가 수족을 베로 동인 채로 나오는데 그 얼굴은 수건에 싸였더라 예수께서 이르시되 풀어 놓아 다니게 하라 하시니라

② 감사하는 자(눅 17:11-19)

(눅 17:11-19) 예수께서 예루살렘으로 가실 때에 사마리아와 갈릴리 사이로 지나가시다가 한 마을에 들어가시니 나병환자 열 명이 예수를 만나 멀리 서서 소리를 높여 이르되 예수 선생님이여 우리를 불쌍히 여기소서 하거늘 보

시고 이르시되 가서 제사장들에게 너희 몸을 보이라 하셨
더니 그들이 가다가 깨끗함을 받은지라 그 중의 한 사람이
자기가 나은 것을 보고 큰 소리로 하나님께 영광을 돌리며
돌아와 예수의 발 아래에 엎드리어 감사하니 그는 사마리
아 사람이라 예수께서 대답하여 이르시되 열 사람이 다 깨
끗함을 받지 아니하였느냐 그 아홉은 어디 있느냐 이 이방
인 외에는 하나님께 영광을 돌리러 돌아온 자가 없느냐 하
시고 그에게 이르시되 일어나 가라 네 믿음이 너를 구원하
였느니라 하시더라

③ 은혜를 모르는 자(시 103:3, 사 1:3)

(시 103:3) 그가 네 모든 죄악을 사하시며 네 모든 병을 고
치시며

(사 1:3) 소는 그 임자를 알고 나귀는 그 주인의 구유를 알
건마는 이스라엘은 알지 못하고 나의 백성은 깨닫지 못하
는도다 하셨도다

※ 주 예수님의 은혜와 하나님의 사랑에 감사하며 부모님
께 성령의 인도받는 감사가 있기 바랍니다.

2) 힘겨운 헌신

① 지극히 비싼 순전한(우선권 의식, 마 6:33, 고전 10:31,
롬 4:7-8)

(마 6:33) 그런즉 너희는 먼저 그의 나라와 그의 의를 구하
라 그리하면 이 모든 것을 너희에게 더하시리라

(고전 10:31) 그런즉 너희가 먹든지 마시든지 무엇을 하든지 다 하나님의 영광을 위하여 하라

(롬 4:7-8) 불법이 사함을 받고 죄가 가리어짐을 받는 사람들은 복이 있고 주께서 그 죄를 인정하지 아니하실 사람은 복이 있도다 함과 같으니라

② 거액 자원(사랑의 표현, 고후 8:3, 롬 8:35-39, 아 8:7)

(고후 8:3) 내가 증언하노니 그들이 힘대로 할 뿐 아니라 힘에 지나도록 자원하여

(롬 8:35-39) 누가 우리를 그리스도의 사랑에서 끊으리요 환난이나 곤고나 박해나 기근이나 적신이나 위험이나 칼이랴 기록된 바 우리가 종일 주를 위하여 죽임을 당하게 되며 도살 당할 양 같이 여김을 받았나이다 함과 같으니라 그러나 이 모든 일에 우리를 사랑하시는 이로 말미암아 우리가 넉넉히 이기느니라 내가 확신하노니 사망이나 생명이나 천사들이나 권세자들이나 현재 일이나 장래 일이나 능력이나 높음이나 깊음이나 다른 어떤 피조물이라도 우리를 우리 주 그리스도 예수 안에 있는 하나님의 사랑에서 끊을 수 없으리라

(아 8:7) 많은 물도 이 사랑을 끄지 못하겠고 홍수라도 삼키지 못하나니 사람이 그의 온 가산을 다 주고 사랑과 바꾸려 할지라도 오히려 멸시를 받으리라

③ 향유 냄새 진동(복음적 향기, 행 2:42-47, 창 45:7, 50:18-20)

(행 2:42-47) 그들이 사도의 가르침을 받아 서로 교제하고 떡을 떼며 오로지 기도하기를 힘쓰니라 사람마다 두려워하는데 사도들로 말미암아 기사와 표적이 많이 나타나니 믿는 사람이 다 함께 있어 모든 물건을 서로 통용하고 또 재산과 소유를 팔아 각 사람의 필요를 따라 나눠 주며 날마다 마음을 같이하여 성전에 모이기를 힘쓰고 집에서 떡을 떼며 기쁨과 순전한 마음으로 음식을 먹고 하나님을 찬미하며 또 온 백성에게 칭송을 받으니 주께서 구원 받는 사람을 날마다 더하게 하시니라

(창 45:7) 하나님이 큰 구원으로 당신들의 생명을 보존하고 당신들의 후손을 세상에 두시려고 나를 당신들보다 먼저 보내셨나니

(창 50:18-20) 그의 형들이 또 친히 와서 요셉의 앞에 엎드려 이르되 우리는 당신의 종들이니이다 요셉이 그들에게 이르되 두려워하지 마소서 내가 하나님을 대신하리이까 당신들은 나를 해하려 하였으나 하나님은 그것을 선으로 바꾸사 오늘과 같이 많은 백성의 생명을 구원하게 하시려 하셨나니

※ 향유의 냄새는 봉사와 헌신의 땀에 배어 나오는 진액처럼 어머니의 헌신적 땀 냄새가 자식들의 가슴에 향수로, 자녀를 위한 어머니의 희생적 고난의 비린내가 자녀 된 우리들에게 그윽한 향수가 됩니다.

3) 머리털로 예수님의 발을 씻김

① 지극히 낮아진 겸손(막 10:45, 마 18:3-5)

(막 10:45) 인자가 온 것은 섬김을 받으려 함이 아니라 도리어 섬기려 하고 자기 목숨을 많은 사람의 대속물로 주려 함이니라

(마 18:3-5) 이르시되 진실로 너희에게 이르노니 너희가 돌이켜 어린 아이들과 같이 되지 아니하면 결단코 천국에 들어가지 못하리라 그러므로 누구든지 이 어린 아이와 같이 자기를 낮추는 사람이 천국에서 큰 자니라 또 누구든지 내 이름으로 이런 어린 아이 하나를 영접하면 곧 나를 영접함이니

② 전폭적인 헌신(창 32:2-10, 롬 12:1-2)

(창 32:2-10) 야곱이 그들을 볼 때에 이르기를 이는 하나님의 군대라 하고 그 땅 이름을 마하나임이라 하였더라 야곱이 세일 땅 에돔 들에 있는 형 에서에게로 자기보다 앞서 사자들을 보내며 그들에게 명령하여 이르되 너희는 내 주 에서에게 이같이 말하라 주의 종 야곱이 이같이 말하기를 내가 라반과 함께 거류하며 지금까지 머물러 있었사오며 내게 소와 나귀와 양 떼와 노비가 있으므로 사람을 보내어 내 주께 알리고 내 주께 은혜 받기를 원하나이다 하라 하였더니 사자들이 야곱에게 돌아와 이르되 우리가 주인의 형 에서에게 이른즉 그가 사백 명을 거느리고 주인을 만나려고 오더이다 야곱이 심히 두렵고 답답하여 자기와 함께 한 동행자와 양과 소와 낙타를 두 떼로 나누고 이르되 에서가 와서 한 떼를 치면 남은 한 떼는 피하리라 하고 야곱이 또 이르되 내 조부 아브라함의 하나님, 내 아버지 이삭의 하나님 여호와여 주께서 전에 내게 명하시기를 네 고향, 네 족속에게로 돌아가라 내가 네게 은혜를 베풀리라 하셨나이다 나는 주께서 주의 종에게 베푸신 모든 은총과 모든

진실하심을 조금도 감당할 수 없사오나 내가 내 지팡이만 가지고 이 요단을 건넜더니 지금은 두 떼나 이루었나이다

(롬 12:1-2) 그러므로 형제들아 내가 하나님의 모든 자비하심으로 너희를 권하노니 너희 몸을 하나님이 기뻐하시는 거룩한 산 제물로 드리라 이는 너희가 드릴 영적 예배니라 너희는 이 세대를 본받지 말고 오직 마음을 새롭게 함으로 변화를 받아 하나님의 선하시고 기뻐하시고 온전하신 뜻이 무엇인지 분별하도록 하라

③ 감동적인 기념비(마 26:13), 부활신앙(7-8)

(마 26:13) 내가 진실로 너희에게 이르노니 온 천하에 어디서든지 이 복음이 전파되는 곳에서는 이 여자가 행한 일도 말하여 그를 기억하리라 하시니라

(요 12:7-8) 예수께서 이르시되 그를 가만 두어 나의 장례할 날을 위하여 그것을 간직하게 하라 가난한 자들은 항상 너희와 함께 있거니와 나는 항상 있지 아니하리라 하시니라

2. 가룟 유다의 오해

허비함으로 알고 있음 – 모든 일은 하나님의 기준에 판단되어야 합니다(마 26:8).

(마 26:8) 제자들이 보고 분개하여 이르되 무슨 의도로 이것을 허비하느냐

◎ 가룟 유다의 성경적 묘사

- 예수를 판 자(마 10:4)

(마 10:4) 가나나인 시몬 및 가룟 유다 곧 예수를 판 자라

- 나지 않았으면 좋았을 자(마 26:8)

(마 26:8) 제자들이 보고 분개하여 이르되 무슨 의도로 이 것을 허비하느냐

- 친구(마 26:50)

(마 26:50) 예수께서 이르시되 친구여 네가 무엇을 하려고 왔는지 행하라 하신대 이에 그들이 나아와 예수께 손을 대 어 잡는지라

- 마귀(요 6:70)

(요 6:70) 예수께서 대답하시되 내가 너희 열둘을 택하지 아니하였느냐 그러나 너희 중의 한 사람은 마귀니라 하 시니

- 도적(요 12:6)

(요 12:6) 이렇게 말함은 가난한 자들을 생각함이 아니요 저는 도적이라 돈 궤를 맡고 거기 넣는 것을 훔쳐감이러

- 깨끗지 않을 자(요 13:10-11)

(요 13:10-11) 예수께서 이르시되 이미 목욕한 자는 발밖에 씻을 필요가 없느니라 온 몸이 깨끗하니라 너희가 깨끗하나 다는 아니니라 하시니 이는 자기를 팔 자가 누구인지 아심이라 그러므로 다는 깨끗하지 아니하다 하시니라

- 멸망의 자식(요 17:12)

(요 17:12) 내가 그들과 함께 있을 때에 내게 주신 아버지의 이름으로 그들을 보전하고 지키었나이다 그 중의 하나도 멸망하지 않고 다만 멸망의 자식뿐이오니 이는 성경을 응하게 함이니이다

※ 남을 위하는 척 하면서 다른 사람의 말을 하는 자는 자기 자신의 말입니다. 가룟 유다는 진정으로 가난한 사람을 사랑하는 마음이 아니었습니다. 구실을 삼아 도적질하려는 속셈이었습니다(6).

(요 12:6) 이렇게 말함은 가난한 자들을 생각함이 아니요 그는 도둑이라 돈궤를 맡고 거기 넣는 것을 훔쳐 감이러라

II. 예수님의 승리의 입성(12-19)

(요 12:12-19) 그 이튿날에는 명절에 온 큰 무리가 예수께서 예루살렘으로 오신다는 것을 듣고 종려나무 가지를 가지고 맞으러 나가 외치되 호산나 찬송하리로다 주의 이름으로 오시는 이 곧 이스라엘의 왕이시여 하더라 예수는 한 어린 나귀를 보고 타시니 이는 기록된 바 시온 딸아 두려워하지 말라 보라 너의 왕이 나귀 새끼를 타고 오신다 함과 같더라 제자들은 처음에 이 일을 깨닫지 못하였다가 예수

께서 영광을 얻으신 후에야 이것이 예수께 대하여 기록된 것임과 사람들이 예수께 이같이 한 것임이 생각났더라 나사로를 무덤에서 불러내어 죽은 자 가운데서 살리실 때에 함께 있던 무리가 증언한지라 이에 무리가 예수를 맞음은 이 표적 행하심을 들었음이러라 바리새인들이 서로 말하되 볼지어다 너희 하는 일이 쓸 데 없다 보라 온 세상이 그를 따르는도다 하니라

1. 배경 : 주가 쓰시겠다 하라(마 21:3, 26:18)
나귀를 바친 자의 순종이 돋보입니다.

(마 21:3) 만일 누가 무슨 말을 하거든 주가 쓰시겠다 하라 그리하면 즉시 보내리라 하시니

(마 26:18) 이르시되 성안 아무에게 가서 이르되 선생님 말씀이 내 때가 가까이 왔으니 내 제자들과 함께 유월절을 네 집에서 지키겠다 하시더라 하라 하시니

2. 환영인가 반역인가는 오직 성령받은 그리스도인 되어야 알 수 있습니다(행 1:8).

(행 1:8) 오직 성령이 너희에게 임하시면 너희가 권능을 받고 예루살렘과 온 유대와 사마리아와 땅 끝까지 이르러 내 증인이 되리라 하시니라

3. 반드시 하나님의 말씀대로 성취되고, 예수님은 인류의 구세주로 승리자로 오셨습니다(요 3:16).

(요 3:16) 하나님이 세상을 이처럼 사랑하사 독생자를 주
셨으니 이는 그를 믿는 자마다 멸망하지 않고 영생을 얻게
하려 하심이라

Ⅲ. 예수님의 수난의 예고(20-30)

예수님은 인류를 위한 구속의 십자가의 제물로 죽으셨
지만 부활의 영광으로 생명을 주시고 한 알의 밀알이
땅에 떨어져 죽으므로 많은 열매를 맺은 것처럼 많은
영혼이 구원받아 영생 얻는 축복을 주셨습니다.

1. 예수님의 수난과 성도 삶은 함께 하는 삶 입니다(20-28).

(요 12:20-28) 명절에 예배하러 올라온 사람 중에 헬라인
몇이 있는데 그들이 갈릴리 벳새다 사람 빌립에게 가서 청
하여 이르되 선생이여 우리가 예수를 뵈옵고자 하나이다
하니 빌립이 안드레에게 가서 말하고 안드레와 빌립이 예
수께 가서 여쭈니 예수께서 대답하여 이르시되 인자가 영
광을 얻을 때가 왔도다 내가 진실로 진실로 너희에게 이르
노니 한 알의 밀이 땅에 떨어져 죽지 아니하면 한 알 그대
로 있고 죽으면 많은 열매를 맺느니라 자기의 생명을 사랑
하는 자는 잃어버릴 것이요 이 세상에서 자기의 생명을 미
워하는 자는 영생하도록 보전하리라 사람이 나를 섬기려
면 나를 따르라 나 있는 곳에 나를 섬기는 자도 거기 있으
리니 사람이 나를 섬기면 내 아버지께서 그를 귀히 여기시
리라 지금 내 마음이 괴로우니 무슨 말을 하리요 아버지여
나를 구원하여 이 때를 면하게 하여 주옵소서 그러나 내

가 이를 위하여 이 때에 왔나이다 아버지여, 아버지의 이름을 영광스럽게 하옵소서 하시니 이에 하늘에서 소리가 나서 이르되 내가 이미 영광스럽게 하였고 또다시 영광스럽게 하리라 하시니

1) 죽음(희생)은 생명을 얻고 빛된 삶, 새 생명의 영으로 성령 충만의 삶의 씨앗입니다(24).

(요 12:24) 내가 진실로 진실로 너희에게 이르노니 한 알의 밀이 땅에 떨어져 죽지 아니하면 한 알 그대로 있고 죽으면 많은 열매를 맺느니라

2) 자기 생명을 미워함은 애착을 떠나고 육체적 집착을 초월하는 영적인 삶 입니다(25).

(요 12:25) 자기의 생명을 사랑하는 자는 잃어버릴 것이요 이 세상에서 자기의 생명을 미워하는 자는 영생하도록 보전하리라

3) 주님을 따라야 합니다(26-28).

(요 12:26-28) 사람이 나를 섬기려면 나를 따르라 나 있는 곳에 나를 섬기는 자도 거기 있으리니 사람이 나를 섬기면 내 아버지께서 그를 귀히 여기시리라 지금 내 마음이 괴로우니 무슨 말을 하리요 아버지여 나를 구원하여 이 때를 면하게 하여 주옵소서 그러나 내가 이를 위하여 이 때에 왔나이다 아버지여, 아버지의 이름을 영광스럽게 하옵소서 하시니 이에 하늘에서 소리가 나서 이르되 내가 이미 영광스럽게 하였고 또다시 영광스럽게 하리라 하시니

① 하나님께 영광(28)

(요 12:28) 아버지여, 아버지의 이름을 영광스럽게 하옵소서 하시니 이에 하늘에서 소리가 나서 이르되 내가 이미 영광스럽게 하였고 또다시 영광스럽게 하리라 하시니

② 자신의 영광(23)

(요 12:23) 예수께서 대답하여 이르시되 인자가 영광을 얻을 때가 왔도다

③ 인간 영광(17:2)

(요 17:2) 아버지께서 아들에게 주신 모든 사람에게 영생을 주게 하시려고 만민을 다스리는 권세를 아들에게 주셨음이로소이다

2. 우레가 울었다고 천사가 말하였습니다(29-30). 하늘 소리가 들림

(요 12:29-30) 곁에 서서 들은 무리는 천둥이 울었다고도 하며 또 어떤 이들은 천사가 그에게 말하였다고도 하니 예수께서 대답하여 이르시되 이 소리가 난 것은 나를 위한 것이 아니요 너희를 위한 것이니라

① 탄생시(눅 2:8-14)

(눅 2:8-14) 그 지역에 목자들이 밤에 밖에서 자기 양 떼를 지키더니 주의 사자가 곁에 서고 주의 영광이 그들을 두루 비추매 크게 무서워하는지라 천사가 이르되 무서워하

지 말라 보라 내가 온 백성에게 미칠 큰 기쁨의 좋은 소식을 너희에게 전하노라 오늘 다윗의 동네에 너희를 위하여 구주가 나셨으니 곧 그리스도 주시니라 너희가 가서 강보에 싸여 구유에 뉘어 있는 아기를 보리니 이것이 너희에게 표적이니라 하더니 홀연히 수많은 천군이 그 천사들과 함께 하나님을 찬송하여 이르되 지극히 높은 곳에서는 하나님께 영광이요 땅에서는 하나님이 기뻐하신 사람들 중에 평화로다 하니라

② 세례시(마 3:15-17)

(마 3:15-17) 예수께서 대답하여 이르시되 이제 허락하라 우리가 이와 같이 하여 모든 의를 이루는 것이 합당하니라 하시니 이에 요한이 허락하는지라 예수께서 침례를 받으시고 곧 물에서 올라오실새 하늘이 열리고 하나님의 성령이 비둘기 같이 내려 자기 위에 임하심을 보시더니 하늘로부터 소리가 있어 말씀하시되 이는 내 사랑하는 아들이요 내 기뻐하는 자라 하시니라

③ 변화산상(마 17:1-8)

(마 17:1-8) 엿새 후에 예수께서 베드로와 야고보와 그 형제 요한을 데리시고 따로 높은 산에 올라가셨더니 그들 앞에서 변형되사 그 얼굴이 해 같이 빛나며 옷이 빛과 같이 희어졌더라 그 때에 모세와 엘리야가 예수와 더불어 말하는 것이 그들에게 보이거늘 베드로가 예수께 여쭈어 이르되 주여 우리가 여기 있는 것이 좋사오니 만일 주께서 원하시면 내가 여기서 초막 셋을 짓되 하나는 주님을 위하여, 하나는 모세를 위하여, 하나는 엘리야를 위하여 하리이다 말할 때에 홀연히 빛난 구름이 그들을 덮으며 구름 속에서

소리가 나서 이르시되 이는 내 사랑하는 아들이요 내 기
뻐하는 자니 너희는 그의 말을 들으라 하시는지라 제자들
이 듣고 엎드려 심히 두려워하니 예수께서 나아와 그들에
게 손을 대시며 이르시되 일어나라 두려워하지 말라 하시
니 제자들이 눈을 들고 보매 오직 예수 외에는 아무도 보
이지 아니하더라

결론

주님의 은혜와 주 예수님의 사랑이 충만하기를 간절
히 축원합니다. 예수님 안에서 살아가는 가정은 안정
되고, 행복한 가정으로 삽니다. 민족과 교회가 삽니다.
마리아처럼 향유를 붓는 헌신적 삶이 썩어진 밀알의
삶 입니다. 이 길을 주님이 가셨습니다. 그리고 주 예수
님께서 십자가에서 이루어 주셨고 우리가 순종하며 따
르면 많은 축복의 열매를 맺습니다. 오직 예수님 안에
서 영적 축복의 생명을 누리면서 승리의 삶을 사시기
바랍니다. 할렐루야-아멘 오직 예수그리스도.

22과

◆ 요 12장 31-50절

사람의 영광과 하나님의 영광

Ⅰ. 사람의 영광에 매여 사는 자는 불신앙 (31-43)

1. 예수님 대속의 십자가 결정적 역할(31-33)

(요 12:31-33) 이제 이 세상에 대한 심판이 이르렀으니 이 세상의 임금이 쫓겨나리라 내가 땅에서 들리면 모든 사람을 내게로 이끌겠노라 하시니 이렇게 말씀하심은 자기가 어떠한 죽음으로 죽을 것을 보이심이러라

1) 사단의 권세를 깨뜨림(창 3:15, 요일 3:8, 사 53:5-6, 고전 15:3, 요 19:30)

(창 3:15) 내가 너로 여자와 원수가 되게 하고 네 후손도 여자의 후손과 원수가 되게 하리니 여자의 후손은 네 머리를 상하게 할 것이요 너는 그의 발꿈치를 상하게 할 것이니라 하시고

(요일 3:8) 죄를 짓는 자는 마귀에게 속하나니 마귀는 처음부터 범죄함이라 하나님의 아들이 나타나신 것은 마귀의 일을 멸하려 하심이라

(사 53:5-6) 그가 찔림은 우리의 허물 때문이요 그가 상함은 우리의 죄악 때문이라 그가 징계를 받으므로 우리는 평화를 누리고 그가 채찍에 맞으므로 우리는 나음을 받았도다 우리는 다 양 같아서 그릇 행하여 각기 제 길로 갔거늘 여호와께서는 우리 모두의 죄악을 그에게 담당시키셨도다

(고전 15:3) 내가 받은 것을 먼저 너희에게 전하였노니 이는 성경대로 그리스도께서 우리 죄를 위하여 죽으시고

(요 19:3) 앞에 가서 이르되 유대인의 왕이여 평안할지어다 하며 손으로 때리더라

2) 죄의 종에서 해방과 사망에서 생명(롬 6:23, 7:19-25, 8:1-2, 요일 3:14, 벧전 2:24)

(롬 6:23) 죄의 삯은 사망이요 하나님의 은사는 그리스도 예수 우리 주 안에 있는 영생이니라

(롬 7:19-25) 내가 원하는 바 선은 행하지 아니하고 도리어 원하지 아니하는 바 악을 행하는도다 만일 내가 원하지 아니하는 그것을 하면 이를 행하는 자는 내가 아니요 내 속에 거하는 죄니라 그러므로 내가 한 법을 깨달았노니 곧 선을 행하기 원하는 나에게 악이 함께 있는 것이로다 내 속 사람으로는 하나님의 법을 즐거워하되 내 지체 속에서 한 다른 법이 내 마음의 법과 싸워 내 지체 속에 있는 죄의 법으로 나를 사로잡는 것을 보는도다 오호라 나는 곤고한 사람이로다 이 사망의 몸에서 누가 나를 건져내랴 우리 주 예수 그리스도로 말미암아 하나님께 감사하리로다 그런즉 내 자신이 마음으로는 하나님의 법을 육신으로는 죄의 법을 섬기노라

(롬 8:1-2) 그러므로 이제 그리스도 예수 안에 있는 자에게는 결코 정죄함이 없나니 이는 그리스도 예수 안에 있는 생명의 성령의 법이 죄와 사망의 법에서 너를 해방하였음이라

(요일 3:4) 죄를 짓는 자마다 불법을 행하나니 죄는 불법이라

(벧전 2:24) 친히 나무에 달려 그 몸으로 우리 죄를 담당하셨으니 이는 우리로 죄에 대하여 죽고 의에 대하여 살게 하려 하심이라 그가 채찍에 맞음으로 너희는 나음을 얻었나니

3) 세상 임금이 쫓겨남(고전 2:6-8, 고후 4:4, 엡 2:3, 6:12)

(고전 2:6-8) 그러나 우리가 온전한 자들 중에서는 지혜를 말하노니 이는 이 세상의 지혜가 아니요 또 이 세상에서 없어질 통치자들의 지혜도 아니요 오직 은밀한 가운데 있는 하나님의 지혜를 말하는 것으로서 곧 감추어졌던 것인데 하나님이 우리의 영광을 위하여 만세 전에 미리 정하신 것이라 이 지혜는 이 세대의 통치자들이 한 사람도 알지 못하였나니 만일 알았더라면 영광의 주를 십자가에 못 박지 아니하였으리라

(고후 4:4) 그 중에 이 세상의 신이 믿지 아니하는 자들의 마음을 혼미하게 하여 그리스도의 영광의 복음의 광채가 비치지 못하게 함이니 그리스도는 하나님의 형상이니라

(엡 2:3) 전에는 우리도 다 그 가운데서 우리 육체의 욕심을 따라 지내며 육체와 마음의 원하는 것을 하여 다른 이들과 같이 본질상 진노의 자녀이었더니

(엡 6:12) 우리의 씨름은 혈과 육을 상대하는 것이 아니요 통치자들과 권세들과 이 어둠의 세상 주관자들과 하늘에

있는 악의 영들을 상대함이라

※ 사단의 종말은 멸망이 기정사실화되고, 무저갱에 들어가게 됩니다(계 20:1-3).

(계 20:1-3) 또 내가 보매 천사가 무저갱의 열쇠와 큰 쇠사슬을 그의 손에 가지고 하늘로부터 내려와서 용을 잡으니 곧 옛 뱀이요 마귀요 사탄이라 잡아서 천 년 동안 결박하여 무저갱에 던져 넣어 잠그고 그 위에 인봉하여 천 년이 차도록 다시는 만국을 미혹하지 못하게 하였는데 그 후에는 반드시 잠깐 놓이리라

2. 유대인의 불신앙에 대한 예수님의 권면(34-41)

(요 12:34-41) 이에 무리가 대답하되 우리는 율법에서 그리스도가 영원히 계신다 함을 들었거늘 너는 어찌하여 인자가 들려야 하리라 하느냐 이 인자는 누구냐 예수께서 이르시되 아직 잠시 동안 빛이 너희 중에 있으니 빛이 있을 동안에 다녀 어둠에 붙잡히지 않게 하라 어둠에 다니는 자는 그 가는 곳을 알지 못하느니라 너희에게 아직 빛이 있을 동안에 빛을 믿으라 그리하면 빛의 아들이 되리라 예수께서 이 말씀을 하시고 그들을 떠나가서 숨으시니라 이렇게 많은 표적을 그들 앞에서 행하셨으나 그를 믿지 아니하니 이는 선지자 이사야의 말씀을 이루려 하심이라 이르되 주여 우리에게서 들은 바를 누가 믿었으며 주의 팔이 누구에게 나타났나이까 하였더라 그들이 능히 믿지 못한 것은 이 때문이니 곧 이사야가 다시 일렀으되 그들의 눈을 멀게 하시고 그들의 마음을 완고하게 하셨으니 이는 그들로 하여금 눈으로 보고 마음으로 깨닫고 돌이켜 내게 고침을 받지 못

하게 하려 함이라 하였음이더라 이사야가 이렇게 말한 것
은 주의 영광을 보고 주를 가리켜 말한 것이라

1) 영적 소경은 불신앙

– 어둠에서 해방 받을 것을 권면함(35)

(요 12:35) 예수께서 이르시되 아직 잠시 동안 빛이 너희
중에 있으니 빛이 있을 동안에 다녀 어둠에 붙잡히지 않게
하라 어둠에 다니는 자는 그 가는 곳을 알지 못하느니라

– 빛이 있는 동안에 믿으라(36)(기회 지나기 전에)

(요 12:36) 너희에게 아직 빛이 있을 동안에 빛을 믿으라 그
리하면 빛의 아들이 되리라 예수께서 이 말씀을 하시고 그
들을 떠나가서 숨으시니라

– 표적을 믿지 않은 것은 선지자의 예언(37-41)

(요 12:37-41) 이렇게 많은 표적을 그들 앞에서 행하셨으
나 그를 믿지 아니하니 이는 선지자 이사야의 말씀을 이루
려 하심이라 이르되 주여 우리에게서 들은 바를 누가 믿었
으며 주의 팔이 누구에게 나타났나이까 하였더라 그들이
능히 믿지 못한 것은 이 때문이니 곧 이사야가 다시 일렀
으되 그들의 눈을 멀게 하시고 그들의 마음을 완고하게 하
셨으니 이는 그들로 하여금 눈으로 보고 마음으로 깨닫고
돌이켜 내게 고침을 받지 못하게 하려 함이라 하였음이더
라 이사야가 이렇게 말한 것은 주의 영광을 보고 주를 가
리켜 말한 것이라

2) 불신앙의 특징

- 말씀을 믿지 않음(36, 1:11-14, 마 23:23)

(요 12:36) 너희에게 아직 빛이 있을 동안에 빛을 믿으라 그리하면 빛의 아들이 되리라 예수께서 이 말씀을 하시고 그들을 떠나가서 숨으시니라

(요 1:11-14) 자기 땅에 오매 자기 백성이 영접하지 아니하였으나 영접하는 자 곧 그 이름을 믿는 자들에게는 하나님의 자녀가 되는 권세를 주셨으니 이는 혈통으로나 육정으로나 사람의 뜻으로 나지 아니하고 오직 하나님께로부터 난 자들이니라 말씀이 육신이 되어 우리 가운데 거하시매 우리가 그의 영광을 보니 아버지의 독생자의 영광이요 은혜와 진리가 충만하더라

(마 23:23) 화 있을진저 외식하는 서기관들과 바리새인들이여 너희가 박하와 회향과 근채의 십일조는 드리되 율법의 더 중한 바 정의와 긍휼과 믿음은 버렸도다 그러나 이것도 행하고 저것도 버리지 말아야 할지니라

- 표적을 믿지 않음(37, 민 14:22)

(요 12:37) 이렇게 많은 표적을 그들 앞에서 행하셨으나 그를 믿지 아니하니

(민 14:22) 내 영광과 애굽과 광야에서 행한 내 이적을 보고서도 이같이 열 번이나 나를 시험하고 내 목소리를 청종하지 아니한 그 사람들은

3) 표적을 보여주신 예수님(37-41)

(요 12:37-41) 이렇게 많은 표적을 그들 앞에서 행하셨으나 그를 믿지 아니하니 이는 선지자 이사야의 말씀을 이루려 하심이라 이르되 주여 우리에게서 들은 바를 누가 믿었으며 주의 팔이 누구에게 나타났나이까 하였더라 그들이 능히 믿지 못한 것은 이 때문이니 곧 이사야가 다시 일렀으되 그들의 눈을 멀게 하시고 그들의 마음을 완고하게 하셨으니 이는 그들로 하여금 눈으로 보고 마음으로 깨닫고 돌이켜 내게 고침을 받지 못하게 하려 함이라 하였음이더라 이사야가 이렇게 말한 것은 주의 영광을 보고 주를 가리켜 말한 것이라

- 표적은 알게 해 주고 표시하여 주는 증표이며, 예수님에 대한 권세와 능력자로 보여줌(마 7:28-29)

(마 7:28-29) 예수께서 이 말씀을 마치시매 무리들이 그의 가르치심에 놀라니 이는 그 가르치시는 것이 권위 있는 자와 같고 그들의 서기관들과 같지 아니함일러라

- 표적의 목적은 증거를 보여 주시고, 확신을 심어주는데 있습니다(마 13:10-16).

(마 13:10-16) 제자들이 예수께 나아와 이르되 어찌하여 그들에게 비유로 말씀하시나이까 대답하여 이르시되 천국의 비밀을 아는 것이 너희에게는 허락되었으나 그들에게는 아니되었나니 무릇 있는 자는 받아 넉넉하게 되되 없는 자는 그 있는 것도 빼앗기리라 그러므로 내가 그들에게 비유로 말하는 것은 그들이 보아도 보지 못하며 들어도 듣지 못하며 깨닫지 못함이니라 이사야의 예언이 그들에게 이

루어졌으니 일렀으되 너희가 듣기는 들어도 깨닫지 못할 것이요 보기는 보아도 알지 못하리라 이 백성들의 마음이 완악하여져서 그 귀는 듣기에 둔하고 눈은 감았으니 이는 눈으로 보고 귀로 듣고 마음으로 깨달아 돌이켜 내게 고침을 받을까 두려워함이라 하였느니라 그러나 너희 눈은 봄으로, 너희 귀는 들음으로 복이 있도다

II. 예수님을 믿으면(44-46)

(요 12:44-26) 예수께서 외쳐 이르시되 나를 믿는 자는 나를 믿는 것이 아니요 나를 보내신 이를 믿는 것이며 나를 보는 자는 나를 보내신 이를 보는 것이니라 나는 빛으로 세상에 왔나니 무릇 나를 믿는 자로 어둠에 거하지 않게 하려 함이로라

1. 하나님을 믿는 것임(44, 10:30, 17:11)

(요 12:44) 예수께서 외쳐 이르시되 나를 믿는 자는 나를 믿는 것이 아니요 나를 보내신 이를 믿는 것이며

(요 10:30) 나와 아버지는 하나이니라 하신대

(요 17:11) 나는 세상에 더 있지 아니하오나 그들은 세상에 있사옵고 나는 아버지께로 가옵나니 거룩하신 아버지여 내게 주신 아버지의 이름으로 그들을 보전하사 우리와 같이 그들도 하나가 되게 하옵소서

2. 예수를 본 자는 하나님을 본 것임(45, 5:19-24, 8:19, 42, 13:20, 14:8)

(요 12:45) 나를 보는 자는 나를 보내신 이를 보는 것이니라

(요 5:19-24) 그러므로 예수께서 그들에게 이르시되 내가 진실로 진실로 너희에게 이르노니 아들이 아버지께서 하시는 일을 보지 않고는 아무 것도 스스로 할 수 없나니 아버지께서 행하시는 그것을 아들도 그와 같이 행하느니라 아버지께서 아들을 사랑하사 자기가 행하시는 것을 다 아들에게 보이시고 또 그보다 더 큰 일을 보이사 너희로 놀랍게 여기게 하시리라 아버지께서 죽은 자들을 일으켜 살리심 같이 아들도 자기가 원하는 자들을 살리느니라 아버지께서 아무도 심판하지 아니하시고 심판을 다 아들에게 맡기셨으니 이는 모든 사람으로 아버지를 공경하는 것 같이 아들을 공경하게 하려 하심이라 아들을 공경하지 아니하는 자는 그를 보내신 아버지도 공경하지 아니하느니라 내가 진실로 진실로 너희에게 이르노니 내 말을 듣고 또 나 보내신 이를 믿는 자는 영생을 얻었고 심판에 이르지 아니하나니 사망에서 생명으로 옮겼느니라

(요 8:19) 이에 그들이 묻되 네 아버지가 어디 있느냐 예수께서 대답하시되 너희는 나를 알지 못하고 내 아버지도 알지 못하는도다 나를 알았더라면 내 아버지도 알았으리라

(요 8:42) 예수께서 이르시되 하나님이 너희 아버지였으면 너희가 나를 사랑하였으리니 이는 내가 하나님께로부터 나와서 왔음이라 나는 스스로 온 것이 아니요 아버지께서 나를 보내신 것이니라

(요 13:20) 내가 진실로 진실로 너희에게 이르노니 내가 보낸 자를 영접하는 자는 나를 영접하는 것이요 나를 영접하는 자는 나를 보내신 이를 영접하는 것이니라

(요 14:8) 빌립이 이르되 주여 아버지를 우리에게 보여 주옵소서 그리하면 족하겠나이다

3. 빛된 생활이 생명력있는 영적인 삶(46, 1:4, 3:19, 12:25)

(요 12:46) 나는 빛으로 세상에 왔나니 무릇 나를 믿는 자로 어둠에 거하지 않게 하려 함이로라

(요 1:4) 그 안에 생명이 있었으니 이 생명은 사람들의 빛이라

(요 3:19) 그 정죄는 이것이니 곧 빛이 세상에 왔으되 사람들이 자기 행위가 악하므로 빛보다 어둠을 더 사랑한 것이니라

(요 12:25) 자기의 생명을 사랑하는 자는 잃어버릴 것이요 이 세상에서 자기의 생명을 미워하는 자는 영생하도록 보전하리라

Ⅲ. 예수님의 오신 목적은 구원과 영생(47-50)

(요 12:47-50) 사람이 내 말을 듣고 지키지 아니할지라도

내가 그를 심판하지 아니하노라 내가 온 것은 세상을 심판하려 함이 아니요 세상을 구원하려 함이로라 나를 저버리고 내 말을 받지 아니하는 자를 심판할 이가 있으니 곧 내가 한 그 말이 마지막 날에 그를 심판하리라 내가 내 자의로 말한 것이 아니요 나를 보내신 아버지께서 내가 말할 것과 이를 것을 친히 명령하여 주셨으니 나는 그의 명령이 영생인 줄 아노라 그러므로 내가 이르는 것은 내 아버지께서 내게 말씀하신 그대로니라 하시니라

1. 예수님의 말씀 선포는 심판 형벌보다 구원에 목적이 있음(47, 20:31)

(요 12:47) 사람이 내 말을 듣고 지키지 아니할지라도 내가 그를 심판하지 아니하노라 내가 온 것은 세상을 심판하려 함이 아니요 세상을 구원하려 함이로라

(요 20:31) 오직 이것을 기록함은 너희로 예수께서 하나님의 아들 그리스도이심을 믿게 하려 함이요 또 너희로 믿고 그 이름을 힘입어 생명을 얻게 하려 함이니라

2. 예수님의 말씀을 믿지 않는 자는 마지막 날에 심판받음(48, 5:29)

(요 12:48) 나를 저버리고 내 말을 받지 아니하는 자를 심판할 이가 있으니 곧 내가 한 그 말이 마지막 날에 그를 심판하리라

(요 5:29) 선한 일을 행한 자는 생명의 부활로, 악한 일을 행

한 자는 심판의 부활로 나오리라

3. 말씀은 명령이요 예수님의 권세 입니다(49).
말씀은 예수님, 하나님의 생생한 음성이요 성령의 능력
이며 축복 자체 입니다.

(요 12:49) 내가 내 자의로 말한 것이 아니요 나를 보내신
아버지께서 내가 말할 것과 이를 것을 친히 명령하여 주셨
으니

- 생명력(히 4:12)

(히 4:12) 하나님의 말씀은 살아 있고 활력이 있어 좌우에
날선 어떤 검보다도 예리하여 혼과 영과 및 관절과 골수를
찔러 쪼개기까지 하며 또 마음의 생각과 뜻을 판단하나니

- 능력(렘 23:29)

(렘 23:29) 여호와의 말씀이니라 내 말이 불 같지 아니하냐
바위를 쳐서 부스러뜨리는 방망이 같지 아니하냐

- 권세(창 1:3, 눅 4:32, 36)

(창 1:3) 하나님이 이르시되 빛이 있으라 하시니 빛이 있
었고

(눅 4:32) 그들이 그 가르치심에 놀라니 이는 그 말씀이 권
위가 있음이러라

(눅 4:36) 다 놀라 서로 말하여 이르되 이 어떠한 말씀인고 권위와 능력으로 더러운 귀신을 명하매 나가는도다 하더라

– 축복(창 1:26-28, 요 1:14, 마 28:18-20)

(창 1:26-28) 하나님이 이르시되 우리의 형상을 따라 우리의 모양대로 우리가 사람을 만들고 그들로 바다의 물고기와 하늘의 새와 가축과 온 땅과 땅에 기는 모든 것을 다스리게 하자 하시고 하나님이 자기 형상 곧 하나님의 형상대로 사람을 창조하시되 남자와 여자를 창조하시고 하나님이 그들에게 복을 주시며 하나님이 그들에게 이르시되 생육하고 번성하여 땅에 충만하라, 땅을 정복하라, 바다의 물고기와 하늘의 새와 땅에 움직이는 모든 생물을 다스리라 하시니라

(요 1:14) 말씀이 육신이 되어 우리 가운데 거하시매 우리가 그의 영광을 보니 아버지의 독생자의 영광이요 은혜와 진리가 충만하더라

(마 28:18-20) 예수께서 나아와 말씀하여 이르시되 하늘과 땅의 모든 권세를 내게 주셨으니 그러므로 너희는 가서 모든 민족을 제자로 삼아 아버지와 아들과 성령의 이름으로 침례를 베풀고 내가 너희에게 분부한 모든 것을 가르쳐 지키게 하라 볼지어다 내가 세상 끝날까지 너희와 항상 함께 있으리라 하시니라

– 영원하신 말씀(사 40:8, 벧전 1:23-25)

(사 40:8) 풀은 마르고 꽃은 시드나 우리 하나님의 말씀은

영원히 서리라 하라

(벧전 1:23-25) 너희가 거듭난 것은 썩어질 씨로 된 것이 아니요 썩지 아니할 씨로 된 것이니 살아 있고 항상 있는 하나님의 말씀으로 되었느니라 그러므로 모든 육체는 풀과 같고 그 모든 영광은 풀의 꽃과 같으니 풀은 마르고 꽃은 떨어지되 오직 주의 말씀은 세세토록 있도다 하였으니 너희에게 전한 복음이 곧 이 말씀이니라

※ 예수님은 하나님의 명령이 영생이라고 선포하고 구원받은 자가 누릴 축복이 영생임을 말씀하고 있습니다(50). 새 하늘과 새 땅인 천국의 영생복락의 삶을 보여주고 있습니다(계 21:1-7).

(계 21:1-7) 또 내가 새 하늘과 새 땅을 보니 처음 하늘과 처음 땅이 없어졌고 바다도 다시 있지 않더라 또 내가 보매 거룩한 성 새 예루살렘이 하나님께로부터 하늘에서 내려오니 그 준비한 것이 신부가 남편을 위하여 단장한 것 같더라 내가 들으니 보좌에서 큰 음성이 나서 이르되 보라 하나님의 장막이 사람들과 함께 있으매 하나님이 그들과 함께 계시리니 그들은 하나님의 백성이 되고 하나님은 친히 그들과 함께 계셔서 모든 눈물을 그 눈에서 닦아 주시니 다시는 사망이 없고 애통하는 것이나 곡하는 것이나 아픈 것이 다시 있지 아니하리니 처음 것들이 다 지나갔음이러라 보좌에 앉으신 이가 이르시되 보라 내가 만물을 새롭게 하노라 하시고 또 이르시되 이 말은 신실하고 참되니 기록하라 하시고 또 내게 말씀하시되 이루었도다 나는 알파와 오메가요 처음과 마지막이라 내가 생명수 샘물을 목마른 자에게 값없이 주리니 이기는 자는 이것들을 상속으로 받으리라 나는 그의 하나님이 되고 그는 내 아들이 되리라

결론

사람의 영광은 불신앙의 삶이요 세속적인 삶입니다. 하나님의 영광은 오직 예수님의 삶으로 말씀에 생명력을 갖고 하나님 뜻대로 순종할 때 하나님께 영광 돌리고 그리스도의 복음의 증인이 됩니다.

예수님께서 하나님의 뜻을 믿고 순종하며 십자가에 죽으신 것처럼 우리 성도들이 예수를 그리스도로 믿고 살아계신 하나님으로 분명히 시인하며 증인적 사명감으로 살 때, 구원받은 하나님의 자녀로 영생복락을 누립니다. 십자가의 복음은 생명의 복음이요 부활신앙은 영적 새 생명의 실체입니다. 할렐루야-아멘 오직 예수 그리스도.

23과

◆ 요 13장 1-38절

주님의 손에 잡혀라

훌륭한 지도자는 미래에 대한 확실한 비전과 책임의식을 갖고 매듭이 돋보이게 일을 처리합니다. 목적의식(방향과 우선권), 역사의식(미래를 보는 통찰력), 사명의식(생명 바쳐 헌신하고 책임성있는 결단)이 분명합니다. 이 세상의 온전한 지도자는 오직 한 분 예수님 이십니다(마 23:10).

(마 23:10) 또한 지도자라 칭함을 받지 말라 너희의 지도자는 한 분이시니 곧 그리스도시니라

서기관과 바리새인은 어깨를 무겁게 하는 율법의 짐을 줍니다. 예수님은 공생애 끝날 즈음에 복음 전하는 자들을 끝까지 사랑하고 지켜주실 것을 보장하셨습니다(마 28:18-20).

(마 28:18-20) 예수께서 나아와 말씀하여 이르시되 하늘과 땅의 모든 권세를 내게 주셨으니 그러므로 너희는 가서 모든 민족을 제자로 삼아 아버지와 아들과 성령의 이름으로 침례를 베풀고 내가 너희에게 분부한 모든 것을 가르쳐 지키게 하라 볼지어다 내가 세상 끝날까지 너희와 항상 함께 있으리라 하시니라

I. 제자들의 발을 씻기신 예수님(1-20)

(요 13:1-20) 유월절 전에 예수께서 자기가 세상을 떠나 아버지께로 돌아가실 때가 이른 줄 아시고 세상에 있는 자기 사람들을 사랑하시되 끝까지 사랑하시니라 마귀가 벌써 시몬의 아들 가룟 유다의 마음에 예수를 팔려는 생각을 넣었더라 저녁 먹는 중 예수는 아버지께서 모든 것을 자기 손에 맡

기신 것과 또 자기가 하나님께로부터 오셨다가 하나님께로 돌아가실 것을 아시고 저녁 잡수시던 자리에서 일어나 겉옷을 벗고 수건을 가져다가 허리에 두르시고 이에 대야에 물을 떠서 제자들의 발을 씻으시고 그 두르신 수건으로 닦기를 시작하여 시몬 베드로에게 이르시니 베드로가 이르되 주여 주께서 내 발을 씻으시나이까 예수께서 대답하여 이르시되 내가 하는 것을 네가 지금은 알지 못하나 이 후에는 알리라 베드로가 이르되 내 발을 절대로 씻지 못하시리이다 예수께서 대답하시되 내가 너를 씻어 주지 아니하면 네가 나와 상관이 없느니라 시몬 베드로가 이르되 주여 내 발뿐 아니라 손과 머리도 씻어 주옵소서 예수께서 이르시되 이미 목욕한 자는 발밖에 씻을 필요가 없느니라 온 몸이 깨끗하니라 너희가 깨끗하나 다는 아니니라 하시니 이는 자기를 팔 자가 누구인지 아심이라 그러므로 다는 깨끗하지 아니하다 하시니라 그들의 발을 씻으신 후에 옷을 입으시고 다시 앉아 그들에게 이르시되 내가 너희에게 행한 것을 너희가 아느냐 너희가 나를 선생이라 또는 주라 하니 너희 말이 옳도다 내가 그러하다 내가 주와 또는 선생이 되어 너희 발을 씻었으니 너희도 서로 발을 씻어 주는 것이 옳으니라 내가 너희에게 행한 것 같이 너희도 행하게 하려 하여 본을 보였노라 내가 진실로 진실로 너희에게 이르노니 종이 주인보다 크지 못하고 보냄을 받은 자가 보낸 자보다 크지 못하나니 너희가 이것을 알고 행하면 복이 있으리라 내가 너희 모두를 가리켜 말하는 것이 아니니라 나는 내가 택한 자들이 누구인지 앎이라 그러나 내 떡을 먹는 자가 내게 발꿈치를 들었다 한 성경을 응하게 하려는 것이니라 지금부터 일이 일어나기 전에 미리 너희에게 일러 둠은 일이 일어날 때에 내가 그인 줄 너희가 믿게 하려 함이로라 내가 진실로 진실로 너희에게 이르노니 내가 보낸 자를 영접하는 자는 나를 영접하는 것이요 나를 영접하는 자는 나를 보내신 이를 영접하는 것이니라

1. 하나님의 뜻대로 예수님은 십자가의 피로 깨끗한 삶을 책임지심(1-3)

(요 13:1-3) 유월절 전에 예수께서 자기가 세상을 떠나 아버지께로 돌아가실 때가 이른 줄 아시고 세상에 있는 자기 사람들을 사랑하시되 끝까지 사랑하시니라 마귀가 벌써 시몬의 아들 가룟 유다의 마음에 예수를 팔려는 생각을 넣었더라 저녁 먹는 중 예수는 아버지께서 모든 것을 자기 손에 맡기신 것과 또 자기가 하나님께로부터 오셨다가 하나님께로 돌아가실 것을 아시고

① 성령의 전으로 값으로 샀으니 하나님께 영광 돌려야(고전 6:19-20).

(고전 6:19-20) 너희 몸은 너희가 하나님께로부터 받은 바 너희 가운데 계신 성령의 전인 줄을 알지 못하느냐 너희는 너희 자신의 것이 아니라 값으로 산 것이 되었으니 그런즉 너희 몸으로 하나님께 영광을 돌리라

② 황소의 피로 정결케 하거든 하물며 예수님의 피가 속하지 못하겠느냐(히 9:13-15).

(히 9:13-15) 염소와 황소의 피와 및 암송아지의 재를 부정한 자에게 뿌려 그 육체를 정결하게 하여 거룩하게 하거든 하물며 영원하신 성령으로 말미암아 흠 없는 자기를 하나님께 드린 그리스도의 피가 어찌 너희 양심을 죽은 행실에서 깨끗하게 하고 살아 계신 하나님을 섬기게 하지 못하겠느냐 이로 말미암아 그는 새 언약의 중보자시니 이는 첫 언약 때에 범한 죄에서 속량하려고 죽으사 부르심을 입은 자로 하여금 영원한 기업의 약속을 얻게 하려 하심이라

③ 친히 나무에 달려 십자가에 죽으심으로 죄를 대신하시다(벧전 2:24).

(벧전 2:4) 사람에게는 버린 바가 되었으나 하나님께는 택하심을 입은 보배로운 산 돌이신 예수께 나아가

2. 성도를 사랑하는 삶(섬김)

① 발을 씻기심(4-12)

(요 13:4-12) 저녁 잡수시던 자리에서 일어나 겉옷을 벗고 수건을 가져다가 허리에 두르시고 이에 대야에 물을 떠서 제자들의 발을 씻으시고 그 두르신 수건으로 닦기를 시작하여 시몬 베드로에게 이르시니 베드로가 이르되 주여 주께서 내 발을 씻으시나이까 예수께서 대답하여 이르시되 내가 하는 것을 네가 지금은 알지 못하나 이 후에는 알리라 베드로가 이르되 내 발을 절대로 씻지 못하시리이다 예수께서 대답하시되 내가 너를 씻어 주지 아니하면 네가 나와 상관이 없느니라 시몬 베드로가 이르되 주여 내 발뿐 아니라 손과 머리도 씻어 주옵소서 예수께서 이르시되 이미 목욕한 자는 발밖에 씻을 필요가 없느니라 온 몸이 깨끗하니라 너희가 깨끗하나 다는 아니니라 하시니 이는 자기를 팔 자가 누구인지 아심이라 그러므로 다는 깨끗하지 아니하다 하시니라 그들의 발을 씻으신 후에 옷을 입으시고 다시 앉아 그들에게 이르시되 내가 너희에게 행한 것을 너희가 아느냐

② 육체를 입고 낮아지심(빌 2:5-11)

(빌 2:5-11) 너희 안에 이 마음을 품으라 곧 그리스도 예수

의 마음이니 그는 근본 하나님의 본체시나 하나님과 동등 됨을 취할 것으로 여기지 아니하시고 오히려 자기를 비워 종의 형체를 가지사 사람들과 같이 되셨고 사람의 모양으로 나타나사 자기를 낮추시고 죽기까지 복종하셨으니 곧 십자가에 죽으심이라 이러므로 하나님이 그를 지극히 높여 모든 이름 위에 뛰어난 이름을 주사 하늘에 있는 자들과 땅에 있는 자들과 땅 아래에 있는 자들로 모든 무릎을 예수의 이름에 꿇게 하시고 모든 입으로 예수 그리스도를 주라 시인하여 하나님 아버지께 영광을 돌리게 하셨느니라

③ 참 지도자는 오직 예수(마 23:1-12)

(마 23:1-12) 이에 예수께서 무리와 제자들에게 말씀하여 이르시되 서기관들과 바리새인들이 모세의 자리에 앉았으니 그러므로 무엇이든지 그들이 말하는 바는 행하고 지키되 그들이 하는 행위는 본받지 말라 그들은 말만 하고 행하지 아니하며 또 무거운 짐을 묶어 사람의 어깨에 지우되 자기는 이것을 한 손가락으로도 움직이려 하지 아니하며 그들의 모든 행위를 사람에게 보이고자 하나니 곧 그 경문 띠를 넓게 하며 옷술을 길게 하고 잔치의 윗자리와 회당의 높은 자리와 시장에서 문안 받는 것과 사람에게 랍비라 칭함을 받는 것을 좋아하느니라 그러나 너희는 랍비라 칭함을 받지 말라 너희 선생은 하나요 너희는 다 형제니라 땅에 있는 자를 아버지라 하지 말라 너희의 아버지는 한 분이시니 곧 하늘에 계신 이시니라 또한 지도자라 칭함을 받지 말라 너희의 지도자는 한 분이시니 곧 그리스도시니라 너희 중에 큰 자는 너희를 섬기는 자가 되어야 하리라 누구든지 자기를 높이는 자는 낮아지고 누구든지 자기를 낮추는 자는 높아지리라

3. 헌신과 봉사는 삶 / 일하는 손이 예수님의 손(13-20)

(마 23:13-20) 화 있을진저 외식하는 서기관들과 바리새인들이여 너희는 천국 문을 사람들 앞에서 닫고 너희도 들어가지 않고 들어가려 하는 자도 들어가지 못하게 하는도다 화 있을진저 외식하는 서기관들과 바리새인들이여 너희는 교인 한 사람을 얻기 위하여 바다와 육지를 두루 다니다가 생기면 너희보다 배나 더 지옥 자식이 되게 하는도다 화 있을진저 눈먼 인도자여 너희가 말하되 누구든지 성전으로 맹세하면 아무 일 없거니와 성전의 금으로 맹세하면 지킬지라 하는도다 어리석은 맹인들이여 어느 것이 크냐 그 금이냐 그 금을 거룩하게 하는 성전이냐 너희가 또 이르되 누구든지 제단으로 맹세하면 아무 일 없거니와 그 위에 있는 예물로 맹세하면 지킬지라 하는도다 맹인들이여 어느 것이 크냐 그 예물이냐 그 예물을 거룩하게 하는 제단이냐 그러므로 제단으로 맹세하는 자는 제단과 그 위에 있는 모든 것으로 맹세함이요

① 치료하는 손(마 8:15)

(마 8:15) 그의 손을 만지시니 열병이 떠나가고 여인이 일어나서 예수께 수종들더라

② 능력의 손(마 9:25)

(마 9:25) 무리를 내보낸 후에 예수께서 들어가사 소녀의 손을 잡으시매 일어나는지라

③ 헌신의 손(막 9:25)

(막 9:25) 예수께서 무리가 달려와 모이는 것을 보시고 그

더러운 귀신을 꾸짖어 이르시되 말 못하고 못 듣는 귀신아 내가 네게 명하노니 그 아이에게서 나오고 다시 들어가지 말라 하시매

④ 안수하는 손(막 10:16)

(막 10:16) 그 어린 아이들을 안고 그들 위에 안수하시고 축복하시니라

⑤ 못 박힌 손(눅 23:33, 요 20:27)

(눅 23:33) 해골이라 하는 곳에 이르러 거기서 예수를 십자가에 못 박고 두 행악자도 그렇게 하니 하나는 우편에, 하나는 좌편에 있더라

(요 20:27) 도마에게 이르시되 네 손가락을 이리 내밀어 내 손을 보고 네 손을 내밀어 내 옆구리에 넣어 보라 그리하여 믿음 없는 자가 되지 말고 믿는 자가 되라

⑥ 일하는 손(요 5:17)

(요 5:17) 예수께서 그들에게 이르시되 내 아버지께서 이제까지 일하시니 나도 일한다 하시매

⑦ 권세의 손(요 13:3, 17:2)

(요 13:3) 저녁 먹는 중 예수는 아버지께서 모든 것을 자기 손에 맡기신 것과 또 자기가 하나님께로부터 오셨다가 하나님께로 돌아가실 것을 아시고

(요 17:2) 아버지께서 아들에게 주신 모든 사람에게 영생을 주게 하시려고 만민을 다스리는 권세를 아들에게 주셨음이로소이다

⑧ 축복의 손(눅 24:50)

(눅 24:50) 예수께서 그들을 데리고 베다니 앞까지 나가사 손을 들어 그들에게 축복하시더니

⑨ 구원의 손(계 3:20, 요 5:24)

(계 3:20) 볼지어다 내가 문 밖에 서서 두드리노니 누구든지 내 음성을 듣고 문을 열면 내가 그에게로 들어가 그와 더불어 먹고 그는 나와 더불어 먹으리라

(요 5:24) 내가 진실로 진실로 너희에게 이르노니 내 말을 듣고 또 나 보내신 이를 믿는 자는 영생을 얻었고 심판에 이르지 아니하나니 사망에서 생명으로 옮겼느니라

※ 영적 교훈

① 예수님께서 종과 같이 낮아지심(빌 2:5-11)

(빌 2:5-11) 너희 안에 이 마음을 품으라 곧 그리스도 예수의 마음이니 그는 근본 하나님의 본체시나 하나님과 동등됨을 취할 것으로 여기지 아니하시고 오히려 자기를 비워 종의 형체를 가지사 사람들과 같이 되셨고 사람의 모양으로 나타나사 자기를 낮추시고 죽기까지 복종하셨으니 곧 십자가에 죽으심이라 이러므로 하나님이 그를 지극히 높

여 모든 이름 위에 뛰어난 이름을 주사 하늘에 있는 자들과 땅에 있는 자들과 땅 아래에 있는 자들로 모든 무릎을 예수의 이름에 꿇게 하시고 모든 입으로 예수 그리스도를 주라 시인하여 하나님 아버지께 영광을 돌리게 하셨느니라

② 죄인에 대한 사랑(엡 5:1-2)

(엡 5:1-2) 그러므로 사랑을 받는 자녀 같이 너희는 하나님을 본받는 자가 되고 그리스도께서 너희를 사랑하신 것 같이 너희도 사랑 가운데서 행하라 그는 우리를 위하여 자신을 버리사 향기로운 제물과 희생제물로 하나님께 드리셨느니라

③ 죄인을 불쌍히 여김(엡 4:32)

(엡 4:32) 서로 친절하게 하며 불쌍히 여기며 서로 용서하기를 하나님이 그리스도 안에서 너희를 용서하심과 같이 하라

④ 죄인을 속량(히 10:22)

(히 10:22) 우리가 마음에 뿌림을 받아 악한 양심으로부터 벗어나고 몸은 맑은 물로 씻음을 받았으니 참 마음과 온전한 믿음으로 하나님께 나아가자

⑤ 죄인을 구원(요 19:30)

(요 19:30) 예수께서 신 포도주를 받으신 후에 이르시되 다 이루었다 하시고 머리를 숙이니 영혼이 떠나가시니라

II. 기회를 상실한 제자(21-30)

1. 상실의 원인은 사단의 역사(2)

(요 13:2) 마귀가 벌써 시몬의 아들 가룟 유다의 마음에 예수를 팔려는 생각을 넣었더라

- 의심하게 되고(22)

(요 13:22) 제자들이 서로 보며 누구에게 대하여 말씀하시는지 의심하더라

- 자신을 모르고(23)

(요 13:23) 예수의 제자 중 하나 곧 그가 사랑하시는 자가 예수의 품에 의지하여 누웠는지라

- 사단에게 이용당함(24-27)

(요 13:24-7) 시몬 베드로가 머릿짓을 하여 말하되 말씀하신 자가 누구인지 말하라 하니 그가 예수의 가슴에 그대로 의지하여 말하되 주여 누구니이까 예수께서 대답하시되 내가 떡 한 조각을 적셔다 주는 자가 그니라 하시고 곧 한 조각을 적셔서 가룟 시몬의 아들 유다에게 주시니 조각을 받은 후 곧 사탄이 그 속에 들어간지라 이에 예수께서 유다에게 이르시되 네가 하는 일을 속히 하라 하시니

2. 분별력 상실함(21-30)

- 자신의 정체를 모름(21, 27)

(요 13:21) 예수께서 이 말씀을 하시고 심령이 괴로워 증언하여 이르시되 내가 진실로 진실로 너희에게 이르노니 너희 중 하나가 나를 팔리라 하시니

(요 13:27) 조각을 받은 후 곧 사탄이 그 속에 들어간지라 이에 예수께서 유다에게 이르시되 네가 하는 일을 속히 하라 하시니

- 상황 판단을 못함

- 위급한 순간 모름(28-30)

(요 13:28-30) 이 말씀을 무슨 뜻으로 하셨는지 그 앉은 자 중에 아는 자가 없고 어떤 이들은 유다가 돈궤를 맡았으므로 명절에 우리가 쓸 물건을 사라 하시는지 혹은 가난한 자들에게 무엇을 주라 하시는 줄로 생각하더라 유다가 그 조각을 받고 곧 나가니 밤이러라

※ 배반은 회개의 길을 외면한 기회를 상실한 불행의 씨앗으로 자멸하게 되었으니 가룟 유다의 삶은 부끄러운 삶이었습니다.

① 3년동안의 헌신과 수고가 헛됨

② 우수한 재능이 무효화 되고

③ 생명력을 상실한 것입니다(마 26:24, 행 1:16-19).

(마 26:24) 인자는 자기에 대하여 기록된 대로 가거니와 인자를 파는 그 사람에게는 화가 있으리로다 그 사람은 차라리 태어나지 아니하였더라면 제게 좋을 뻔하였느니라

(행 16:16-19) 우리가 기도하는 곳에 가다가 점치는 귀신 들린 여종 하나를 만나니 점으로 그 주인들에게 큰 이익을 주는 자라 그가 바울과 우리를 따라와 소리 질러 이르되 이 사람들은 지극히 높은 하나님의 종으로서 구원의 길을 너희에게 전하는 자라 하며 이같이 여러 날을 하는지라 바울이 심히 괴로워하여 돌이켜 그 귀신에게 이르되 예수 그리스도의 이름으로 내가 네게 명하노니 그에게서 나오라 하니 귀신이 즉시 나오니라 여종의 주인들은 자기 수익의 소망이 끊어진 것을 보고 바울과 실라를 붙잡아 장터로 관리들에게 끌어 갔다가

◎ 기회는 생명이요 구원의 축복입니다.

– 삭개오(눅 19:5)

(눅 19:5) 예수께서 그 곳에 이르사 쳐다 보시고 이르시되 삭개오야 속히 내려오라 내가 오늘 네 집에 유하여야 하겠다 하시니

– 강도(23:40-43)

(눅 23:40-43) 하나는 그 사람을 꾸짖어 이르되 네가 동일한 정죄를 받고서도 하나님을 두려워하지 아니하느냐 우리는 우리가 행한 일에 상당한 보응을 받는 것이니 이에 당연하거니와 이 사람이 행한 것은 옳지 않은 것이 없느니라

하고 이르되 예수여 당신의 나라에 임하실 때에 나를 기억하소서 하니 예수께서 이르시되 내가 진실로 네게 이르노니 오늘 네가 나와 함께 낙원에 있으리라 하시니라

– 수가성의 여인(요 4:19, 29)

(요 4:19) 여자가 이르되 주여 내가 보니 선지자로소이다

(요 4:29) 내가 행한 모든 일을 내게 말한 사람을 와서 보라 이는 그리스도가 아니냐 하니

Ⅲ. 예수님의 생명력이 있는 말씀(31-38)

1. 하나님의 영광과 예수님의 새 계명(31-35)

1) 배신자가 자리를 나간 후에 영적으로 진지한 말씀을 전하심(31-32)

(요 13:31-32) 그가 나간 후에 예수께서 이르시되 지금 인자가 영광을 받았고 하나님도 인자로 말미암아 영광을 받으셨도다 만일 하나님이 그로 말미암아 영광을 받으셨으면 하나님도 자기로 말미암아 그에게 영광을 주시리니 곧 주시리라

2) 예수님의 수난과 죽음과 부활에 극적인 변화에 적응하려면 사랑하라(33-34)

(요 13:33-34) 작은 자들아 내가 아직 잠시 너희와 함께 있겠노라 너희가 나를 찾을 것이나 일찍이 내가 유대인들

에게 너희는 내가 가는 곳에 올 수 없다고 말한 것과 같이 지금 너희에게도 이르노라 새 계명을 너희에게 주노니 서로 사랑하라 내가 너희를 사랑한 것 같이 너희도 서로 사랑하라

3) 주님의 제자가 되려면 사랑하라, 오직 예수님.

2. 베드로의 성급함과 예수님의 여유 있는 모습(36-38)

(요 13:36-38) 시몬 베드로가 이르되 주여 어디로 가시나이까 예수께서 대답하시되 내가 가는 곳에 네가 지금은 따라올 수 없으나 후에는 따라오리라 베드로가 이르되 주여 내가 지금은 어찌하여 따라갈 수 없나이까 주를 위하여 내 목숨을 버리겠나이다 예수께서 대답하시되 네가 나를 위하여 네 목숨을 버리겠느냐 내가 진실로 진실로 네게 이르노니 닭 울기 전에 네가 세 번 나를 부인하리라

주님께서 가신 길은 하나님의 뜻을 따른 십자가 죽음의 길이요 구원얻는 생명의 길이요, 새 소망 새 생명 부활의 삶의 길 입니다. 이런 길을 베드로가 따라간다고 목숨 걸고 다짐해 보지만 예수님은 차분하게 타일러 나중에 올 수 있지만 지금은 아니라고 오히려 배신한다고 말씀하십니다.

결론

똑같이 배신하는 길목은 가롯 유다와 베드로가 같습니다. 그러나 가롯 유다는 주님 손을 떠났습니다. 그러나

회개의 기회를 생명으로 알고 주님께 돌아와서 십자가를 붙들고, 부활하신 주님의 증인이 된 베드로의 삶은 가룟 유다와 너무나 차이가 많이 납니다.

이것이 주님 손에 잡혀 사는 삶과 주님을 떠난 자의 삶입니다(마 26:75, 행 4:19-37). 주 예수님의 십자가의 못 박힌 손에 나의 삶의 흔적 가지고 부활하신 주님의 능력의 증인된 성령충만한 성도가 됩시다(갈 6:17, 마 28:18-20, 행 1:8). 또 예수님만 위하여 생명력있게 삽시다.

(마 26:75) 이에 베드로가 예수의 말씀에 닭 울기 전에 네가 세 번 나를 부인하리라 하심이 생각나서 밖에 나가서 심히 통곡하니라

(행 4:19-37) 베드로와 요한이 대답하여 이르되 하나님 앞에서 너희의 말을 듣는 것이 하나님의 말씀을 듣는 것보다 옳은가 판단하라 우리는 보고 들은 것을 말하지 아니할 수 없다 하니 관리들이 백성들 때문에 그들을 어떻게 처벌할지 방법을 찾지 못하고 다시 위협하여 놓아 주었으니 이는 모든 사람이 그 된 일을 보고 하나님께 영광을 돌림이라 이 표적으로 병 나은 사람은 사십여 세나 되었더라 사도들이 놓이매 그 동료에게 가서 제사장들과 장로들의 말을 다 알리니 그들이 듣고 한마음으로 하나님께 소리를 높여 이르되 대주재여 천지와 바다와 그 가운데 만물을 지은 이시요 또 주의 종 우리 조상 다윗의 입을 통하여 성령으로 말씀하시기를 어찌하여 열방이 분노하며 족속들이 허사를 경영하였는고 세상의 군왕들이 나서며 관리들이 함께 모여 주와 그의 그리스도를 대적하도다 하신 이로소이다 과연 헤롯과 본디오 빌라도는 이방인과 이스라엘 백성과 합세하여

하나님께서 기름 부으신 거룩한 종 예수를 거슬러 하나님의 권능과 뜻대로 이루려고 예정하신 그것을 행하려고 이 성에 모였나이다 주여 이제도 그들의 위협함을 굽어보시옵고 또 종들로 하여금 담대히 하나님의 말씀을 전하게 하여 주시오며 손을 내밀어 병을 낫게 하시옵고 표적과 기사가 거룩한 종 예수의 이름으로 이루어지게 하옵소서 하더라 빌기를 다하매 모인 곳이 진동하더니 무리가 다 성령이 충만하여 담대히 하나님의 말씀을 전하니라 믿는 무리가 한마음과 한 뜻이 되어 모든 물건을 서로 통용하고 자기 재물을 조금이라도 자기 것이라 하는 이가 하나도 없더라 사도들이 큰 권능으로 주 예수의 부활을 증언하니 무리가 큰 은혜를 받아 그 중에 가난한 사람이 없으니 이는 밭과 집 있는 자는 팔아 그 판 것의 값을 가져다가 사도들의 발 앞에 두매 그들이 각 사람의 필요를 따라 나누어 줌이라 구브로에서 난 레위족 사람이 있으니 이름은 요셉이라 사도들이 일컬어 바나바라(번역하면 위로의 아들이라) 하니 그가 밭이 있으매 팔아 그 값을 가지고 사도들의 발 앞에 두니라

(갈 6:17) 이 후로는 누구든지 나를 괴롭게 하지 말라 내가 내 몸에 예수의 흔적을 지니고 있노라

(마 28:18-20) 예수께서 나아와 말씀하여 이르시되 하늘과 땅의 모든 권세를 내게 주셨으니 그러므로 너희는 가서 모든 민족을 제자로 삼아 아버지와 아들과 성령의 이름으로 침례를 베풀고 내가 너희에게 분부한 모든 것을 가르쳐 지키게 하라 볼지어다 내가 세상 끝날까지 너희와 항상 함께 있으리라 하시니라

(행 1:8) 오직 성령이 너희에게 임하시면 너희가 권능을 받고 예루살렘과 온 유대와 사마리아와 땅 끝까지 이르러 내

증인이 되리라 하시니라

주 안에서 승리합시다. 주님의 축복의 햇살을 정면에
서 받으며 빛된 삶 생명의 구원의 능력자가 됩시다. 할
렐루야-아멘 오직 예수 그리스도.

24과

◆ 요 14장 1-15절

근심하지 말고 믿으라

스펄전 목사는 '10년을 염려하여 주는 것보다 5분 동안 기도하는 것이 훨씬 낫다'고 하였습니다. 10년 동안 근심하고 걱정하면 염려 병이 들어 고통에서 헤어날 수 없지만 하나님의 뜻을 따른 5분의 기도는 하늘의 보좌를 움직일 수 있습니다(계 8:3-4).

(계 8:3-4) 또 다른 천사가 와서 제단 곁에 서서 금 향로를 가지고 많은 향을 받았으니 이는 모든 성도의 기도와 합하여 보좌 앞 금 제단에 드리고자 함이라 향연이 성도의 기도와 함께 천사의 손으로부터 하나님 앞으로 올라가는지라

우리 주님은, "너희는 근심하지 말고 전능하신 하나님만 믿고 오직 예수님만 믿으라"고 말씀하십니다(14:1).

◎ 본문의 배경

– 다락방 강화 : 예수님의 십자가 수난과 부활의 새생명 삶을 암시(13:12-20)

(요 13:12-20) 그들의 발을 씻으신 후에 옷을 입으시고 다시 앉아 그들에게 이르시되 내가 너희에게 행한 것을 너희가 아느냐 너희가 나를 선생이라 또는 주라 하니 너희 말이 옳도다 내가 그러하다 내가 주와 또는 선생이 되어 너희 발을 씻었으니 너희도 서로 발을 씻어 주는 것이 옳으니라 내가 너희에게 행한 것 같이 너희도 행하게 하려 하여 본을 보였노라 내가 진실로 진실로 너희에게 이르노니 종이 주인보다 크지 못하고 보냄을 받은 자가 보낸 자보다 크지 못하나니 너희가 이것을 알고 행하면 복이 있으리라 내가 너희 모두를 가리켜 말하는 것이 아니니라 나는 내가 택한 자들이 누구인지 앎이라 그러나 내 떡을 먹는 자가 내게 발꿈치를 들었다

한 성경을 응하게 하려는 것이니라 지금부터 일이 일어나기 전에 미리 너희에게 일러 둠은 일이 일어날 때에 내가 그인 줄 너희가 믿게 하려 함이로라 내가 진실로 진실로 너희에게 이르노니 내가 보낸 자를 영접하는 자는 나를 영접하는 것이요 나를 영접하는 자는 나를 보내신 이를 영접하는 것이니라

- 가룟 유다는 떠나고 신뢰하던 베드로가 부인한 말은 예수님의 말씀대로 성취(21-38)

(요 13:21-38) 예수께서 이 말씀을 하시고 심령이 괴로워 증언하여 이르시되 내가 진실로 진실로 너희에게 이르노니 너희 중 하나가 나를 팔리라 하시니 제자들이 서로 보며 누구에게 대하여 말씀하시는지 의심하더라 예수의 제자 중 하나 곧 그가 사랑하시는 자가 예수의 품에 의지하여 누웠는지라 시몬 베드로가 머릿짓을 하여 말하되 말씀하신 자가 누구인지 말하라 하니 그가 예수의 가슴에 그대로 의지하여 말하되 주여 누구니이까 예수께서 대답하시되 내가 떡 한 조각을 적셔다 주는 자가 그니라 하시고 곧 한 조각을 적셔서 가룟 시몬의 아들 유다에게 주시니 조각을 받은 후 곧 사탄이 그 속에 들어간지라 이에 예수께서 유다에게 이르시되 네가 하는 일을 속히 하라 하시니 이 말씀을 무슨 뜻으로 하셨는지 그 앉은 자 중에 아는 자가 없고 어떤 이들은 유다가 돈궤를 맡았으므로 명절에 우리가 쓸 물건을 사라 하시는지 혹은 가난한 자들에게 무엇을 주라 하시는 줄로 생각하더라 유다가 그 조각을 받고 곧 나가니 밤이러라 그가 나간 후에 예수께서 이르시되 지금 인자가 영광을 받았고 하나님도 인자로 말미암아 영광을 받으셨도다 만일 하나님이 그로 말미암아 영광을 받으셨으면 하나님도 자기로 말미암아 그에게 영광을 주시리니 곧 주시리라 작은 자들아 내가 아직 잠시 너희와 함께 있겠노라 너희가 나를 찾을 것이나 일찍이 내가 유

대인들에게 너희는 내가 가는 곳에 올 수 없다고 말한 것과 같이 지금 너희에게도 이르노라 새 계명을 너희에게 주노니 서로 사랑하라 내가 너희를 사랑한 것 같이 너희도 서로 사랑하라 너희가 서로 사랑하면 이로써 모든 사람이 너희가 내 제자인 줄 알리라 시몬 베드로가 이르되 주여 어디로 가시나이까 예수께서 대답하시되 내가 가는 곳에 네가 지금은 따라올 수 없으나 후에는 따라오리라 베드로가 이르되 주여 내가 지금은 어찌하여 따라갈 수 없나이까 주를 위하여 내 목숨을 버리겠나이다 예수께서 대답하시되 네가 나를 위하여 네 목숨을 버리겠느냐 내가 진실로 진실로 네게 이르노니 닭 울기 전에 네가 세 번 나를 부인하리라

- 의기소침해 있던 제자들에게 진리 말씀으로 용기를 줌 (14:1-3)

(요 14:1-3) 너희는 마음에 근심하지 말라 하나님을 믿으니 또 나를 믿으라 내 아버지 집에 거할 곳이 많도다 그렇지 않으면 너희에게 일렀으리라 내가 너희를 위하여 거처를 예비하러 가노니 가서 너희를 위하여 거처를 예비하면 내가 다시 와서 너희를 내게로 영접하여 나 있는 곳에 너희도 있게 하리라

I. 믿으라, 근심하지 말라, 예비해 놓으셨다.

아브라함, 요셉, 다니엘, 여호수아(1-3)

- 여리고 점령(수 6:2)

(수 6:2) 여호와께서 여호수아에게 이르시되 보라 내가 여

리고와 그 왕과 용사들을 네 손에 넘겨 주었으니

– 말씀대로 순종하여 승리함을 주셨다(16).

(수 6:16) 일곱 번째에 제사장들이 나팔을 불 때에 여호수아가 백성에게 이르되 외치라 여호와께서 너희에게 이 성을 주셨느니라

– 함께 명성이 온 땅에 퍼짐(27, 1-3)

(수 6:27) 여호와께서 여호수아와 함께 하시니 여호수아의 소문이 그 온 땅에 퍼지니라

(수 6:1-3) 이스라엘 자손들로 말미암아 여리고는 굳게 닫혔고 출입하는 자가 없더라 여호와께서 여호수아에게 이르시되 보라 내가 여리고와 그 왕과 용사들을 네 손에 넘겨 주었으니 너희 모든 군사는 그 성을 둘러 성 주위를 매일 한 번씩 돌되 엿새 동안을 그리하라

※ 성도의 기본적인 5대 생활 원칙

① 이겨놓고 싸움(수 6:1-5) : 다윗이 전쟁에서(삼상 17:45-47)

(수 6:1-5) 이스라엘 자손들로 말미암아 여리고는 굳게 닫혔고 출입하는 자가 없더라 여호와께서 여호수아에게 이르시되 보라 내가 여리고와 그 왕과 용사들을 네 손에 넘겨 주었으니 너희 모든 군사는 그 성을 둘러 성 주위를 매일 한 번씩 돌되 엿새 동안을 그리하라 제사장 일곱은 일곱 양각 나팔을 잡고 언약궤 앞에서 나아갈 것이요 일곱째 날에는 그 성을 일

곱 번 돌며 그 제사장들은 나팔을 불 것이며 제사장들이 양각 나팔을 길게 불어 그 나팔 소리가 너희에게 들릴 때에는 백성은 다 큰 소리로 외쳐 부를 것이라 그리하면 그 성벽이 무너져 내리리니 백성은 각기 앞으로 올라갈지니라 하시매

(삼상 17:45-47) 다윗이 블레셋 사람에게 이르되 너는 칼과 창과 단창으로 내게 나아 오거니와 나는 만군의 여호와의 이름 곧 네가 모욕하는 이스라엘 군대의 하나님의 이름으로 네게 나아가노라 오늘 여호와께서 너를 내 손에 넘기시리니 내가 너를 쳐서 네 목을 베고 블레셋 군대의 시체를 오늘 공중의 새와 땅의 들짐승에게 주어 온 땅으로 이스라엘에 하나님이 계신 줄 알게 하겠고 또 여호와의 구원하심이 칼과 창에 있지 아니함을 이 무리에게 알게 하리라 전쟁은 여호와께 속한 것인즉 그가 너희를 우리 손에 넘기시리라

② 응답 받아 놓고 기도함(요일 5:15, 렘 33:2-3)

(요일 5:15) 우리가 무엇이든지 구하는 바를 들으시는 줄을 안즉 우리가 그에게 구한 그것을 얻은 줄을 또한 아느니라

(렘 33:2-3) 일을 행하시는 여호와, 그것을 만들며 성취하시는 여호와, 그의 이름을 여호와라 하는 이가 이와 같이 이르시도다 너는 내게 부르짖으라 내가 네게 응답하겠고 네가 알지 못하는 크고 은밀한 일을 네게 보이리라

③ 용서 받아 놓고 회개함(마 18:21-35, 요 8:1-11)

(마 18:21-35) 그 때에 베드로가 나아와 이르되 주여 형제가 내게 죄를 범하면 몇 번이나 용서하여 주리이까 일곱 번까지 하오리이까 예수께서 이르시되 네게 이르노니 일곱 번뿐 아

니라 일곱 번을 일흔 번까지라도 할지니라 그러므로 천국은 그 종들과 결산하려 하던 어떤 임금과 같으니 결산할 때에 만 달란트 빚진 자 하나를 데려오매 갚을 것이 없는지라 주 인이 명하여 그 몸과 아내와 자식들과 모든 소유를 다 팔아 갚게 하라 하니 그 종이 엎드려 절하며 이르되 내게 참으소 서 다 갚으리이다 하거늘 그 종의 주인이 불쌍히 여겨 놓아 보내며 그 빚을 탕감하여 주었더니 그 종이 나가서 자기에게 백 데나리온 빚진 동료 한 사람을 만나 붙들어 목을 잡고 이 르되 빚을 갚으라 하매 그 동료가 엎드려 간구하여 이르되 나에게 참아 주소서 갚으리이다 하되 허락하지 아니하고 이 에 가서 그가 빚을 갚도록 옥에 가두거늘 그 동료들이 그것 을 보고 몹시 딱하게 여겨 주인에게 가서 그 일을 다 알리니 이에 주인이 그를 불러다가 말하되 악한 종아 네가 빌기에 내가 네 빚을 전부 탕감하여 주었거늘 내가 너를 불쌍히 여 김과 같이 너도 네 동료를 불쌍히 여김이 마땅하지 아니하 냐 하고 주인이 노하여 그 빚을 다 갚도록 그를 옥졸들에게 넘기니라 너희가 각각 마음으로부터 형제를 용서하지 아니 하면 나의 하늘 아버지께서도 너희에게 이와 같이 하시리라

(요 8:1-11) 예수는 감람 산으로 가시니라 아침에 다시 성 전으로 들어오시니 백성이 다 나아오는지라 앉으사 그들 을 가르치시더니 서기관들과 바리새인들이 음행중에 잡힌 여자를 끌고 와서 가운데 세우고 예수께 말하되 선생이여 이 여자가 간음하다가 현장에서 잡혔나이다 모세는 율법 에 이러한 여자를 돌로 치라 명하였거니와 선생은 어떻게 말하겠나이까 그들이 이렇게 말함은 고발할 조건을 얻고 자 하여 예수를 시험함이러라 예수께서 몸을 굽히사 손가 락으로 땅에 쓰시니 그들이 묻기를 마지 아니하는지라 이 에 일어나 이르시되 너희 중에 죄 없는 자가 먼저 돌로 치라 하시고 다시 몸을 굽혀 손가락으로 땅에 쓰시니 그들이 이

말씀을 듣고 양심에 가책을 느껴 어른으로 시작하여 젊은 이까지 하나씩 하나씩 나가고 오직 예수와 그 가운데 섰는 여자만 남았더라 예수께서 일어나사 여자 외에 아무도 없는 것을 보시고 이르시되 여자여 너를 고발하던 그들이 어디 있느냐 너를 정죄한 자가 없느냐 대답하되 주여 없나이다 예수께서 이르시되 나도 너를 정죄하지 아니하노니 가서 다시는 죄를 범하지 말라 하시니라]

④ 구원 받아 놓고 믿음(행 13:48, 갈 1:11-24)

(행 13:48) 이방인들이 듣고 기뻐하여 하나님의 말씀을 찬송하며 영생을 주시기로 작정된 자는 다 믿더라

(갈 1:11-24) 형제들아 내가 너희에게 알게 하노니 내가 전한 복음은 사람의 뜻을 따라 된 것이 아니니라 이는 내가 사람에게서 받은 것도 아니요 배운 것도 아니요 오직 예수 그리스도의 계시로 말미암은 것이라 내가 이전에 유대교에 있을 때에 행한 일을 너희가 들었거니와 하나님의 교회를 심히 박해하여 멸하고 내가 내 동족 중 여러 연갑자보다 유대교를 지나치게 믿어 내 조상의 전통에 대하여 더욱 열심이 있었으나 그러나 내 어머니의 태로부터 나를 택정하시고 그의 은혜로 나를 부르신 이가 그의 아들을 이방에 전하기 위하여 그를 내 속에 나타내시기를 기뻐하셨을 때에 내가 곧 혈육과 의논하지 아니하고 또 나보다 먼저 사도 된 자들을 만나려고 예루살렘으로 가지 아니하고 아라비아로 갔다가 다시 다메섹으로 돌아갔노라 그 후 삼 년 만에 내가 게바를 방문하려고 예루살렘에 올라가서 그와 함께 십오 일을 머무는 동안 주의 형제 야고보 외에 다른 사도들을 보지 못하였노라 보라 내가 너희에게 쓰는 것은 하나님 앞에서 거짓말이 아니로다 그 후에 내가 수리아와 길

라기아 지방에 이르렀으나 그리스도 안에 있는 유대의 교회들이 나를 얼굴로는 알지 못하고 다만 우리를 박해하던 자가 전에 멸하려던 그 믿음을 지금 전한다 함을 듣고 나로 말미암아 하나님께 영광을 돌리니라

⑤ 축복 받아 놓고 순종함(창 12:1-3, 히 11:17-19)

(창 1:1-3) 태초에 하나님이 천지를 창조하시니라 땅이 혼돈하고 공허하며 흑암이 깊음 위에 있고 하나님의 영은 수면 위에 운행하시니라 하나님이 이르시되 빛이 있으라 하시니 빛이 있었고

(히 11:17-19) 아브라함은 시험을 받을 때에 믿음으로 이삭을 드렸으니 그는 약속들을 받은 자로되 그 외아들을 드렸느니라 그에게 이미 말씀하시기를 네 자손이라 칭할 자는 이삭으로 말미암으리라 하셨으니 그가 하나님이 능히 이삭을 죽은 자 가운데서 다시 살리실 줄로 생각한지라 비유컨대 그를 죽은 자 가운데서 도로 받은 것이니라

II. 도마(4-7)

(요 14:4-7) 내가 어디로 가는지 그 길을 너희가 아느니라 도마가 이르되 주여 주께서 어디로 가시는지 우리가 알지 못하거늘 그 길을 어찌 알겠사옵나이까 예수께서 이르시되 내가 곧 길이요 진리요 생명이니 나로 말미암지 않고는 아버지께로 올 자가 없느니라 너희가 나를 알았더라면 내 아버지도 알았으리로다 이제부터는 너희가 그를 알았고 또 보았느니라

- 십자가의 길 : 부활의 영광

- 영적 상태 : 확실한 주님 사랑을 알지 못함
- 예수님 안에 있으면 구원한다.
- 하나님과 예수님이 함께 하시니 걱정 말라(7).

(요 14:7) 너희가 나를 알았더라면 내 아버지도 알았으리로다 이제부터는 너희가 그를 알았고 또 보았느니라

① 양의 문(10:7, 9)

(요 10:7) 그러므로 예수께서 다시 이르시되 내가 진실로 진실로 너희에게 말하노니 나는 양의 문이라

(요 10:9) 내가 문이니 누구든지 나로 말미암아 들어가면 구원을 받고 또는 들어가며 나오며 꼴을 얻으리라

② 선한 목자(10:11, 14-15)

(요 10:11) 나는 선한 목자라 선한 목자는 양들을 위하여 목숨을 버리거니와

(요 10:14-15) 나는 선한 목자라 나는 내 양을 알고 양도 나를 아는 것이 아버지께서 나를 아시고 내가 아버지를 아는 것 같으니 나는 양을 위하여 목숨을 버리노라

③ 부활생명(11:25-26)

(요 11:25-26) 예수께서 이르시되 나는 부활이요 생명이니 나를 믿는 자는 죽어도 살겠고 무릇 살아서 나를 믿는 자는 영원히 죽지 아니하리니 이것을 네가 믿느냐

III. 빌립(8-10)

- 보여 달라(가시적, 8)

(요 14:8) 빌립이 이르되 주여 아버지를 우리에게 보여 주옵소서 그리하면 족하겠나이다

- 예수님 안에서 사는 자는 경험의 증인(9)

(요 14:9) 예수께서 이르시되 빌립아 내가 이렇게 오래 너희와 함께 있으되 네가 나를 알지 못하느냐 나를 본 자는 아버지를 보았거늘 어찌하여 아버지를 보이라 하느냐

- 믿고 시인(10, 롬 10:9-10)하는 것이 중요합니다.

(요 14:10) 내가 아버지 안에 거하고 아버지는 내 안에 계신 것을 네가 믿지 아니하느냐 내가 너희에게 이르는 말은 스스로 하는 것이 아니라 아버지께서 내 안에 계셔서 그의 일을 하시는 것이라
(롬 10:9-10) 네가 만일 네 입으로 예수를 주로 시인하며 또 하나님께서 그를 죽은 자 가운데서 살리신 것을 네 마음에 믿으면 구원을 받으리라 사람이 마음으로 믿어 의에 이르고 입으로 시인하여 구원에 이르느니라

IV. 믿는 자는(11-15)

- 주님의 일을 합니다(12-15). 말씀, 하나님 권능을 체험

(요 14:12) 내가 진실로 진실로 너희에게 이르노니 나를 믿는 자는 내가 하는 일을 그도 할 것이요 또한 그보다 큰 일도 하리니 이는 내가 아버지께로 감이라 너희가 내 이름으로 무엇을 구하든지 내가 행하리니 이는 아버지로 하여금 아들로 말미암아 영광을 받으시게 하려 함이라 내 이름으로 무엇이든지 내게 구하면 내가 행하리라 너희가 나를 사랑하면 나의 계명을 지키리라

- 기도 응답, 영적 생명(13), 예수님의 이름(빌 2:5-11)

(요 14:13) 너희가 내 이름으로 무엇을 구하든지 내가 행하리니 이는 아버지로 하여금 아들로 말미암아 영광을 받으시게 하려 함이라

(빌 2:5-11) 너희 안에 이 마음을 품으라 곧 그리스도 예수의 마음이니 그는 근본 하나님의 본체시나 하나님과 동등됨을 취할 것으로 여기지 아니하시고 오히려 자기를 비워 종의 형체를 가지사 사람들과 같이 되셨고 사람의 모양으로 나타나사 자기를 낮추시고 죽기까지 복종하셨으니 곧 십자가에 죽으심이라 이러므로 하나님이 그를 지극히 높여 모든 이름 위에 뛰어난 이름을 주사 하늘에 있는 자들과 땅에 있는 자들과 땅 아래에 있는 자들로 모든 무릎을 예수의 이름에 꿇게 하시고 모든 입으로 예수 그리스도를 주라 시인하여 하나님 아버지께 영광을 돌리게 하셨느니라

- 말씀에 순종하라

수 2:14-17, 언약궤 메고 요단강 밟은 순간 물이 갈라짐.

(수 2:14-17) 그 사람들이 그에게 이르되 네가 우리의 이 일

을 누설하지 아니하면 우리의 목숨으로 너희를 대신할 것이
요 여호와께서 우리에게 이 땅을 주실 때에는 인자하고 진실
하게 너를 대우하리라 라합이 그들을 창문에서 줄로 달아 내
리니 그의 집이 성벽 위에 있으므로 그가 성벽 위에 거주하였
음이라 라합이 그들에게 이르되 두렵건대 뒤쫓는 사람들이
너희와 마주칠까 하노니 너희는 산으로 가서 거기서 사흘 동
안 숨어 있다가 뒤쫓는 자들이 돌아간 후에 너희의 길을 갈
지니라 그 사람들이 그에게 이르되 네가 우리에게 서약하게
한 이 맹세에 대하여 우리가 허물이 없게 하리니

삼하 6:1-12, 수레에서 웃사의 죽음은 말씀대로 순종하
지 않음.

(삼하 6:1-12) 다윗이 이스라엘에서 뽑은 무리 삼만 명을 다
시 모으고 다윗이 일어나 자기와 함께 있는 모든 사람과 더
불어 바알레유다로 가서 거기서 하나님의 궤를 메어 오려 하
니 그 궤는 그룹들 사이에 좌정하신 만군의 여호와의 이름으
로 불리는 것이라 그들이 하나님의 궤를 새 수레에 싣고 산
에 있는 아비나답의 집에서 나오는데 아비나답의 아들 웃사
와 아효가 그 새 수레를 모니라 그들이 산에 있는 아비나답
의 집에서 하나님의 궤를 싣고 나올 때에 아효는 궤 앞에서
가고 다윗과 이스라엘 온 족속은 잣나무로 만든 여러 가지
악기와 수금과 비파와 소고와 양금과 제금으로 여호와 앞에
서 연주하더라 그들이 나곤의 타작 마당에 이르러서는 소들
이 뛰므로 웃사가 손을 들어 하나님의 궤를 붙들었더니 여호
와 하나님이 웃사가 잘못함으로 말미암아 진노하사 그를 그
곳에서 치시니 그가 거기 하나님의 궤 곁에서 죽으니라 여호
와께서 웃사를 치시므로 다윗이 분하여 그 곳을 베레스웃사
라 부르니 그 이름이 오늘까지 이르니라 다윗이 그 날에 여
호와를 두려워하여 이르되 여호와의 궤가 어찌 내게로 오리

요 하고 다윗이 여호와의 궤를 옮겨 다윗 성 자기에게로 메어 가기를 즐겨하지 아니하고 가드 사람 오벧에돔의 집으로 메어 간지라 여호와의 궤가 가드 사람 오벧에돔의 집에 석 달을 있었는데 여호와께서 오벧에돔과 그의 온 집에 복을 주시니라 어떤 사람이 다윗 왕에게 아뢰어 이르되 여호와께서 하나님의 궤로 말미암아 오벧에돔의 집과 그의 모든 소유에 복을 주셨다 한지라 다윗이 가서 하나님의 궤를 기쁨으로 메고 오벧에돔의 집에서 다윗 성으로 올라갈새

오벳에돔에서 석달 있는 동안 큰 복 받음. 모세처럼 자신이 안고 책임을 지는 자는 복 받음.

결론

믿으라, 맡겨라, 성령의 인도 받으라, 말씀에 순종하라는 생명력 있는 새 힘과 능력, 희망을 줍니다. 이 세상은 근심된 일이 많지만 비전을 주고, 꿈을 줍니다.

예수님은 축복된 일이요, 감격이요, 기쁨과 축제입니다. 일하는 자는 능력과 축복받아 응답적인 삶으로 영혼이 잘됨과 범사에 형통함을 누리시기를 주님 이름으로 축복합니다. 할렐루야-아멘 오직 예수그리스도.

25과

◆ 요 14장 16-31절

주님께로부터 오는 평안

주님께로부터 오는 평안은 세상이 주는 평안과 같지 않습니다(요 14:27).

(요 14:27) 평안을 너희에게 끼치노니 곧 나의 평안을 너희에게 주노라 내가 너희에게 주는 것은 세상이 주는 것과 같지 아니하니라 너희는 마음에 근심하지도 말고 두려워하지도 말라

주님께로부터 오는 평안은 생명과 빛으로 기쁨으로 오는 평안입니다(요 1:4, 14:6, 마 11:28-30).

(요 1:4) 그 안에 생명이 있었으니 이 생명은 사람들의 빛이라

(요 14:6) 예수께서 이르시되 내가 곧 길이요 진리요 생명이니 나로 말미암지 않고는 아버지께로 올 자가 없느니라

(마 11:28-30) 수고하고 무거운 짐 진 자들아 다 내게로 오라 내가 너희를 쉬게 하리라 나는 마음이 온유하고 겸손하니 나의 멍에를 메고 내게 배우라 그리하면 너희 마음이 쉼을 얻으리니 이는 내 멍에는 쉽고 내 짐은 가벼움이라 하시니라

주님은 나로 하여금 평안을 누리게 하며, 환난에서 승리하게 하시며, 담대하게 하십니다(요 16:33).

(요 16:33) 이것을 너희에게 이르는 것은 너희로 내 안에서 평안을 누리게 하려 함이라 세상에서는 너희가 환난을 당하나 담대하라 내가 세상을 이기었노라

보혜사 성령 : '초청하다, 위로하다, 변호하다' 라는 뜻

Ⅰ. 성령의 역사하심(16-18)

1. 주께서 오도록 간구(16) 영원토록 함께 계심(16:13-14, 33)

(요 14:16) 내가 아버지께 구하겠으니 그가 또 다른 보혜사를 너희에게 주사 영원토록 너희와 함께 있게 하리니

(요 16:13-14) 그러나 진리의 성령이 오시면 그가 너희를 모든 진리 가운데로 인도하시리니 그가 스스로 말하지 않고 오직 들은 것을 말하며 장래 일을 너희에게 알리시리라 그가 내 영광을 나타내리니 내 것을 가지고 너희에게 알리시겠음이라

(요 16:33) 이것을 너희에게 이르는 것은 너희로 내 안에서 평안을 누리게 하려 함이라 세상에서는 너희가 환난을 당하나 담대하라 내가 세상을 이기었노라

2. 세상은 성령을 알지 못함(17) 구원받기로 작정된 자 성령(행 1:8, 13:48)

(요 16:17) 제자 중에서 서로 말하되 우리에게 말씀하신 바 조금 있으면 나를 보지 못하겠고 또 조금 있으면 나를 보리라 하시며 또 내가 아버지께로 감이라 하신 것이 무슨 말씀이냐 하고

(행 1:8) 오직 성령이 너희에게 임하시면 너희가 권능을 받고 예루살렘과 온 유대와 사마리아와 땅 끝까지 이르러 내

증인이 되리라 하시니라

(행 13:48) 이방인들이 듣고 기뻐하여 하나님의 말씀을 찬송하며 영생을 주시기로 작정된 자는 다 믿더라

3. 고아와 같이 버려두지 않으심(18) 영원토록 함께(마 28:18-20)

(요 14:18) 내가 너희를 고아와 같이 버려두지 아니하고 너희에게로 오리라

(마 28:18-20) 예수께서 나아와 말씀하여 이르시되 하늘과 땅의 모든 권세를 내게 주셨으니 그러므로 너희는 가서 모든 민족을 제자로 삼아 아버지와 아들과 성령의 이름으로 침례를 베풀고 내가 너희에게 분부한 모든 것을 가르쳐 지키게 하라 볼지어다 내가 세상 끝날까지 너희와 항상 함께 있으리라 하시니라

Ⅱ. 고난 예고(19-21)

1. 십자가의 고난 예고(19) 육으로는 떠나지만 영적으로 보게 됨

(요 14:19) 조금 있으면 세상은 다시 나를 보지 못할 것이로되 너희는 나를 보리니 이는 내가 살아 있고 너희도 살아 있겠음이라

2. 성령 인도 받음(20)

예수님 안에서 성령의 삶이 아버지 안에 있는 삶 입니다.

(요 14:20) 그 날에는 내가 아버지 안에, 너희가 내 안에, 내가 너희 안에 있는 것을 너희가 알리라

3. 예수님 사랑 성령인도 말씀 순종(21) 계명 지키는 것, 예수 믿는 것입니다.

(요 14:21) 나의 계명을 지키는 자라야 나를 사랑하는 자니 나를 사랑하는 자는 내 아버지께 사랑을 받을 것이요 나도 그를 사랑하여 그에게 나를 나타내리라

III. 예수님의 말은 하나님 말씀(22-24)

사랑하는 자는 안다(22-24). 세상 사람은 예수님의 말씀을 깨닫지 못함과 사랑함이었기에 전혀 알지 못하는 무지의 상태

(요 14:22-24) 가룟인 아닌 유다가 이르되 주여 어찌하여 자기를 우리에게는 나타내시고 세상에는 아니하려 하시나이까 예수께서 대답하여 이르시되 사람이 나를 사랑하면 내 말을 지키리니 내 아버지께서 그를 사랑하실 것이요 우리가 그에게 가서 거처를 그와 함께 하리라 나를 사랑하지 아니하는 자는 내 말을 지키지 아니하나니 너희가 듣는 말은 내 말이 아니요 나를 보내신 아버지의 말씀이니라

Ⅳ. 보혜사 성령이 생각나게 하고 깨우쳐 알게 하심(25-26)

(요 14:25-6) 내가 아직 너희와 함께 있어서 이 말을 너희에게 하였거니와 보혜사 곧 아버지께서 내 이름으로 보내실 성령 그가 너희에게 모든 것을 가르치고 내가 너희에게 말한 모든 것을 생각나게 하리라

예수님께서 보내신 성령을 받으면 모든 것을 가르쳐 알게 하심을 깨닫게 하십니다. 날마다의 삶에 성령의 확실한 인도를 받으며, 승리합시다.

Ⅴ. 성령 받은 증거(27-31)

(요 14:27-31) 평안을 너희에게 끼치노니 곧 나의 평안을 너희에게 주노라 내가 너희에게 주는 것은 세상이 주는 것과 같지 아니하니라 너희는 마음에 근심하지도 말고 두려워하지도 말라 내가 갔다가 너희에게로 온다 하는 말을 너희가 들었나니 나를 사랑하였더라면 내가 아버지께로 감을 기뻐하였으리라 아버지는 나보다 크심이라 이제 일이 일어나기 전에 너희에게 말한 것은 일이 일어날 때에 너희로 믿게 하려 함이라 이 후에는 내가 너희와 말을 많이 하지 아니하리니 이 세상의 임금이 오겠음이라 그러나 그는 내게 관계할 것이 없으니 오직 내가 아버지를 사랑하는 것과 아버지께서 명하신 대로 행하는 것을 세상이 알게 하려 함이로라 일어나라 여기를 떠나자 하시니라

1. 평안(기쁨, 감사, 밝음)

2. 근심하지 말라

- 장래의 소망(28, 롬 8:35-39)

(요 14:28, 개정) 내가 갔다가 너희에게로 온다 하는 말을 너희가 들었나니 나를 사랑하였더라면 내가 아버지께로 감을 기뻐하였으리라 아버지는 나보다 크심이라

(롬 8:35-39) 누가 우리를 그리스도의 사랑에서 끊으리요 환난이나 곤고나 박해나 기근이나 적신이나 위험이나 칼이랴 기록된 바 우리가 종일 주를 위하여 죽임을 당하게 되며 도살 당할 양 같이 여김을 받았나이다 함과 같으니라 그러나 이 모든 일에 우리를 사랑하시는 이로 말미암아 우리가 넉넉히 이기느니라 내가 확신하노니 사망이나 생명이나 천사들이나 권세자들이나 현재 일이나 장래 일이나 능력이나 높음이나 깊음이나 다른 어떤 피조물이라도 우리를 우리 주 그리스도 예수 안에 있는 하나님의 사랑에서 끊을 수 없으리라

- 하나님 알기 때문(29)

(요 14:29) 이제 일이 일어나기 전에 너희에게 말한 것은 일이 일어날 때에 너희로 믿게 하려 함이라

- 성령 인도 받기(30-32) 저주의 십자가, 모욕적인 예수님 십자가 못박음(벧전 2:22-24).

(벧전 2:22-4) 그는 죄를 범하지 아니하시고 그 입에 거짓

도 없으시며 욕을 당하시되 맞대어 욕하지 아니하시고 고
난을 당하시되 위협하지 아니하시고 오직 공의로 심판하
시는 이에게 부탁하시며 친히 나무에 달려 그 몸으로 우리
죄를 담당하셨으니 이는 우리로 죄에 대하여 죽고 의에 대
하여 살게 하려 하심이라 그가 채찍에 맞음으로 너희는 나
음을 얻었나니

결론

세상에서의 만족이 아니라 성령의 인도받는 성령충만의
삶을 삽시다(16:23-24).

(요 16:23-24) 그 날에는 너희가 아무 것도 내게 묻지 아니
하리라 내가 진실로 진실로 너희에게 이르노니 너희가 무
엇이든지 아버지께 구하는 것을 내 이름으로 주시리라 지
금까지는 너희가 내 이름으로 아무 것도 구하지 아니하였
으나 구하라 그리하면 받으리니 너희 기쁨이 충만하리라

오직 예수님 안에서 참된 평안을 누리며 삽시다(27).

(요 16:27) 이는 너희가 나를 사랑하고 또 내가 하나님께
로부터 온 줄 믿었으므로 아버지께서 친히 너희를 사랑하
심이라

생명의 성령의 법이 죄와 사람의 법에서 해방하였습니다
(롬 8:2).

(롬 8:2) 이는 그리스도 예수 안에 있는 생명의 성령의 법이
죄와 사망의 법에서 너를 해방하였음이라

오직 예수님 안에 승리하며 평안을 누립시다(16:33).

(요 16:33) 이것을 너희에게 이르는 것은 너희로 내 안에서 평안을 누리게 하려 함이라 세상에서는 너희가 환난을 당하나 담대하라 내가 세상을 이기었노라

26과

◆ 요 15장 1-27절

열매를 맺으려면

알뜰한 주인을 만나 좋은 품종을 기름진 옥토에 뿌려 이른 비와 늦은 비가 때를 따라 적당히 내리면 충분한 영양분을 흡수할 조건이 갖추어 지는 것입니다. 그러나 이 모든 것을 주관하시고, 공급하시며, 열매를 맺게 하시는 이는 창조주, 전능하신 하나님 우리 아버지 이십니다.

Ⅰ. 열매 맺는 가지(1-7)

(요 15:1-7) 나는 참포도나무요 내 아버지는 농부라 무릇 내게 붙어 있어 열매를 맺지 아니하는 가지는 아버지께서 그것을 제거해 버리시고 무릇 열매를 맺는 가지는 더 열매를 맺게 하려 하여 그것을 깨끗하게 하시느니라 너희는 내가 일러준 말로 이미 깨끗하여졌으니 내 안에 거하라 나도 너희 안에 거하리라 가지가 포도나무에 붙어 있지 아니하면 스스로 열매를 맺을 수 없음 같이 너희도 내 안에 있지 아니하면 그러하리라 나는 포도나무요 너희는 가지라 그가 내 안에, 내가 그 안에 거하면 사람이 열매를 많이 맺나니 나를 떠나서는 너희가 아무 것도 할 수 없음이라 사람이 내 안에 거하지 아니하면 가지처럼 밖에 버려져 마르나니 사람들이 그것을 모아다가 불에 던져 사르느니라 너희가 내 안에 거하고 내 말이 너희 안에 거하면 무엇이든지 원하는 대로 구하라 그리하면 이루리라

1. 예수님 안에서

- 은혜의 구원(엡 2:5-10)

(엡 2:5-10) 허물로 죽은 우리를 그리스도와 함께 살리셨고

(너희는 은혜로 구원을 받은 것이라) 또 함께 일으키사 그리스도 예수 안에서 함께 하늘에 앉히시니 이는 그리스도 예수 안에서 우리에게 자비하심으로써 그 은혜의 지극히 풍성함을 오는 여러 세대에 나타내려 하심이라 너희는 그 은혜에 의하여 믿음으로 말미암아 구원을 받았으니 이것은 너희에게서 난 것이 아니요 하나님의 선물이라 행위에서 난 것이 아니니 이는 누구든지 자랑하지 못하게 함이라 우리는 그가 만드신 바라 그리스도 예수 안에서 선한 일을 위하여 지으심을 받은 자니 이 일은 하나님이 전에 예비하사 우리로 그 가운데서 행하게 하려 하심이니라

– 흑암의 권세에서 승리(골 1:13-18)

(골 1:13-18) 그가 우리를 흑암의 권세에서 건져내사 그의 사랑의 아들의 나라로 옮기셨으니 그 아들 안에서 우리가 속량 곧 죄 사함을 얻었도다 그는 보이지 아니하는 하나님의 형상이시요 모든 피조물보다 먼저 나신 이시니 만물이 그에게서 창조되되 하늘과 땅에서 보이는 것들과 보이지 않는 것들과 혹은 왕권들이나 주권들이나 통치자들이나 권세들이나 만물이 다 그로 말미암고 그를 위하여 창조되었고 또한 그가 만물보다 먼저 계시고 만물이 그 안에 함께 섰느니라 그는 몸인 교회의 머리시라 그가 근본이시요 죽은 자들 가운데서 먼저 나신 이시니 이는 친히 만물의 으뜸이 되려 하심이요

– 중보자 됨(예수님, 딤전 2:5-6)

(딤전 2:5-6) 하나님은 한 분이시요 또 하나님과 사람 사이에 중보자도 한 분이시니 곧 사람이신 그리스도 예수라 그가 모든 사람을 위하여 자기를 대속물로 주셨으니 기약이

이르러 주신 증거니라

2. 가지치기(감사해야)

– 세상을 사랑하지 말라

– 누구든지 세상을 사랑하면 아버지의 사랑이 없음(요일 2:15-16)

(요일 2:15-16) 이 세상이나 세상에 있는 것들을 사랑하지 말라 누구든지 세상을 사랑하면 아버지의 사랑이 그 안에 있지 아니하니 이는 세상에 있는 모든 것이 육신의 정욕과 안목의 정욕과 이생의 자랑이니 다 아버지께로부터 온 것이 아니요 세상으로부터 온 것이라

3. 기도해야(6-7)

(요 15:6-7) 사람이 내 안에 거하지 아니하면 가지처럼 밖에 버려져 마르나니 사람들이 그것을 모아다가 불에 던져 사르느니라 너희가 내 안에 거하고 내 말이 너희 안에 거하면 무엇이든지 원하는 대로 구하라 그리하면 이루리라

말씀 안에 연결된 삶을 살아야 합니다.

II. 과실을 많이 맺으면 제자가 되고, 하나님께 영광을 돌림(8-13)

(요 15:8-13) 너희가 열매를 많이 맺으면 내 아버지께서 영광을 받으실 것이요 너희는 내 제자가 되리라 아버지께서 나를 사랑하신 것 같이 나도 너희를 사랑하였으니 나의 사랑 안에 거하라 내가 아버지의 계명을 지켜 그의 사랑 안에 거하는 것 같이 너희도 내 계명을 지키면 내 사랑 안에 거하리라 내가 이것을 너희에게 이름은 내 기쁨이 너희 안에 있어 너희 기쁨을 충만하게 하려 함이라 내 계명은 곧 내가 너희를 사랑한 것 같이 너희도 서로 사랑하라 하는 이것이니라 사람이 친구를 위하여 자기 목숨을 버리면 이보다 더 큰 사랑이 없나니

1. 주 안에 있어야 할 이유

- 열매를 많이 맺기 위하여
- 불에 태움 받지 않기 위하여
- 열매로 말미암아 영광 얻기 위하여

2. 주 안에 있는 기쁨

- 기쁨 충만(10-11)

(요 15:10-11) 내가 아버지의 계명을 지켜 그의 사랑 안에 거하는 것 같이 너희도 내 계명을 지키면 내 사랑 안에 거하리라 내가 이것을 너희에게 이름은 내 기쁨이 너희 안에

있어 너희 기쁨을 충만하게 하려 함이라

- 주님의 계명(12)

(요 15:12) 내 계명은 곧 내가 너희를 사랑한 것 같이 너희도 서로 사랑하라 하는 이것이니라

- 친구를 위한 사랑(13-14)

(요 15:13-14) 사람이 친구를 위하여 자기 목숨을 버리면 이보다 더 큰 사랑이 없나니 너희는 내가 명하는 대로 행하면 곧 나의 친구라

① 선입관을 버리고

② 전인격적 진심으로(15)

(요 15:15) 이제부터는 너희를 종이라 하지 아니하리니 종은 주인이 하는 것을 알지 못함이라 너희를 친구라 하였노니 내가 내 아버지께 들은 것을 다 너희에게 알게 하였음이라

③ 친구를 위하여 목숨을 버림(롬 5:8)

(롬 5:8) 우리가 아직 죄인 되었을 때에 그리스도께서 우리를 위하여 죽으심으로 하나님께서 우리에 대한 자기의 사랑을 확증하셨느니라

※ 여기에 친구는 예수님을 가리킵니다(찬 487장 죄 짐 맡은 우리 구주)

III. 하나님 자녀 신분

1. 종이 아니라 아들이 됨(15)

(요 15:15) 이제부터는 너희를 종이라 하지 아니하리니 종은 주인이 하는 것을 알지 못함이라 너희를 친구라 하였노니 내가 내 아버지께 들은 것을 다 너희에게 알게 하였음이라

2. 주님의 택함 받음(16), 전적인 하나님의 뜻

(요 15:16) 너희가 나를 택한 것이 아니요 내가 너희를 택하여 세웠나니 이는 너희로 가서 열매를 맺게 하고 또 너희 열매가 항상 있게 하여 내 이름으로 아버지께 무엇을 구하든지 다 받게 하려 함이라

- 기쁨(11)

(요 15:11) 내가 이것을 너희에게 이름은 내 기쁨이 너희 안에 있어 너희 기쁨을 충만하게 하려 함이라

- 사랑(12)

(요 15:12) 내 계명은 곧 내가 너희를 사랑한 것 같이 너희도 서로 사랑하라 하는 이것이니라

- 친구(15)

(요 15:15) 이제부터는 너희를 종이라 하지 아니하리니 종은 주인이 하는 것을 알지 못함이라 너희를 친구라 하였노니 내가 내 아버지께 들은 것을 다 너희에게 알게 하였음이라

3. 사랑의 원리(17-19)

세상에 속하지 않고, 하나님께 속함과 택함을 입음

(요 15:17-19) 내가 이것을 너희에게 명함은 너희로 서로 사랑하게 하려 함이라 세상이 너희를 미워하면 너희보다 먼저 나를 미워한 줄을 알라 너희가 세상에 속하였으면 세상이 자기의 것을 사랑할 것이나 너희는 세상에 속한 자가 아니요 도리어 내가 너희를 세상에서 택하였기 때문에 세상이 너희를 미워하느니라

결론

예수님 안에 있는 자의 축복

– 열매를 맺고 능력 받게 됨(5)

(요 15:15) 이제부터는 너희를 종이라 하지 아니하리니 종은 주인이 하는 것을 알지 못함이라 너희를 친구라 하였노니 내가 내 아버지께 들은 것을 다 너희에게 알게 하였음이라

- 버림을 받지 않고 영광 돌림(8)

(요 15:18) 세상이 너희를 미워하면 너희보다 먼저 나를 미워한 줄을 알라

- 예수님께 택함 받은 자 됨(19)

(요 15:19) 너희가 세상에 속하였으면 세상이 자기의 것을 사랑할 것이나 너희는 세상에 속한 자가 아니요 도리어 내가 너희를 세상에서 택하였기 때문에 세상이 너희를 미워하느니라

- 예수님의 증인 됨(27)

(요 15:27) 너희도 처음부터 나와 함께 있었으므로 증언하느니라

예수님 안에 있으면 풍성한 열매를 맺습니다. 기도하면 예수님 안에서 반드시 응답 받습니다(15:7, 9).

(요 15:7) 너희가 내 안에 거하고 내 말이 너희 안에 거하면 무엇이든지 원하는 대로 구하라 그리하면 이루리라

(요 15:9) 아버지께서 나를 사랑하신 것 같이 나도 너희를 사랑하였으니 나의 사랑 안에 거하라

과실을 많이 맺으면 하나님께 영광 돌리고 주님의 제자가 됩니다(8).

(요 15:8) 너희가 열매를 많이 맺으면 내 아버지께서 영광

을 받으실 것이요 너희는 내 제자가 되리라

주 예수님 안에서 승리하며 누리며 살기 바랍니다(16:33).

(요 16:33) 이것을 너희에게 이르는 것은 너희로 내 안에서 평안을 누리게 하려 함이라 세상에서는 너희가 환난을 당하나 담대하라 내가 세상을 이기었노라

27과

보혜사 성령의 역사

성도는 신앙의 삶의 현장에서 보혜사 성령님의 인도, 역사하심을 따라 삽니다. 여기에서, 보혜사는 헬라어로 '곁에서 돕는 자, 변호자, 조언자'(롬 8:26-28) 라는 뜻입니다.

(롬 8:26-27) 이와 같이 성령도 우리의 연약함을 도우시나니 우리는 마땅히 기도할 바를 알지 못하나 오직 성령이 말할 수 없는 탄식으로 우리를 위하여 친히 간구하시느니라 마음을 살피시는 이가 성령의 생각을 아시나니 이는 성령이 하나님의 뜻대로 성도를 위하여 간구하심이니라

십자가 수난을 앞두신 예수님의 제사장적 중보기도에 대한 말씀입니다(16:4, 7). 세상에 살 동안 오는 핍박에 대한 경고와 대처방안과 방법론에서 보혜사 성령을 주셨습니다(16:7-15).

(요 16:7-15) 그러나 내가 너희에게 실상을 말하노니 내가 떠나가는 것이 너희에게 유익이라 내가 떠나가지 아니하면 보혜사가 너희에게로 오시지 아니할 것이요 가면 내가 그를 너희에게로 보내리니 그가 와서 죄에 대하여, 의에 대하여, 심판에 대하여 세상을 책망하시리라 죄에 대하여라 함은 그들이 나를 믿지 아니함이요 의에 대하여라 함은 내가 아버지께로 가니 너희가 다시 나를 보지 못함이요 심판에 대하여라 함은 이 세상 임금이 심판을 받았음이라 내가 아직도 너희에게 이를 것이 많으나 지금은 너희가 감당하지 못하리라 그러나 진리의 성령이 오시면 그가 너희를 모든 진리 가운데로 인도하시리니 그가 스스로 말하지 않고 오직 들은 것을 말하며 장래 일을 너희에게 알리시리라 그가 내 영광을 나타내리니 내 것을 가지고 너희에게 알리시겠음이라 무릇 아버지께 있는 것은 다 내 것이라 그러

므로 내가 말하기를 그가 내 것을 가지고 너희에게 알리시리라 하였노라

I. 성령의 역사와 핍박은 연결됨(1-6)

1. 장차 올 핍박과 고난당하는 것은 영적 무지 때문(1-3)

(요 16:1-3) 내가 이것을 너희에게 이름은 너희로 실족하지 않게 하려 함이니 사람들이 너희를 출교할 뿐 아니라 때가 이르면 무릇 너희를 죽이는 자가 생각하기를 이것이 하나님을 섬기는 일이라 하리라 그들이 이런 일을 할 것은 아버지와 나를 알지 못함이라

2. 십자가의 고난 예언이 실제 실행될 때 흔들리지 말고, 성령을 통한 감사(4)

(요 16:4) 오직 너희에게 이 말을 한 것은 너희로 그 때를 당하면 내가 너희에게 말한 이것을 기억나게 하려 함이요 처음부터 이 말을 하지 아니한 것은 내가 너희와 함께 있었음이라

3. 직접 닥친 핍박의 그림자에 대한 고민에 대한 두려움이지 예수님에 대한 위험은 생각지 않음(5)

(요 16:5) 지금 내가 나를 보내신 이에게로 가는데 너희 중에서 나더러 어디로 가는지 묻는 자가 없고

4. 제사장적 중보기도와 예수님의 유언과 위로하면서 실상은 내가 떠나야 유익함을 솔직하게 선포하심(6-7)

(요 16:6-7) 도리어 내가 이 말을 하므로 너희 마음에 근심이 가득하였도다 그러나 내가 너희에게 실상을 말하노니 내가 떠나가는 것이 너희에게 유익이라 내가 떠나가지 아니하면 보혜사가 너희에게로 오시지 아니할 것이요 가면 내가 그를 너희에게로 보내리니

II. 성령의 하시는 일(7-11)

1. 실상(참 진리)

가야바의 현실론과 예수님의 실제론 차이는 우리에게 유익함을 강조(7)

(요 16:7) 그러나 내가 너희에게 실상을 말하노니 내가 떠나가는 것이 너희에게 유익이라 내가 떠나가지 아니하면 보혜사가 너희에게로 오시지 아니할 것이요 가면 내가 그를 너희에게로 보내리니

2. 죄

본질적으로 예수님 믿지 않는 것, 하나님을 떠난 자(영접, 요 1:12), (회개, 2:37-38)

(요 1:12) 영접하는 자 곧 그 이름을 믿는 자들에게는 하나님의 자녀가 되는 권세를 주셨으니

3. 의

유대인의 명분으로는 예수님을 십자가에 죽이는 것이고, 예수님은 부활승천이 절정임(11, 히 2:14-15, 엡 2장, 6:12, 창 3:15)

(요 16:11, 개정) 심판에 대하여라 함은 이 세상 임금이 심판을 받았음이라

(히 2:14-15) 자녀들은 혈과 육에 속하였으매 그도 또한 같은 모양으로 혈과 육을 함께 지니심은 죽음을 통하여 죽음의 세력을 잡은 자 곧 마귀를 멸하시며 또 죽기를 무서워하므로 한평생 매여 종 노릇 하는 모든 자들을 놓아 주려 하심이니

(엡 6:12) 우리의 씨름은 혈과 육을 상대하는 것이 아니요 통치자들과 권세들과 이 어둠의 세상 주관자들과 하늘에 있는 악의 영들을 상대함이라

(창 3:15) 내가 너로 여자와 원수가 되게 하고 네 후손도 여자의 후손과 원수가 되게 하리니 여자의 후손은 네 머리를 상하게 할 것이요 너는 그의 발꿈치를 상하게 할 것이니라 하시고

예수님 십자가(고전 15:55-57, 계 20:2-3)

(고전 15:55-57) 사망아 너의 승리가 어디 있느냐 사망아 네가 쏘는 것이 어디 있느냐 사망이 쏘는 것은 죄요 죄의 권능은 율법이라 우리 주 예수 그리스도로 말미암아 우리에게 승리를 주시는 하나님께 감사하노니

(계 20:2-3) 용을 잡으니 곧 옛 뱀이요 마귀요 사탄이라 잡아서 천 년 동안 결박하여 무저갱에 던져 넣어 잠그고 그 위에 인봉하여 천 년이 차도록 다시는 만국을 미혹하지 못하게 하였는데 그 후에는 반드시 잠깐 놓이리라

4. 알 때(행 1:8)

(행 1:8) 오직 성령이 너희에게 임하시면 너희가 권능을 받고 예루살렘과 온 유대와 사마리아와 땅 끝까지 이르러 내 증인이 되리라 하시니라

성령을 받고, 능력을 받아 그리스도의 증인이 됩시다(마 28:18-20).

(마 28:18-20) 예수께서 나아와 말씀하여 이르시되 하늘과 땅의 모든 권세를 내게 주셨으니 그러므로 너희는 가서 모든 민족을 제자로 삼아 아버지와 아들과 성령의 이름으로 침례를 베풀고 내가 너희에게 분부한 모든 것을 가르쳐 지키게 하라 볼지어다 내가 세상 끝날까지 너희와 항상 함께 있으리라 하시니라

Ⅲ. 성령의 역사(12-15)

(요 16:12-15) 내가 아직도 너희에게 이를 것이 많으나 지금은 너희가 감당하지 못하리라 그러나 진리의 성령이 오시면 그가 너희를 모든 진리 가운데로 인도하시리니 그가 스스로 말하지 않고 오직 들은 것을 말하며 장래 일을 너희에게 알리시리라 그가 내 영광을 나타내리니 내 것을 가지

고 너희에게 알리시겠음이라 무릇 아버지께 있는 것은 다 내 것이라 그러므로 내가 말하기를 그가 내 것을 가지고 너희에게 알리시리라 하였노라

1. 생명수 샘으로 인도

- 성부와의 관계성

- 장래 십자가, 부활, 종말(12-13)

(요 16:12-13) 내가 아직도 너희에게 이를 것이 많으나 지금은 너희가 감당하지 못하리라 그러나 진리의 성령이 오시면 그가 너희를 모든 진리 가운데로 인도하시리니 그가 스스로 말하지 않고 오직 들은 것을 말하며 장래 일을 너희에게 알리시리라

2. 십자가에 죽으시고 사역을 마친 승천 후에 나타날 징조(13)

(요 16:13, 개정) 그러나 진리의 성령이 오시면 그가 너희를 모든 진리 가운데로 인도하시리니 그가 스스로 말하지 않고 오직 들은 것을 말하며 장래 일을 너희에게 알리시리라

3. 하나님과 일체성 가르침(14-15)

(요 16:14-15) 그가 내 영광을 나타내리니 내 것을 가지고 너희에게 알리시겠음이라 무릇 아버지께 있는 것은 다 내

것이라 그러므로 내가 말하기를 그가 내 것을 가지고 너희
에게 알리시리라 하였노라

하나님과 예수님은 하나입니다.

결론

성령의 역사는 고난과 핍박이 오지만 결국 주 예수님
의 이름으로 반드시 승리합니다. 성령의 권능을 받고,
흑암에 세력에서 승리하고 생명의 빛이 되신 예수님
안에서 하나님의 자녀로 감격과 기쁨을 누리며, 그리
스도 증거자, 생명 살리는 능력자가 됩시다(엡 2:19,
벧전 2:9-10).

(엡 2:19) 그러므로 이제부터 너희는 외인도 아니요 나그
네도 아니요 오직 성도들과 동일한 시민이요 하나님의 권
속이라

(벧전 2:9-10) 그러나 너희는 택하신 족속이요 왕 같은 제
사장들이요 거룩한 나라요 그의 소유가 된 백성이니 이는
너희를 어두운 데서 불러 내어 그의 기이한 빛에 들어가게
하신 이의 아름다운 덕을 선포하게 하려 하심이라 너희가
전에는 백성이 아니더니 이제는 하나님의 백성이요 전에는
긍휼을 얻지 못하였더니 이제는 긍휼을 얻은 자니라

28과

◆ 요 16장 16-33절

성도가 얻는 기쁨

성도의 삶의 특징 중에 하나는 기쁨의 삶 입니다(빌 2:13-18).

(빌 2:13-18) 너희 안에서 행하시는 이는 하나님이시니 자기의 기쁘신 뜻을 위하여 너희에게 소원을 두고 행하게 하시나니 모든 일을 원망과 시비가 없이 하라 이는 너희가 흠이 없고 순전하여 어그러지고 거스르는 세대 가운데서 하나님의 흠 없는 자녀로 세상에서 그들 가운데 빛들로 나타내며 생명의 말씀을 밝혀 나의 달음질이 헛되지 아니하고 수고도 헛되지 아니함으로 그리스도의 날에 내가 자랑할 것이 있게 하려 함이라 만일 너희 믿음의 제물과 섬김 위에 내가 나를 전제로 드릴지라도 나는 기뻐하고 너희 무리와 함께 기뻐하리니 이와 같이 너희도 기뻐하고 나와 함께 기뻐하라

항상 기뻐하고, 쉬지 말고 기도하며, 범사에 감사하라 (살전 5:16-18)의 말씀은 영적 각성의 신령한 생존권의 주제 입니다. 성도에게는 항상 기쁨과 감격이 있어야 하고, 생명력있는 기도의 영적 호흡과 모든 일에 감사하며 역동적이고 비전있는 싱싱한 삶을 살아야 합니다.

I. 죽음과 부활 재림에 대한 예언(16-24)

1. 제자들은 예수님의 심정을 이해하지 못한 질문(16-19)

(요 16:16-19) 조금 있으면 너희가 나를 보지 못하겠고 또 조금 있으면 나를 보리라 하시니 제자 중에서 서로 말하되

우리에게 말씀하신 바 조금 있으면 나를 보지 못하겠고 또 조금 있으면 나를 보리라 하시며 또 내가 아버지께로 감이 라 하신 것이 무슨 말씀이냐 하고 또 말하되 조금 있으면이 라 하신 말씀이 무슨 말씀이냐 무엇을 말씀하시는지 알지 못하노라 하거늘 예수께서 그 묻고자 함을 아시고 이르시 되 내 말이 조금 있으면 나를 보지 못하겠고 또 조금 있으 면 나를 보리라 하므로 서로 문의하느냐

야고보고와 요한은 불을 명하여 멸할 것을 제의함(눅 9:54)

(눅 9:54) 제자 야고보와 요한이 이를 보고 이르되 주여 우 리가 불을 명하여 하늘로부터 내려 저들을 멸하라 하기를 원하시나이까

해산은 엄두도 내지 못한 상태에서 구원 받음(히 11:11-12)

(히 11:11-12) 믿음으로 사라 자신도 나이가 많아 단산하 였으나 잉태할 수 있는 힘을 얻었으니 이는 약속하신 이를 미쁘신 줄 알았음이라 이러므로 죽은 자와 같은 한 사람으 로 말미암아 하늘의 허다한 별과 또 해변의 무수한 모래와 같이 많은 후손이 생육하였느니라

2. 제자들은 곡하겠으나 세상은 기뻐하니라(20-22)

(요 16:20-22) 내가 진실로 진실로 너희에게 이르노니 너 희는 곡하고 애통하겠으나 세상은 기뻐하리라 너희는 근 심하겠으나 너희 근심이 도리어 기쁨이 되리라 여자가 해

산하게 되면 그 때가 이르렀으므로 근심하나 아기를 낳으면 세상에 사람 난 기쁨으로 말미암아 그 고통을 다시 기억하지 아니하느니라 지금은 너희가 근심하나 내가 다시 너희를 보리니 너희 마음이 기쁠 것이요 너희 기쁨을 빼앗을 자가 없으리라

3. 기도응답 통한 기쁨(23-24, 히 11장 / 이삭 번제)

(요 16:23-24) 그 날에는 너희가 아무 것도 내게 묻지 아니하리라 내가 진실로 진실로 너희에게 이르노니 너희가 무엇이든지 아버지께 구하는 것을 내 이름으로 주시리라 지금까지는 너희가 내 이름으로 아무 것도 구하지 아니하였으나 구하라 그리하면 받으리니 너희 기쁨이 충만하리라

II. 세상을 이기신 예수님(25-33)

1. 제자들에게 고난에 대한 설명이 어렴풋 하게나마 이해(25-30)

(요 16:25-30) 이것을 비유로 너희에게 일렀거니와 때가 이르면 다시는 비유로 너희에게 이르지 않고 아버지에 대한 것을 밝히 이르리라 그 날에 너희가 내 이름으로 구할 것이요 내가 너희를 위하여 아버지께 구하겠다 하는 말이 아니니 이는 너희가 나를 사랑하고 또 내가 하나님께로부터 온 줄 믿었으므로 아버지께서 친히 너희를 사랑하심이라 내가 아버지에게서 나와 세상에 왔고 다시 세상을 떠나 아버지께로 가노라 하시니 제자들이 말하되 지금은 밝히 말씀하시고 아무 비유로도 하지 아니하시니 우리가 지금

에야 주께서 모든 것을 아시고 또 사람의 물음을 기다리시
지 않는 줄 아나이다 이로써 하나님께로부터 나오심을 우
리가 믿사옵나이다

2. 제자들은 신앙고백 하지만 마지막에 예수님은 혼자 라는 슬픈 예언(31-32)

(요 16:31-32) 예수께서 대답하시되 이제는 너희가 믿느냐
보라 너희가 다 각각 제 곳으로 흩어지고 나를 혼자 둘 때
가 오나니 벌써 왔도다 그러나 내가 혼자 있는 것이 아니라
아버지께서 나와 함께 계시느니라

장담하던 베드로의 실패(마 26:31-36, 요 13:36-38)

(마 26:31-36) 그 때에 예수께서 제자들에게 이르시되 오
늘 밤에 너희가 다 나를 버리리라 기록된 바 내가 목자를
치리니 양의 떼가 흩어지리라 하였느니라 그러나 내가 살
아난 후에 너희보다 먼저 갈릴리로 가리라 베드로가 대답
하여 이르되 모두 주를 버릴지라도 나는 결코 버리지 않겠
나이다 예수께서 이르시되 내가 진실로 네게 이르노니 오
늘 밤 닭 울기 전에 네가 세 번 나를 부인하리라 베드로가
이르되 내가 주와 함께 죽을지언정 주를 부인하지 않겠나
이다 하고 모든 제자도 그와 같이 말하니라 이에 예수께서
제자들과 함께 겟세마네라 하는 곳에 이르러 제자들에게
이르시되 내가 저기 가서 기도할 동안에 너희는 여기 앉아
있으라 하시고

(요 13:36-38) 시몬 베드로가 이르되 주여 어디로 가시나
이까 예수께서 대답하시되 내가 가는 곳에 네가 지금은 따

라올 수 없으나 후에는 따라오리라 베드로가 이르되 주여 내가 지금은 어찌하여 따라갈 수 없나이까 주를 위하여 내 목숨을 버리겠나이다 예수께서 대답하시되 네가 나를 위하여 네 목숨을 버리겠느냐 내가 진실로 진실로 네게 이르노니 닭 울기 전에 네가 세 번 나를 부인하리라

가룟 유다에게 예수님을 팔려는 마음 〈사단 조종〉(요 13:2)

(요 13:2) 마귀가 벌써 시몬의 아들 가룟 유다의 마음에 예수를 팔려는 생각을 넣었더라

3. 환난에서 승리하고 평안을 주기 위한 주님의 사역의 결말(33)

제자들을 향한 주님의 마음은 양떼를 이리 가운데로 보냄 같은 심정으로(마 10:16) 다가올 환난을 말하면서 대비하라는 권고와 승리한다는 확신의 메시지를 전해줍니다.

(마 10:16) 보라 내가 너희를 보냄이 양을 이리 가운데로 보냄과 같도다 그러므로 너희는 뱀 같이 지혜롭고 비둘기 같이 순결하라

"환난을 당하나 담대하라 내가 세상을 이기었노라"(33)

(요 16:33) 이것을 너희에게 이르는 것은 너희로 내 안에서 평안을 누리게 하려 함이라 세상에서는 너희가 환난을 당하나 담대하라 내가 세상을 이기었노라

Ⅲ. 환난을 말씀하는 배경(33)

(요 16:33) 이것을 너희에게 이르는 것은 너희로 내 안에서 평안을 누리게 하려 함이라 세상에서는 너희가 환난을 당하나 담대하라 내가 세상을 이기었노라

1. 제자들의 믿음이 담대하여 지기 위하여(고후 4:7-12)

(고후 4:7-12) 우리가 이 보배를 질그릇에 가졌으니 이는 심히 큰 능력은 하나님께 있고 우리에게 있지 아니함을 알게 하려 함이라 우리가 사방으로 우겨쌈을 당하여도 싸이지 아니하며 답답한 일을 당하여도 낙심하지 아니하며 박해를 받아도 버린 바 되지 아니하며 거꾸러뜨림을 당하여도 망하지 아니하고 우리가 항상 예수의 죽음을 몸에 짊어짐은 예수의 생명이 또한 우리 몸에 나타나게 하려 함이라 우리 살아 있는 자가 항상 예수를 위하여 죽음에 넘겨짐은 예수의 생명이 또한 우리 죽을 육체에 나타나게 하려 함이라 그런즉 사망은 우리 안에서 역사하고 생명은 너희 안에서 역사하느니라

환난이란?

① 에워싸다

② 어려운 처지

③ 외적 압박(7-9)

담대함

① 용기를 갖다

② 안심하라

③ 오직 예수님(마 16:16-19, 단 3:17-18)

(마 16:16-19) 시몬 베드로가 대답하여 이르되 주는 그리스도시요 살아 계신 하나님의 아들이시니이다 예수께서 대답하여 이르시되 바요나 시몬아 네가 복이 있도다 이를 네게 알게 한 이는 혈육이 아니요 하늘에 계신 내 아버지시니라 또 내가 네게 이르노니 너는 베드로라 내가 이 반석 위에 내 교회를 세우리니 음부의 권세가 이기지 못하리라 내가 천국 열쇠를 네게 주리니 네가 땅에서 무엇이든지 매면 하늘에서도 매일 것이요 네가 땅에서 무엇이든지 풀면 하늘에서도 풀리리라 하시고

(단 3:17-18) 왕이여 우리가 섬기는 하나님이 계시다면 우리를 맹렬히 타는 풀무불 가운데에서 능히 건져내시겠고 왕의 손에서도 건져내시리이다 그렇게 하지 아니하실지라도 왕이여 우리가 왕의 신들을 섬기지도 아니하고 왕이 세우신 금 신상에게 절하지도 아니할 줄을 아옵소서

2. 승리의 확신을 주기 위해서(33)

(요 16:33) 이것을 너희에게 이르는 것은 너희로 내 안에서 평안을 누리게 하려 함이라 세상에서는 너희가 환난을 당하나 담대하라 내가 세상을 이기었노라

출 17:15, 여호와 닛시

(출 17:15) 모세가 제단을 쌓고 그 이름을 여호와 닛시라 하고

3. 평안을 누리게 하기 위해서(33)

(요 16:33) 이것을 너희에게 이르는 것은 너희로 내 안에서 평안을 누리게 하려 함이라 세상에서는 너희가 환난을 당하나 담대하라 내가 세상을 이기었노라

요 14:27, 구원의 감격

(요 14:27) 평안을 너희에게 끼치노니 곧 나의 평안을 너희에게 주노라 내가 너희에게 주는 것은 세상이 주는 것과 같지 아니하니라 너희는 마음에 근심하지도 말고 두려워하지도 말라

결론

성도가 얻은 기쁨은 구원받은 감격에서 우러나오는 평안 입니다(눅 7:44-50, 향유 부은 여인의 감사). 육체적 안녕이나 무사함 혹은 번영이 아닌 위험한 세상이나 안전한 주님의 품안에서 누리는 평안은 빼앗길 수 없는 감격 입니다(14:27).

(요 14:27) 평안을 너희에게 끼치노니 곧 나의 평안을 너희에게 주노라 내가 너희에게 주는 것은 세상이 주는 것

과 같지 아니하니라 너희는 마음에 근심하지도 말고 두려워하지도 말라

예) 전쟁의 와중에서도 어머니 품에 있는 어린아이의 행복, 이런 평안은 오직 예수님 안에서만 얻는 참된 평안 입니다(롬 8:35-39).

(롬 8:35-39) 누가 우리를 그리스도의 사랑에서 끊으리요 환난이나 곤고나 박해나 기근이나 적신이나 위험이나 칼이랴 기록된 바 우리가 종일 주를 위하여 죽임을 당하게 되며 도살 당할 양 같이 여김을 받았나이다 함과 같으니라 그러나 이 모든 일에 우리를 사랑하시는 이로 말미암아 우리가 넉넉히 이기느니라 내가 확신하노니 사망이나 생명이나 천사들이나 권세자들이나 현재 일이나 장래 일이나 능력이나 높음이나 깊음이나 다른 어떤 피조물이라도 우리를 우리 주 그리스도 예수 안에 있는 하나님의 사랑에서 끊을 수 없으리라

주 안에서 확실한 평안을 누립시다(사 41:10).

(사 41:10) 두려워하지 말라 내가 너와 함께 함이라 놀라지 말라 나는 네 하나님이 됨이라 내가 너를 굳세게 하리라 참으로 너를 도와 주리라 참으로 나의 의로운 오른손으로 너를 붙들리라

두려워 말고, 놀라지 맙시다. 하나님께서 임마누엘이 되십니다. 분명하게 복음을 증거하고, 간증하고, 고백하며 삽시다(롬 10:9-10, 13, 17). 이것이 새 생명의 삶이요, 성도의 기쁨입니다.

(롬 10:9-10) 네가 만일 네 입으로 예수를 주로 시인하며 또 하나님께서 그를 죽은 자 가운데서 살리신 것을 네 마음에 믿으면 구원을 받으리라 사람이 마음으로 믿어 의에 이르고 입으로 시인하여 구원에 이르느니라

(롬 10:13) 누구든지 주의 이름을 부르는 자는 구원을 받으리라

(롬 10:17) 그러므로 믿음은 들음에서 나며 들음은 그리스도의 말씀으로 말미암았느니라

29과

◆ 요 17장 1-26절

중보자적 예수님의 기도

예수님께서 대제사장과 바리새인의 군대에 의해 붙잡
하시기 직전에 하나님을 향하여 전 인류를 위한 간절
한 제사장적 중보기도를 하신 내용입니다.

자신을 위하여(1-5)

(요 17:1-5) 예수께서 이 말씀을 하시고 눈을 들어 하늘을
우러러 이르시되 아버지여 때가 이르렀사오니 아들을 영화
롭게 하사 아들로 아버지를 영화롭게 하게 하옵소서 아버
지께서 아들에게 주신 모든 사람에게 영생을 주게 하시려
고 만민을 다스리는 권세를 아들에게 주셨음이로소이다
영생은 곧 유일하신 참 하나님과 그가 보내신 자 예수 그리
스도를 아는 것이니이다 아버지께서 내게 하라고 주신 일
을 내가 이루어 아버지를 이 세상에서 영화롭게 하였사오
니 아버지여 창세 전에 내가 아버지와 함께 가졌던 영화로
써 지금도 아버지와 함께 나를 영화롭게 하옵소서

제자들을 위하여(6-19)

(요 17:6-19) 세상 중에서 내게 주신 사람들에게 내가 아버
지의 이름을 나타내었나이다 그들은 아버지의 것이었는데
내게 주셨으며 그들은 아버지의 말씀을 지키었나이다 지금
그들은 아버지께서 내게 주신 것이 다 아버지로부터 온 것
인 줄 알았나이다 나는 아버지께서 내게 주신 말씀들을 그
들에게 주었사오며 그들은 이것을 받고 내가 아버지께로
부터 나온 줄을 참으로 아오며 아버지께서 나를 보내신 줄
도 믿었사옵나이다 내가 그들을 위하여 비옵나니 내가 비
옵는 것은 세상을 위함이 아니요 내게 주신 자들을 위함이
니이다 그들은 아버지의 것이로소이다 내 것은 다 아버지
의 것이요 아버지의 것은 내 것이온데 내가 그들로 말미암

아 영광을 받았나이다 나는 세상에 더 있지 아니하오나 그들은 세상에 있사옵고 나는 아버지께로 가옵나니 거룩하신 아버지여 내게 주신 아버지의 이름으로 그들을 보전하사 우리와 같이 그들도 하나가 되게 하옵소서 내가 그들과 함께 있을 때에 내게 주신 아버지의 이름으로 그들을 보전하고 지키었나이다 그 중의 하나도 멸망하지 않고 다만 멸망의 자식뿐이오니 이는 성경을 응하게 함이니이다 지금 내가 아버지께로 가오니 내가 세상에서 이 말을 하옵는 것은 그들로 내 기쁨을 그들 안에 충만히 가지게 하려 함이니이다 내가 아버지의 말씀을 그들에게 주었사오매 세상이 그들을 미워하였사오니 이는 내가 세상에 속하지 아니함 같이 그들도 세상에 속하지 아니함으로 인함이니이다 내가 비옵는 것은 그들을 세상에서 데려가시기를 위함이 아니요 다만 악에 빠지지 않게 보전하시기를 위함이니이다 내가 세상에 속하지 아니함 같이 그들도 세상에 속하지 아니하였사옵나이다 그들을 진리로 거룩하게 하옵소서 아버지의 말씀은 진리니이다 아버지께서 나를 세상에 보내신 것 같이 나도 그들을 세상에 보내었고 또 그들을 위하여 내가 나를 거룩하게 하오니 이는 그들도 진리로 거룩함을 얻게 하려 함이니이다

미래와 교회와 신자를 위한 기도(20-25)

(요 17:20-25) 내가 비옵는 것은 이 사람들만 위함이 아니요 또 그들의 말로 말미암아 나를 믿는 사람들도 위함이니 아버지여, 아버지께서 내 안에, 내가 아버지 안에 있는 것 같이 그들도 다 하나가 되어 우리 안에 있게 하사 세상으로 아버지께서 나를 보내신 것을 믿게 하옵소서 내게 주신 영광을 내가 그들에게 주었사오니 이는 우리가 하나가 된 것 같이 그들도 하나가 되게 하려 함이니이다 곧 내가 그들

안에 있고 아버지께서 내 안에 계시어 그들로 온전함을 이루어 하나가 되게 하려 함은 아버지께서 나를 보내신 것과 또 나를 사랑하심 같이 그들도 사랑하신 것을 세상으로 알게 하려 함이로소이다 아버지여 내게 주신 자도 나 있는 곳에 나와 함께 있어 아버지께서 창세 전부터 나를 사랑하시므로 내게 주신 나의 영광을 그들로 보게 하시기를 원하옵나이다 의로우신 아버지여 세상이 아버지를 알지 못하여도 나는 아버지를 알았사옵고 그들도 아버지께서 나를 보내신 줄 알았사옵나이다

Ⅰ. 예수님의 자신을 위한 기도의 내용(1-5)

1. 아버지를 영화롭게〈하나님의 뜻을 순종 주님의 권세로(1)

(요 17:1) 예수께서 이 말씀을 하시고 눈을 들어 하늘을 우러러 이르시되 아버지여 때가 이르렀사오니 아들을 영화롭게 하사 아들로 아버지를 영화롭게 하게 하옵소서

◎ 권세

자신의 뜻대로 할 수 있는 자유

① 나귀를 끌어오라(마 21:2-3) 힘(육체) 능력(정신적)

(마 21:2-3) 이르시되 너희는 맞은편 마을로 가라 그리하면 곧 매인 나귀와 나귀 새끼가 함께 있는 것을 보리니 풀어 내게로 끌고 오라 만일 누가 무슨 말을 하거든 주가 쓰시겠다 하라 그리하면 즉시 보내리라 하시니

② 힘쓰고(육체), 애쓰고(정신적), 간절히(영적), 기도하심(눅 22:44)

(눅 22:44) 예수께서 힘쓰고 애써 더욱 간절히 기도하시니 땀이 땅에 떨어지는 핏방울 같이 되더라

③ 직분이나 신분이 갖는 권한. 양자된 하나님의 자녀(롬 8:15-17), 당당하게 아바 아버지라 부름

(롬 8:15-17) 너희는 다시 무서워하는 종의 영을 받지 아니하고 양자의 영을 받았으므로 우리가 아빠 아버지라고 부르짖느니라 성령이 친히 우리의 영과 더불어 우리가 하나님의 자녀인 것을 증언하시나니 자녀이면 또한 상속자 곧 하나님의 상속자요 그리스도와 함께 한 상속자니 우리가 그와 함께 영광을 받기 위하여 고난도 함께 받아야 할 것이니라

2. 유일하신 하나님과 예수님을 아는 것이 영생. 인격적 만남(3)

(요 17:3) 영생은 곧 유일하신 참 하나님과 그가 보내신 자 예수 그리스도를 아는 것이니이다

3. 예수님의 영화의 기원. 창세 전(5)

(요 17:5) 아버지여 창세 전에 내가 아버지와 함께 가졌던 영화로써 지금도 아버지와 함께 나를 영화롭게 하옵소서

※ 예수님의 권세는 영적인 것으로 하나님께서 주신 권세입니다(빌 2:9-11, 요 1:12-13, 마 16:16-17).

II. 제자를 위한 예수님의 기도(6-19)

1. 하나 되기 위한 기도(6-11)

(요 17:6-11) 세상 중에서 내게 주신 사람들에게 내가 아버지의 이름을 나타내었나이다 그들은 아버지의 것이었는데 내게 주셨으며 그들은 아버지의 말씀을 지키었나이다 지금 그들은 아버지께서 내게 주신 것이 다 아버지로부터 온 것인 줄 알았나이다 나는 아버지께서 내게 주신 말씀들을 그들에게 주었사오며 그들은 이것을 받고 내가 아버지께로부터 나온 줄을 참으로 아오며 아버지께서 나를 보내신 줄도 믿었사옵나이다 내가 그들을 위하여 비옵나니 내가 비옵는 것은 세상을 위함이 아니요 내게 주신 자들을 위함이니이다 그들은 아버지의 것이로소이다 내 것은 다 아버지의 것이요 아버지의 것은 내 것이온데 내가 그들로 말미암아 영광을 받았나이다 나는 세상에 더 있지 아니하오나 그들은 세상에 있사옵고 나는 아버지께로 가옵나니 거룩하신 아버지여 내게 주신 아버지의 이름으로 그들을 보전하사 우리와 같이 그들도 하나가 되게 하옵소서

너무 믿음이 약한 제자들이 뿔뿔이 흩어진 것을 염려하여 제자들을 보호하고 마음과 뜻과 목적이 하나 되기 위하여 기도하였습니다(요 20:21-23).

(요 20:21-23) 예수께서 또 이르시되 너희에게 평강이 있을지어다 아버지께서 나를 보내신 것 같이 나도 너희를 보

내노라 이 말씀을 하시고 그들을 향하사 숨을 내쉬며 이르시되 성령을 받으라 너희가 누구의 죄든지 사하면 사하여질 것이요 누구의 죄든지 그대로 두면 그대로 있으리라 하시니라

2. 악에 빠지지 않기를 기도하심(12-15)

(요 17:12-15) 내가 그들과 함께 있을 때에 내게 주신 아버지의 이름으로 그들을 보전하고 지키었나이다 그 중의 하나도 멸망하지 않고 다만 멸망의 자식뿐이오니 이는 성경을 응하게 함이니이다 지금 내가 아버지께로 가오니 내가 세상에서 이 말을 하옵는 것은 그들로 내 기쁨을 그들 안에 충만히 가지게 하려 함이니이다 내가 아버지의 말씀을 그들에게 주었사오매 세상이 그들을 미워하였사오니 이는 내가 세상에 속하지 아니함 같이 그들도 세상에 속하지 아니함으로 인함이니이다 내가 비옵는 것은 그들을 세상에서 데려가시기를 위함이 아니요 다만 악에 빠지지 않게 보전하시기를 위함이니이다

제자들은 예수님을 위하여 세상에 남아 있고 자신은 십자가의 죽음과 부활승천으로 악한 세상에서 승리하기 위하여 기도하셨습니다.

3. 전도를 위하여 기도하심(16-19)

(요 17:16-19) 내가 세상에 속하지 아니함 같이 그들도 세상에 속하지 아니하였사옵나이다 그들을 진리로 거룩하게 하옵소서 아버지의 말씀은 진리니이다 아버지께서 나를 세

상에 보내신 것 같이 나도 그들을 세상에 보내었고 또 그들을 위하여 내가 나를 거룩하게 하오니 이는 그들도 진리로 거룩함을 얻게 하려 함이니이다

제자들이 말씀의 언약 붙잡고 세상에서 진리운동과 성령의 권능 받아 복음의 증인 되기 위하여 기도하셨습니다(행 4:13-21, 1:18, 마 28:18-20).

(행 4:13-21) 그들이 베드로와 요한이 담대하게 말함을 보고 그들을 본래 학문 없는 범인으로 알았다가 이상히 여기며 또 전에 예수와 함께 있던 줄도 알고 또 병 나은 사람이 그들과 함께 서 있는 것을 보고 비난할 말이 없는지라 명하여 공회에서 나가라 하고 서로 의논하여 이르되 이 사람들을 어떻게 할까 그들로 말미암아 유명한 표적 나타난 것이 예루살렘에 사는 모든 사람에게 알려졌으니 우리도 부인할 수 없는지라 이것이 민간에 더 퍼지지 못하게 그들을 위협하여 이 후에는 이 이름으로 아무에게도 말하지 말게 하자 하고 그들을 불러 경고하여 도무지 예수의 이름으로 말하지도 말고 가르치지도 말라 하니 베드로와 요한이 대답하여 이르되 하나님 앞에서 너희의 말을 듣는 것이 하나님의 말씀을 듣는 것보다 옳은가 판단하라 우리는 보고 들은 것을 말하지 아니할 수 없다 하니 관리들이 백성들 때문에 그들을 어떻게 처벌할지 방법을 찾지 못하고 다시 위협하여 놓아 주었으니 이는 모든 사람이 그 된 일을 보고 하나님께 영광을 돌림이라

(행 1:8) 오직 성령이 너희에게 임하시면 너희가 권능을 받고 예루살렘과 온 유대와 사마리아와 땅 끝까지 이르러 내 증인이 되리라 하시니라

(마 28:18-20) 예수께서 나아와 말씀하여 이르시되 하늘과 땅의 모든 권세를 내게 주셨으니 그러므로 너희는 가서 모든 민족을 제자로 삼아 아버지와 아들과 성령의 이름으로 세례를 베풀고 내가 너희에게 분부한 모든 것을 가르쳐 지키게 하라 볼지어다 내가 세상 끝날까지 너희와 항상 함께 있으리라 하시니라

III. 미래 교회와 모든 성도를 위한 기도(20-26)

1. 성도의 일치와 연합(20-26)

(요 17:20-26) 내가 비옵는 것은 이 사람들만 위함이 아니요 또 그들의 말로 말미암아 나를 믿는 사람들도 위함이니 아버지여, 아버지께서 내 안에, 내가 아버지 안에 있는 것 같이 그들도 다 하나가 되어 우리 안에 있게 하사 세상으로 아버지께서 나를 보내신 것을 믿게 하옵소서 내게 주신 영광을 내가 그들에게 주었사오니 이는 우리가 하나가 된 것 같이 그들도 하나가 되게 하려 함이니이다 곧 내가 그들 안에 있고 아버지께서 내 안에 계시어 그들로 온전함을 이루어 하나가 되게 하려 함은 아버지께서 나를 보내신 것과 또 나를 사랑하심 같이 그들도 사랑하신 것을 세상으로 알게 하려 함이로소이다 아버지여 내게 주신 자도 나 있는 곳에 나와 함께 있어 아버지께서 창세 전부터 나를 사랑하시므로 내게 주신 나의 영광을 그들로 보게 하시기를 원하옵나이다 의로우신 아버지여 세상이 아버지를 알지 못하여도 나는 아버지를 알았사옵고 그들도 아버지께서 나를 보내신 줄 알았사옵나이다 내가 아버지의 이름을 그들에게 알게 하였고 또 알게 하리니 이는 나를 사랑하신 사랑이 그들 안에 있고 나도 그들 안에 있게 하려 함이니이다

성도의 일치는 획일성이 아니라 다양성과 통일성에 있습니다. 몸은 하나지만 여러 지체가 있듯이 성도는 오직 예수님 몸인 교회로 일치되어야 함을 가르쳐 줍니다(고전 12:12-27).

(고전 12:12-27) 몸은 하나인데 많은 지체가 있고 몸의 지체가 많으나 한 몸임과 같이 그리스도도 그러하니라 우리가 유대인이나 헬라인이나 종이나 자유인이나 다 한 성령으로 세례를 받아 한 몸이 되었고 또 다 한 성령을 마시게 하셨느니라 몸은 한 지체뿐만 아니요 여럿이니 만일 발이 이르되 나는 손이 아니니 몸에 붙지 아니하였다 할지라도 이로써 몸에 붙지 아니한 것이 아니요 또 귀가 이르되 나는 눈이 아니니 몸에 붙지 아니하였다 할지라도 이로써 몸에 붙지 아니한 것이 아니니 만일 온 몸이 눈이면 듣는 곳은 어디며 온 몸이 듣는 곳이면 냄새 맡는 곳은 어디냐 그러나 이제 하나님이 그 원하시는 대로 지체를 각각 몸에 두셨으니 만일 다 한 지체뿐이면 몸은 어디냐 이제 지체는 많으나 몸은 하나라 눈이 손더러 내가 너를 쓸 데가 없다 하거나 또한 머리가 발더러 내가 너를 쓸 데가 없다 하지 못하리라 그뿐 아니라 더 약하게 보이는 몸의 지체가 도리어 요긴하고 우리가 몸의 덜 귀히 여기는 그것들을 더욱 귀한 것들로 입혀 주며 우리의 아름답지 못한 지체는 더욱 아름다운 것을 얻느니라 그런즉 우리의 아름다운 지체는 그럴 필요가 없느니라 오직 하나님이 몸을 고르게 하여 부족한 지체에게 귀중함을 더하사 몸 가운데서 분쟁이 없고 오직 여러 지체가 서로 같이 돌보게 하셨느니라 만일 한 지체가 고통을 받으면 모든 지체가 함께 고통을 받고 한 지체가 영광을 얻으면 모든 지체가 함께 즐거워하느니라 너희는 그리스도의 몸이요 지체의 각 부분이라

2. 장차 하나님의 영광에 참여할 것(24-26)

(요 17:24-26) 아버지여 내게 주신 자도 나 있는 곳에 나와 함께 있어 아버지께서 창세 전부터 나를 사랑하시므로 내게 주신 나의 영광을 그들로 보게 하시기를 원하옵나이다 의로우신 아버지여 세상이 아버지를 알지 못하여도 나는 아버지를 알았사옵고 그들도 아버지께서 나를 보내신 줄 알았사옵나이다 내가 아버지의 이름을 그들에게 알게 하였고 또 알게 하리니 이는 나를 사랑하신 사랑이 그들 안에 있고 나도 그들 안에 있게 하려 함이니이다

예수님께서 오신 목적은 유대인만 위한 것이 아니라 사마리아 땅 끝 모든 자에게, 즉 오고 오는 모든 세계에 걸쳐 모든 사람을 구원하는데 있습니다(마 28:18-20, 행 1:8).

(마 28:18-20) 예수께서 나아와 말씀하여 이르시되 하늘과 땅의 모든 권세를 내게 주셨으니 그러므로 너희는 가서 모든 민족을 제자로 삼아 아버지와 아들과 성령의 이름으로 세례를 베풀고 내가 너희에게 분부한 모든 것을 가르쳐 지키게 하라 볼지어다 내가 세상 끝날까지 너희와 항상 함께 있으리라 하시니라

(행 1:8) 오직 성령이 너희에게 임하시면 너희가 권능을 받고 예루살렘과 온 유대와 사마리아와 땅 끝까지 이르러 내 증인이 되리라 하시니라

결론

예수는 그리스도시요 살아계신 하나님의 아들 이십니다(마 16:16-19).

(마 16:16-19) 시몬 베드로가 대답하여 이르되 주는 그리스도시요 살아 계신 하나님의 아들이시니이다 예수께서 대답하여 이르시되 바요나 시몬아 네가 복이 있도다 이를 네게 알게 한 이는 혈육이 아니요 하늘에 계신 내 아버지시니라 또 내가 네게 이르노니 너는 베드로라 내가 이 반석 위에 내 교회를 세우리니 음부의 권세가 이기지 못하리라 내가 천국 열쇠를 네게 주리니 네가 땅에서 무엇이든지 매면 하늘에서도 매일 것이요 네가 땅에서 무엇이든지 풀면 하늘에서도 풀리리라 하시고

예수는 하나님의 뜻에 따라 권세를 가지고 하나님을 영화롭게 하고 영생의 진리를 전하시며 제자들이 하나 되어 그리스도의 몸된 교회의 사명을 다하여 악에 빠지지 않고 승리할 것을 제자들에게 가르치시며 만민에게 복음 전파하여 구원 얻게 하고 제자들이 그리스도의 확실한 증인된 것을 말씀하고 있습니다. 우리 모두가 확실한 그리스도의 증인 됩시다. 하나님의 자녀의 신분을 누리며 승리하며 삽시다. 우리 모두가 하나 되어 그리스도의 복음을 전하고 하나님의 뜻을 말씀 안에서 성취하여 나갑시다. 할렐루야-아멘 오직 예수그리스도.

30과

◆ 요 18장 1-40절

예수님의 삶

본문에서는 하나님의 아들의 수난과 영광을 증거하여 주었습니다. 공관복음에서는 예수님의 수난은 하나님의 어린 양으로 묵묵히 십자가를 지시는 연약한 인간적 측면을 강조한 반면에, 요한복음에서는 하나님의 뜻을 이루기 위한 구속자로서 능동적으로 당당하게 죽음을 맞이하여 자기 백성을 구원하기 위한 메시아적 영광스러운 최후 승리의 삶을 강조하고 있습니다.

I. 예수님의 수난(1-11)

1. 배신자가 유다인 것을 이미 알고 있었습니다.

예수님께서는 자신이 겟세마네 동산에서 잡히실 것을 아시고, 자진해서 찾아가셨습니다(1-4).

(요 18:1-4) 예수께서 이 말씀을 하시고 제자들과 함께 기드론 시내 건너편으로 나가시니 그 곳에 동산이 있는데 제자들과 함께 들어가시니라 그 곳은 가끔 예수께서 제자들과 모이시는 곳이므로 예수를 파는 유다도 그 곳을 알더라 유다가 군대와 대제사장들과 바리새인들에게서 얻은 아랫사람들을 데리고 등과 횃불과 무기를 가지고 그리로 오는지라 예수께서 그 당할 일을 다 아시고 나아가 이르시되 너희가 누구를 찾느냐

※ 예수님은 하나님의 뜻을 온전히 순종하시면서 자발적인 희생의 모범을 보이셨습니다.

2. 대적들에게 자신이 예수님이라는 신분을 밝히셨습니다(5-9).

메시아적 구원자임을 제시함

(요 18:5-9) 대답하되 나사렛 예수라 하거늘 이르시되 내가 그니라 하시니라 그를 파는 유다도 그들과 함께 섰더라 예수께서 그들에게 내가 그니라 하실 때에 그들이 물러가서 땅에 엎드러지는지라 이에 다시 누구를 찾느냐고 물으신대 그들이 말하되 나사렛 예수라 하거늘 예수께서 대답하시되 너희에게 내가 그니라 하였으니 나를 찾거든 이 사람들이 가는 것은 용납하라 하시니 이는 아버지께서 내게 주신 자 중에서 하나도 잃지 아니하였사옵나이다 하신 말씀을 응하게 하려 함이러라

3. 대적들에게 칼을 사용하던 베드로가 책망 받음(10-11)

(요 18:10-11) 이에 시몬 베드로가 칼을 가졌는데 그것을 빼어 대제사장의 종을 쳐서 오른편 귀를 베어버리니 그 종의 이름은 말고라 예수께서 베드로더러 이르시되 칼을 칼집에 꽂으라 아버지께서 주신 잔을 내가 마시지 아니하겠느냐 하시니라

주님의 일은 충성하는 열성보다 구원사역의 초점이 중요한 것인데 사람은 순간의 판단을 흐리게 하여 베드로가 사단의 전략에 넘어간 것을 책망하였습니다. 하나님의 뜻과 계획을 깨닫지 못한 채 인본주의적 사람의 일만 도모하는 사단의 책략에 넘어가지 말아야 합

니다. 이렇게 사는 방법은? 오직 예수님의 삶으로, 성령의 인도하심 따라, 말씀의 언약 붙잡고 믿고, 승리하며 살기를 주 예수님 이름으로 축복합니다.

II. 안나스 앞에 선 그리스도와 세 번 부인한 베드로(12-27)

1. 안나스의 실체(12-24)

안나스는 전직 대제사장인데도 자기 집으로 끌고 와서 예수님을 심문하였고, 자기의 사위였던 가야바를 현직 제사장이 되도록 압력과 예수님을 유죄와 사형을 확정시킬 것을 거짓증거로 제시한 증인들을 조작하려 했던 인물입니다.

(요 18:12-24) 이에 군대와 천부장과 유대인의 아랫사람들이 예수를 잡아 결박하여 먼저 안나스에게로 끌고 가니 안나스는 그 해의 대제사장인 가야바의 장인이라 가야바는 유대인들에게 한 사람이 백성을 위하여 죽는 것이 유익하다고 권고하던 자러라 시몬 베드로와 또 다른 제자 한 사람이 예수를 따르니 이 제자는 대제사장과 아는 사람이라 예수와 함께 대제사장의 집 뜰에 들어가고 베드로는 문 밖에 서 있는지라 대제사장을 아는 그 다른 제자가 나가서 문 지키는 여자에게 말하여 베드로를 데리고 들어오니 문 지키는 여종이 베드로에게 말하되 너도 이 사람의 제자 중 하나가 아니냐 하니 그가 말하되 나는 아니라 하고 그 때가 추운 고로 종과 아랫사람들이 불을 피우고 서서 쬐니 베드로도 함께 서서 쬐더라 대제사장이 예수에게 그의 제자들과 그의 교훈에 대하여 물으니 예수께서 대답하시되 내가 드

러내 놓고 세상에 말하였노라 모든 유대인들이 모이는 회당과 성전에서 항상 가르쳤고 은밀하게는 아무 것도 말하지 아니하였거늘 어찌하여 내게 묻느냐 내가 무슨 말을 하였는지 들은 자들에게 물어 보라 그들이 내가 하던 말을 아느니라 이 말씀을 하시매 곁에 섰던 아랫사람 하나가 손으로 예수를 쳐 이르되 네가 대제사장에게 이같이 대답하느냐 하니 예수께서 대답하시되 내가 말을 잘못하였으면 그 잘못한 것을 증언하라 바른 말을 하였으면 네가 어찌하여 나를 치느냐 하시더라 안나스가 예수를 결박한 그대로 대제사장 가야바에게 보내니라

2. 베드로의 실체(25-27)

유월절 만찬석상에서 다른 사람이 모두 예수님을 떠난다 할지라도 자신만은 목숨을 바쳐 충성하겠노라고 호언장담했던 베드로는 그날 밤이 지나기 전에 세 번씩이나 부인하고 대제사장의 종(말고)의 귀를 떨어뜨리는 일까지 저질렀기에 주님의 책망을 받았습니다.

이런 배경은 자신을 너무 의지했고, 기도하지 않았고, 불신자와 함께 어울렸기 때문입니다. 누구보다 열정적이고 자신만만했던 베드로의 이러한 좌절과 실패를 통해서 우리는 죽음의 위협 앞에서 너무나 연약하고 비열한 모습일 수밖에 없는 인간 본성의 한계를 실감합니다.

(요 18:25-27) 시몬 베드로가 서서 불을 쬐더니 사람들이 묻되 너도 그 제자 중 하나가 아니냐 베드로가 부인하여 이르되 나는 아니라 하니 대제사장의 종 하나는 베드로에게

귀를 잘린 사람의 친척이라 이르되 네가 그 사람과 함께 동산에 있는 것을 내가 보지 아니하였느냐 이에 베드로가 또 부인하니 곧 닭이 울더라

- 성도는 전능하신 하나님 아버지의 약속을 믿고

- 오직 예수님의 이름으로

- 철저하게 성령의 인도받는 삶이 되어야 할 것임을 보여줍니다.

오순절 성령강림 후, 제자들은 전혀 다른 모습이요(행 1:8).

(행 1:8) 오직 성령이 너희에게 임하시면 너희가 권능을 받고 예루살렘과 온 유대와 사마리아와 땅 끝까지 이르러 내 증인이 되리라 하시니라

보혜사 성령께서(곁에서 돕는 자, 변호자, 조언자) 권능과 능력주시고 지혜와 예수 이름 권세를 주시면 세상 끝날까지 함께 하십니다(마 28:18-20).

(마 28:18-20) 예수께서 나아와 말씀하여 이르시되 하늘과 땅의 모든 권세를 내게 주셨으니 그러므로 너희는 가서 모든 민족을 제자로 삼아 아버지와 아들과 성령의 이름으로 침례를 베풀고 내가 너희에게 분부한 모든 것을 가르쳐 지키게 하라 볼지어다 내가 세상 끝날까지 너희와 항상 함께 있으리라 하시니라

III. 빌라도의 고민과 비극(28-40)

대제사장 안나스와 가야바의 심문과 베드로의 부인이
겹쳐서 총독 빌라도 심문을 받은 예수님에 대하여 빌
라도는 양심의 가책과 끝없는 고민 속에 자신을 비극
의 함정으로 몰아넣는 판결을 내립니다.

1. 대제사장들은 자신들의 요청과 결정대로 사형 선고
하여 집행할 것과(29-32)

(요 18:29-32) 그러므로 빌라도가 밖으로 나가서 그들에게
말하되 너희가 무슨 일로 이 사람을 고발하느냐 대답하여
이르되 이 사람이 행악자가 아니었더라면 우리가 당신에
게 넘기지 아니하였겠나이다 빌라도가 이르되 너희가 그
를 데려다가 너희 법대로 재판하라 유대인들이 이르되 우
리에게는 사람을 죽이는 권한이 없나이다 하니 이는 예수
께서 자기가 어떠한 죽음으로 죽을 것을 가리켜 하신 말씀
을 응하게 하려 함이러라

2. 종교적으로 신성모독 죄와 정치적으로는 로마 황제
반역죄로(33-35)

(요 18:33-35) 이에 빌라도가 다시 관정에 들어가 예수를
불러 이르되 네가 유대인의 왕이냐 예수께서 대답하시되
이는 네가 스스로 하는 말이냐 다른 사람들이 나에 대하
여 네게 한 말이냐 빌라도가 대답하되 내가 유대인이냐 네
나라 사람과 대제사장들이 너를 내게 넘겼으니 네가 무엇
을 하였느냐

3. 사형을 집행하지만 고민에 빠지고 비극적 인물이 된 빌라도(36-40)

(요 18:36-40) 예수께서 대답하시되 내 나라는 이 세상에 속한 것이 아니니라 만일 내 나라가 이 세상에 속한 것이 었더라면 내 종들이 싸워 나로 유대인들에게 넘겨지지 않게 하였으리라 이제 내 나라는 여기에 속한 것이 아니니라 빌라도가 이르되 그러면 네가 왕이 아니냐 예수께서 대답하시되 네 말과 같이 내가 왕이니라 내가 이를 위하여 태어났으며 이를 위하여 세상에 왔나니 곧 진리에 대하여 증언하려 함이로라 무릇 진리에 속한 자는 내 음성을 듣느니라 하신대 빌라도가 이르되 진리가 무엇이냐 하더라 이 말을 하고 다시 유대인들에게 나가서 이르되 나는 그에게서 아무 죄도 찾지 못하였노라 유월절이면 내가 너희에게 한 사람을 놓아 주는 전례가 있으니 그러면 너희는 내가 유대인의 왕을 너희에게 놓아 주기를 원하느냐 하니 그들이 또 소리 질러 이르되 이 사람이 아니라 바라바라 하니 바라바는 강도였더라

그 이유는 빌라도는 진리(예수)가 없기 때문이었습니다.

진리에 속한 자는 사람의 언어 속에서 직업과 성격이 드러나고 성도와 하나님의 자녀는 하나님의 자녀답게 진리 안에 드러나야 합니다(마 16:16-19, 요 14:6).

(마 16:16-19) 시몬 베드로가 대답하여 이르되 주는 그리스도시요 살아 계신 하나님의 아들이시니이다 예수께서 대답하여 이르시되 바요나 시몬아 네가 복이 있도다 이를 네게 알게 한 이는 혈육이 아니요 하늘에 계신 내 아버지시

니라 또 내가 네게 이르노니 너는 베드로라 내가 이 반석 위에 내 교회를 세우리니 음부의 권세가 이기지 못하리라 내가 천국 열쇠를 네게 주리니 네가 땅에서 무엇이든지 매면 하늘에서도 매일 것이요 네가 땅에서 무엇이든지 풀면 하늘에서도 풀리리라 하시고

(요 14:6) 예수께서 이르시되 내가 곧 길이요 진리요 생명이니 나로 말미암지 않고는 아버지께로 올 자가 없느니라

1) 진리에 속한 자에게는 목적의식이 있기에 사람을 두려워하지 않습니다(시 56:11, 마 10:28, 단 6:10, 행 4:18-20).

(시 56:11) 내가 하나님을 의지하였은즉 두려워하지 아니하리니 사람이 내게 어찌하리이까

(마 10:28) 몸은 죽여도 영혼은 능히 죽이지 못하는 자들을 두려워하지 말고 오직 몸과 영혼을 능히 지옥에 멸하실 수 있는 이를 두려워하라

(단 6:10) 다니엘이 이 조서에 왕의 도장이 찍힌 것을 알고도 자기 집에 돌아가서는 윗방에 올라가 예루살렘으로 향한 창문을 열고 전에 하던 대로 하루 세 번씩 무릎을 꿇고 기도하며 그의 하나님께 감사하였더라

(행 4:18-20) 그들을 불러 경고하여 도무지 예수의 이름으로 말하지도 말고 가르치지도 말라 하니 베드로와 요한이 대답하여 이르되 하나님 앞에서 너희의 말을 듣는 것이 하나님의 말씀을 듣는 것보다 옳은가 판단하라 우리는 보고 들은 것을 말하지 아니할 수 없다 하니

2) 진리에 속한 자에게는 역사적 안목이 있습니다(마 16:16-19, 마 28:18-20) 미래를 내다보는 통찰력이 있습니다.

(마 16:16-19) 시몬 베드로가 대답하여 이르되 주는 그리스도시요 살아 계신 하나님의 아들이시니이다 예수께서 대답하여 이르시되 바요나 시몬아 네가 복이 있도다 이를 네게 알게 한 이는 혈육이 아니요 하늘에 계신 내 아버지시니라 또 내가 네게 이르노니 너는 베드로라 내가 이 반석 위에 내 교회를 세우리니 음부의 권세가 이기지 못하리라 내가 천국 열쇠를 네게 주리니 네가 땅에서 무엇이든지 매면 하늘에서도 매일 것이요 네가 땅에서 무엇이든지 풀면 하늘에서도 풀리리라 하시고

(마 28:18-20) 예수께서 나아와 말씀하여 이르시되 하늘과 땅의 모든 권세를 내게 주셨으니 그러므로 너희는 가서 모든 민족을 제자로 삼아 아버지와 아들과 성령의 이름으로 침례를 베풀고 내가 너희에게 분부한 모든 것을 가르쳐 지키게 하라 볼지어다 내가 세상 끝날까지 너희와 항상 함께 있으리라 하시니라

3) 진리에 속한 자는 책임을 다합니다(눅 12:42-48 재림, 마 25:1-46).

(눅 12:42-48) 주께서 이르시되 지혜 있고 진실한 청지기가 되어 주인에게 그 집 종들을 맡아 때를 따라 양식을 나누어 줄 자가 누구냐 주인이 이를 때에 그 종이 그렇게 하는 것을 보면 그 종은 복이 있으리로다 내가 참으로 너희에게 이르노니 주인이 그 모든 소유를 그에게 맡기리라 만일 그 종이 마음에 생각하기를 주인이 더디 오리라 하여 남녀 종

들을 때리며 먹고 마시고 취하게 되면 생각하지 않은 날 알지 못하는 시각에 그 종의 주인이 이르러 엄히 때리고 신실하지 아니한 자의 받는 벌에 처하리니 주인의 뜻을 알고도 준비하지 아니하고 그 뜻대로 행하지 아니한 종은 많이 맞을 것이요 알지 못하고 맞을 일을 행한 종은 적게 맞으리라 무릇 많이 받은 자에게는 많이 요구할 것이요 많이 맡은 자에게는 많이 달라 할 것이니라

(마 25:1-46) 그 때에 천국은 마치 등을 들고 신랑을 맞으러 나간 열 처녀와 같다 하리니 그 중의 다섯은 미련하고 다섯은 슬기 있는 자라 미련한 자들은 등을 가지되 기름을 가지지 아니하고 슬기 있는 자들은 그릇에 기름을 담아 등과 함께 가져갔더니 신랑이 더디 오므로 다 졸며 잘새 밤중에 소리가 나되 보라 신랑이로다 맞으러 나오라 하매 이에 그 처녀들이 다 일어나 등을 준비할새 미련한 자들이 슬기 있는 자들에게 이르되 우리 등불이 꺼져가니 너희 기름을 좀 나눠 달라 하거늘 슬기 있는 자들이 대답하여 이르되 우리와 너희가 쓰기에 다 부족할까 하노니 차라리 파는 자들에게 가서 너희 쓸 것을 사라 하니 그들이 사러 간 사이에 신랑이 오므로 준비하였던 자들은 함께 혼인 잔치에 들어가고 문은 닫힌지라 그 후에 남은 처녀들이 와서 이르되 주여 주여 우리에게 열어 주소서 대답하여 이르되 진실로 너희에게 이르노니 내가 너희를 알지 못하노라 하였느니라 그런즉 깨어 있으라 너희는 그 날과 그 때를 알지 못하느니라 또 어떤 사람이 타국에 갈 때 그 종들을 불러 자기 소유를 맡김과 같으니 각각 그 재능대로 한 사람에게는 금 다섯 달란트를, 한 사람에게는 두 달란트를, 한 사람에게는 한 달란트를 주고 떠났더니 다섯 달란트 받은 자는 바로 가서 그것으로 장사하여 또 다섯 달란트를 남기고 두 달란트 받은 자도 그같이 하여 또 두 달란트를 남겼으되 한 달란트

받은 자는 가서 땅을 파고 그 주인의 돈을 감추어 두었더니 오랜 후에 그 종들의 주인이 돌아와 그들과 결산할새 다섯 달란트 받았던 자는 다섯 달란트를 더 가지고 와서 이르되 주인이여 내게 다섯 달란트를 주셨는데 보소서 내가 또 다섯 달란트를 남겼나이다 그 주인이 이르되 잘하였도다 착하고 충성된 종아 네가 적은 일에 충성하였으매 내가 많은 것을 네게 맡기리니 네 주인의 즐거움에 참여할지어다 하고 두 달란트 받았던 자도 와서 이르되 주인이여 내게 두 달란트를 주셨는데 보소서 내가 또 두 달란트를 남겼나이다 그 주인이 이르되 잘하였도다 착하고 충성된 종아 네가 적은 일에 충성하였으매 내가 많은 것을 네게 맡기리니 네 주인의 즐거움에 참여할지어다 하고 한 달란트 받았던 자는 와서 이르되 주인이여 당신은 굳은 사람이라 심지 않은 데서 거두고 헤치지 않은 데서 모으는 줄을 내가 알았으므로 두려워하여 나가서 당신의 달란트를 땅에 감추어 두었었나이다 보소서 당신의 것을 가지셨나이다 그 주인이 대답하여 이르되 악하고 게으른 종아 나는 심지 않은 데서 거두고 헤치지 않은 데서 모으는 줄로 네가 알았느냐 그러면 네가 마땅히 내 돈을 취리하는 자들에게나 맡겼다가 내가 돌아와서 내 원금과 이자를 받게 하였을 것이니라 하고 그에게서 그 한 달란트를 빼앗아 열 달란트 가진 자에게 주라 무릇 있는 자는 받아 풍족하게 되고 없는 자는 그 있는 것까지 빼앗기리라 이 무익한 종을 바깥 어두운 데로 내쫓으라 거기서 슬피 울며 이를 갈리라 하니라 인자가 자기 영광으로 모든 천사와 함께 올 때에 자기 영광의 보좌에 앉으리니 모든 민족을 그 앞에 모으고 각각 구분하기를 목자가 양과 염소를 구분하는 것 같이 하여 양은 그 오른편에 염소는 왼편에 두리라 그 때에 임금이 그 오른편에 있는 자들에게 이르시되 내 아버지께 복 받을 자들이여 나아와 창세로부터 너희를 위하여 예비된 나라를 상속받으라 내가 주릴 때에 너희가 먹을 것을 주었고 목마를 때에 마시게 하였고 나그네 되었을 때에 영접하였고 헐벗었을 때에 옷을 입혔고 병들었을 때에 돌보았고 옥에 갇혔을 때에 와서 보았느니라 이에 의인들이 대답하여 이르되 주여 우리가 어느 때에 주께서 주리신 것을 보고 음식을 대접하였으며 목마르신 것을 보고 마시게 하였나이까 어느 때에 나그네 되신 것을 보고 영접하였으며 헐벗으신 것을 보고 옷 입혔나이까 어느 때에 병드신 것이나 옥에 갇히신 것을 보고 가서 뵈었나이까 하리니 임금이 대답하여 이르시되 내가 진실로 너희에게 이르노니 너희가 여기 내 형제 중에 지극히 작은 자 하나에게 한 것이 곧 내게 한 것이니라 하시고 또 왼편에 있는 자들에게 이르시되 저주를 받은 자들아 나를 떠나 마귀와 그 사자들을 위하여 예비된 영원한 불에 들어가라 내가 주릴 때에 너희가 먹을 것을 주지 아니하였고 목마를 때에 마시게 하지 아니하였고 나그네 되었을 때에 영접하지 아니하였고 헐벗었을 때에 옷 입히지 아니하였고 병들었을 때와 옥에 갇혔을 때에 돌보지 아니하였느니라 하시니 그들도 대답하여 이르되 주여 우리가 어느 때에 주께서 주리신 것이나 목마르신 것이나 나그네 되신 것이나 헐벗으신 것이나 병드신 것이나 옥에 갇히신 것을 보고 공양하지 아니하더이까 이에 임금이 대답하여 이르시되 내가 진실로 너희에게 이르노니 이 지극히 작은 자 하나에게 하지 아니한 것이 곧 내게 하지 아니한 것이니라 하시리니 그들은 영벌에, 의인들은 영생에 들어가리라 하시니라

맡겨진 일에 충성하여 사명감 있는 사람이 됩니다.

결론

예수님의 수난과 영광은 하나님의 계획과 뜻을 성취하셨고, 오늘 우리에게 적용시킵시다. 만사가 하나님 뜻대로 됩니다. 하나님을 믿는 자는 실패했다가도 승리합니다(롬 8:28).

(롬 8:28) 우리가 알거니와 하나님을 사랑하는 자 곧 그의 뜻대로 부르심을 입은 자들에게는 모든 것이 합력하여 선을 이루느니라

– 가룟 유다(회개하지 못한 영리한 죄인)

– 교권주의와 인본주의 몰락(안나스, 가야바, 헤롯)

– 진리가 없는 인생은 황폐한 인간(빌라도)

– 실패했어도 승리한 진리의 사람(베드로)

31과

◆ 요 19장 1-42절

진정한 승리의 삶

인류의 모든 문제를 다 이루었다고 선포하신 주 예수님은 메시아적 구속사역을 완성하시고, 승리의 삶의 결론이었습니다(30).

(요 19:30) 예수께서 신 포도주를 받으신 후에 이르시되 다 이루었다 하시고 머리를 숙이니 영혼이 떠나가시니라

주님께서는 홀로 십자가를 지셨고, 제자들은 뿔뿔이 흩어졌습니다. 외부적 핍박은 가혹하였지만 하나님의 섭리는 인간의 생각과 전혀 달랐습니다. 주 예수님은 패배자 같으셨으나 전 세계를 정복한 궁극적인 승리자 이셨으며 영적 삶의 진정한 실체를 보여 주셨습니다.

I. 빌라도의 사형 선고(1-16)

1. 빌라도는 어떠하였습니까?

– 채찍질(1)

(요 19:1) 이에 빌라도가 예수를 데려다가 채찍질하더라

– 죄 없음을 시인(6)

(요 19:6) 대제사장들과 아랫사람들이 예수를 보고 소리 질러 이르되 십자가에 못 박으소서 십자가에 못 박으소서 하는지라 빌라도가 이르되 너희가 친히 데려다가 십자가에 못 박으라 나는 그에게서 죄를 찾지 못하였노라

- 놓아줄 권세 있음을 강조함(18)

(요 19:18) 그들이 거기서 예수를 십자가에 못 박을새 다른 두 사람도 그와 함께 좌우편에 못 박으니 예수는 가운데 있더라

※ 하나님께서 허락하시지 않으시는 권세는 죄가 더욱 큽니다.

예) 빌라도, 헤롯, 네로, 히틀러 같은 사람

◎ 빌라도의 판결에 대한 신앙적 교훈

어둠 권세에 잡혀진 자의 행동은 정확한 판단이 나오지 않습니다. 살인과 민란의 반역범을 용서하고, 죄 없는 예수 그리스도를 십자가에 못박도록 내어주는 잘못을 저질렀습니다.

악의 세력에 두려워해서는 안됩니다. ① 눅 23:23, ② 막 15:15, ③ 마 27:44, ④ 수 1:7-9

(눅 23:23, 개정) 그들이 큰 소리로 재촉하여 십자가에 못 박기를 구하니 그들의 소리가 이긴지라

(막 15:15) 빌라도가 무리에게 만족을 주고자 하여 바라바는 놓아 주고 예수는 채찍질하고 십자가에 못 박히게 넘겨 주니라

(마 27:44) 함께 십자가에 못 박힌 강도들도 이와 같이 욕하더라

(수 1:7-9) 오직 강하고 극히 담대하여 나의 종 모세가 네게 명령한 그 율법을 다 지켜 행하고 우로나 좌로나 치우치지 말라 그리하면 어디로 가든지 형통하리니 이 율법책을 네 입에서 떠나지 말게 하며 주야로 그것을 묵상하여 그 안에 기록된 대로 다 지켜 행하라 그리하면 네 길이 평탄하게 될 것이며 네가 형통하리라 내가 네게 명령한 것이 아니냐 강하고 담대하라 두려워하지 말며 놀라지 말라 네가 어디로 가든지 네 하나님 여호와가 너와 함께 하느니라 하시니라

권력과 명예에 연연하지 말아야 합니다. ① 마 23:10, ② 막 10:43-44, ③ 약 3:1, ④ 빌 2:5-11

(마 23:10) 또한 지도자라 칭함을 받지 말라 너희의 지도자는 한 분이시니 곧 그리스도시니라

(막 10:43-44) 너희 중에는 그렇지 않을지니 너희 중에 누구든지 크고자 하는 자는 너희를 섬기는 자가 되고 너희 중에 누구든지 으뜸이 되고자 하는 자는 모든 사람의 종이 되어야 하리라

(약 3:1) 내 형제들아 너희는 선생된 우리가 더 큰 심판을 받을 줄 알고 선생이 많이 되지 말라

(빌 2:5-11) 너희 안에 이 마음을 품으라 곧 그리스도 예수의 마음이니 그는 근본 하나님의 본체시나 하나님과 동등됨을 취할 것으로 여기지 아니하시고 오히려 자기를 비워 종의 형체를 가지사 사람들과 같이 되셨고 사람의 모양으로 나타나사 자기를 낮추시고 죽기까지 복종하셨으니 곧 십자가에 죽으심이라 이러므로 하나님이 그를 지극히 높여 모든 이름 위에 뛰어난 이름을 주사 하늘에 있는 자들

과 땅에 있는 자들과 땅 아래에 있는 자들로 모든 무릎을 예수의 이름에 꿇게 하시고 모든 입으로 예수 그리스도를 주라 시인하여 하나님 아버지께 영광을 돌리게 하셨느니라

책임을 전가해서는 안됩니다. ① 마 27:24 – 손을 씻으며, ② 창 3:1-19

(마 27:24) 빌라도가 아무 성과도 없이 도리어 민란이 나려는 것을 보고 물을 가져다가 무리 앞에서 손을 씻으며 이르되 이 사람의 피에 대하여 나는 무죄하니 너희가 당하라

(창 3:1-19) 그런데 뱀은 여호와 하나님이 지으신 들짐승 중에 가장 간교하니라 뱀이 여자에게 물어 이르되 하나님이 참으로 너희에게 동산 모든 나무의 열매를 먹지 말라 하시더냐 여자가 뱀에게 말하되 동산 나무의 열매를 우리가 먹을 수 있으나 동산 중앙에 있는 나무의 열매는 하나님의 말씀에 너희는 먹지도 말고 만지지도 말라 너희가 죽을까 하노라 하셨느니라 뱀이 여자에게 이르되 너희가 결코 죽지 아니하리라 너희가 그것을 먹는 날에는 너희 눈이 밝아져 하나님과 같이 되어 선악을 알 줄 하나님이 아심이니라 여자가 그 나무를 본즉 먹음직도 하고 보암직도 하고 지혜롭게 할 만큼 탐스럽기도 한 나무인지라 여자가 그 열매를 따먹고 자기와 함께 있는 남편에게도 주매 그도 먹은지라 이에 그들의 눈이 밝아져 자기들이 벗은 줄을 알고 무화과나무 잎을 엮어 치마로 삼았더라 그들이 그 날 바람이 불 때 동산에 거니시는 여호와 하나님의 소리를 듣고 아담과 그의 아내가 여호와 하나님의 낯을 피하여 동산 나무 사이에 숨은지라 여호와 하나님이 아담을 부르시며 그에게 이르시되 네가 어디 있느냐 이르되 내가 동산에서 하나님의 소리를 듣고 내가 벗었으므로 두려워하여 숨었나이다 이르

시되 누가 너의 벗었음을 네게 알렸느냐 내가 네게 먹지 말라 명한 그 나무 열매를 네가 먹었느냐 아담이 이르되 하나님이 주셔서 나와 함께 있게 하신 여자 그가 그 나무 열매를 내게 주므로 내가 먹었나이다 여호와 하나님이 여자에게 이르시되 네가 어찌하여 이렇게 하였느냐 여자가 이르되 뱀이 나를 꾀므로 내가 먹었나이다 여호와 하나님이 뱀에게 이르시되 네가 이렇게 하였으니 네가 모든 가축과 들의 모든 짐승보다 더욱 저주를 받아 배로 다니고 살아 있는 동안 흙을 먹을지니라 내가 너로 여자와 원수가 되게 하고 네 후손도 여자의 후손과 원수가 되게 하리니 여자의 후손은 네 머리를 상하게 할 것이요 너는 그의 발꿈치를 상하게 할 것이니라 하시고 또 여자에게 이르시되 내가 네게 임신하는 고통을 크게 더하리니 네가 수고하고 자식을 낳을 것이며 너는 남편을 원하고 남편은 너를 다스릴 것이니라 하시고 아담에게 이르시되 네가 네 아내의 말을 듣고 내가 네게 먹지 말라 한 나무의 열매를 먹었은즉 땅은 너로 말미암아 저주를 받고 너는 네 평생에 수고하여야 그 소산을 먹으리라 땅이 네게 가시덤불과 엉겅퀴를 낼 것이라 네가 먹을 것은 밭의 채소인즉 네가 흙으로 돌아갈 때까지 얼굴에 땀을 흘려야 먹을 것을 먹으리니 네가 그것에서 취함을 입었음이라 너는 흙이니 흙으로 돌아갈 것이니라 하시니라

아담 → 하와 → 뱀에게 전가하여 저주와 멸망. 오직 살 길은 예수님(창 3:15, 21, 벧전 2:24)

(창 3:15) 내가 너로 여자와 원수가 되게 하고 네 후손도 여자의 후손과 원수가 되게 하리니 여자의 후손은 네 머리를 상하게 할 것이요 너는 그의 발꿈치를 상하게 할 것이니라 하시고

(창 3:21) 여호와 하나님이 아담과 그의 아내를 위하여 가죽옷을 지어 입히시니라

(벧전 2:24) 친히 나무에 달려 그 몸으로 우리 죄를 담당하셨으니 이는 우리로 죄에 대하여 죽고 의에 대하여 살게 하려 하심이라 그가 채찍에 맞음으로 너희는 나음을 얻었나니

2. 군병들

- 가시면류관
- 자색옷(능멸)
- 군중
- 손바닥으로 때림(5)

(요 19:5) 이에 예수께서 가시관을 쓰고 자색 옷을 입고 나오시니 빌라도가 그들에게 말하되 보라 이 사람이로다 하매

3. 대제사장

십자가에 못 박으라 소리침. 죄목 : 하나님의 아들이라는 것

4. 유대인

빌라도의 로마에 대한 반역죄 지적. 유대인의 압력에

의하여 죄 없는 예수님을 십자가에 못 박도록 내어준 군중들의 데모였습니다.

II. 예수님의 십자가에 못 박히심(17-30)

1. 행악자 못 박히실 때 유대인의 왕이라고 쓰게 한 빌라도(17-30)

(요 19:17-30) 그들이 예수를 맡으매 예수께서 자기의 십자가를 지시고 해골(히브리 말로 골고다)이라 하는 곳에 나가시니 그들이 거기서 예수를 십자가에 못 박을새 다른 두 사람도 그와 함께 좌우편에 못 박으니 예수는 가운데 있더라 빌라도가 패를 써서 십자가 위에 붙이니 나사렛 예수 유대인의 왕이라 기록되었더라 예수께서 못 박히신 곳이 성에서 가까운 고로 많은 유대인이 이 패를 읽는데 히브리와 로마와 헬라 말로 기록되었더라 유대인의 대제사장들이 빌라도에게 이르되 유대인의 왕이라 쓰지 말고 자칭 유대인의 왕이라 쓰라 하니 빌라도가 대답하되 내가 쓸 것을 썼다 하니라 군인들이 예수를 십자가에 못 박고 그의 옷을 취하여 네 깃에 나눠 각각 한 깃씩 얻고 속옷도 취하니 이 속옷은 호지 아니하고 위에서부터 통으로 짠 것이라 군인들이 서로 말하되 이것을 찢지 말고 누가 얻나 제비 뽑자 하니 이는 성경에 그들이 내 옷을 나누고 내 옷을 제비 뽑나이다 한 것을 응하게 하려 함이러라 군인들은 이런 일을 하고 예수의 십자가 곁에는 그 어머니와 이모와 글로바의 아내 마리아와 막달라 마리아가 섰는지라 예수께서 자기의 어머니와 사랑하시는 제자가 곁에 서 있는 것을 보시고 자기 어머니께 말씀하시되 여자여 보소서 아들이니이다 하시고 또 그 제자에게 이르시되 보라 네 어머니라 하신대

그 때부터 그 제자가 자기 집에 모시니라 그 후에 예수께서 모든 일이 이미 이루어진 줄 아시고 성경을 응하게 하려 하사 이르시되 내가 목마르다 하시니 거기 신 포도주가 가득히 담긴 그릇이 있는지라 사람들이 신 포도주를 적신 해면을 우슬초에 매어 예수의 입에 대니 예수께서 신 포도주를 받으신 후에 이르시되 다 이루었다 하시고 머리를 숙이니 영혼이 떠나가시니라

2. 성경대로 옷을 제비뽑아 나눔(23-24)

(요 19:23-24) 군인들이 예수를 십자가에 못 박고 그의 옷을 취하여 네 깃에 나눠 각각 한 깃씩 얻고 속옷도 취하니 이 속옷은 호지 아니하고 위에서부터 통으로 짠 것이라 군인들이 서로 말하되 이것을 찢지 말고 누가 얻나 제비 뽑자 하니 이는 성경에 그들이 내 옷을 나누고 내 옷을 제비 뽑나이다 한 것을 응하게 하려 함이러라 군인들은 이런 일을 하고

3. 사랑하는 어머니를 시인하고 부탁하심(25-27)

(요 19:25-27) 예수의 십자가 곁에는 그 어머니와 이모와 글로바의 아내 마리아와 막달라 마리아가 섰는지라 예수께서 자기의 어머니와 사랑하시는 제자가 곁에 서 있는 것을 보시고 자기 어머니께 말씀하시되 여자여 보소서 아들이니이다 하시고 또 그 제자에게 이르시되 보라 네 어머니라 하신대 그 때부터 그 제자가 자기 집에 모시니라

- 부모 권위 인정
- 사랑으로 효행
- 하나님의 뜻대로 순종

4. 내가 목마르다(28-30)

(요 19:28-30) 그 후에 예수께서 모든 일이 이미 이루어진 줄 아시고 성경을 응하게 하려 하사 이르시되 내가 목마르다 하시니 거기 신 포도주가 가득히 담긴 그릇이 있는지라 사람들이 신 포도주를 적신 해면을 우슬초에 매어 예수의 입에 대니 예수께서 신 포도주를 받으신 후에 이르시되 다 이루었다 하시고 머리를 숙이니 영혼이 떠나가시니라

영혼의 갈등과 고뇌(롬 7:24)

(롬 7:24) 오호라 나는 곤고한 사람이로다 이 사망의 몸에서 누가 나를 건져내랴

III. 무덤에 장사됨(31-42)

1. 다리를 꺾지 않고 창으로 찌름, 물과 피를 쏟으심(세례, 요일 5:6-8, 31-34)

(요일 5:6-8) 이는 물과 피로 임하신 이시니 곧 예수 그리스도시라 물로만 아니요 물과 피로 임하셨고 증언하는 이는 성령이시니 성령은 진리니라 증언하는 이가 셋이니 성령과 물과 피라 또한 이 셋은 합하여 하나이니라

(요 19:31-34) 이 날은 준비일이라 유대인들은 그 안식일이 큰 날이므로 그 안식일에 시체들을 십자가에 두지 아니하려 하여 빌라도에게 그들의 다리를 꺾어 시체를 치워 달라 하니 군인들이 가서 예수와 함께 못 박힌 첫째 사람과 또 그 다른 사람의 다리를 꺾고 예수께 이르러서는 이미 죽으신 것을 보고 다리를 꺾지 아니하고 그 중 한 군인이 창으로 옆구리를 찌르니 곧 피와 물이 나오더라

2. 현장을 본 자가 증거함으로 믿게 함(35, 행 4:18-21)

현장을 보고 경험한 증거자가 주님의 제자요 전도자 입니다.

(요 19:35) 이를 본 자가 증언하였으니 그 증언이 참이라 그가 자기의 말하는 것이 참인 줄 알고 너희로 믿게 하려 함이니라

(행 4:18-21) 그들을 불러 경고하여 도무지 예수의 이름으로 말하지도 말고 가르치지도 말라 하니 베드로와 요한이 대답하여 이르되 하나님 앞에서 너희의 말을 듣는 것이 하나님의 말씀을 듣는 것보다 옳은가 판단하라 우리는 보고 들은 것을 말하지 아니할 수 없다 하니 관리들이 백성들 때문에 그들을 어떻게 처벌할지 방법을 찾지 못하고 다시 위협하여 놓아 주었으니 이는 모든 사람이 그 된 일을 보고 하나님께 영광을 돌림이라

3. 아리마대 요셉

– 경건한 자, 숨겨진 일꾼(18)

(요 19:18) 그들이 거기서 예수를 십자가에 못 박을새 다른 두 사람도 그와 함께 좌우편에 못 박으니 예수는 가운데 있더라

– 협력자, 일꾼(39, 7:59, 3:3)

(요 19:39) 일찍이 예수께 밤에 찾아왔던 니고데모도 몰약과 침향 섞은 것을 백 리트라쯤 가지고 온지라

(요 3:3) 예수께서 대답하여 이르시되 진실로 진실로 네게 이르노니 사람이 거듭나지 아니하면 하나님의 나라를 볼 수 없느니라

※ 교회 안에는 숨겨진 일꾼(사명자), 협력하는 일꾼(예비된 자), 드러나는 일꾼(충성된 자)도 있지만 갈급한 자, 사모하는 자가 많은 교회가 힘이 있고 미래가 있는 소망적인 교회입니다.

◎ 진정한 승리의 삶은 인류 역사상 오직 예수님밖에 없습니다(요 14:6).

(요 14:6) 예수께서 이르시되 내가 곧 길이요 진리요 생명이니 나로 말미암지 않고는 아버지께로 올 자가 없느니라

Ⅳ 진정한 그리스도 안에서 승리자가 되려면?

1. 죽음에서 영생을 거두는 삶

– 밀알(요 12:25)

(요 12:25) 자기의 생명을 사랑하는 자는 잃어버릴 것이요 이 세상에서 자기의 생명을 미워하는 자는 영생하도록 보전하리라

– 복음 안에서 인정(고전 9:23-27)

(고전 9:23-27) 내가 복음을 위하여 모든 것을 행함은 복음에 참여하고자 함이라 운동장에서 달음질하는 자들이 다 달릴지라도 오직 상을 받는 사람은 한 사람인 줄을 너희가 알지 못하느냐 너희도 상을 받도록 이와 같이 달음질하라 이기기를 다투는 자마다 모든 일에 절제하나니 그들은 썩을 승리자의 관을 얻고자 하되 우리는 썩지 아니할 것을 얻고자 하노라 그러므로 나는 달음질하기를 향방 없는 것 같이 아니하고 싸우기를 허공을 치는 것 같이 아니하며 내가 내 몸을 쳐 복종하게 함은 내가 남에게 전파한 후에 자신이 도리어 버림을 당할까 두려워함이로다

2. 겸손에서 존귀한 삶으로

– 오직 예수님 이름으로 존귀하게 됩니다(빌 2:6-11).

(빌 2:6-11) 그는 근본 하나님의 본체시나 하나님과 동등
됨을 취할 것으로 여기지 아니하시고 오히려 자기를 비워
종의 형체를 가지사 사람들과 같이 되셨고 사람의 모양으
로 나타나사 자기를 낮추시고 죽기까지 복종하셨으니 곧
십자가에 죽으심이라 이러므로 하나님이 그를 지극히 높
여 모든 이름 위에 뛰어난 이름을 주사 하늘에 있는 자들
과 땅에 있는 자들과 땅 아래에 있는 자들로 모든 무릎을
예수의 이름에 꿇게 하시고 모든 입으로 예수 그리스도를
주라 시인하여 하나님 아버지께 영광을 돌리게 하셨느니라

- 교만은 멸망의 선봉이고 겸손은 존귀의 앞잡이 입니다
(잠 18:12).

(잠 18:12) 사람의 마음의 교만은 멸망의 선봉이요 겸손은
존귀의 길잡이니라

- 미련한 자와 천한 자도 하나님께서 쓰심(고전 1:27-28)

(고전 1:27-28) 그러나 하나님께서 세상의 미련한 것들을
택하사 지혜 있는 자들을 부끄럽게 하려 하시고 세상의 약
한 것들을 택하사 강한 것들을 부끄럽게 하려 하시며 하나
님께서 세상의 천한 것들과 멸시 받는 것들과 없는 것들을
택하사 있는 것들을 폐하려 하시나니

3. 내어줌으로 채움받는 삶

- 하늘에 쌓자(마 6:19-20)

(마 6:19-20) 너희를 위하여 보물을 땅에 쌓아 두지 말라

거기는 좀과 동록이 해하며 도둑이 구멍을 뚫고 도둑질하
느니라 오직 너희를 위하여 보물을 하늘에 쌓아 두라 거기
는 좀이나 동록이 해하지 못하며 도둑이 구멍을 뚫지도 못
하고 도둑질도 못하느니라

- 구제하여도 더욱 부하게 됨(잠 11:23-24).

(잠 11:23-24) 의인의 소원은 오직 선하나 악인의 소망은
진노를 이루느니라 흩어 구제하여도 더욱 부하게 되는 일
이 있나니 과도히 아껴도 가난하게 될 뿐이니라

- 풍랑속에 떡을 먹여주는 여유의 삶(행 27:35)

(행 27:35) 떡을 가져다가 모든 사람 앞에서 하나님께 축사
하고 떼어 먹기를 시작하매

결론

빌라도는 권세와 명예 그리고 물질적 풍요에 가치를
둔 삶이었지만 진실과 정의를 희생시킨 마비된 양심
으로 권좌에서 물러나 골방에서 자살했다고 합니다.
그러나 예수님은 십자가의 고난의 죽음으로 물과 피
와 옷 한 벌 마저 내어준 대속적인 삶으로 인류의 구
세주요, 생명의 빛된 승리의 삶으로 하셨습니다. 할렐
루야-아멘 오직 예수그리스도.

32과

◆ 요 20장 1-23절

숨을 내쉬며 성령을 받으라

유대인 지도자들의 사악한 음모와 로마 총독 빌라도의 세속적 가치관이 야합하여 예수님을 십자가에 처형함에 따라 제자들에게는 엄청난 불안과 혼란속으로 몰아넣었습니다. 그러나 죽음의 권세를 정복하고 무덤에서 부활하신 예수님의 승리는 자신과 제자들의 승리만 아니라 온 인류의 영원한 소망이요 기쁨의 상징이 되었고, 언약 성취의 메시아적 구원 역사의 실체 입니다. 숨을 내쉬며 영적 새 생명의 부활의 주님의 영을 불어넣어 성령을 받게 하셨습니다.

I. 예수님의 부활(1-18)

(요 20:1-18) 안식 후 첫날 일찍이 아직 어두울 때에 막달라 마리아가 무덤에 와서 돌이 무덤에서 옮겨진 것을 보고 시몬 베드로와 예수께서 사랑하시던 그 다른 제자에게 달려가서 말하되 사람들이 주님을 무덤에서 가져다가 어디 두었는지 우리가 알지 못하겠다 하니 베드로와 그 다른 제자가 나가서 무덤으로 갈새 둘이 같이 달음질하더니 그 다른 제자가 베드로보다 더 빨리 달려가서 먼저 무덤에 이르러 구부려 세마포 놓인 것을 보았으나 들어가지는 아니하였더니 시몬 베드로는 따라와서 무덤에 들어가 보니 세마포가 놓였고 또 머리를 쌌던 수건은 세마포와 함께 놓이지 않고 딴 곳에 쌌던 대로 놓여 있더라 그 때에야 무덤에 먼저 갔던 그 다른 제자도 들어가 보고 믿더라 (그들은 성경에 그가 죽은 자 가운데서 다시 살아나야 하리라 하신 말씀 아직 알지 못하더라) 이에 두 제자가 자기들의 집으로 돌아가니라 마리아는 무덤 밖에 서서 울고 있더니 울면서 구부려 무덤 안을 들여다보니 흰 옷 입은 두 천사가 예수의 시체 뉘었던 곳에 하나는 머리 편에, 하나는 발 편에 앉았더

라 천사들이 이르되 여자여 어찌하여 우느냐 이르되 사람들이 내 주님을 옮겨다가 어디 두었는지 내가 알지 못함이니이다 이 말을 하고 뒤로 돌이켜 예수께서 서 계신 것을 보았으나 예수이신 줄은 알지 못하더라 예수께서 이르시되 여자여 어찌하여 울며 누구를 찾느냐 하시니 마리아는 그가 동산지기인 줄 알고 이르되 주여 당신이 옮겼거든 어디 두었는지 내게 이르소서 그리하면 내가 가져가리이다 예수께서 마리아야 하시거늘 마리아가 돌이켜 히브리 말로 랍오니 하니 (이는 선생님이라는 말이라) 예수께서 이르시되 나를 붙들지 말라 내가 아직 아버지께로 올라가지 아니하였노라 너는 내 형제들에게 가서 이르되 내가 내 아버지 곧 너희 아버지, 내 하나님 곧 너희 하나님께로 올라간다 하라 하시니 막달라 마리아가 가서 제자들에게 내가 주를 보았다 하고 또 주께서 자기에게 이렇게 말씀하셨다 이르니라

예수님은 메시아가 되시고 무죄하신 참 하나님이신데 유대인과 권력자들은 알지 못하고 십자가에 못 박았지만 부활의 새 아침은 다가왔습니다. 부활의 새 아침에 막달라 마리아의 신앙적 활동과 헌신적 삶이 감동됩니다.

◎ 막달라 마리아는

1) 주님을 뜨겁게 사랑했습니다.

- 십자가의 고난 현장까지 함께 따라감(19:25-26)

(요 19:25-26) 예수의 십자가 곁에는 그 어머니와 이모와 글로바의 아내 마리아와 막달라 마리아가 섰는지라 예수께서 자기의 어머니와 사랑하시는 제자가 곁에 서 있는 것

을 보시고 자기 어머니께 말씀하시되 여자여 보소서 아들이니이다 하시고

– 묻힌 장소를 알아두었다가 아침 일찍 찾음(막 15:40)

(막 15:40) 멀리서 바라보는 여자들도 있었는데 그 중에 막달라 마리아와 또 작은 야고보와 요세의 어머니 마리아와 또 살로메가 있었으니

– 향품을 가지고 찾음(막 16:1-2)

(막 16:1-2) 안식일이 지나매 막달라 마리아와 야고보의 어머니 마리아와 또 살로메가 가서 예수께 바르기 위하여 향품을 사다 두었다가 안식 후 첫날 매우 일찍이 해 돋을 때에 그 무덤으로 가며

2) 주님을 사랑하게 된 배경

– 주 예수님의 권능을 아는 자(막 16:9)

(막 16:9) [예수께서 안식 후 첫날 이른 아침에 살아나신 후 전에 일곱 귀신을 쫓아내어 주신 막달라 마리아에게 먼저 보이시니

– 구원의 감격이 있는 자(18)

(요 20:18) 막달라 마리아가 가서 제자들에게 내가 주를 보았다 하고 또 주께서 자기에게 이렇게 말씀하셨다 이르니라

- 주님의 죄사하심을 받은 경험자(막 16:9)

(막 16:9) [예수께서 안식 후 첫날 이른 아침에 살아나신 후 전에 일곱 귀신을 쫓아내어 주신 막달라 마리아에게 먼저 보이시니

3) 부활하신 주님을 제자들에 증거하는 전도자(18)

(요 20:18) 막달라 마리아가 가서 제자들에게 내가 주를 보았다 하고 또 주께서 자기에게 이렇게 말씀하셨다 이르니라

II. 부활하신 주님께서 제자들에게 나타나심(19-23)

(요 20:19-23) 이 날 곧 안식 후 첫날 저녁 때에 제자들이 유대인들을 두려워하여 모인 곳의 문들을 닫았더니 예수께서 오사 가운데 서서 이르시되 너희에게 평강이 있을지어다 이 말씀을 하시고 손과 옆구리를 보이시니 제자들이 주를 보고 기뻐하더라 예수께서 또 이르시되 너희에게 평강이 있을지어다 아버지께서 나를 보내신 것 같이 나도 너희를 보내노라 이 말씀을 하시고 그들을 향하사 숨을 내쉬며 이르시되 성령을 받으라 너희가 누구의 죄든지 사하면 사하여질 것이요 누구의 죄든지 그대로 두면 그대로 있으리라 하시니라

인간은 하나님을 떠나서는 행복과 평안을 누릴 수 없습니다. 제자들이 주님 떠나 유대인들을 두려워하여 문을 닫고 떨고 있을 때 부활하신 주님은 숨을 내쉬며

성령을 받으라고 선포하셨습니다.

◎ 숨을 내쉼은 부활하신 새 생명의 영을 공급하시는 성령입니다.

창조의 생기(창 2:7)

(창 2:7) 여호와 하나님이 땅의 흙으로 사람을 지으시고 생기를 그 코에 불어넣으시니 사람이 생령이 되니라

마른 뼈 생명력(겔 37:9)

(겔 37:9) 또 내게 이르시되 인자야 너는 생기를 향하여 대언하라 생기에게 대언하여 이르기를 주 여호와께서 이같이 말씀하시기를 생기야 사방에서부터 와서 이 죽음을 당한 자에게 불어서 살아나게 하라 하셨다 하

오순절 성령의 능력(행 2:1-4)

(행 2:1-4) 오순절 날이 이미 이르매 그들이 다같이 한 곳에 모였더니 홀연히 하늘로부터 급하고 강한 바람 같은 소리가 있어 그들이 앉은 온 집에 가득하며 마치 불의 혀처럼 갈라지는 것들이 그들에게 보여 각 사람 위에 하나씩 임하여 있더니 그들이 다 성령의 충만함을 받고 성령이 말하게 하심을 따라 다른 언어들로 말하기를 시작하니라

부활의 주님을 만나면 참 평안이 있고, 새 생명의 능력이 나타납니다.

1. 주님께서 주는 평안

- 두려움을 내쫓는 평강(19, 눅 24:23-35). 안식의 기쁨

(요 20:19) 이 날 곧 안식 후 첫날 저녁 때에 제자들이 유대인들을 두려워하여 모인 곳의 문들을 닫았더니 예수께서 오사 가운데 서서 이르시되 너희에게 평강이 있을지어다

(눅 24:23-35) 그의 시체는 보지 못하고 와서 그가 살아나셨다 하는 천사들의 나타남을 보았다 함이라 또 우리와 함께 한 자 중에 두어 사람이 무덤에 가 과연 여자들이 말한 바와 같음을 보았으나 예수는 보지 못하였느니라 하거늘 이르시되 미련하고 선지자들이 말한 모든 것을 마음에 더디 믿는 자들이여 그리스도가 이런 고난을 받고 자기의 영광에 들어가야 할 것이 아니냐 하시고 이에 모세와 모든 선지자의 글로 시작하여 모든 성경에 쓴 바 자기에 관한 것을 자세히 설명하시니라 그들이 가는 마을에 가까이 가매 예수는 더 가려 하는 것 같이 하시니 그들이 강권하여 이르되 우리와 함께 유하사이다 때가 저물어가고 날이 이미 기울었나이다 하니 이에 그들과 함께 유하러 들어가시니라 그들과 함께 음식 잡수실 때에 떡을 가지사 축사하시고 떼어 그들에게 주시니 그들의 눈이 밝아져 그인 줄 알아 보더니 예수는 그들에게 보이지 아니하시는지라 그들이 서로 말하되 길에서 우리에게 말씀하시고 우리에게 성경을 풀어 주실 때에 우리 속에서 마음이 뜨겁지 아니하더냐 하고 곧 그 때로 일어나 예루살렘에 돌아가 보니 열한 제자 및 그들과 함께 한 자들이 모여 있어 말하기를 주께서 과연 살아나시고 시몬에게 보이셨다 하는지라 두 사람도 길에서 된 일과 예수께서 떡을 떼심으로 자기들에게 알려지신 것을 말하더라

- 기쁨과 감격을 주는 평안(20-21) 구원의 은총

(요 20:20-21) 이 말씀을 하시고 손과 옆구리를 보이시니 제자들이 주를 보고 기뻐하더라 예수께서 또 이르시되 너희에게 평강이 있을지어다 아버지께서 나를 보내신 것 같이 나도 너희를 보내노라

- 성령 받아 사죄의 은혜의 평안(22-23) 능력의 삶

(요 20:22-23) 이 말씀을 하시고 그들을 향하사 숨을 내쉬며 이르시되 성령을 받으라 너희가 누구의 죄든지 사하면 사하여질 것이요 누구의 죄든지 그대로 두면 그대로 있으리라 하시니라

2. 부활의 주님은 새 생명의 능력의 역사가 일어납니다.

1) 평강을 선포하시면서 실제로 평안이 오게 하심(19)
(눅 24:13-35, 엠마오 제자, 요 14:27)

(요 20:19) 이 날 곧 안식 후 첫날 저녁 때에 제자들이 유대인들을 두려워하여 모인 곳의 문들을 닫았더니 예수께서 오사 가운데 서서 이르시되 너희에게 평강이 있을지어다

(눅 24:13-35) 그 날에 그들 중 둘이 예루살렘에서 이십오 리 되는 엠마오라 하는 마을로 가면서 이 모든 된 일을 서로 이야기하더라 그들이 서로 이야기하며 문의할 때에 예수께서 가까이 이르러 그들과 동행하시나 그들의 눈이 가리어져서 그인 줄 알아보지 못하거늘 예수께서 이르시되 너희가 길 가면서 서로 주고받고 하는 이야기가 무엇이냐

하시니 두 사람이 슬픈 빛을 띠고 머물러 서더라 그 한 사람인 글로바라 하는 자가 대답하여 이르되 당신이 예루살렘에 체류하면서도 요즘 거기서 된 일을 혼자만 알지 못하느냐 이르시되 무슨 일이냐 이르되 나사렛 예수의 일이니 그는 하나님과 모든 백성 앞에서 말과 일에 능하신 선지자이거늘 우리 대제사장들과 관리들이 사형 판결에 넘겨 주어 십자가에 못 박았느니라 우리는 이 사람이 이스라엘을 속량할 자라고 바랐노라 이뿐 아니라 이 일이 일어난 지가 사흘째요 또한 우리 중에 어떤 여자들이 우리로 놀라게 하였으니 이는 그들이 새벽에 무덤에 갔다가 그의 시체는 보지 못하고 와서 그가 살아나셨다 하는 천사들의 나타남을 보았다 함이라 또 우리와 함께 한 자 중에 두어 사람이 무덤에 가 과연 여자들이 말한 바와 같음을 보았으나 예수는 보지 못하였느니라 하거늘 이르시되 미련하고 선지자들이 말한 모든 것을 마음에 더디 믿는 자들이여 그리스도가 이런 고난을 받고 자기의 영광에 들어가야 할 것이 아니냐 하시고 이에 모세와 모든 선지자의 글로 시작하여 모든 성경에 쓴 바 자기에 관한 것을 자세히 설명하시니라 그들이 가는 마을에 가까이 가매 예수는 더 가려 하는 것 같이 하시니 그들이 강권하여 이르되 우리와 함께 유하사이다 때가 저물어가고 날이 이미 기울었나이다 하니 이에 그들과 함께 유하러 들어가시니라 그들과 함께 음식 잡수실 때에 떡을 가지사 축사하시고 떼어 그들에게 주시니 그들의 눈이 밝아져 그인 줄 알아 보더니 예수는 그들에게 보이지 아니하시는지라 그들이 서로 말하되 길에서 우리에게 말씀하시고 우리에게 성경을 풀어 주실 때에 우리 속에서 마음이 뜨겁지 아니하더냐 하고 곧 그 때로 일어나 예루살렘에 돌아가 보니 열한 제자 및 그들과 함께 한 자들이 모여 있어 말하기를 주께서 과연 살아나시고 시몬에게 보이셨다 하는지라 두 사람도 길에서 된 일과 예수께서 떡을 떼심으로

자기들에게 알려지신 것을 말하더라

(요 14:27) 평안을 너희에게 끼치노니 곧 나의 평안을 너희에게 주노라 내가 너희에게 주는 것은 세상이 주는 것과 같지 아니하니라 너희는 마음에 근심하지도 말고 두려워하지도 말라

2) 전도자로 파송함(22) 보내심 / 대리자(하나님의 사명과 권세를 줌, 마 28:18-20)

(마 28:18-20) 예수께서 나아와 말씀하여 이르시되 하늘과 땅의 모든 권세를 내게 주셨으니 그러므로 너희는 가서 모든 민족을 제자로 삼아 아버지와 아들과 성령의 이름으로 침례를 베풀고 내가 너희에게 분부한 모든 것을 가르쳐 지키게 하라 볼지어다 내가 세상 끝날까지 너희와 항상 함께 있으리라 하시니라

3) 성령의 권능 주심(예수 이름 권세(23), 막 16:15-18 표적 기사)

(요 20:23) 너희가 누구의 죄든지 사하면 사하여질 것이요 누구의 죄든지 그대로 두면 그대로 있으리라 하시니라

(막 16:15-18) 또 이르시되 너희는 온 천하에 다니며 만민에게 복음을 전파하라 믿고 침례를 받는 사람은 구원을 얻을 것이요 믿지 않는 사람은 정죄를 받으리라 믿는 자들에게는 이런 표적이 따르리니 곧 그들이 내 이름으로 귀신을 쫓아내며 새 방언을 말하며 뱀을 집어올리며 무슨 독을 마실지라도 해를 받지 아니하며 병든 사람에게 손을 얹은즉 나으리라 하시더라

※ 최대의 표적(이적)은 지옥 갈 영혼이 구원을 받아 하나님의 자녀가 되는 것입니다.

"온 천하를 얻고도 자기를 잃든지 빼앗기든지 하면 무엇이 유익하리요"(눅 9:25)

결론

부활 신앙은 새 생명의 삶의 실체 입니다. 새 생명의 삶은 부활하시고 살아계신 주님을 모시고 살면서 죽어가는 영혼 구원과 제자 삼는 사명으로 사는 것입니다. 아직도 예수님을 부활에 대한 확실한 믿음을 갖지 못하거나 장차 있게 될 자신의 부활에 대하여 소망을 갖고 있지 못한 성도가 있다면 지금, 결단합시다. 예수님은 부활하셨고 두려워 떨고 있는 제자들에게 찾아오셔서 숨을 내쉬며 새 생명의 영을 지금 공급하고 계십니다.

인간적인 지식이나 경험으로 이해하려고 애쓰기보다는 지금 즉시 주님께 무릎 꿇고 부활에 대한 확신의 눈을 열어 주시도록 기도합시다. 마음으로 우러나오는 확실한 고백이 있기를 바랍니다. 그리하면 무덤에서 부활하신 예수님이 사망 권세 깨뜨리시고 우리를 죽음에서 건져내시는 영원한 생명의 주가 되십니다(롬 10:9-10, 13, 17, 요 5:24).

(롬 10:9-10) 네가 만일 네 입으로 예수를 주로 시인하며 또 하나님께서 그를 죽은 자 가운데서 살리신 것을 네 마음에 믿으면 구원을 받으리라 사람이 마음으로 믿어 의에 이르

고 입으로 시인하여 구원에 이르느니라

(롬 10:13) 누구든지 주의 이름을 부르는 자는 구원을 받으리라

(롬 10:17) 그러므로 믿음은 들음에서 나며 들음은 그리스도의 말씀으로 말미암았느니라

(요 5:24) 내가 진실로 진실로 너희에게 이르노니 내 말을 듣고 또 나 보내신 이를 믿는 자는 영생을 얻었고 심판에 이르지 아니하나니 사망에서 생명으로 옮겼느니라

예수님을 영접하고 시인하여 부르는 자는 확실한 구원을 받는 자 입니다. 이런 자가 부활하신 주님이 불어넣으신 성령 받은 그리스도의 일꾼입니다. 할렐루야- 아멘 오직 예수 그리스도.

33과

◆ 요 20장 24-31절

성경 기록의 목적과 신앙고백

성경 기록의 목적은 예수께서 하나님의 아들이요 그리스도임을 믿게 하고 그 이름을 통하여 생명을 얻게 하는데 있습니다. 신앙고백이란 누구나가 예수 만나 하나님 자녀 된 사실에 대하여 간증하는 것인데, 도마에 대하여 말씀하고 있습니다.

◎ 간증은

– 예수님을 영접하기 전과 지금 현실을

– 자신에 대한 실제적인 생생한 증언으로

– 예수 만난 후에 기도, 찬송, 전도, 말씀 듣고 읽고, 순종함과 주님 일에 헌신적 삶을 진솔하게 고백하면서 자신을 죽어지고

– 나의 결단적 삶의 방향이 오직 예수님임을 말씀의 언약과 성령의 인도하심 따라 고백하는 것입니다.

I. 도마의 신앙고백(24-29)

(요 20:24-29) 열두 제자 중의 하나로서 디두모라 불리는 도마는 예수께서 오셨을 때에 함께 있지 아니한지라 다른 제자들이 그에게 이르되 우리가 주를 보았노라 하니 도마가 이르되 내가 그의 손의 못 자국을 보며 내 손가락을 그 못 자국에 넣으며 내 손을 그 옆구리에 넣어 보지 않고는 믿지 아니하겠노라 하니라 여드레를 지나서 제자들이 다시 집 안에 있을 때에 도마도 함께 있고 문들이 닫혔는데 예수께서 오사 가운데 서서 이르시되 너희에게 평강이 있을지

어다 하시고 도마에게 이르시되 네 손가락을 이리 내밀어 내 손을 보고 네 손을 내밀어 내 옆구리에 넣어 보라 그리하여 믿음 없는 자가 되지 말고 믿는 자가 되라 도마가 대답하여 이르되 나의 주님이시요 나의 하나님이시니이다 예수께서 이르시되 너는 나를 본 고로 믿느냐 보지 못하고 믿는 자들은 복되도다 하시니라

요한복음 20장 전체의 흐름은?

- 예수님의 부활과 막달라 마리아(1-18)

(요 20:1-18) 안식 후 첫날 일찍이 아직 어두울 때에 막달라 마리아가 무덤에 와서 돌이 무덤에서 옮겨진 것을 보고 시몬 베드로와 예수께서 사랑하시던 그 다른 제자에게 달려가서 말하되 사람들이 주님을 무덤에서 가져다가 어디 두었는지 우리가 알지 못하겠다 하니 베드로와 그 다른 제자가 나가서 무덤으로 갈새 둘이 같이 달음질하더니 그 다른 제자가 베드로보다 더 빨리 달려가서 먼저 무덤에 이르러 구부려 세마포 놓인 것을 보았으나 들어가지는 아니하였더니 시몬 베드로는 따라와서 무덤에 들어가 보니 세마포가 놓였고 또 머리를 쌌던 수건은 세마포와 함께 놓이지 않고 딴 곳에 쌌던 대로 놓여 있더라 그 때에야 무덤에 먼저 갔던 그 다른 제자도 들어가 보고 믿더라 (그들은 성경에 그가 죽은 자 가운데서 다시 살아나야 하리라 하신 말씀을 아직 알지 못하더라) 이에 두 제자가 자기들의 집으로 돌아가니라 마리아는 무덤 밖에 서서 울고 있더니 울면서 구부려 무덤 안을 들여다보니 흰 옷 입은 두 천사가 예수의 시체 뉘었던 곳에 하나는 머리 편에, 하나는 발 편에 앉았더라 천사들이 이르되 여자여 어찌하여 우느냐 이르되 사람들이 내 주님을 옮겨다가 어디 두었는지 내가 알지 못함이

니이다 이 말을 하고 뒤로 돌이켜 예수께서 서 계신 것을 보
았으나 예수이신 줄은 알지 못하더라 예수께서 이르시되
여자여 어찌하여 울며 누구를 찾느냐 하시니 마리아는 그
가 동산지기인 줄 알고 이르되 주여 당신이 옮겼거든 어디
두었는지 내게 이르소서 그리하면 내가 가져가리이다 예수
께서 마리아야 하시거늘 마리아가 돌이켜 히브리 말로 랍
오니 하니 (이는 선생님이라는 말이라) 예수께서 이르시되
나를 붙들지 말라 내가 아직 아버지께로 올라가지 아니하
였노라 너는 내 형제들에게 가서 이르되 내가 내 아버지 곧
너희 아버지, 내 하나님 곧 너희 하나님께로 올라간다 하라
하시니 막달라 마리아가 가서 제자들에게 내가 주를 보았
다 하고 또 주께서 자기에게 이렇게 말씀하셨다 이르니라

- 열한 제자에게 나타나심(19-23)과

(요 20:19-23) 이 날 곧 안식 후 첫날 저녁 때에 제자들이
유대인들을 두려워하여 모인 곳의 문들을 닫았더니 예수
께서 오사 가운데 서서 이르시되 너희에게 평강이 있을지
어다 이 말씀을 하시고 손과 옆구리를 보이시니 제자들이
주를 보고 기뻐하더라 예수께서 또 이르시되 너희에게 평
강이 있을지어다 아버지께서 나를 보내신 것 같이 나도 너
희를 보내노라 이 말씀을 하시고 그들을 향하사 숨을 내쉬
며 이르시되 성령을 받으라 너희가 누구의 죄든지 사하면
사하여질 것이요 누구의 죄든지 그대로 두면 그대로 있으
리라 하시니라

- 이어서 도마가 보인 불신앙의 태도에 대하여(24-25) 개
의치 않으시고

(요 20:24-25) 열두 제자 중의 하나로서 디두모라 불리는

도마는 예수께서 오셨을 때에 함께 있지 아니한지라 다른 제자들이 그에게 이르되 우리가 주를 보았노라 하니 도마가 이르되 내가 그의 손의 못 자국을 보며 내 손가락을 그 못 자국에 넣으며 내 손을 그 옆구리에 넣어 보지 않고는 믿지 아니하겠노라 하니라

– 의심하는 도마에게 부활의 실증을 보여주심으로써 도마를 확실한 믿음으로 인도하는 모습을 보여주고 있습니다.

1. 믿음의 3종류와 특징적 실제

1) 보고도 믿지 않는 믿음

– 예수님을 인정하지만 믿지 않고

– 영적 무관심에 빠지고

– 환난을 당한 후에야 깨닫게 됨

◎ 실제

– 애굽 왕 바로(출 9:27-35)

(출 9:27-35) 바로가 사람을 보내어 모세와 아론을 불러 그들에게 이르되 이번은 내가 범죄하였노라 여호와는 의로우시고 나와 나의 백성은 악하도다 여호와께 구하여 이 우렛소리와 우박을 그만 그치게 하라 내가 너희를 보내리니 너희가 다시는 머물지 아니하리라 모세가 그에게 이르되 내가 성에서 나가서 곧 내 손을 여호와를 향하여 펴리니

그리하면 우렛소리가 그치고 우박이 다시 있지 아니할지라 세상이 여호와께 속한 줄을 왕이 알리이다 그러나 왕과 왕의 신하들이 여호와 하나님을 아직도 두려워하지 아니할 줄을 내가 아나이다 그 때에 보리는 이삭이 나왔고 삼은 꽃이 피었으므로 삼과 보리가 상하였으나 그러나 밀과 쌀보리는 자라지 아니한 고로 상하지 아니하였더라 모세가 바로를 떠나 성에서 나가 여호와를 향하여 손을 펴매 우렛소리와 우박이 그치고 비가 땅에 내리지 아니하니라 바로가 비와 우박과 우렛소리가 그친 것을 보고 다시 범죄하여 마음을 완악하게 하니 그와 그의 신하가 꼭 같더라 바로의 마음이 완악하여 이스라엘 자손을 내보내지 아니하였으니 여호와께서 모세에게 말씀하심과 같더라

– 아하시야 왕(왕하 1:2-16)

(왕하 1:2-16) 아하시야가 사마리아에 있는 그의 다락 난간에서 떨어져 병들매 사자를 보내며 그들에게 이르되 가서 에그론의 신 바알세붑에게 이 병이 낫겠나 물어 보라 하니라 여호와의 사자가 디셉 사람 엘리야에게 이르되 너는 일어나 올라가서 사마리아 왕의 사자를 만나 그에게 이르기를 이스라엘에 하나님이 없어서 너희가 에그론의 신 바알세붑에게 물으러 가느냐 그러므로 여호와의 말씀이 네가 올라간 침상에서 내려오지 못할지라 네가 반드시 죽으리라 하셨다 하라 엘리야가 이에 가니라 사자들이 왕에게 돌아오니 왕이 그들에게 이르되 너희는 어찌하여 돌아왔느냐 하니 그들이 말하되 한 사람이 올라와서 우리를 만나 이르되 너희는 너희를 보낸 왕에게로 돌아가서 그에게 고하기를 여호와의 말씀이 이스라엘에 하나님이 없어서 네가 에그론의 신 바알세붑에게 물으려고 보내느냐 그러므로 네가 올라간 침상에서 내려오지 못할지라 네가 반드시

죽으리라 하셨다 하라 하더이다 왕이 그들에게 이르되 올라와서 너희를 만나 이 말을 너희에게 한 그 사람은 어떤 사람이더냐 그들이 그에게 대답하되 그는 털이 많은 사람인데 허리에 가죽 띠를 띠었더이다 하니 왕이 이르되 그는 디셉 사람 엘리야로다 이에 오십부장과 그의 군사 오십 명을 엘리야에게로 보내매 그가 엘리야에게로 올라가 본즉 산 꼭대기에 앉아 있는지라 그가 엘리야에게 이르되 하나님의 사람이여 왕의 말씀이 내려오라 하셨나이다 엘리야가 오십부장에게 대답하여 이르되 내가 만일 하나님의 사람이면 불이 하늘에서 내려와 너와 너의 오십 명을 사를지로다 하매 불이 곧 하늘에서 내려와 그와 그의 군사 오십 명을 살랐더라 왕이 다시 다른 오십부장과 그의 군사 오십 명을 엘리야에게로 보내니 그가 엘리야에게 말하여 이르되 하나님의 사람이여 왕의 말씀이 속히 내려오라 하셨나이다 하니 엘리야가 그들에게 대답하여 이르되 내가 만일 하나님의 사람이면 불이 하늘에서 내려와 너와 너의 오십 명을 사를지로다 하매 하나님의 불이 곧 하늘에서 내려와 그와 그의 군사 오십 명을 살랐더라 왕이 세 번째 오십부장과 그의 군사 오십 명을 보낸지라 셋째 오십부장이 올라가서 엘리야 앞에 이르러 그의 무릎을 꿇어 엎드려 간구하여 이르되 하나님의 사람이여 원하건대 나의 생명과 당신의 종인 이 오십 명의 생명을 당신은 귀히 보소서 불이 하늘에서 내려와 전번의 오십부장 둘과 그의 군사 오십 명을 살랐거니와 나의 생명을 당신은 귀히 보소서 하매 여호와의 사자가 엘리야에게 이르되 너는 그를 두려워하지 말고 함께 내려가라 하신지라 엘리야가 곧 일어나 그와 함께 내려와 왕에게 이르러 말하되 여호와의 말씀이 네가 사자를 보내 에그론의 신 바알세붑에게 물으려 하니 이스라엘에 그의 말을 물을 만한 하나님이 안 계심이냐 그러므로 네가 그 올라간 침상에서 내려오지 못할지라 네가 반드시 죽으

리라 하셨다 하니라

2) 자신이 보는 것만 믿음

- 자기 이성을 믿음보다 우선하는(이기주의)

- 논리와 합리적인 믿음 추구(지식적, 이성적인 사람)

- 감각적이고 의심이 많은 표적 주의(감각적)

◎ 실제

- 기드온(삿 6:17-37)

(삿 6:17-37) 기드온이 그에게 대답하되 만일 내가 주께 은혜를 얻었사오면 나와 말씀하신 이가 주 되시는 표징을 내게 보이소서 내가 예물을 가지고 다시 주께로 와서 그것을 주 앞에 드리기까지 이 곳을 떠나지 마시기를 원하나이다 하니 그가 이르되 내가 너 돌아올 때까지 머무르리라 하니라 기드온이 가서 염소 새끼 하나를 준비하고 가루 한 에바로 무교병을 만들고 고기를 소쿠리에 담고 국을 양푼에 담아 상수리나무 아래 그에게로 가져다가 드리매 하나님의 사자가 그에게 이르되 고기와 무교병을 가져다가 이 바위 위에 놓고 국을 부으라 하니 기드온이 그대로 하니라 여호와의 사자가 손에 잡은 지팡이 끝을 내밀어 고기와 무교병에 대니 불이 바위에서 나와 고기와 무교병을 살랐고 여호와의 사자는 떠나서 보이지 아니한지라 기드온이 그가 여호와의 사자인 줄을 알고 이르되 슬프도소이다 주 여호와여 내가 여호와의 사자를 대면하여 보았나이다 하니 여호와께서 그에게 이르시되 너는 안심하라 두려워하지 말라

죽지 아니하리라 하시니라 기드온이 여호와를 위하여 거기서 제단을 쌓고 그것을 여호와 살롬이라 하였더라 그것이 오늘까지 아비에셀 사람에게 속한 오브라에 있더라 그 날 밤에 여호와께서 기드온에게 이르시되 네 아버지에게 있는 수소 곧 칠 년 된 둘째 수소를 끌어 오고 네 아버지에게 있는 바알의 제단을 헐며 그 곁의 아세라 상을 찍고 또 이 산성 꼭대기에 네 하나님 여호와를 위하여 규례대로 한 제단을 쌓고 그 둘째 수소를 잡아 네가 찍은 아세라 나무로 번제를 드릴지니라 하시니라 이에 기드온이 종 열 사람을 데리고 여호와께서 그에게 말씀하신 대로 행하되 그의 아버지의 가문과 그 성읍 사람들을 두려워하므로 이 일을 감히 낮에 행하지 못하고 밤에 행하니라 그 성읍 사람들이 아침에 일찍이 일어나 본즉 바알의 제단이 파괴되었으며 그 곁의 아세라가 찍혔고 새로 쌓은 제단 위에 그 둘째 수소를 드렸는지라 서로 물어 이르되 이것이 누구의 소행인가 하고 그들이 캐어 물은 후에 이르되 요아스의 아들 기드온이 이를 행하였도다 하고 성읍 사람들이 요아스에게 이르되 네 아들을 끌어내라 그는 당연히 죽을지니 이는 바알의 제단을 파괴하고 그 곁의 아세라를 찍었음이니라 하니 요아스가 자기를 둘러선 모든 자에게 이르되 너희가 바알을 위하여 다투느냐 너희가 바알을 구원하겠느냐 그를 위하여 다투는 자는 아침까지 죽임을 당하리라 바알이 과연 신 일진대 그의 제단을 파괴하였은즉 그가 자신을 위해 다툴 것이니라 하니라 그 날에 기드온을 여룹바알이라 불렀으니 이는 그가 바알의 제단을 파괴하였으므로 바알이 그와 더불어 다툴 것이라 함이었더라 그 때에 미디안과 아말렉과 동방 사람들이 다 함께 모여 요단 강을 건너와서 이스르엘 골짜기에 진을 친지라 여호와의 영이 기드온에게 임하시니 기드온이 나팔을 불매 아비에셀이 그의 뒤를 따라 부름을 받으니라 기드온이 또 사자들을 온 므낫세에 두루 보내매 그들도 모여서 그를 따르고 또 사자들을 아셀과 스불론과 납달리에 보내매 그 무리도 올라와 그를 영접하더라 기드온이 하나님께 여쭈되 주께서 이미 말씀하심 같이 내 손으로 이스라엘을 구원하시려거든 보소서 내가 양털 한 뭉치를 타작 마당에 두리니 만일 이슬이 양털에만 있고 주변 땅은 마르면 주께서 이미 말씀하심 같이 내 손으로 이스라엘을 구원하실 줄을 내가 알겠나이다 하였더니

- 도마(요 20:24-29)

(요 20:24-29) 열두 제자 중의 하나로서 디두모라 불리는 도마는 예수께서 오셨을 때에 함께 있지 아니한지라 다른 제자들이 그에게 이르되 우리가 주를 보았노라 하니 도마가 이르되 내가 그의 손의 못 자국을 보며 내 손가락을 그 못 자국에 넣으며 내 손을 그 옆구리에 넣어 보지 않고는 믿지 아니하겠노라 하니라 여드레를 지나서 제자들이 다시 집 안에 있을 때에 도마도 함께 있고 문들이 닫혔는데 예수께서 오사 가운데 서서 이르시되 너희에게 평강이 있을지어다 하시고 도마에게 이르시되 네 손가락을 이리 내밀어 내 손을 보고 네 손을 내밀어 내 옆구리에 넣어 보라 그리하여 믿음 없는 자가 되지 말고 믿는 자가 되라 도마가 대답하여 이르되 나의 주님이시요 나의 하나님이시니이다 예수께서 이르시되 너는 나를 본 고로 믿느냐 보지 못하고 믿는 자들은 복되도다 하시니라

3) 보지 않고 믿는 믿음

- 말씀을 통하여 믿고 겸손한 믿음

- 하나님만 믿음대상이고 오직 예수님

– 하나님을 기쁘게 하는 믿음 성령의 인도받는 삶

◎ 실제

– 노아(히 11:7)

(히 11:7) 믿음으로 노아는 아직 보이지 않는 일에 경고하심을 받아 경외함으로 방주를 준비하여 그 집을 구원하였으니 이로 말미암아 세상을 정죄하고 믿음을 따르는 의의 상속자가 되었느니라

– 아브라함(히 11:8)

(히 11:8) 믿음으로 아브라함은 부르심을 받았을 때에 순종하여 장래의 유업으로 받을 땅에 나아갈새 갈 바를 알지 못하고 나아갔으며

– 바울 사도(갈 2:20)

(갈 2:20) 내가 그리스도와 함께 십자가에 못 박혔나니 그런즉 이제는 내가 사는 것이 아니요 오직 내 안에 그리스도께서 사시는 것이라 이제 내가 육체 가운데 사는 것은 나를 사랑하사 나를 위하여 자기 자신을 버리신 하나님의 아들을 믿는 믿음 안에서 사는 것이라

2. 도마의 신앙고백의 특징

① 주 예수님의 부활에 대한 기쁨의 고백
② 진정한 회개의 고백
③ 의심이 치유되는 믿음

④ 예수님의 전능하심에 놀라움

⑤ 예수님을 진정으로 깨달음

⑥ 확고해진 믿음의 고백

⑦ 주님께 대한 충성의 고백

⑧ 주님 찬양하는 고백

⑨ 하나님의 은혜 받은 사랑의 고백

⑩ 자신이 구원받은 감사의 고백

3. 보지 못하고 믿는 믿음의 위대성(29)

(요 20:29) 예수께서 이르시되 너는 나를 본 고로 믿느냐 보지 못하고 믿는 자들은 복되도다 하시니라

– 언약의 말씀을 믿음(계 1:3). 십자가 죽음 부활도 성경대로(고전 15:2-4)

(계 1:3) 이 예언의 말씀을 읽는 자와 듣는 자와 그 가운데에 기록한 것을 지키는 자는 복이 있나니 때가 가까움이라

(고전 15:2-4) 너희가 만일 내가 전한 그 말을 굳게 지키고 헛되이 믿지 아니하였으면 그로 말미암아 구원을 받으리라 내가 받은 것을 먼저 너희에게 전하였노니 이는 성경대로 그리스도께서 우리 죄를 위하여 죽으시고 장사 지낸 바 되셨다가 성경대로 사흘 만에 다시 살아나사

– 증거자들의 증언을 믿음(20, 29, 요일 1:1). 말씀의 생명력

(요 20:20) 이 말씀을 하시고 손과 옆구리를 보이시니 제자

들이 주를 보고 기뻐하더라

(요 20:29) 예수께서 이르시되 너는 나를 본 고로 믿느냐 보지 못하고 믿는 자들은 복되도다 하시니라

(요일 1:1) 태초부터 있는 생명의 말씀에 관하여는 우리가 들은 바요 눈으로 본 바요 자세히 보고 우리의 손으로 만진 바라

– 믿을 수 없는 것을 믿음(롬 4:15). 약속은 반드시 성취됨

(롬 4:15) 율법은 진노를 이루게 하나니 율법이 없는 곳에는 범법도 없느니라

II. 성경기록의 목적(30-31)

(요 20:30-31) 예수께서 제자들 앞에서 이 책에 기록되지 아니한 다른 표적도 많이 행하셨으나 오직 이것을 기록함은 너희로 예수께서 하나님의 아들 그리스도이심을 믿게 하려 함이요 또 너희로 믿고 그 이름을 힘입어 생명을 얻게 하려 함이니라

성경은 모든 것을 다 기록한 책이 아니라 구원받는 진리를 알려주는 책입니다. 살아계신 하나님은 전능하시고 불멸하시고 예수님이시요, 인간의 유일한 구원자이십니다. 성령의 인도받은 자가 구원 사역과 복음의 증인되고, 성경을 기록하고 전달할 수 있으며 사단의 정체를 폭로하고 사단을 멸하는 책이 성경입니다. 말씀의 언약을 믿고 성령의 인도하심 따라 은혜를 받

습니다.

성경은 살아계신 하나님의 생생한 음성이요, 성경은 예수님의 숨결이요, 생명의 맥박입니다. 성경은 성령의 권세있는 능력의 손길입니다.

결론

성경을 믿는 자는 하나님을 만나고, 예수님을 영접하고 성령의 인도받은 자입니다. 이런 사람은 구원받은 확실한 하나님의 자녀입니다. 의심하던 도마가 부활의 주님을 만나 확실한 그리스도의 증인이 되었습니다. 살아있는 생명의 말씀이 빛이 어두운 신앙을 환하게 비춰주는 복의 삶이 되게 하셨고, 주님의 증인으로 쓰임 받게 하셨습니다.

사랑하는 성도여, 부활하신 주님은 우리에게 새 생명의 삶을 주시고 재림주로 다시 오십니다. 생명력있는 신앙적, 헌신적 삶을 주 안에서 승리하며 삽시다. 할렐루야- 아멘 오직 예수 그리스도.

34과

숯불구이에 초대된 귀빈

주 예수님은 정말 멋있습니다. 지금, 우리 속에 살아계신 좋으신 하나님 이십니다. 우리 인생은 잘 나가다가도 간혹 실패하고 힘이 빠져 지쳐있는 모습을 보이기도 합니다. 부활하신 주님께서는 이런 상황에 처한 제자들에게 새 희망과 용기를 주고 티 없이 맑고 깨끗한 생명의 복음의 향기를 진하게 풍겨 주십니다.

숯불에 생선을 구워 놓으시고 떡을 겸비하여 놓으시고 밤새도록 고기잡이에 실패하여 지쳐있는 제자들에게 고기를 잡게 하시고 조반을 먹게 하신 부활하신 주님은 지금 우리 속에서 살아계셔서 현장에서 역사하시며 모든 것을 알고 전능하심을 생생하게 사실적 실증으로 경험하게 하심을 보여주고 계십니다.

우리는 주님께 초대받는 영적 귀빈입니다(마 11:28-30, 사 55:1-2, 계 21:5-7).

(마 11:28-30) 수고하고 무거운 짐 진 자들아 다 내게로 오라 내가 너희를 쉬게 하리라 나는 마음이 온유하고 겸손하니 나의 멍에를 메고 내게 배우라 그리하면 너희 마음이 쉼을 얻으리니 이는 내 멍에는 쉽고 내 짐은 가벼움이라 하시니라

(사 55:1-2) 오호라 너희 모든 목마른 자들아 물로 나아오라 돈 없는 자도 오라 너희는 와서 사 먹되 돈 없이, 값 없이 와서 포도주와 젖을 사라 너희가 어찌하여 양식이 아닌 것을 위하여 은을 달아 주며 배부르게 하지 못할 것을 위하여 수고하느냐 내게 듣고 들을지어다 그리하면 너희가 좋은 것을 먹을 것이며 너희 자신들이 기름진 것으로 즐거움을 얻으리라

(계 21:5-7) 보좌에 앉으신 이가 이르시되 보라 내가 만물을 새롭게 하노라 하시고 또 이르시되 이 말은 신실하고 참되니 기록하라 하시고 또 내게 말씀하시되 이루었도다 나는 알파와 오메가요 처음과 마지막이라 내가 생명수 샘물을 목마른 자에게 값없이 주리니 이기는 자는 이것들을 상속으로 받으리라 나는 그의 하나님이 되고 그는 내 아들이 되리라

I. 오직 예수님 안에서만 살아야(1-5)

(요 21:1-5) 그 후에 예수께서 디베랴 호수에서 또 제자들에게 자기를 나타내셨으니 나타내신 일은 이러하니라 시몬 베드로와 디두모라 하는 도마와 갈릴리 가나 사람 나다나엘과 세베대의 아들들과 또 다른 제자 둘이 함께 있더니 시몬 베드로가 나는 물고기 잡으러 가노라 하니 그들이 우리도 함께 가겠다 하고 나가서 배에 올랐으나 그 날 밤에 아무 것도 잡지 못하였더니 날이 새어갈 때에 예수께서 바닷가에 서셨으나 제자들이 예수이신 줄 알지 못하는지라 예수께서 이르시되 애들아 너희에게 고기가 있느냐 대답하되 없나이다

1. 하나님의 뜻을 바로 알아야 합니다(1-3).

(요 21:1-3) 그 후에 예수께서 디베랴 호수에서 또 제자들에게 자기를 나타내셨으니 나타내신 일은 이러하니라 시몬 베드로와 디두모라 하는 도마와 갈릴리 가나 사람 나다나엘과 세베대의 아들들과 또 다른 제자 둘이 함께 있더니 시몬 베드로가 나는 물고기 잡으러 가노라 하니 그들이 우리

도 함께 가겠다 하고 나가서 배에 올랐으나 그 날 밤에 아무 것도 잡지 못하였더니

① 마 4:19

(마 4:19) 말씀하시되 나를 따라오라 내가 너희를 사람을 낚는 어부가 되게 하리라 하시니

② 마 6:33

(마 6:33) 그런즉 너희는 먼저 그의 나라와 그의 의를 구하라 그리하면 이 모든 것을 너희에게 더하시리라

③ 빌 3:5-11

(빌 3:5-11) 나는 팔일 만에 할례를 받고 이스라엘 족속이요 베냐민 지파요 히브리인 중의 히브리인이요 율법으로는 바리새인이요 열심으로는 교회를 박해하고 율법의 의로는 흠이 없는 자라 그러나 무엇이든지 내게 유익하던 것을 내가 그리스도를 위하여 다 해로 여길뿐더러 또한 모든 것을 해로 여김은 내 주 그리스도 예수를 아는 지식이 가장 고상하기 때문이라 내가 그를 위하여 모든 것을 잃어버리고 배설물로 여김은 그리스도를 얻고 그 안에서 발견되려 함이니 내가 가진 의는 율법에서 난 것이 아니요 오직 그리스도를 믿음으로 말미암은 것이니 곧 믿음으로 하나님께로부터 난 의라 내가 그리스도와 그 부활의 권능과 그 고난에 참여함을 알고자 하여 그의 죽으심을 본받아 어떻게 해서든지 죽은 자 가운데서 부활에 이르려 하노니

※ 부활하신 예수님의 이름 권세를 가지면 되는 것이지 왜 그물을 가지고 고기 잡으러 갑니까?

2. 소명을 받는 자는 사명을 다해야 합니다(3-4).

(요 21:3-4) 시몬 베드로가 나는 물고기 잡으러 가노라 하니 그들이 우리도 함께 가겠다 하고 나가서 배에 올랐으나 그 날 밤에 아무 것도 잡지 못하였더니 날이 새어갈 때에 예수께서 바닷가에 서셨으나 제자들이 예수이신 줄 알지 못하는지라

① 시 139:1

(시 139:1) 여호와여 주께서 나를 살펴 보셨으므로 나를 아시나이다

② 사 6:5-8

(사 6:5-8) 그 때에 내가 말하되 화로다 나여 망하게 되었도다 나는 입술이 부정한 사람이요 나는 입술이 부정한 백성 중에 거주하면서 만군의 여호와이신 왕을 뵈었음이로다 하였더라 그 때에 그 스랍 중의 하나가 부젓가락으로 제단에서 집은 바 핀 숯을 손에 가지고 내게로 날아와서 그것을 내 입술에 대며 이르되 보라 이것이 네 입에 닿았으니 네 악이 제하여졌고 네 죄가 사하여졌느니라 하더라 내가 또 주의 목소리를 들으니 주께서 이르시되 내가 누구를 보내며 누가 우리를 위하여 갈꼬 하시니 그 때에 내가 이르되 내가 여기 있나이다 나를 보내소서 하였더니

③ 욘 1:12-15

(욘 1:12-15) 그가 대답하되 나를 들어 바다에 던지라 그리하면 바다가 너희를 위하여 잔잔하리라 너희가 이 큰 폭풍을 만난 것이 나 때문인 줄을 내가 아노라 하니라 그러나 그 사람들이 힘써 노를 저어 배를 육지로 돌리고자 하다가 바다가 그들을 향하여 점점 더 흉용하므로 능히 못한지라 무리가 여호와께 부르짖어 이르되 여호와여 구하고 구하오니 이 사람의 생명 때문에 우리를 멸망시키지 마옵소서 무죄한 피를 우리에게 돌리지 마옵소서 주 여호와께서는 주의 뜻대로 행하심이니이다 하고 요나를 들어 바다에 던지매 바다가 뛰노는 것이 곧 그친지라

※ 주님께서는 처음 제자들 부르실때 고기 잡는 어부에게 사람 낚는 어부가 되라고 부르셔서 3년 동안 충분히 가르치셨습니다. 십자가에서 구속하시고 부활하셔서 새 생명으로 거듭난 제자들에게 교회 기둥 되게 하시고, 재림하실 때까지 사명을 다하게 하셨습니다.

II. 전지전능 영원 불변하신 그리스도를 믿어야(6-9)

1. 모든 것 알고 계시는 주님(6)

(요 21:6) 이르시되 그물을 배 오른편에 던지라 그리하면 잡으리라 하시니 이에 던졌더니 물고기가 많아 그물을 들 수 없더라

- 빌 2:6-11

(빌 2:6-11) 그는 근본 하나님의 본체시나 하나님과 동등됨을 취할 것으로 여기지 아니하시고 오히려 자기를 비워 종의 형체를 가지사 사람들과 같이 되셨고 사람의 모양으로 나타나사 자기를 낮추시고 죽기까지 복종하셨으니 곧 십자가에 죽으심이라 이러므로 하나님이 그를 지극히 높여 모든 이름 위에 뛰어난 이름을 주사 하늘에 있는 자들과 땅에 있는 자들과 땅 아래에 있는 자들로 모든 무릎을 예수의 이름에 꿇게 하시고 모든 입으로 예수 그리스도를 주라 시인하여 하나님 아버지께 영광을 돌리게 하셨느니라

- 마 28:18-20

(마 28:18-20) 예수께서 나아와 말씀하여 이르시되 하늘과 땅의 모든 권세를 내게 주셨으니 그러므로 너희는 가서 모든 민족을 제자로 삼아 아버지와 아들과 성령의 이름으로 침례를 베풀고 내가 너희에게 분부한 모든 것을 가르쳐 지키게 하라 볼지어다 내가 세상 끝날까지 너희와 항상 함께 있으리라 하시니라

- 사 41:10

(사 41:10) 두려워하지 말라 내가 너와 함께 함이라 놀라지 말라 나는 네 하나님이 됨이라 내가 너를 굳세게 하리라 참으로 너를 도와 주리라 참으로 나의 의로운 오른손으로 너를 붙들리라

예수 이름 권세로 승리하며 삽시다.

2. 옛사람 벗고 새사람을 입으라(7)

(요 21:7) 예수께서 사랑하시는 그 제자가 베드로에게 이르되 주님이시라 하니 시몬 베드로가 벗고 있다가 주님이라 하는 말을 듣고 겉옷을 두른 후에 바다로 뛰어 내리더라

- 엡 4:22-24

(엡 4:22-24) 너희는 유혹의 욕심을 따라 썩어져 가는 구습을 따르는 옛 사람을 벗어 버리고 오직 너희의 심령이 새롭게 되어 하나님을 따라 의와 진리의 거룩함으로 지으심을 받은 새 사람을 입으라

- 롬 6:3-9

(롬 6:3-9) 무릇 그리스도 예수와 합하여 침례를 받은 우리는 그의 죽으심과 합하여 침례를 받은 줄을 알지 못하느냐 그러므로 우리가 그의 죽으심과 합하여 침례를 받음으로 그와 함께 장사되었나니 이는 아버지의 영광으로 말미암아 그리스도를 죽은 자 가운데서 살리심과 같이 우리로 또한 새 생명 가운데서 행하게 하려 함이라 만일 우리가 그의 죽으심과 같은 모양으로 연합한 자가 되었으면 또한 그의 부활과 같은 모양으로 연합한 자도 되리라 우리가 알거니와 우리의 옛 사람이 예수와 함께 십자가에 못 박힌 것은 죄의 몸이 죽어 다시는 우리가 죄에게 종 노릇 하지 아니하려 함이니 이는 죽은 자가 죄에서 벗어나 의롭다 하심을 얻었음이라 만일 우리가 그리스도와 함께 죽었으면 또한 그와 함께 살 줄을 믿노니 이는 그리스도께서 죽은 자 가운데서 살아나셨으매 다시 죽지 아니하시고 사망이 다시 그를 주장하지 못할 줄을 앎이로라

- 골 3:5-10

(골 3:5-10) 그러므로 땅에 있는 지체를 죽이라 곧 음란과 부정과 사욕과 악한 정욕과 탐심이니 탐심은 우상 숭배니라 이것들로 말미암아 하나님의 진노가 임하느니라 너희도 전에 그 가운데 살 때에는 그 가운데서 행하였으나 이제는 너희가 이 모든 것을 벗어 버리라 곧 분함과 노여움과 악의와 비방과 너희 입의 부끄러운 말이라 너희가 서로 거짓말을 하지 말라 옛 사람과 그 행위를 벗어 버리고 새 사람을 입었으니 이는 자기를 창조하신 이의 형상을 따라 지식에까지 새롭게 하심을 입은 자니라

새 생명의 삶으로 살라

3. 엎드려 주님께 열정을 쏟으라(7-9)

- 골 3:16-17

(골 3:16-17) 그리스도의 말씀이 너희 속에 풍성히 거하여 모든 지혜로 피차 가르치며 권면하고 시와 찬송과 신령한 노래를 부르며 감사하는 마음으로 하나님을 찬양하고 또 무엇을 하든지 말에나 일에나 다 주 예수의 이름으로 하고 그를 힘입어 하나님 아버지께 감사하라

- 롬 12:1-2

(롬 12:1-2) 그러므로 형제들아 내가 하나님의 모든 자비하심으로 너희를 권하노니 너희 몸을 하나님이 기뻐하시는 거룩한 산 제물로 드리라 이는 너희가 드릴 영적 예배니라

너희는 이 세대를 본받지 말고 오직 마음을 새롭게 함으로 변화를 받아 하나님의 선하시고 기뻐하시고 온전하신 뜻이 무엇인지 분별하도록 하라

– 렘 48:10

(렘 48:10) 여호와의 일을 게을리 하는 자는 저주를 받을 것이요 자기 칼을 금하여 피를 흘리지 아니하는 자도 저주를 받을 것이로다

하나님의 일을 태만히 하지 말라

III. 속마음 시원하게 풀어주시는 주님을 경험해야(10-14)

(요 21:10-14) 예수께서 이르시되 지금 잡은 생선을 좀 가져오라 하시니 시몬 베드로가 올라가서 그물을 육지에 끌어 올리니 가득히 찬 큰 물고기가 백쉰세 마리라 이같이 많으나 그물이 찢어지지 아니하였더라 예수께서 이르시되 와서 조반을 먹으라 하시니 제자들이 주님이신 줄 아는 고로 당신이 누구냐 감히 묻는 자가 없더라 예수께서 가셔서 떡을 가져다가 그들에게 주시고 생선도 그와 같이 하시니라 이것은 예수께서 죽은 자 가운데서 살아나신 후에 세 번째로 제자들에게 나타나신 것이라

1. 부족한 부분을 알뜰하고 풍성하게 채워주심(10-11)

(요 21:10-11) 예수께서 이르시되 지금 잡은 생선을 좀 가

져오라 하시니 시몬 베드로가 올라가서 그물을 육지에 끌어 올리니 가득히 찬 큰 물고기가 백쉰세 마리라 이같이 많으나 그물이 찢어지지 아니하였더라

- 부활하신 주님은 인생의 삶의 여정에서 가려운데를 긁어 주시고 소원의 항구로 인도하시는 분이십니다(시 107:30).

(시 107:30) 그들이 평온함으로 말미암아 기뻐하는 중에 여호와께서 그들이 바라는 항구로 인도하시는도다

- 153마리의 고기를 잡은 이적은 복음전파(사람 낚는 어부)가 사람의 경험이나 지혜 인간의 힘이 아닌 예수님의 능력이요, 성령 인도받는 말씀에 순종하는데 있음을 가르치는 메시지입니다(행 3:1-10 앉은뱅이 구원 역사)

2. 와서 조반을 먹으라(12) - 주님 사랑의 속성 보여주심(마 11:28-30)

(요 21:12) 예수께서 이르시되 와서 조반을 먹으라 하시니 제자들이 주님이신 줄 아는 고로 당신이 누구냐 감히 묻는 자가 없더라

(마 11:28-30) 수고하고 무거운 짐 진 자들아 다 내게로 오라 내가 너희를 쉬게 하리라 나는 마음이 온유하고 겸손하니 나의 멍에를 메고 내게 배우라 그리하면 너희 마음이 쉼을 얻으리니 이는 내 멍에는 쉽고 내 짐은 가벼움이라 하시니라

3. 함께 동행하시는 주님(13-14, 마 28:20) - 임마누엘의 하나님)

(요 21:13-14) 예수께서 가셔서 떡을 가져다가 그들에게 주시고 생선도 그와 같이 하시니라 이것은 예수께서 죽은 자 가운데서 살아나신 후에 세 번째로 제자들에게 나타나신 것이라

(마 28:20) 내가 너희에게 분부한 모든 것을 가르쳐 지키게 하라 볼지어다 내가 세상 끝날까지 너희와 항상 함께 있으리라 하시니라

주님을 3년동안 따라다녔던 베드로는 주님을 모른다고 저주하고 떠났는데 부활하신 주님은 만나주셨고 하나님의 소명을 잃어버렸을 때 힘과 용기를 주시고, 실패 늪에서 건져주시고, 사명을 되찾게 하셨습니다. 주님은 우리를 이렇게 사랑하고 계십니다.

◎ 사명을 회복받기 바랍니다.

1) 진정으로 잘못을 뉘우친다면 뼈아프게 반성하고 근신할 줄 알아야 합니다(빌 3:6-8).

(빌 3:6-8) 열심으로는 교회를 박해하고 율법의 의로는 흠이 없는 자라 그러나 무엇이든지 내게 유익하던 것을 내가 그리스도를 위하여 다 해로 여길뿐더러 또한 모든 것을 해로 여김은 내 주 그리스도 예수를 아는 지식이 가장 고상하기 때문이라 내가 그를 위하여 모든 것을 잃어버리고 배설물로 여김은 그리스도를 얻고

2) 순종하는 태도를 가져야(7)

(요 21:7) 예수께서 사랑하시는 그 제자가 베드로에게 이르되 주님이시라 하니 시몬 베드로가 벗고 있다가 주님이라 하는 말을 듣고 겉옷을 두른 후에 바다로 뛰어 내리더라

① 눅 5:5-8 / 죄인임을 고백

(눅 5:5-8) 시몬이 대답하여 이르되 선생님 우리들이 밤이 새도록 수고하였으되 잡은 것이 없지마는 말씀에 의지하여 내가 그물을 내리리이다 하고 그렇게 하니 고기를 잡은 것이 심히 많아 그물이 찢어지는지라 이에 다른 배에 있는 동무들에게 손짓하여 와서 도와 달라 하니 그들이 와서 두 배에 채우매 잠기게 되었더라 시몬 베드로가 이를 보고 예수의 무릎 아래에 엎드려 이르되 주여 나를 떠나소서 나는 죄인이로소이다 하니

② 고전 10:4, 잠 16:18

(고전 10:4) 다 같은 신령한 음료를 마셨으니 이는 그들을 따르는 신령한 반석으로부터 마셨으매 그 반석은 곧 그리스도시라

(잠 16:18) 교만은 패망의 선봉이요 거만한 마음은 넘어짐의 앞잡이니라

3) 열정적 복음의 증인 되어야(7)

(요 21:7) 예수께서 사랑하시는 그 제자가 베드로에게 이르되 주님이시라 하니 시몬 베드로가 벗고 있다가 주님이

라 하는 말을 듣고 겉옷을 두른 후에 바다로 뛰어 내리더라

베드로의 특징은 펄펄 끓는 듯한 열정이 있습니다. 세계를 움직이고 시대를 장중에 쥐고 사역하는 자들은 열정의 사람입니다.

결론

숯불에 생선을 구워놓고 떡을 겸비하여 조반을 먹게 하신 분은 주 예수님 이십니다. 우리 인간은 제자들과 똑같은 속성을 지니고 있습니다. 그러나 주님은 전능하시고 불변하시며 사랑의 주님이십니다. 하나님의 뜻을 모르고 실패하며 낙심된 나의 심령속에 역사하신 주신 주님은 사명을 주셔서 영적 회복을 이루십니다. 이 결과가 말씀의 언약대로 순종하는 삶 입니다. 이런 삶이 숯불구이에 초대된 귀빈이 예수를 영접한 주님의 제자 입니다. 성령의 인도받는 삶 입니다. 오직 주 예수님 안에서 승리합시다. 할렐루야- 아멘 오직 예수 그리스도.

35과

◆ 요 21장 15-21절

생명보다 귀한 사명

"누구든지 제 목숨을 구원코자 하면 잃을 것이요 누구든지 나의 복음을 위하여 제 목숨을 잃으면 구원하리라"(막 8:35). 사명의 가치를 언급한 말씀입니다. 날아가는 새에게는 날개가 생명같이 귀하고 일하는 소에게는 멍에를 씌웠을 때 힘을 쓸 수가 있습니다. 날개가 끊어진 새는 삶의 보람이 없고 일하는 소에게는 채찍과 애쓰고 힘쓰는 땀 흘림의 수고가 따를 때 주인의 뜻을 이루어 갈 수 있습니다(행 20:24, 마 11:28-30).

(행 20:24) 내가 달려갈 길과 주 예수께 받은 사명 곧 하나님의 은혜의 복음을 증언하는 일을 마치려 함에는 나의 생명조차 조금도 귀한 것으로 여기지 아니하노라

(마 11:28-30) 수고하고 무거운 짐 진 자들아 다 내게로 오라 내가 너희를 쉬게 하리라 나는 마음이 온유하고 겸손하니 나의 멍에를 메고 내게 배우라 그리하면 너희 마음이 쉼을 얻으리니 이는 내 멍에는 쉽고 내 짐은 가벼움이라 하시니라

베드로는 날개 잃은 삶을 살았었고 주님께서 메워주신 사명의 명예를 뿌리친 적도 있지만, 주님은 사랑이시라 다시 생명보다 귀한 사명을 찾아주셔서 영적 회복을 이루셨습니다. 주님을 떠난 삶은 오욕된 부끄러운 삶이요 생명력을 잃어버린 삶이었습니다. 그러나 하나님의 사람은 사명을 다하기 전에는 죽을 자격마저도 주어지지 않습니다

예) 고 김환란박사, 리빙스톤 선교사

Ⅰ. 베드로의 사명(15-17)

(요 21:15-17) 그들이 조반 먹은 후에 예수께서 시몬 베드로에게 이르시되 요한의 아들 시몬아 네가 이 사람들보다 나를 더 사랑하느냐 하시니 이르되 주님 그러하나이다 내가 주님을 사랑하는 줄 주님께서 아시나이다 이르시되 내 어린 양을 먹이라 하시고 또 두 번째 이르시되 요한의 아들 시몬아 네가 나를 사랑하느냐 하시니 이르되 주님 그러하나이다 내가 주님을 사랑하는 줄 주님께서 아시나이다 이르시되 내 양을 치라 하시고 세 번째 이르시되 요한의 아들 시몬아 네가 나를 사랑하느냐 하시니 주께서 세 번째 네가 나를 사랑하느냐 하시므로 베드로가 근심하여 이르되 주님 모든 것을 아시오매 내가 주님을 사랑하는 줄을 주님께서 아시나이다 예수께서 이르시되 내 양을 먹이라

"네가 나를 사랑하느냐"고 3번 반복하심은 허물과 죄악으로 얼룩진 우리의 현실의 삶에서 순간마다 역사하시며, 포기하지 않으시고, 사랑으로 감싸쥐는 소망의 주님이심을 보여 주십니다(사 41:10, 43:1-2).

(사 41:10, 개정) 두려워하지 말라 내가 너와 함께 함이라 놀라지 말라 나는 네 하나님이 됨이라 내가 너를 굳세게 하리라 참으로 너를 도와 주리라 참으로 나의 의로운 오른손으로 너를 붙들리라

(사 43:1-2) 야곱아 너를 창조하신 여호와께서 지금 말씀하시느니라 이스라엘아 너를 지으신 이가 말씀하시느니라 너는 두려워하지 말라 내가 너를 구속하였고 내가 너를 지명하여 불렀나니 너는 내 것이라 네가 물 가운데로 지날 때

에 내가 너와 함께 할 것이라 강을 건널 때에 물이 너를 침몰하지 못할 것이며 네가 불 가운데로 지날 때에 타지도 아니할 것이요 불꽃이 너를 사르지도 못하리니

형편없이 초라한 자신의 삶을 변화시켜서 새로운 사명을 맡겨 주십니다(사 6:6-8).

(사 6:6-8) 그 때에 그 스랍 중의 하나가 부젓가락으로 제단에서 집은 바 핀 숯을 손에 가지고 내게로 날아와서 그것을 내 입술에 대며 이르되 보라 이것이 네 입에 닿았으니 네 악이 제하여졌고 네 죄가 사하여졌느니라 하더라 내가 또 주의 목소리를 들으니 주께서 이르시되 내가 누구를 보내며 누가 우리를 위하여 갈꼬 하시니 그 때에 내가 이르되 내가 여기 있나이다 나를 보내소서 하였더니

1. 용서와 화해의 음성으로 부르심(엡 2:16-19, 히 12:7)

(엡 2:16-19) 또 십자가로 이 둘을 한 몸으로 하나님과 화목하게 하려 하심이라 원수 된 것을 십자가로 소멸하시고 또 오셔서 먼 데 있는 너희에게 평안을 전하시고 가까운 데 있는 자들에게 평안을 전하셨으니 이는 그로 말미암아 우리 둘이 한 성령 안에서 아버지께 나아감을 얻게 하려 하심이라 그러므로 이제부터 너희는 외인도 아니요 나그네도 아니요 오직 성도들과 동일한 시민이요 하나님의 권속이라

(히 12:7) 너희가 참음은 징계를 받기 위함이라 하나님이 아들과 같이 너희를 대우하시나니 어찌 아버지가 징계하지 않는 아들이 있으리요

2. 결단성있는 신앙고백을 듣기 위하여(요일 5:10-13)

(요일 5:10-13) 하나님의 아들을 믿는 자는 자기 안에 증거가 있고 하나님을 믿지 아니하는 자는 하나님을 거짓말하는 자로 만드나니 이는 하나님께서 그 아들에 대하여 증언하신 증거를 믿지 아니하였음이라 또 증거는 이것이니 하나님이 우리에게 영생을 주신 것과 이 생명이 그의 아들 안에 있는 그것이니라 아들이 있는 자에게는 생명이 있고 하나님의 아들이 없는 자에게는 생명이 없느니라 내가 하나님의 아들의 이름을 믿는 너희에게 이것을 쓰는 것은 너희로 하여금 너희에게 영생이 있음을 알게 하려 함이라

3. 겸손의 삶, 십자가의 흔적을 위하여(약 4:6, 잠 16:18, 막 7:24-30)

(약 4:6) 그러나 더욱 큰 은혜를 주시나니 그러므로 일렀으되 하나님이 교만한 자를 물리치시고 겸손한 자에게 은혜를 주신다 하였느니라

(잠 16:18) 교만은 패망의 선봉이요 거만한 마음은 넘어짐의 앞잡이니라

(막 7:24-30) 예수께서 일어나사 거기를 떠나 두로 지방으로 가서 한 집에 들어가 아무도 모르게 하시려 하나 숨길 수 없더라 이에 더러운 귀신 들린 어린 딸을 둔 한 여자가 예수의 소문을 듣고 곧 와서 그 발 아래에 엎드리니 그 여자는 헬라인이요 수로보니게 족속이라 자기 딸에게서 귀신 쫓아내 주시기를 간구하거늘 예수께서 이르시되 자녀로 먼저 배불리 먹게 할지니 자녀의 떡을 취하여 개들에게 던

짐이 마땅치 아니하니라 여자가 대답하여 이르되 주여 옳
소이다마는 상 아래 개들도 아이들이 먹던 부스러기를 먹
나이다 예수께서 이르시되 이 말을 하였으니 돌아가라 귀
신이 네 딸에게서 나갔느니라 하시매 여자가 집에 돌아가
본즉 아이가 침상에 누웠고 귀신이 나갔더라

II. 사명자의 자세(17-19)

(요 21:17-19) 세 번째 이르시되 요한의 아들 시몬아 네가
나를 사랑하느냐 하시니 주께서 세 번째 네가 나를 사랑하
느냐 하시므로 베드로가 근심하여 이르되 주님 모든 것을
아시오매 내가 주님을 사랑하는 줄을 주님께서 아시나이
다 예수께서 이르시되 내 양을 먹이라 내가 진실로 진실로
네게 이르노니 네가 젊어서는 스스로 띠 띠고 원하는 곳으
로 다녔거니와 늙어서는 네 팔을 벌리리니 남이 네게 띠 띠
우고 원하지 아니하는 곳으로 데려가리라 이 말씀을 하심
은 베드로가 어떠한 죽음으로 하나님께 영광을 돌릴 것을
가리키심이러라 이 말씀을 하시고 베드로에게 이르시되 나
를 따르라 하시니

세 번씩이나 사랑을 확인하신 후에 생명을 다하여 복
음을 전하는 순교자적 사명을 지향하는 태도가 올바른
자세임을 밝혀주고 있습니다.

1. 주님께 봉사하라(벧전 4:10-11, 양을 먹이라(17), 10:9-11, 행 20:28)

(벧전 4:10-11) 각각 은사를 받은 대로 하나님의 여러 가

지 은혜를 맡은 선한 청지기 같이 서로 봉사하라 만일 누가 말하려면 하나님의 말씀을 하는 것 같이 하고 누가 봉사하려면 하나님이 공급하시는 힘으로 하는 것 같이 하라 이는 범사에 예수 그리스도로 말미암아 하나님이 영광을 받으시게 하려 함이니 그에게 영광과 권능이 세세에 무궁하도록 있느니라 아멘

(요 21:17) 세 번째 이르시되 요한의 아들 시몬아 네가 나를 사랑하느냐 하시니 주께서 세 번째 네가 나를 사랑하느냐 하시므로 베드로가 근심하여 이르되 주님 모든 것을 아시오매 내가 주님을 사랑하는 줄을 주님께서 아시나이다 예수께서 이르시되 내 양을 먹이라

(요 10:9-11) 내가 문이니 누구든지 나로 말미암아 들어가면 구원을 받고 또는 들어가며 나오며 꼴을 얻으리라 도둑이 오는 것은 도둑질하고 죽이고 멸망시키려는 것뿐이요 내가 온 것은 양으로 생명을 얻게 하고 더 풍성히 얻게 하려는 것이라 나는 선한 목자라 선한 목자는 양들을 위하여 목숨을 버리거니와

(행 20:28) 여러분은 자기를 위하여 또는 온 양 떼를 위하여 삼가라 성령이 그들 가운데 여러분을 감독자로 삼고 하나님이 자기 피로 사신 교회를 보살피게 하셨느니라

2. 주님의 보내심 따라 어디든지 가야 합니다(18, 9:3, 욥 1:21, 약 1:12, 행 1:8).

(요 21:18) 내가 진실로 진실로 네게 이르노니 네가 젊어서는 스스로 띠 띠고 원하는 곳으로 다녔거니와 늙어서는 네

팔을 벌리리니 남이 네게 띠 띠우고 원하지 아니하는 곳으로 데려가리라

(요 9:3,) 예수께서 대답하시되 이 사람이나 그 부모의 죄로 인한 것이 아니라 그에게서 하나님이 하시는 일을 나타내고자 하심이라

(욥 1:21) 이르되 내가 모태에서 알몸으로 나왔사온즉 또한 알몸이 그리로 돌아가올지라 주신 이도 여호와시요 거두신 이도 여호와시오니 여호와의 이름이 찬송을 받으실지니이다 하고

(약 1:12) 시험을 참는 자는 복이 있나니 이는 시련을 견디어 낸 자가 주께서 자기를 사랑하는 자들에게 약속하신 생명의 면류관을 얻을 것이기 때문이라

(행 1:8) 오직 성령이 너희에게 임하시면 너희가 권능을 받고 예루살렘과 온 유대와 사마리아와 땅 끝까지 이르러 내 증인이 되리라 하시니라

3. 주 안에서 순종해야 합니다(19, 마 28:18-20, 4:20)

(요 21:19, 개정) 이 말씀을 하심은 베드로가 어떠한 죽음으로 하나님께 영광을 돌릴 것을 가리키심이러라 이 말씀을 하시고 베드로에게 이르시되 나를 따르라 하시니

(마 28:18-20) 예수께서 나아와 말씀하여 이르시되 하늘과 땅의 모든 권세를 내게 주셨으니 그러므로 너희는 가서 모든 민족을 제자로 삼아 아버지와 아들과 성령의 이름으로

침례를 베풀고 내가 너희에게 분부한 모든 것을 가르쳐 지키게 하라 볼지어다 내가 세상 끝날까지 너희와 항상 함께 있으리라 하시니라

(마 4:20) 그들이 곧 그물을 버려 두고 예수를 따르니라

Ⅲ. 남을 의식하지 말고, 오직 예수님에게만 (20-25)

(요 21:20-5) 베드로가 돌이켜 예수께서 사랑하시는 그 제자가 따르는 것을 보니 그는 만찬석에서 예수의 품에 의지하여 주님 주님을 파는 자가 누구오니이까 묻던 자더라 이에 베드로가 그를 보고 예수께 여짜오되 주님 이 사람은 어떻게 되겠사옵나이까 예수께서 이르시되 내가 올 때까지 그를 머물게 하고자 할지라도 네게 무슨 상관이냐 너는 나를 따르라 하시더라 이 말씀이 형제들에게 나가서 그 제자는 죽지 아니하겠다 하였으나 예수의 말씀은 그가 죽지 않겠다 하신 것이 아니라 내가 올 때까지 그를 머물게 하고자 할지라도 네게 무슨 상관이냐 하신 것이러라 이 일들을 증언하고 이 일들을 기록한 제자가 이 사람이라 우리는 그의 증언이 참된 줄 아노라 예수께서 행하신 일이 이 외에도 많으니 만일 낱낱이 기록된다면 이 세상이라도 이 기록된 책을 두기에 부족할 줄 아노라

베드로가 요한에 대한 미래를 여쭙다가 "네가 무슨 상관이 있느냐"는 질책의 질문을 받게 됩니다(20-22).

(요 21:20-22) 베드로가 돌이켜 예수께서 사랑하시는 그 제자가 따르는 것을 보니 그는 만찬석에서 예수의 품에 의

지하여 주님 주님을 파는 자가 누구오니이까 묻던 자더라 이에 베드로가 그를 보고 예수께 여짜오되 주님 이 사람은 어떻게 되겠사옵나이까 예수께서 이르시되 내가 올 때까지 그를 머물게 하고자 할지라도 네게 무슨 상관이냐 너는 나를 따르라 하시더라

1. 남이 잘 되는 것에 시기하지 말고, 주 안에서 축복을 빌고 사랑해야 합니다(마 5:44, 롬 12:19-21)

(마 5:44) 나는 너희에게 이르노니 너희 원수를 사랑하며 너희를 박해하는 자를 위하여 기도하라

(롬 12:19-21) 내 사랑하는 자들아 너희가 친히 원수를 갚지 말고 하나님의 진노하심에 맡기라 기록되었으되 원수 갚는 것이 내게 있으니 내가 갚으리라고 주께서 말씀하시니라 네 원수가 주리거든 먹이고 목마르거든 마시게 하라 그리함으로 네가 숯불을 그 머리에 쌓아 놓으리라 악에게 지지 말고 선으로 악을 이기라

예) 요한3서의 데메드리오와 디오드레베를 잘 묘사해 줌

2. 남과의 비교의식을 버려야 합니다(빌 2:3, 고후 12:9, 딤전 6:6).

(빌 2:3) 아무 일에든지 다툼이나 허영으로 하지 말고 오직 겸손한 마음으로 각각 자기보다 남을 낮게 여기고

(고후 12:9) 나에게 이르시기를 내 은혜가 네게 족하도다

이는 내 능력이 약한 데서 온전하여짐이라 하신지라 그러므로 도리어 크게 기뻐함으로 나의 여러 약한 것들에 대하여 자랑하리니 이는 그리스도의 능력이 내게 머물게 하려 함이라

(딤전 6:6) 그러나 자족하는 마음이 있으면 경건은 큰 이익이 되느니라

◎ 비교의식의 폐단

- 자신에 비해서 상대방이 허술하고 약하면 교만하여지고 (눅 18:9-14)

(눅 18:9-14) 또 자기를 의롭다고 믿고 다른 사람을 멸시하는 자들에게 이 비유로 말씀하시되 두 사람이 기도하러 성전에 올라가니 하나는 바리새인이요 하나는 세리라 바리새인은 서서 따로 기도하여 이르되 하나님이여 나는 다른 사람들 곧 토색, 불의, 간음을 하는 자들과 같지 아니하고 이 세리와도 같지 아니함을 감사하나이다 나는 이레에 두 번씩 금식하고 또 소득의 십일조를 드리나이다 하고 세리는 멀리 서서 감히 눈을 들어 하늘을 쳐다보지도 못하고 다만 가슴을 치며 이르되 하나님이여 불쌍히 여기소서 나는 죄인이로소이다 하였느니라 내가 너희에게 이르노니 이에 저 바리새인이 아니고 이 사람이 의롭다 하심을 받고 그의 집으로 내려갔느니라 무릇 자기를 높이는 자는 낮아지고 자기를 낮추는 자는 높아지리라 하시니라

- 자신에 비해서 상대방이 우월하고 강하면 초라해진 자신을 보고 좌절

3. 오직 예수님만 바라보아야 합니다(히 12:2).

(히 12:2) 믿음의 주요 또 온전하게 하시는 이인 예수를 바라보자 그는 그 앞에 있는 기쁨을 위하여 십자가를 참으사 부끄러움을 개의치 아니하시더니 하나님 보좌 우편에 앉으셨느니라

성도는 범사에 감사하는 삶으로 살아야 합니다(살전 5:18, 딤전 4:4).

(살전 5:18) 범사에 감사하라 이것이 그리스도 예수 안에서 너희를 향하신 하나님의 뜻이니라

(딤전 4:4) 하나님께서 지으신 모든 것이 선하매 감사함으로 받으면 버릴 것이 없나니

※ 인생의 삶의 푯대는 오직 예수님 이십니다(빌 3:13-14, 24-25).

(빌 3:13-14) 형제들아 나는 아직 내가 잡은 줄로 여기지 아니하고 오직 한 일 즉 뒤에 있는 것은 잊어버리고 앞에 있는 것을 잡으려고 푯대를 향하여 그리스도 예수 안에서 하나님이 위에서 부르신 부름의 상을 위하여 달려가노라

(요 21:24-25) 이 일들을 증언하고 이 일들을 기록한 제자가 이 사람이라 우리는 그의 증언이 참된 줄 아노라 예수께서 행하신 일이 이 외에도 많으니 만일 낱낱이 기록된다면 이 세상이라도 이 기록된 책을 두기에 부족할 줄 아노라

결론

사명은 생명보다 귀합니다. 사명을 감당하기 위하여 생명을 버린 자는 승리자입니다. 사명을 잃은 베드로에게 생명보다 귀한 사명을 회복시켜 주시고 순교하게 하신 주님께서는 지금 우리에게 복음적 사명을 다하기를 원하십니다. 믿고 순종하여 사명을 다합시다. 생명보다 귀하게 여기는 사명자가 됩시다. 할렐루야- 아멘 오직 예수 그리스도.